4차산업시대 유니콘 되는 법

전삼현 저

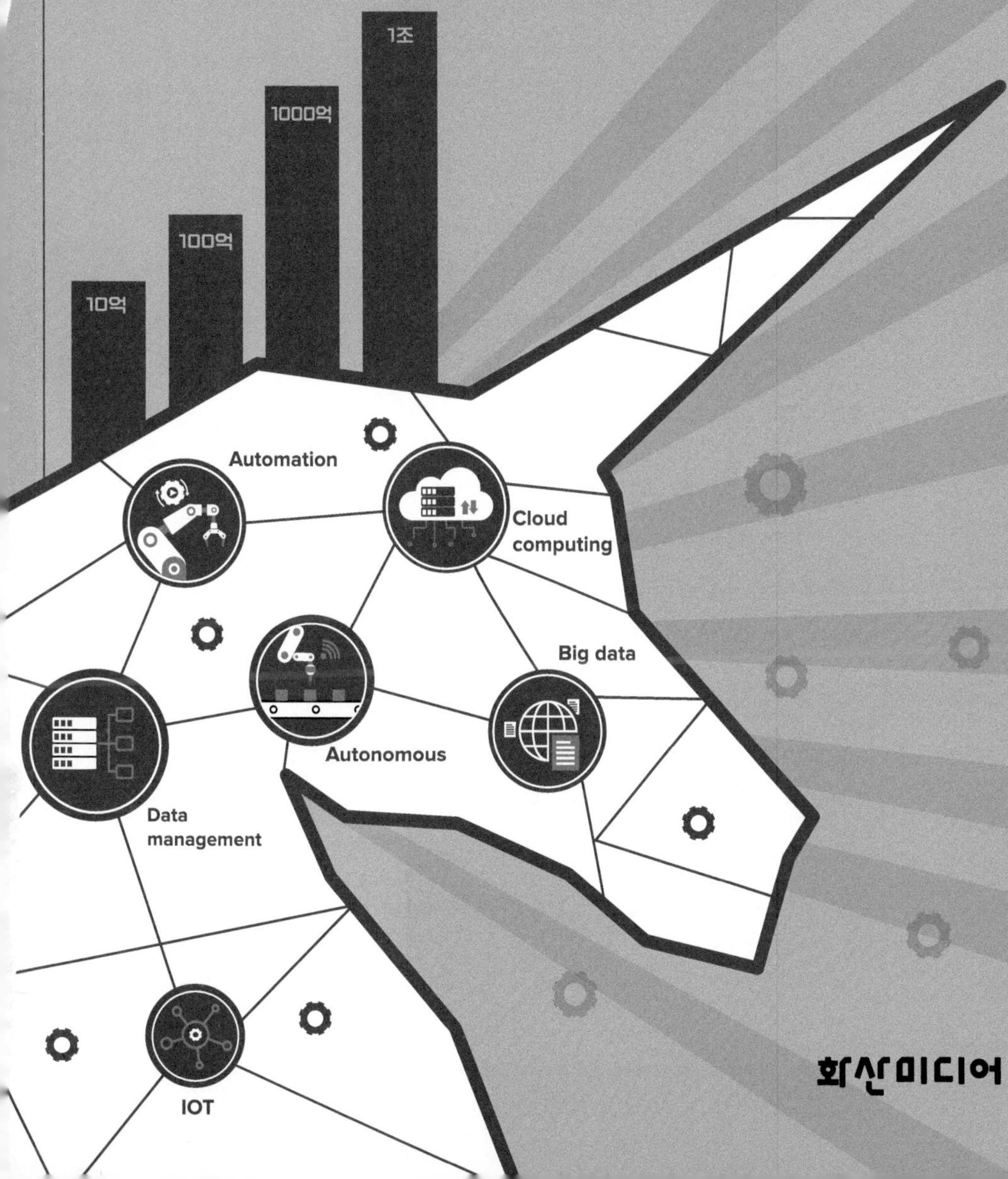

화산미디어

서 문

4차산업혁명이 언급된 지 아직 10년이 안 되었지만 세상은 많은 변화를 가져오고 있다. 최근에는 웹3.0이라는 새로운 인터넷 환경의 등장과 함께 산업재편에 대한 요구가 급증하고 있다.

산업의 재편이란 결국 기존 일자리는 사라지면서 새로운 일자리가 창출된다는 것을 의미한다. 역사적으로 보면 산업혁명 당시에는 구산업과 신산업 종사자 간의 이해충돌로 많은 갈등이 있었으나 이를 극복하는 과정에서 신기술의 역할이 매우 컸다.

향후 수십 년 동안에도 신기술을 권리화한 지식재산과 이로 무장된 창업자가 세상의 변화를 주도할 것으로 분명하다. 이는 기존산업의 신속한 재편도 필요하지만 4차산업에 적합한 창업생태계가 확립되어야 새로운 일자리가 생겨날 수 있다는 것을 의미한다. 즉, 신기술과 아이디어로 세상을 지배하는 유니콘 기업이 많이 탄생해야 양질의 일자리가 창출되는 것은 물론이고 국가경쟁력이 제고될 수 있는 것이다.

우리나라의 유니콘 기업수는 전세계적으로 순위 면에서는 상위권에 속하지만 선두권에 속하는 미국이나 중국에 비하면 갈 길이 멀다. 특히, 자원이 부족해 국가경제 구조상 글로벌 기업에 대한 의존도가 높은 우리 현실을 고려해 볼 때 유니콘 기업의 탄생과 성장은 대한민국의 풍요로운 미래와 직결된다.

이 책은 이러한 문제의식 하에 4차산업혁명의 특성을 정리하고 이에 적합한 창업방법론을 제시하고자 노력하였다. 특히, 창업 후 경영 리스크를 관리하고 시장을 독점하는 신기술을 권리화해 유니콘 기업으로 성장하는 대한민국 사업가가 많이 탄생할 수 있도로 조금이나마 기여하고자 이 책을 집필하였다.

서문

이 책은 "4차산업혁명과 창업"이라는 K-MOOC용 교재로 2018년 출판된 바 있으나, 2022년 2학기에 이 강좌를 새롭게 편성하면서 이에 걸맞게 교재도 대폭 변화해야 한다는 사명감 아래 집필을 시작하였다.

매번 겪는 일이지만 집필 초기에 갖는 꿈은 크지만 탈고할 때면 항상 아쉬움이 남는다. 이번 작업도 예외는 아니지만 교수 봉직 30년을 자축하는 의미에서 나름 심혈을 기울인 만큼 독자님들의 넓은 이해와 동시에 큰 사랑도 받고 싶다는 소망을 담아본다.

4차산업혁명은 당분간 계속될 것으로 전망되는 만큼 이 책도 지속적으로 보완될 필요가 있다. 당연히 필자 스스로 이를 감당할 수 있도록 노력하고 공부해야 함은 마땅하다. 독자님들의 많은 조언을 당부드린다.

그리고 졸업생에게 봉직할 기회를 준 숭실대학교와 부족한 점이 많아도 강의 열심히 듣고 좋아해 준 많은 수강생들에게 감사의 마음을 전하고 싶다. 그리고 책 쓴다고 애쓰는 모습을 옆에서 따뜻한 마음으로 지켜봐준 아내 한은경 박사와 큰딸 민선, 그리고 유학 중인 진희에게도 감사의 마음을 전하고 싶다.

늦게 탈고를 하였지만 걱정하지 말라고 안심시키면서 기꺼이 출판을 맡아주신 화산미디어 현근택 대표님께도 감사의 말씀을 전한다.

2023년 3월 상도골에서

전삼현 배상

목 차

제1장 4차산업혁명과 창업의 의미

제2장 창업전략

목 차

목 차

목 차

제5장 기업지배구조

제6장 경영위험관리

목 차

제7장 특허 등 기반 창업

목 차

목 차

제8장 저작권

목 차

제9장 신지식재산 기반 창업

제 1 장

4차산업혁명과 창업의 의미

제1장 4차산업혁명과 창업의 의미

I. 개 요

2016년 1월 스위스 다보스에서 열린 '세계경제포럼(World Economic Forum, WEF)'[1)]에서 4차산업혁명이 처음 언급된 이후 급속도로 산업구조가 재편되고 있다.

이러한 변화는 웹3.0이라는 새로운 인터넷환경과 함께 4차산업혁명이 더욱 가속화되고 있으며 이와 함께 일자리 또한 큰 변화를 가져오고 있다.

창업 역시 새로운 일자리가 창출되는 산업을 기반으로 이뤄져야 한다는 점에서 과거와는 다른 창업전략과 창업정책이 필요한 시점이 되었다. 각국이 창업정책에 심혈을 기울이고 있는 이유는 양질의 일자리를 창출해 내는 원동력이 창업이기 때문이다.

문제는 4차산업혁명이라는 커다란 변화의 물결 속에서 창업정책이 실패하는 경우 자칫하면 기존의 일자리도 지키지 못하는 결과를 초래할 수 있다는 점이다.

결국, 4차산업혁명이 가져오는 일자리의 변화는 미래에 대한 기대감

---

1) 세계경제포럼은 전세계 기업인, 정치인, 경제학자 등 전문가 2천여 명이 모여 세계가 당면한 과제의 해법을 논의하는 자리로 매년 개최된다. 이 세계경제포럼에서 '과학기술' 분야가 주요 의제로 선택된 것은 2016년 포럼이 창립 이래 최초였던 것으로 알려지고 있다.

은 물론이고 두려움도 역시 불러오고 있다. 이처럼 두려움이 함께 다가오는 이유는 4차산업혁명이 산업간 융합을 통해 업무영역에 큰 변화를 가져올 것으로 예상되기 때문이다.

따라서 창업정책 역시 4차산업혁명으로 인해 탄생할 신기술 기반의 산업 분야에 초점을 맞추어야 할 상황이다.

2018년 한국과학기술정보연구원이 발표한 자료에 따르면 세계 주요 기관들이 선정한 미래 유망기술의 출현빈도를 고려하여, 선정한 '미래 유망기술 Top 10'은 ① 지능형 사물인터넷(Iox) ② 설명가능한 AI(XAI, Explainable AI) ③ 금속 3D 프린터 ④ 스마트 로봇(Smart Robot) ⑤ 몰입경험(Immersive Experience) ⑥ 차세대 비트코인(beyond bitcoin) ⑦ 소프트웨어 통제 보안(Software-Defined Security) ⑧ 초연결 차(운송수단, Connected Car, IoV) ⑨ 분산형 엣지 컴퓨팅(Edge Computing) ⑩ 증강 분석법(Augmented Analytics)으로 구성되며(손은수 외, 2018), 이외에도 순위에 들지는 못했지만, 세계 주요 기관이 제시한 미래 유망기술로는 클라우드, 드론, 증강 현실, 기계 학습, 웨어러블 기술, 클라우드 컴퓨팅, 스마트 그리드, 스마트 디바이스, 퀀텀 컴퓨팅 등이 있다.[2] 즉, 4차산업혁명시대를 맞이하여 업무영역에 큰 변화가 예상되고 이와 함께 종래의 일자리와는 매우 다른 일자리들이 발생할 것으로 예상된다.

이러한 연구 결과는 이미 2016년 고용정보원이 발표한 보고서[3]에서

---

2) 손은수·고병열·홍성화(2018), KISTI ISSUE BRIEF 4호, 12면, 한국과학기술정보연구원.

3) 김한준, "4차산업혁명이 직업세계에 미치는 영향 - 4차산업혁명에 대한 재직자 인식조사", 2016년 9월호 고용이슈(한국고용정보원), 91면.

도 예견된 바 있었다. 이에 따르면 4차산업혁명이 가져올 향후 직업의 변화에 대한 설문조사를 한 결과 향후 기술적 요인, 즉 전산화, 자동화, 인공지능, 생명공학 분야에 종사하는 일자리가 증가할 것인가 혹은 감소할 것인가에 대한 질문에 대하여 응답자의 44.7%는 일자리가 줄어들 것이라고 응답했다고 한다.

반면에 기술적 변화에도 불구하고 일자리가 증가할 것이라고 응답한 사람은 13.2%에 불과했으며, 일자리에 변화가 없을 것이라고 응답한 사람은 42.0%로 나타났다고 한다.

이와 관련하여 영국의 옥스퍼드 대학교에서 발간한 보고서에서도 4차산업혁명과 관련된 과학기술의 발전이 단순 업무는 물론이고 복잡한 업무까지도 자동화시킴으로써 일자리뿐만 아니라 업무영역에서도 근로형태나 장소 등 많은 점에서 커다란 변화를 가져올 것으로 전망한 바 있다.[4)]

그러나 지난 1,2,3차 산업혁명의 예를 보건대, 산업혁명 그 당시에도 산업구조와 업무영역에 큰 변화를 겪으면서 기존의 일자리가 감소한 것은 분명하지만 동시에 새로운 산업구조에 적합한 새로운 일자리가 창출됨으로써 일자리 총량을 비교해 보면 산업혁명 후가 산업혁명 전보다 일자리가 더 증가하는 현상을 보여 왔다.

이 점에서 보면 막연히 4차산업혁명에 대한 두려움을 갖기보다는 이에 적응하려는 노력이 더 요구되는 상황이다.

그러나 4차산업혁명에 친숙해지려는 노력만으로 4차산업혁명의 상징

---

4) K. Eric Drexler, MDL Intelligence Distillation: Exploring strategies for safe access to superintelligent problem-solving capabilities, Technical Report #2015-3, Future of Humanity Institute, Oxford University: pp. 1-17.

인 유니콘 기업이 많이 탄생하기는 어렵다. 즉, 구체적으로 4차산업혁명이 무엇이고, 그 특징이 무엇이며, 이를 어떻게 활용해 창업하고 경영해야 하는지를 아는 유니콘 기업이 많은 국가가 글로벌 시장을 지배할 수 있다는 것을 의미한다. 회사경영이란 복합예술처럼 변화무쌍한 경영환경 변화에 능동적으로 대처할 수 있도록 지식과 경험, 창의력, 지혜 등이 필요하다.

이 책에서는 4차산업혁명시대를 맞이해 창업해서 유니콘 기업으로 성장하려는 이들에게 경영에 필요한 법적 지식과 성공한 사업가들의 경험을 전달해 창업자들이 창의적이고 지혜로운 경영으로 유니콘 기업으로 성장하는 데 필요한 방법을 제시하고자 한다.

II. 산업혁명

1. 산업혁명의 의의

산업혁명이란 “인간의 노동력을 기계가 대체하여 생산성을 제고하는 것”이라고 정의되어 왔다. 이러한 산업혁명은 현재까지 4단계로 그 시대를 구분해 오고 있는데, 1차산업혁명은 1784년 영국에서 와트(James Watt)가 증기기관을 발명한 시점부터 시작되었다고 보고 있으며, 이 산업혁명을 기계화를 통한 노동력감소 및 생산성 제고 혁명이라고 부르기도 한다.

2차산업혁명은 1870년 에디슨(Thomas Alva Edison)이 전기를 발명하면서 시작되었다고 보고 있으며, 이는 전기를 이용한 대량생산혁명이라고도 부른다. 이러한 2차산업혁명은 1차산업혁명의 연장선상에서 진화했으며, 대량생산은 공장에 전력이 공급되고 컨베이어벨트(conveyer belt)를 이용하면서 가능해졌다. 미국 포드자동차회사가 개발한 'T형 포드'와 같이 조립된 설비와 전기를 이용한 대량생산체계가 구축된 것이 대표적인 2차산업혁명의 사례라고 할 수 있다. 1903년 포드자동차를 창립한 헨리 포드(Henry Ford)는 일반대중도 살 수 있는 저렴하고 실용적인 차를 만들기 원했으며, 1908년 '모델T'를 내놓으면서 그 꿈이 실현됐다고 한다. 이 차는 부품 표준화에 의해 호환성 있는 부품으로 조립된 최초의 대량생산형 자동차였으며, 모델T의 초기 판매가격은 850 달러였는데, 이전까지의 차 가격이 2,000 달러 정도였음을 고려하면 획기적인 판매가격이었다고 한다. 그리고 1927년에는 판매가격을 310 달러까지 인하해 일반대중도 차를 소유할 수 있는 획기적인 환경을 만든 것이다.[5)]

3차산업혁명은 2000년대 초 세계적인 미래학자 제레미 리프킨(Jeremy Rifkin)의 저서 '3차산업혁명'을 통해 처음 소개되었으며 이것은 인터넷과 재생에너지 등이 신성장 동력인 산업혁명이라고 설명한 바 있다. 그러나 그 후 다수학자들이 그 개념을 확대하여 3차산업혁명은 1969년 인터넷의 탄생과 함께 시작되었다고 보았으며, 이를 컴퓨터 정보화 및 자동화 생산시스템이 주도한 정보혁명이라고 부르고 있다.

2. 4차산업혁명의 의의

4차산업혁명은 2016년 1월 스위스 다보스에서 열린 '세계경제포럼(World Economic Forum, WEF)'에서 처음 언급되었다. 이 세계경제포

5) 김상권, 한국경제신문, 2003.8.19. 기사.

럼에서는 '제4차산업혁명'을 "3차산업혁명을 기반으로 한 디지털과 바이오산업, 물리학 등의 경계를 융합하는 기술혁명"이라고 정의했다. 따라서 4차산업혁명은 3차산업혁명의 연장선에 있는 것으로 이해되고 있다.

종합적으로 보면 4차산업혁명은 "인공지능, 로봇 기술, 생명과학이 주도하는 차세대 산업혁명"으로 개념이 정의된다. 즉, 로봇이나 인공지능(AI)을 통해 실재와 가상이 통합돼 사물을 자동적, 지능적으로 제어할 수 있는 가상 물리 시스템이 구축되는 산업상의 변화를 4차산업혁명이라고 부르는 것이다. 다른 말로는 온라인과 오프라인의 결합, 즉 융합으로 탄생한 신산업이 산업의 변화를 주도하는 것이 4차산업혁명이다.

그 밖에도 오프라인 생산 현장에 온라인 기술이 적용되는 O2O(Online to Offline)에서 비롯된 혁신과 인터넷을 통해 방송 프로그램·영화·교육 등 각종 미디어 콘텐츠를 제공하는 OTT 서비스(over-the-top media service) 등이 융합형 신산업으로 나타났다.

또한 제4차산업혁명의 핵심기술로 급부상하고 있는 블록체인(Block chain)은 '4세대 혁명'으로 급부상하고 있다. 국제경제포럼(WEF)의 발표에 따르면 2025년까지 전세계 GDP의 10%가 블록체인상의 분산형 공공장부에 저장될 것이라고 한다.

그 밖에도 디지털 트윈 기반의 메타버스 세상의 도래 역시 4차산업혁명에 속하는 신산업으로 이해되고 있다.

이처럼 4차산업혁명으로 촉발된 융합형 신기술들은 과거의 혁명과는 비교되지 않을 정도로 급속히 발전함은 물론이고 그 범위 역시 광대할 것으로 예상된다.

그 이유는 4차산업혁명의 본질 자체가 '융합과 연결'을 통하여 새로운 가치를 기하급수적으로 창출할 수 있기 때문이다. 이는 '파괴적 혁신기술'에 의해 각국의 산업들이 대대적으로 재편해야 하는 상황에 직면하고 있다는 것을 의미한다. 따라서 각국은 각종의 법제도를 개선하여 기업들이 경영악화로 인한 구조조정방식의 사업 재편보다는 경영정상화 상태에서도 선제적으로 미리 예방 차원의 사업 재편이 가능하도록 제도를 개선하는 데 박차를 가하고 있다.

그 대표적인 예가 2016년 제정된 '기업 활력 제고를 위한 특별법(약칭 : 기업활력법)'이다. 이 법은 공급이 과잉된 업종에 속한 기업이 신속하게 사업 재편을 할 수 있도록 인수합병(M&A) 등과 관련된 상법·세법·공정거래법 등의 규제를 일시에 완화시켜 주는 특별법으로 알려져 있다. 그러나 이 법률은 정부가 사업 재편의 타당성 여부를 판단하여 승인한다는 점에서 4차산업혁명시대에 효율성을 극대화하기에는 한계가 있다. 특히, 인공지능, 자율주행 자동차, 유전공학 등과 같이 종래의 시스템으로는 감당할 수 없을 정도의 기술혁신이 현실화되는 경우 사전적 사업 재편을 하지 않은 기업들은 생존 자체를 위협받을 수 있다는 점에서 기업들 스스로의 사업재편 노력도 필요하지만 정부의 추가적인 법제도의 개선 역시 필요하다.

이러한 점에서 볼 때 창업 역시 새로운 시스템 하에서 새롭게 형성될 시장을 예상하여 아이템을 선정하는 것이 필요하다.

3. 4차산업과 창업 특성

4차산업혁명시대에는 IT 플랫폼을 보유한 대기업과 1인기업을 포함한 중소기업 등이 서로 협력해 상생하는 산업구조가 형성될 것으로 예상되므로 그 어느 시대보다도 창업과 M&A 시장이 활성화될 것으로 예상된다. 이는 대기업들이 기술력이 있는 소규모 또는 1인기업에 지분을 투자하거나 인수합병(M&A)해 대기업과 스타트업이 함께 성장한다는 것을 의미한다.

최근 구글, 애플, 페이스북, IBM, MS 등과 같은 대형 IT 기업뿐만 아니라 포드, GE 같은 제조기업들도 IT 관련 벤처기업들을 인수·합병하여 4차산업혁명 대열에 동참하고 있다.

특히, 코로나19로 비대면 거래가 보편화되면서 중소기업과 소상공인뿐만 아니라 창업자들도 온라인 플랫폼에 대한 의존도가 높아져 4차산업혁명을 가속화하고 있다는 평가를 받고 있다. 한 연구 결과에 따르면 온라인 플랫폼에서 중개거래로 통신판매하는 거래업자의 대부분이 중소기업이며, 네이버·11번가·요기요·야놀자 플랫폼 사용자의 99%가 중소기업이라고 한다(차경진, 2020).

이러한 플랫폼은 거래업자에게는 판로를 제공하고 소비자에게는 다양한 상품정보를 제공하는데, 이때 사업자책임은 최소화하면서도 수익창출을 가능케 하는 장점이 있다.[6]

향후 메타버스 세상이 상용화 단계에 진입하는 경우 창업자들의 플랫폼 의존도는 더욱 증가할 것으로 예상된다.

그 밖에도 소규모사업자의 사업을 기술이나 시설을 제공하는 상생의 방법도 있다. 예를 들어 미국에서 2006년 오픈한 Techshop은 개인 또는

6) 이러한 플랫폼 사업자는 이러한 장점에도 불구하고 다른 한편으로는 시장을 독점하는 결과를 초래해 경쟁을 제한하는 결과를 가져올 수 있다는 점에서 공정거래 규제차원에서 "온라인플랫폼 공정화법안" 등의 입법도 추진되고 있다.

예비창업자들에게 3D 프린터와 같은 최첨단 제조시설을 비롯한 각종 공구와 장비를 시간제로 이용토록 해 시제품을 제조할 수 있도록 지원하는 플랫폼으로 상생형 공유경제의 새로운 이정표를 제시하였다.

다만, 대기업과 소규모 창업자가 상생하려면 대기업이 정당한 가격으로 창업 기업의 지분을 인수하거나 지분투자 또는 M&A 관행이 확립되는 것이 전제되어야 한다.

이처럼 대기업과 상생의 길을 택한 스타트업들이 유니콘 기업으로 성장함은 물론이고 데카콘(decacorn) 기업, 헥토콘(hectocorn) 기업으로 성장하고 있다.

이 기업들의 특징은 IT 솔루션과 제조업 또는 서비스업과의 융합을 통한 플랫폼 기업이라는 점에서 전형적인 4차산업형 기업들이라는 점에서 창업에 시사하는 바가 크다.

4. 유니콘 기업

2013년 벤처투자자인 에일린 리(Aileen Lee)가 처음 사용한 것으로 알려진 유니콘 기업(Unicorn)이라는 용어는 2016년 이후부터는 본격적으로 4차산업혁명의 상징이 되었다.

즉, 유니콘 기업이 많은 국가일수록 지식재산을 기반으로 시장을 창출하는 혁신적인 스타트업이 많아 4차산업혁명을 선도하는 것으로 인식되고 있다.

유니콘 기업이란 창업한 지 10년이 안 되었는데 기업가치가 10억 달러(1조 2천억 원) 이상인 비상장 스타트업을 말한다.

유니콘은 뿔이 하나 달린 말처럼 생긴 전설상의 동물을 말하는데 이런 용어를 기업에 사용하게 된 이유는 과거에는 상상 속에서나 존재하던 일이 현실에서 발생했다는 놀라움을 표현한 것으로 이해된다. 여기서 뿔은 기존의 산업생태계의 질서를 혁신적으로 파괴하는 힘을 상징하는 것으로 해석된다.

최근에는 기업가치가 100억 달러(12조 원) 이상인 비상장 스타트업을 데카콘(Decacorn) 기업이라 부르는데 데카콘이란 머리에 10개의 뿔을 가진 상상 속의 동물이다. 이 역시 유니콘보다 더 놀라운 파괴적인 혁신을 통해 시장의 새로운 질서를 선도하는 4차산업혁명의 상징으로 본다.

여기에 추가로 최근에는 기업가치 1,000억 달러 이상인 헥토콘(Hectocorn) 기업도 존재한다. 헥토콘이란 기업가치가 1천억 달러(약 120조 원) 이상인 비상장 스타트업을 말하는데 유니콘의 100배 규모라 해서 숫자 100을 의미하는 접두사 '헥토(hecto)'를 붙였다.

유니콘 기업이 시장에서 높은 평가를 받는 이유는 혁신적인 가치를 창출하기 때문이다. 유니콘 기업으로 선정되는 스타트업은 기존 비즈니스 모델과는 차원이 다른 혁신을 제공하고 산업의 니치 마켓에 진출해 고객과 수익 그리고 기업의 가치를 확대하는 것에 집중하며, 눈에 띄는 성장을 보여줄 수 있으므로 대중의 관심을 더욱 집중시킬 수 있다.

글로벌 유니콘 기업들이 공유경제, 클라우드, 인공지능 등 공유·융합 비즈니스 분야에서 괄목할 성장을 보였지만 한국 유니콘 기업들은 규제에 구애받지 않고 이해집단과 갈등이 적은 화장품, 게임 등 단독적인 사업 모델에 투자 집중하고 있다.

글로벌 시장조사업체인 CB인사이츠가 2022년 4월 말 기준으로 발표한 자료에 따르면 창업 후 10년이 되지 않은 기업의 가치가 10억 달러 이상인 비상장 스타트업인 유니콘은 전세계적으로 1,104개 사에 달한다.

이 중에서 기업가치가 100억 달러 이상인 데카콘 기업도 54개 사나 있으며, 기업가치 1,000억 달러 이상인 헥토콘 기업도 3개 사가 있다고 한다.

한국에는 데카콘 기업으로 쿠팡, 야놀자, 업비트의 두나무가 언급되고 있지만 헥토콘 기업은 존재하지 않으며 유니콘 기업은 14개에 달하는 것으로 발표되었다. 이에 해당하는 것으로는 비바리퍼블리카($74억), 옐로모바일($40억), 컬리($33억), 위메프($23.4억), 무신사($22억), 직방($15.5억), 버킷 플레이스($14억), 리디($13.3억), 지피클럽($13.2억), 엘앤피코스메틱($11.9억), 쏘카($10.7억), 에이프로젠($10.4억), 두나무($10억), 야놀자($10억) 등이다.

Ⅲ. 창업환경

1. 개 요

유니콘 기업의 수에서 알 수 있듯이 미국이나 중국이 4차산업혁명을 선도하고 있으나 대한민국은 이에 못 미치고 있는 것으로 판단된다.

2021년 기준으로 유니콘 기업으로 등록된 한국기업은 CB Insights 기준 11개 기업이며, 중소기업벤처부가 마련한 기준으로는 18개다.

CB Insights 기준으로는 미국(488), 중국(170), 인도(55), 영국(37), 독일(25), 이스라엘(21), 프랑스(20), 캐나다(16), 브라질(15), 싱가포르(12), 한국(11)개 순으로 순위로도 11위에 해당한다.

이는 2016년 6개 사에 불과하던 것이 2021년 기준으로 5개가 증가하기는 하였으나 증가 속도는 늦은 것으로 나타났다.

전국경제인연합회가 2020년 12월 글로벌 유니콘 기업 501개 사를 분석해 주요국 유니콘 기업 동향 및 한국 유니콘 기업의 현주소를 진단한 바 있다. 이에 따르면 한국 유니콘 기업은 수적으로 성장이 더디고 진출한 산업 분야도 제한적이며 상대적으로 기업가치가 크지 않은 것으로 나타났다. 설령 유니콘이 된 이후에도 기업공개(IPO)나 인수합병(M&A)을 통한 투자금 회수(Exit) 또한 원활치 않다는 문제가 지적되었다.

특히, 투자금 회수가 원활치 않다는 점과 관련해 벤처 업계는 IPO를 통해 증시에 상장하는 경우 경영권 방어가 더 어려워 경영권 위협이 증가하는 점과 규제의 정도가 강화되어 지속적 성장이 어렵다는 지적들이 있다. 그 밖에도 M&A의 경우 해외와 비교해 기업가치 평가사례가 적고 역량 있는 벤처캐피털(VC)이 부족해 스타트업의 기업가치가 제대로 평가받기 어렵다는 점도 지적하고 있다.

참고로 미국 벤처금융 전문 실리콘밸리은행의 '2020 글로벌 스타트업 아웃룩' 보고서에 따르면 글로벌 스타트업의 70% 이상이 증시상장(IPO) 또는 M&A를 중장기 목표로 하고 있는 것으로 나타났다고 한다. 특히 미국과 영국, 캐나다 등 서구권 스타트업은 M&A를 엑시트 방법으로 사용하는 경향을 보이고 있으며 중국기업들은 IPO를 엑시트 전략으로 선호하는 것으로 나타났다는 것이다.

이는 대한민국에서 유니콘 기업의 수가 증가하고 발전 속도 역시 증가하기 위해서는 IPO나 M&A가 활성화되는 등 엑시트가 용이하도록 환경을 조성해야 한다는 것을 의미한다.

이와 관련하여 한국무역협회는 대한민국에서 더 많은 유니콘 기업이 탄생하려면 ① 벤처투자 활성화 ② 대기업과 벤처기업간 협력 강화 ③ 인허가 등 정부규제 완화 등을 통하여 국내 벤처기업들이 지속적으로 성장할 수 있도록 제도적 환경을 만들어야 한다고 제언한 바 있다. 그리고 중장기적으로는 정부와 대기업이 벤처기업과 스타트업 기업을 육성하는 데 필요한 법제 환경을 만들어야 한다고 제언했다.[7)]

2. 산업혁명과 정부

한 국가의 산업은 해당 국가의 법제도 하에서 성장하게 되어있다. 따라서 산업에 대한 규제의 정도에 따라 해당 산업의 발전이 결정되며, 산업혁명 역시 해당 국가의 규제 정도에 따라 성공 여부가 결정된다.

1790년대 영국에서 시작된 제1차산업혁명은 기계의 발명으로 인해 기술의 변화뿐만 아니라 사회와 경제상 전반에 걸쳐 큰 변화를 가져왔다. 산업혁명 초기만 하더라도 산업을 규제하는 법률이 없었던 만큼 기존산업과 신산업 간의 충돌로 인한 문제를 해결하는 법제도가 존재하지 않았다.

따라서 오늘날 법적 규제 대상인 노동력 착취, 독과점, 경제력 집중, 불공정거래행위, 시장의 우월적 지위 남용 등을 규율하는 법제도가 존재하지 않았기 때문에 산업혁명이 폭발력을 가졌으며 기술 역시 급속도로 발전하였던 것으로 추정된다.

문제는 기존산업의 종사자나 법인 등이 신산업의 진입을 억제하는 것이며, 그 대표적인 수단이 법을 통한 신산업 규제이다. 그 대표적인 법으

---

7) 2017.3.20. 한국무역협회가 발간한 '유니콘으로 바라본 스타트업 동향과 시사점'에 관한 보고서.

로 일명 붉은 깃발법(Red Flag Act)을 들 수 있다.

1860년대 영국에서 만들어진 이 '붉은 깃발법'의 정식 명칭은 'The Locomotives on Highways Act'이며 'Locomotive Act'라고도 불렀다.

영국에서는 1826년 사상 최초로 실용화된 증기기관 탑재용 28인승 자동차가 등장했었다. 그러나 마부들이 나서서 증기자동차가 폭발하는 사고가 종종 발생하므로 그 사용을 적절히 규제하는 입법 로비를 하기에 이르렀다. 결국, 1865년 '붉은 깃발법' 등으로도 번역되는 적기조례(Red Flag Act)가 제정되었으며, 그 내용은 ① 차량의 중량은 12톤 이하 ② 최고 속도는 교외에서는 시속 4마일(6 km/h), 시가지에서는 시속 2마일(3km/h) 이하 ③ 1대의 자동차에는 세 사람의 운전수(운전수, 기관원, 기수)가 필요하고, 기수(旗手)는 붉은 깃발(낮)이나 붉은 등(밤)을 갖고 55m 앞을 마차로 달리면서 자동차 선도 ④ 기수는 보속을 유지하며 기수(騎手)나 말에게 자동차의 접근을 예고 ⑤ 말을 놀라게 하는 연기나 증기를 내뿜지 말 것 등이었다. 이 법은 제정 후 30여 년이나 효력을 발휘했으며, 영국이 최초로 자동차를 상용화했음에도 불구하고 자동차 산업의 주도권을 프랑스, 독일, 그리고 미국 등에 내어 주는 데 결정적 역할을 한 것으로 평가받고 있다.

이처럼 산업혁명은 법적 규제가 없는 상황에서 기술 주도로 급격히 활성화되다가 기존 산업종사자들이 신산업에 대한 규제를 요구하면서 크게 위축되는 양상을 보여왔다.

이는 4차산업혁명도 동일 상황에 직면할 수 있으며, 이런 경우에는 법적 규제가 최소화된 국가에서 성공할 가능성이 크다는 것을 의미한다. 미국의 경우 IT 산업에 관한 한 자유방임주의를 취하고 있어서 우선 신기술을 산업화하고 그로 인해 부작용이 발생하면 이를 규제하는 사후규제 방식, 즉 네거티브(negative)) 입법방식을 취하고 있다. 반면에 포지티브(positive) 규제시스템이 확립된 대륙법계의 경우에는 법적으로 사전 진입 규제가 많아 비교적 신산업이 시장에 진입하기 쉽지 않다. 알리바바의 경우 홍콩이 아닌 뉴욕증권거래소에 상장 후 글로벌 기업으로 성장한 것이 대표적인 예이다.

다만, 법체계상으로 포지티브 규제에서 네거티브 규제로 쉽게 전환하기는 매우 어렵다. 즉, 법에서 허용하는 것을 예시하고 나머지는 모두 금지하는 포지티브 규제를 법에서 열거한 것만 금지하고 나머지는 모두 허용하는 네거티브 법체계로 전환이 쉽지 않은 것이다. 따라서 입법 기술적으로 완전히는 아니더라도 포지티브 규제를 네거티브 규제에 유사하도록 법제화하는 데 정치권과 정부, 그리고 민간 기업들이 합심하여 노력하는 것이 필요하다.

3. 창업진흥과 규제

(1) 개 요

전통적으로 우리 정부는 온라인사업과 오프라인사업에 대하여 각기 달리 규제하는 법제를 제정하고 운영해 오고 있다. 예를 들어 온라인사업에는 전기통신사업법, 개인정보보호법, 정보통신망 이용촉진 및 정보보호 등에 관한 법률(정보통신망법), 콘텐츠산업진흥법 등이 규제하고 있으며, 오프라인사업은 공정거래법, 환경관련법, 상법, 자본시장법, 금융회사지배구조법 등으로 규제하고 있다.

따라서 4차산업에 속하는 융합형 기업이 창업되는 경우 온라인 규제와 오프라인 규제를 모두 받는 만큼 지속가능성이 매우 낮은 것이 현실이다. 즉, 온라인사업에 대한 규제와 오프라인사업에 대한 규제를 2원적으로 동시에 완화해 주지 않는 한 융합형 신산업 분야에서 유니콘 기업이 탄생하기 어려운 것이다. 우리나라는 이미 최근 문제가 된 인터넷전문은행이나 드론, 우버택시 등의 예에서 보듯이 혁신기술 기반의 사업이 규제 때문에 성장하지 못하는 경험을 한 바 있다.

따라서 4차산업에 주도적 위치를 확보한 미국의 법제를 참고하여 한국형 규제시스템을 새로이 창안하는 방법도 해법 중의 하나이다.

미국은 전통적으로 기술정책과 관련하여서는 입법부가 사실상 불간섭주의를 견지해 왔으며, 이것이 네거티브 시스템(negative system)을 유지하는 원천이다. 즉, "기술이 야기한 문제, 기술이 스스로 풀어야 한다"는 원칙 때문에 첨단기술 분야에는 정치적 영향력 행사를 억제하는 전통을 고수해 왔다. 즉, 정부가 나서서 기술 분야에 지원하거나 규제하는 정책을 자제한 것이다.

(2) 정부역할

4차산업혁명시대를 맞이하여 미국이 전통적인 정책에 대한 변화를 추구하고 있는 것으로 나타나고 있다. 다만, 미국은 정부 지원 위주의 정책을 펼치면서도 규제를 병행하지는 않는 것으로 나타났다. 즉, 미국 정부는 2012년부터 4차산업을 육성하기 위해 연방 차원에서 다양한 지원과 투자 프로그램을 가동한 바 있다. 구체적으로는 차세대 데이터 과학자를 양성하기 위해 6개의 연방정부가 참여하여 2억 달러 이상의 정책자금을 투자했다. 미국 국립과학재단(National Science Foundation)도 약 5백만 달러를 투자하여 중서부, 동북부, 남부와 서부 각 지역에 하나씩 전국적으로 4개의 빅데이터 허브를 구축하였다.

미국 국립보건원(National Institutes of Health)도 생물의학 분야의 디지털화를 위한 연구개발을 촉진하고 지원하기 위해 "Big Data to Knowledge(BD2K) Initiative"를 출범하여 사업을 수행 중이다. 미 국방부(DoD) 역시 "Defense Advanced Research Projects Agency(DARPA)"를 통해 빅데이터 연구개발에 집중투자하고 있으며, 기술개발, 활용, 인프라, 인력양성, 법제도, 생태계 조성, 보안 및 윤리와 관련된 빅데이터 등 모든 영역을 총괄하는 개발정책을 수립하고 실천하고 있다.

따라서 우리나라도 4차산업혁명시대에 선도적 국가가 되기 위해서는 2가지의 정책적 개선 노력이 필요하다. 하나는 미국처럼 현재의 포지티브식 규제시스템을 네거티브식 규제시스템으로 전환해야 한다. 구체적으로는 정부의 인허가 및 승인제도를 대대적으로 등록제나 신고제로 전환하는 것이 급선무이다.

그리고 또 다른 하나는 4차산업혁명과 관련된 다양한 주체들에 대한 지원도 필요하다. 다만, 과거의 사례를 보면 정부지원과 동시에 규제도 함께 나타나 실효성이 약화되는 사례들이 많았다. 정부 규제를 최소화하면서도 성공적으로 재정적 지원 효과를 극대화하는 방안 모색이 필요하다.

(3) 규제정책

중소기업연구원이 2017년 9월 발표한 보고서[8]에서 4차산업육성정책

---

8) 최수정/권선윤/장윤섭, "4차산업혁명시대 대비를 위한 중소기업 규제혁신방향", 중

을 발표했는데, 이 보고서에서는 일본과 미국의 입법정책을 모델로 제시하였다. 일본은 산업경쟁력강화법을 시행하여 신사업을 창출할 수 있는 신기술을 확보한 회사에 각종 규제를 완화해 주고 여기에 추가로 지원도 해 주는 그레이존 해소제도와 기업실증 특례제도를 추진하였다고 한다. 여기서 말하는 '그레이존(gray zone) 해소제도'란 기업이 하려는 새로운 사업이 법령에 근거한 규제의 대상이 되는지 명확하지 않은 경우, 경제산업성, 후생노동성 등 사업과 관련 있는 부처들이 규제적용 여부에 대해 해석하여 알려주는 제도를 말한다.

그리고 '기업실증 특례제도'란 신사업 창출·신기술의 활용 등을 목적으로 기술력이 있는 기업이 규제 완화를 제안하면, 규제 소관 부처가 협의하여 안전성의 확보를 조건으로 기업 단위로 규제의 특례조치 적용을 인정해 주는 제도를 말한다.

중소기업연구원은 결론적으로 신산업을 추진하는 벤처·창업 기업들에 대한 규제의 불확실성을 제거하고 규제의 이행력 제고를 위해서는 첫째로, 신사업을 추진하려는 벤처·창업기업이 사업활동 시작 전 규제대상 여부와 규제범위를 정확히 확인하는 규제확인제도를 도입할 필요가 있다는 것이다. 둘째로는 한시적으로라도 신산업을 추진하는 기업에 규제 특례를 적용하고 안정성을 확보하면 소관 부처가 해당 규제를 완화하는 기업특례제도를 도입할 필요가 있다는 것이다.

셋째, 신사업은 실패의 가능성이 큰 만큼 제한적이나마 실험을 하는 것이 필요한데, 규제 없이 실험할 수 있도록 임시 허가하는 것이 필요하다. 즉, 벤처기업이 새로운 기술·제품·서비스 등을 개발·제공하는 사업

소기업포커스 제17-15호(2017.9.25.), 중소기업연구원.

등을 제한된 범위에서 실험할 수 있도록 모든 규제를 일시 정지하는 규제 샌드박스 제도의 도입 및 확대가 필요하다는 것이다.

넷째, 신산업을 위한 제도 도입도 중요하지만 기존 기업의 신산업 접근성을 높이도록 규제이행체계를 개선하는 것이 필요하다는 것이다.

다섯째, 규제 부담의 형평성을 확보하기 위해서는 신설하거나 강화하는 규제는 기업규모 별로 차등 적용하는 제도를 법제화할 필요가 있다는 제안을 한 바 있다.

여기서 말하는 규제샌드박스란 신산업이나 신기술 분야에서 새로운 제품이나 서비스를 내놓을 때 일정 기간 기존의 규제를 면제 또는 유예해 주는 제도를 의미한다.

그 밖에도 독일이나 미국 정도의 정부 불간섭주의는 아니더라도 시장에서 경쟁제한행위가 발생한 경우에만 정부개입 또는 행정처분이 가능하도록 사전규제를 사후규제로 전환해야 한다. 또한 칸막이식 규제보다는 산업간 융합이 가능하도록 규제제도를 개선해야 4차산업혁명을 선도할 수 있다.

이런 관점에서 본다면 규제 제도상 미국이 4차산업혁명에서 선도국이 되기 유리한 것이 사실이다. 예를 들어 MS와 익스플로어 끼워팔기 사건에서 미국은 위법성 판단기준을 탄력적으로 변화시킨 바 있다(1998-2001). 이 사건을 통해 미국에서는 플랫폼 사업자의 독과점이 합법화된 상태인 것으로 해석된다. 이는 정부가 규제하지 않아도 기술이 자생적으로 시장을 조절하는 역할수행이 가능하다는 의미이다. 따라서 우리 공정거래법도 현행 경제력집중 억제를 위한 일반집중규제, 소유집중규제, 시장집중규제 모두를 실행하는 현행 제도를 개선하는 것이 4차산업혁명을 선도하기에 유리하다. 즉, 선진국처럼 경제력집중에 대해 시장집중규제만을 제도화하는 것이 필요하다.

4. 4차산업혁명의 과제

(1) 사람 중심

정부는 4차산업혁명을 선도하기 위해서는 사람을 중심으로 4차산업혁명을 지속화할 필요성을 강조해 왔다. 이를 위해서는 인재양성, 변화대응, 격차완화 등의 전략을 제시했다.

인재양성과 관련해서는 ① 세계를 선도할 최고급 인재양성 ② 전 국민 SW·AI 교육 활성화 ③ 산업계 수요에 대응한 대학교육 개선 등의 과제를 제시한 바 있다.

변화대응과 관련해서는 ① 직업 전환에 대비한 구직자·재직자 디지털 ② 고용 안전망 구축 ③ 기업의 고용 친화적 디지털전환 지원 등의 과제를 제시한 바 있다.

격차 완화와 관련해서는 ① 전국민 디지털 리터러시 제고 ② 취약계층 디지털 접근성 확대 ③ 디지털 역기능 예방을 위한 교육 등을 통해 전국민을 4차산업혁명의 핵심인재로 육성될 수 있도록 역량을 강화하고, 이들이 노동시장에서의 역할 전환이 가능하도록 지원해서 디지털 친화를 실현하는 것이 필요한 과제라고 언급했다.

디지털 전환의 문제는 결국 컴퓨터프로그램 없이는 실현할 수 없다는 점에서 창업을 준비하는 이들은 저작권과 BM특허 등에 사전지식을 습득해 놓은 것이 필요하다.

(2) 공정과 신뢰

정부는 4차산업혁명을 선도하기 위한 두 번째 과제로 공정과 신뢰를 바탕으로 혁신을 추진하는 것을 들었다.

이를 위한 전략으로 규제개혁, 공정성장, 신뢰확보 등을 제시했다. 우선, 규제개혁과 관련해서는 ① 디지털 혁신 가속화 전담기구 신설 ② 네거티브 규제로 점진적 전환 ③ 핵심갈등 과제에 대한 제도화 등을 제시하였다.

공정성장과 관련해서는 ① 플랫폼 기업정책방향 수립 ② 플랫폼 기업 관련 지속적 혁신 및 경쟁환경조성 ③ 플랫폼 기업을 통한 생태계 발전과 대·중소기업 간 합의를 유도하고 사업자 간 상생의 유도 등 자유롭고 공정한 생태계 조성을 위한 협력 등을 제시한 바 있다.

신뢰확보와 관련해서는 ① 글로벌 선진적 규제체계 확립 ② 정보보호 강화를 통한 디지털 안심국가 실현 ③ 역기능 해소를 위한 기술개발 등 신뢰 기반 마련 등을 제시한 바 있다.

(3) 디지털 혁신

정부는 4차산업혁명 선도를 위한 세 번째 과제로 디지털 혁신 가속화를 위한 환경 조성을 들었다. 이를 위해서는 구체적으로 데이터 활용, 산업혁신, 인프라 조성 등을 언급한 바 있다.

데이터 활용과 관련해서는 ① 데이터 산업 성장 지원 ② 데이터 친화적 제도 정착 ③ 민간수요 반영한 공공혁신 등 데이터의 경제적 가치창출 환경 조성 등을 제시하였다.

산업혁신과 관련해서는 ① 기존산업의 디지털 전환 ② 기존 산업(X)

과 신기술(AI) 융합 ③ 디지털 혁신기술(AI·메타버스 등) 확보 등 신성장 동력창출 지원 등을 제시하였다.

인프라 조성과 관련해서는 ① 세계 최고 네트워크 혁신국가 도약 ② 국가 클라우드 대전환 ③ 주요 인프라의 디지털화 등 원활한 디지털 활용 환경 구축 등을 제시하였다.

디지털 혁신은 지식재산을 기반으로 해야 한다는 점에서 창업자들은 데이터와 관련된 저작권과 융합형 산업재산권에 대해서도 이해해 두는 것이 필요하다.

Ⅳ. 4차산업혁명과 일자리

1. 개 요

산업혁명이란 기계가 사람의 노동력을 대체하도록 함으로써 인간을 노동의 굴레에서 벗어나게 할 뿐만 아니라 생산성도 높이는 것을 의미한다. 동시에 산업혁명에 성공하는 순간 기존의 일자리가 감소하는 현상은 불가피하다. 4차산업혁명 역시 AI나 로봇 등을 통해 산업구조를 변화시키며 동시에 인간의 노동력을 감소시킴과 동시에 기존의 일자리를 감소시키고 새 일자리를 창출시키는 환경을 초래하게 된다.

새로운 일자리의 창출이란 기존의 일자리의 구조적 변화를 의미하기도 한다. 이런 관점에서 본다면 새로이 창출되게 될 노동시장의 구조적 변화에 대하여 예상하고, 이에 대한 대비책을 마련하는 것이 필요하다.

창업을 준비하는 예비창업자들 역시 새로이 형성될 일자리의 구조적 변화를 인식하고 있어야 적절한 인사관리는 물론이고, 효율적인 고용전략을 수립할 수 있을 것으로 본다.

일자리란 일반적으로 시장이 형성되는 곳에서 탄생되는 점을 고려하여 볼 때에, 창업 역시 4차산업시대에 일자리가 창출될 수 있는 분야에서 아이템을 찾아야 성공할 수 있다.

2. 구조적 변화

2013년 영국 옥스퍼드대 칼 베네틱트 프레이 박사와 마이클 오스본 교수가 발표한 '고용의 미래(The Future of Employment)'라는 보고서는 704개 직업을 대상으로 한 연구결과를 발표한 바 있다.

이 연구에서는 '데이터가 충분하다면 최신 기술로 이 직업의 모든 작업이 컴퓨터에 의해 수행할 수 있는가'라는 설문을 했는데 이 설문에서 미국의 직업 중 약 47%가 대체 가능한 고위험군으로 분류되었다고 한다. 고위험군이란 20년 안에 잠재적으로 자동화돼 컴퓨터로 대체 또는 직업 형태의 큰 변화 등을 가져올 것을 의미한다. 이 고위험군에는 텔레마케터, 은행 창구의 직원, 모델, 버스나 택시 기사, 커피숍 웨이터 등은 AI나 로봇으로 대체될 가능성이 매우 큰 것으로 나타났다고 한다. 반면에 초등학교 선생님, 사회복지사, 레크레이션 치료사 등은 사람들을 직접 상대하는 일이라는 점에서 대체 가능성이 매우 낮은 것으로 나타났다고 한다.

그리고 4차산업혁명시대에 오히려 일자리가 증가하는 수혜 분야로는 ICT 분야의 직업, 복지와 삶의 질을 높일 수 있는 직업, 로봇 그리고 생명과학 관련 등의 직업이라고 언급하였다.

한국고용정보원도 2017년 '4차산업혁명 미래 일자리 전망' 보고서에서 첨단 분야의 일자리 기회가 창출될 것으로 기대했다.

결국, 4차산업혁명에 동참하는 경우 해당 국가의 일자리에 대한 구조적 변화가 불가피한 것이다.

이러한 현상은 처음으로 4차산업혁명시대를 공식적으로 언급했던 2016년 1월 스위스 다보스포럼에서 발표한 '직업의 미래'라는 보고서에도 나타났다. 이 보고서에 따르면 인공지능, 사물인터넷, 빅데이터, 무인 자동차 등의 발달로 2020년까지 약 710만 개의 일자리가 소멸하고 200만 개의 신규 일자리가 창출될 것으로 예상했다. 예상대로 2020년에 일자리 소멸과 창출이 있었는지 발표된 연구 결과는 찾아보기 어렵지만 이런 예상에는 전체적으로 동의하는 분위기다.

한국고용정보원도 미래 10년 내 국내 전체 일자리 중 70.6%가 로봇으로 대체될 것으로 전망한 바 있다.[9] 결국, 4차산업혁명에 동참하는 경우 일자리에 대한 구조적 변화가 불가피한 것이다.

우선, 4차산업시대에는 3D 프린팅 등 스마트 기술의 발달로 인하여 소비자들이 스스로 물건을 만들어 활용하는 소비문화가 형성될 것으로 전망된다. 소비자들이 자신이 소비하는 물건에 대해 제작과정에서부터 참여하여 본인의 의사대로 상품이 제작될 수 있도록 하는 소비문화도 형성될 것으로 예상된다.

이는 소비자가 느꼈던 생각과 아이디어를 바탕으로 직접 상품을 제작해야 소비자의 욕구를 충족시킬 수 있다는 것을 의미한다.

---

9) 김한준, 4차산업혁명이 직업세계에 미치는 영향 – 4차산업혁명에 대한 재직자 인식 조사, 2016년 9월호 고용이슈(한국고용정보원), 90면 이하.

이는 근본적으로 단순 공정의 일자리가 대폭 감소한다는 의미이며, 동시에 인간의 창조성이 필요한 기술과 전문 분야에서 개인의 자기표현 욕구를 담아낼 수 있는 일자리들은 급격히 증가한다는 것을 의미한다.

이는 미래의 일자리는 개인화가 심화되어 다양화가 이뤄진다는 것을 의미한다. 그리고 이러한 개인화는 1인기업시대를 촉진할 것으로 예상된다.

이러한 시대적 요구에 따라 기업들도 인력구조를 불가피하게 개편하여야 하며, 개편 시에는 일자리의 개인화와 다양화, 1인기업시대 도래, 근로환경 변화, 유연근무제 확산, 노동시장의 유연화 등을 고려하여야 한다.

그리고 창업과 관련하여서는 창업 초기에 1인기업으로 창업하는 것이 바람직하다는 것을 의미하기도 한다.

3. 환경적 변화

(1) 1인기업

4차산업혁명시대에는 소비자들의 소비문화가 크게 변화될 것으로 예상되기 때문에 기업들의 생산방법도 크게 변할 것으로 예상된다. 이와 관련하여 4차산업이 활성화되면 이러한 변화에 부응하기 위해서는 1인 기업이 가장 효율적이라는 전망이 나오고 있다. 즉, '자가 고용(self-employment)' 시대가 도래한다는 것이다.

그 대표적인 사례로 "메이커(maker)"를 들 수 있다. 메이커란 예술, 공예, 엔지니어링, 과학실험, 소규모 DIY[10] 제작 등 필요한 것을 스스로

---

10) DIY란 'do it yourself'의 약어로서 소비자가 원하는 물건을 직접 만들 수 있도록 한 상품을 말한다. 엄밀하게는 반제품상태의 제품을 구입해 직접 조립하거나 제

만들어 사용하며 그 경험을 상호 공유하는 데 적극적인 사람들을 지칭한다.

이러한 메이커를 중심으로 한 1인기업은 생계를 위한 것이 아니라 자신이 진심으로 원하는 것을 얻기 위한 도전의 한 수단으로 활용되고 있다. 이 메이커들은 기계나 컴퓨터가 할 수 없는, 새로우면서도 창조적인 일들을 찾아 수행해서 새로운 일거리를 창출하는 데 일조하고 있다.

이러한 점을 인정하여 미국 정부는 정기적으로 정부가 지원하는 메이커 페어(maker faire) 행사를 개최하고 있다.

이러한 자가 고용 형태의 메이커들은 미디어를 활용한 1인 인터넷 기업을 경영하는 경우가 많으며, 그 수단으로 유튜브, SNS, 블로그 등을 활용함으로써 개인 미디어의 사회문화적 영향력을 확대해 나가고 있으며 사회적으로도 큰 각광을 받고 있다.

그리고 1인 인터넷 기업에서는 인터넷 공간을 활용하여 창업자 개인의 지식 및 아이디어를 상품화하고 이를 인터넷을 통해 판매하거나 서비스를 제공하는 경우가 증가할 것으로 예상된다.

중소벤처기업부 발표자료에 따르면 2017년부터 2019년도의 1인창조기업의 수가 지속적으로 증가하는 것으로 나타났다.[11] 여기서 말하는 1인창조기업이란 창의성과 전문성을 갖춘 1인 또는 5인 미만의 공동사업자로서 상시근로자 없이 부동산업 이외의 사업을 영위하는 사업자를 말한다. 이들 1인기업들의 영업방식은 개인 소비자를 대상으로 하는 B2C이며 이를 위해 오프라인 판매가 대부분이지만 인터넷을 활용한 판매방식이 점차 증가하고 있다고 한다.

작하도록 한 상품을 말한다. 미국에서는 1950년대부터 DIY 상품이 출시되었고 우리나라에서는 1980년대 후반부터 상품이 출시되었다.

11) NSP통신, 2022.3.30. 기사.

(2) 근로환경

4차산업혁명시대가 도래하면 근로환경 역시 많은 변화를 가져올 것으로 예상되며, 그 변화는 2003년 빌 게이츠가 제안한 심리스 컴퓨팅(seamless computing)이 주도할 것으로 예상된다.

심리스 컴퓨팅이란 언제 어디서나 동일한 컴퓨팅 환경을 제공하는 것으로 컴퓨터와 태블릿 PC, 스마트폰 등 다양한 디바이스를 하나의 인터페이스로 통합해 사용자에게 시·공간적으로 동일한 환경을 경험하도록 제공하는 환경을 말한다. 즉, 기기 간 전환을 할 때 별도의 행동이나 새로운 인식을 할 필요가 없도록 '이음새 없는(seamless)' 환경을 구축하여, 민첩하고 중단 없는 업무를 수행할 수 있도록 환경을 제공하는 것을 말한다.

이러한 심리스 환경을 구축하게 되면 사무직의 업무환경이 대대적으로 많은 변화를 가져올 것이며, 시대적 요구에 부응하는 자원과 정보의 창출이 가능해질 것으로 예상된다. 그 밖에도 협력작업에 필수적인 네트워크화된 지식(networked knowledge)이 축적될 것으로 예상된다. 즉, 소셜 네트워크 스타일의 플랫폼을 활용하여 다수 작업자가 함께 진행하는 온라인 작업도 가능하며, 다양한 분야 직원들이 플랫폼을 통해 실시간으로 소통하며 협력할 수 있을 것으로 예상된다. 이러한 환경이 조성되면 당연히 일의 생산성과 효율성이 극대화될 것으로 예상되며, 이러한 심리스 컴퓨팅을 구글의 웹브라우저 '크롬(Chrome)'이 지향하고 있는 것으로 알려져 있다. 어떠한 운영체제를 사용해도 구글 드라이브에 인터넷 검색 히스토리, 온라인 웹페이지, 오프라인 파일을 저장해 크롬에만 접속하면 중단 없이 업무수행이 가능하다. 구글은 이메일, 스프레드시트(spread sheet),

데이터베이스 등에 관한 애플리케이션을 개발해 모든 업무영역을 심리스한 환경으로 포괄할 수 있도록 시스템을 발전시켜 나가고 있으며 애플과 MS 역시 유사한 서비스를 제공하고 있다.

(3) 근로형태

심리스 컴퓨팅 환경이 조성되면 근로형태 역시 유연근무방식으로 변화할 것으로 예상된다. 유연근무제란 디지털 기술을 활용하여 시간과 장소에 구애받지 않고 업무를 수행하는 것이 가능한 모든 근무형태를 의미한다. 즉, 근로자가 개인 여건에 따라 근무시간과 형태를 조절할 수 있는 것이 유연근무제이다.

이미 많은 기업이 디지털 기술을 활용하고 있으며, 효율성 극대화를 위해 새로운 업무방식을 채택하고 있어서 근로형태 중의 하나인 유연근무제가 확산되고 있다. 최근 주4일제 근무제 논의가 확산되면서 유연근무제에 대한 수요도 급증하고 있다.

이러한 유연근무제는 심리스 컴퓨팅 환경과 밀접한 관련이 있는데, 향후 근로자들이 심리스 컴퓨팅을 활용해 언제 어디서나 동일한 업무환경을 제공받으면 근로의 형태, 장소, 시간, 방법 면에서 기존 정형화된 형태를 탈피한 탄력적 근무가 가능하며, 한 걸음 더 나아가 재택 및 원격근무도 더욱 활성화될 것으로 예상된다. 특히, 메타버스 플랫폼이 상용화되는 경우 재택 및 원격근무제도가 더욱 활성화될 것으로 예상된다.

또한 유연근무제가 널리 확산되면 회사는 근로자들에게 특정 시간에는 회사에 출근할 것을 요구할 수 있는데, 이를 핵심시간이라 하며, 근로자들은 핵심시간에 회사에 출근하는 한 여타시간에는 자유롭게 출퇴근 시간을 정할 수 있는 것이 일반적이다.

이러한 유연근무제를 실시하는 경우 근로자들의 직무 만족도는 물론이고 성과도 높은 것으로 알려져 있으며, 결근율 또한 낮은 것으로 나타나고 있어 미국 등 선진국에서는 이미 상당한 기업들에서 이를 실시하고 있는 것으로 알려져 있다. 따라서 4차산업시대에는 유연근무제의 확대가 당연시될 것으로 예상되며, 인사관리 역시 이를 전제로 새로운 방향으로 전개되는 것이 필요하다고 본다.

(4) 노동시장 유연화

4차산업혁명이 널리 확산되어 융합산업이 활성화되면, 기업의 라이프 사이클 자체가 단기일 가능성이 매우 크며 취급업종 역시 시장 소멸과 함께 변경될 가능성이 크다. 과거와 같은 평생직장의 개념 자체가 무의미해 지며, 동시에 법률로 근로자의 고용안정성을 보호하는 것 역시 그 중요성이 작아진다.

이처럼 법률에 근거하여 정부가 노동시장에 개입하는 현상이 감소하는 것을 노동시장의 유연화라고 정의할 수 있다.

이러한 노동시장의 유연성은 일반적으로 노동력시장이 사회 및 경제의 변화에 맞추어 변화하는 정도를 말한다. 특히, 경제학적으로는 외부환경의 변화에 인적 자원이 신속하고 효율적으로 배분되거나 재배분되는 노동시장의 능력을 의미하는데, 이는 크게 5가지 유형으로 구분해 볼 수 있다. 첫째는 외부적·수량적 유연성이다. 이는 고용관계를 단절하여 수량적인 유연성을 확보하는 것을 말하며, 해고나 경영상 해고 등이 이에 해당한다. 둘째는 내부적·수량적 유연성이다. 이는 고용관계를 유지한 상태에서 수량적인 유연성을 확보하는 것으로서 시간제(part time) 근로나 탄력시간근무제 등이 이에 해당한다. 셋째는 외부화를 통한 유연성인데, 이는 파견근로, 하청(하도급계약)과 같은 간접고용 형태를 이용하여 유연성을 확보하는 것을 말한다. 넷째는 기능적 유연성이다. 이는 직종의 수요에 따라 배치의 전환 및 이동으로 유연성을 확보하는 것을 말한다. 다섯째는 임금유연성으로 성과에 따른 임금을 지급하여 유연성을 확보하는 것을 말한다.

결론적으로 이러한 노동시장의 유연성은 노동시장이 자생적 질서에 따라 형성될 때 가장 유연하다고 할 수 있다. 따라서 노동시장에 정부가 법률에 의거 개입할 여지가 많아지면 많아질수록 노동시장이 경직화될 수 있어, 4차산업혁명시대에는 적합하지 않다.

우리나라는 1997년 이후 기간제법, 파견법, 60세 정년법 등을 개정하여 정부가 노동시장에 개입할 여지를 확대한 바 있다. 이는 4차산업혁명시대가 도래했음을 고려하여 볼 때에 앞으로 노동시장이 나가야 할 방향과는 괴리감이 크다.

따라서 창업 시에는 과거의 경직화된 고용환경을 고려한 사업계획보다는 유연화된 근로환경을 전제로 사업계획서를 작성하는 것이 필요하다.

4. 일자리 특성의 변화

(1) 일자리 특성

앞에서 본 바와 같이 4차산업혁명은 일자리의 구조를 크게 변화시킬 것으로 예상된다. 특히, 공급자 중심이 아닌 소비자 중심의 소비문화가 형성되는 경우 일자리가 갖는 특성에 큰 변화가 올 것으로 보인다. 이는 창업 시 아이템과 비즈니스 모델을 정함에 있어서 과거와는 달리 소비자 중심으로 사업계획을 해야 한다는 것을 의미한다.

4차산업이 본격적으로 시장을 지배하는 경우 일자리 역시 종래와는 다른 새로운 특성을 갖게 되므로 새로운 일자리의 특성을 고려해 창업해야 한다는 것을 의미한다.

예를 들어, 로봇이나 인공지능이 대신할 수 없는 일자리만이 생존하거나 새로이 창출될 수 있으므로 일자리의 고부가가치화에 대한 요구가 급증할 것으로 예상된다. 그리고 로봇이나 인공지능이 현존하는 일자리의 상당 부분을 차지하기 때문에 향후 인간이 감당할 수 있는 일자리의 유형은 현재보다는 제한될 수밖에 없을 것으로 예상된다. 이처럼 미래에는 일자리의 종류가 제한되는 만큼, 그 종류별로 일자리가 세분화되거나 전문화될 것으로 예상된다. 즉, 직업이 세분화 및 전문화될 것으로 예상되므로 이에 부응하는 창업전략이 필요하다.

물론, 일자리의 종류가 증가할 수도 있는데, 이러한 경우로는 기존 일자리가 상호간에 융합해서 새로운 일자리가 탄생하는 경우를 들 수 있으며, 4차산업혁명시대에는 이러한 현상이 가속화될 것으로 예상된다. 따라서 미래에는 직업의 융합화와 직업의 과학기술 진보화 등의 특성 역시 나타날 것으로 보인다.

(2) 고부가가치화

4차산업혁명을 통한 기계화 및 인공지능화는 이들이 인간을 대체하는 것이 아니라, 기계화 및 인공지능화가 인간에게 새로운 역할을 부여하는 형식으로 발전할 것으로 예상되기 때문에 이를 기반으로 한 창업전략을 마련하는 것이 필요하다.

2017년 맥킨지 경영연구소가 발표한 연구 결과에 따르면 전체 직업 중 약 60%의 직업에서 자동화 비율이 30% 이상 진행될 것이라고 한다.[12)]

이러한 자동화는 직업 대부분에 획기적인 변화를 가져올 것이며, 창업은 자동화로 인해 업무 대체가 되지 않은 영역에 집중될 것으로 전망한 바 있다. 이는 인공지능화가 직업을 재정립시킬 것이며, 설령 비즈니스의 프로세스가 변하더라도 직업 자체가 소멸할 가능성은 그리 크지 않다는 것을 의미한다. 단, 직업 자체가 소멸하지 않기 위해서는 해당 일이 인공지능 등을 통하여 과거보다 고부가가치를 창출해야 한다.

따라서 미래에는 인간이 할 수 있던 업무영역 중 일부를 인공지능 등 기계가 대체함에 따라, 인간이 하는 업무가 고부가가치를 창출할 수 있도록 진화해야 한다. 실례로 LA타임스의 경우에는 지진보도 알고리즘 "퀘이크봇(Quakebot)"을 통해 지역 내 지진과 관련된 보도기사를 자동으로 작성하고 있다. 영국의 가디언지도 2013년부터 구아봇(GUABOT)이라는 알고리즘을 통해 주간지 기사를 작성하고 있다.

12) McKinsey Global Institute, 'Jobs lost, Jobs gained: Workforce Transitions in a Time of Automation, December 2017.

이러한 경향은 언론뿐만 아니라 금융 서비스와 의료 서비스 영역에서 활발하게 진행될 것으로 예상된다.

이런 점들을 종합해 보면 향후 사실을 신속하게 전달하는 속보성 기사와 관련 데이터 분석기사는 점차 자동화된 프로그램과 알고리즘을 갖춘 로봇이 수행할 것으로 예상되며, 기자는 창의력과 기획력이 필요한 분야에 대한 심층 취재 등을 통해 시사점 및 함의를 도출해 내는 작업에 치중할 것으로 예상된다. 그 밖에도 전문성을 기반으로 고부가가치를 창출하는 1인미디어 및 언론사가 활성화가 현재 진행되고 있으며, 금융 및 의료 서비스 영역에서도 인간의 역할을 고도화한 직업 전문화가 진행되고 있다. 이는 인간이 하는 일이 인공지능이나 로봇이 하는 일보다 고부가가치를 창출해야만 한다는 것을 의미한다.

따라서 4차산업시대에는 어떤 직업이든 종래보다는 고부가가치를 창출할 수 있어야 해당 일자리가 생존하거나 새로운 일자리가 창출될 수 있는 아이템을 선정해 창업해야 한다.

(3) 세분 및 전문화

4차산업이 본격적으로 활성화되게 되면, 사회 전반에 걸쳐 인간의 삶의 질을 향상하는 데 필요한 수요가 급증할 것으로 예상된다. 이는 시장이 공급자 중심에서 수요자 중심으로 이동된다는 것을 의미한다. 결국, 사업자가 제품과 서비스를 개발하고 이를 소비자에게 전달하는 과정이 더욱 전문화되고 세분되어야 하며, 이를 위해 직업들도 보다 세분되고 전문화될 것으로 예상된다. 이와 관련하여 한국고용정보원이 발간한 "한국직업사전"에 따르면, 2020년을 기준으로 볼 때 우리나라의 직업 수는 약

1만 6,891 개이지만 미국은 약 3만 개에 달하였다고 한다. 예를 들어, 국내의 간호사 관련 직업을 약 10여 개로 분류하고 있으나 미국은 약 30개로 분류하고 있다. 반려동물과 관련된 직업도 우리나라는 수의사만 존재하는데, 미국은 수의사 이외에도 동물 진료를 보조하는 동물간호사만 약 10만 명에 달한다.

또한 선진국처럼 수제맥주 제조전문가나 바리스타(Barista), 음악치료사, 카이로프랙틱 닥터(chiropractic doctor) 등의 전문가 직업군도 우리나라에서 새로이 등장하고 있다. 특히, 고령화와 저출산 문제가 심각해 헬스케어(health care)나 라이프케어(life care) 등과 관련된 직업에 대한 수요가 증가함은 물론이고 삶의 질을 높일 수 있는 건강, 미용, 복지 관련 직종에 고용이 증가할 것으로 보인다. 심지어는 노년설계사(planner)나 가상현실 등을 활용하여 여가 프로그램을 만드는 가상현실 레크리에이션 설계사도 등장할 것으로 예상된다.

그 밖에도 기후변화에 대한 대응이나 에너지 절감, 환경보호 등에 대한 전문가는 물론이고 기후변화 전문가, 에너지 하베스팅(energy harvesting)[13] 전문가 등에 대한 직업수요도 증가하고 있다. 결론적으로 4차산업시대에는 직업의 세분화와 전문화에 대한 요구가 급증할 것으로 보인다.

따라서 창업 역시 세분화·전문화된 지식재산을 기반으로 한 사업 아이템을 가지고 이뤄져야 한다는 것을 의미한다.

13) 에너지 하베스팅(energy harvesting)이란 일상생활에서 버려지거나 소모되는 에너지를 모아 전략으로 재활용하는 기술을 의미한다.

(4) 융합화

4차산업혁명은 산업 간 융합으로 대변되는데, 이러한 융합 현상은 직업세계에서도 나타나고 있다. 즉, 각기 다른 직무나 지식, 또는 기술과 기능을 합쳐 새로운 전문 분야를 창출하는 '블렌딩(blending)' 과정을 통해 새로운 융합형 직업이 출현하고 있다. 이러한 융합형 직업은 "인간의 소질과 관심의 결합", "기술 또는 지식 간 결합", "과학기술과 타 영역 간 결합" 과정에서 발생하는데, 예를 들어 농장을 운영하면서 요리도 하는 요리사 농부(agri-restaurateurs 또는 chef-farmers)가 이에 해당한다.

또한 교육과 관련하여서도 학문간 융합형 교과목들이 개발될 것이며, 이를 통한 융합형 교사나 교수에 대한 사회적 요구가 급증할 것으로 예상된다. 특히, 인문·사회과학과 이공학이 결합한 교과목은 물론이고 교육자에 대한 사회적 요구가 급증할 것이 예상된다. 예를 들어 숭실대학교 대학원의 IT정책경영학과 등과 같은 융합형 학과와 이를 위하여 개발된 교과목 등을 들 수 있다.

또한 기술 관련 제품에 대하여 일반인들이 쉽게 이해할 수 있도록 설명서나 소프트웨어 도움말 기능 등을 만들고, 잡지 등에 기술에 관한 해설내용을 기고하는 것 등을 직업으로 하는 테크니컬 라이터(technical writer)도 융합형 직업으로 분류할 수 있다.

특히, 4차산업사회에서는 빅데이터나 인공지능 등의 기술을 인문과학이나 사회과학 등에 속하는 지식과 융합한 창의적인 일자리가 창출될 것으로 예상된다. 예를 들어 공학적 지식과 인문학적 지식을 결합한 "사용자 경험 디자이너(user experience designer)"나 홀로그램(hologram)[14] 전시기획가 등이 이에 해당한다. '사용자 경험 디자이너'는 인간의 심리와 행동을 이해하는 심리적 지식과 가상·증강 현실 등과 같은 스마트 기술에 대한 이해도가 높아야 한다. 따라서 홀로그램 전시기획가는 홀로그램 기술에 대한 이해와 인문학적 소양에 기반한 전시기획능력이 함께 요구되고 있다.

따라서 이러한 융합적 지식과 경험을 가진 인력과 공동창업을 하거나 고용하는 것이 필요한 것이다.

(5) 과학기술 진보화

4차산업혁명시대에는 상상하지 못했던 과학기술의 진보로 인하여 새로운 직업들이 탄생할 것으로 예상된다. 예를 들어, 드론 조종사, 신체 부위별 인공장기 제조 전문가, 생체 모방 로봇 개발자, 외골격 로봇 엔지니어, 아바타 개발자, 두뇌/기계 인터페이스 전문가, 기억 변화 전문가, 우주여행 가이드, 우주 광부, 우주 청소부, 우주 농부, 스마트 교통 시스템 설계 엔지니어, 빅데이터 분석에 기반한 사회 시스템 디자이너, 스마트팜(Smart farm) 관리자 등이 이에 해당한다. 심지어는 인간 복제나 유전자 조작 등 기술발전이 가져오는 윤리적 문제를 다루는 첨단 과학기술 윤리학자, 미디어 윤리학자, 기계 언어학자 등도 등장할 것으로 예상된다.

물론, 단시일 내에 이러한 직업이 탄생한다고 단정하기는 어렵지만, 향후 많은 사업자가 이러한 분야에 집중적으로 투자할 것임은 분명하다. 따라서 이러한 분야에 전문성을 갖는 개인 또는 소규모기업들에 대한 수요는 급증할 것으로 예상되며, 창업 시에도 이런 점을 고려해 사업계획과

14) 홀로그램이란 빛의 간섭성을 이용해 입체 정보를 기록·재생하는 기술을 사용해 3D 영상을 구현하는 기술을 의미한다.

인력수급계획을 마련하는 것이 필요하다.

5. 창업과 기업가 정신

(1) 개 요

4차산업혁명시대에는 기존 일자리가 감소하는 것은 분명하지만 새로운 일자리도 창출된다는 점을 고려해 보면 앞으로는 새로운 일자리 창출 방안을 모색하는 데 더 큰 노력을 기울이는 것이 필요하다.

4차산업혁명시대에는 과거와는 달리 직무나 업무방식에 많은 변화가 예상된다. 예를 들어 지능정보기술이 발전되면서 주문형 거래가 증가할 것으로 예상되는데 이런 경우에는 임시직이나 파견직에 대한 수요가 증가할 것으로 예상된다.

구인·구직 플랫폼인 '사람인'이 439개 기업을 대상으로 '일하는 방식 변화'에 대한 조사를 실시한 바 있다. 이 조사에서 나타난 가장 구체적인 변화는 대면회의 대신 메신저나 화상으로 회의를 진행한다는 응답률이 1위를 차지했다. 그리고 2위는 재택 등 원격근무 실시, 온라인 협업 툴의 적극적 활용, 근무시간을 자율조정하는 탄력·선택 근로제 도입, 대면 결재 대신 온라인 결재 활용 등의 순으로 변화의 정도가 나타났다.

이러한 변화의 효과에 대해 긍정적으로 평가하는 응답자가 74.9%에 달했으며 부정적으로 응답한 사람은 25.1%에 불과해 긍정적인 답변이 3배나 많았다.

그리고 일하는 방식의 변화로 업무 효율성이 향상되었는지를 물은 질문에 56%가 긍정적으로 응답했으며 직원 만족도도 증가했다는 응답이

38.5%에 달했다.

그 밖에도 이러한 직무나 업무방식의 변화가 감염병 예방 및 직원 건강 유지에 긍정적이었다는 응답이 36.5%, 비용 절감 효과가 있었다는 응답이 24%, 일하기 좋은 기업이라는 외부 홍보 효과가 있었다는 응답이 6.5% 등의 순이었다.

그리고 일하는 방식의 변화 후에 기업의 생산성이 향상되었으며, 대상 기업의 대부분은 코로나19가 종식된 후에도 변화한 근무방식이 그대로 유지될 것으로 전망했다.

이는 창업을 통해 양질의 일자리가 창출되기 위해서는 창업 시부터 일하는 방식의 변화를 반영해 근무환경을 조성하고, 이를 기반으로 단기간 내에 대기업으로 성장하는 기업들이 많아야 국가적으로 경쟁력이 제고될 수 있다는 것을 의미한다.

따라서 창업 후 10년이 되기 전에 시가총액이 10억 달러에 달하는 유니콘 기업의 수가 많아야 4차산업혁명을 선도하고, 창업으로 인해 양질의 일자리를 창출하는 산업정책이라고 평가받을 수 있다.

2020년 11월 기준으로 전세계적으로 유니콘 기업의 수가 500개에 이른 것으로 나타났다. 이 중에서 미국 기업이 242개, 중국 기업이 119개, 영국 24개, 독일 12개, 한국 11개, 이스라엘 8개, 브라질 7개, 프랑스 7개, 인도네시아 5개, 일본 4개로 나타났다.

한국은 순위상 6위이지만 그 수는 미국의 5%, 중국의 10%에 불과하다는 점에서 문제점을 분석한 후 이에 대한 대응방안을 모색하는 것이 필요하다.

이처럼 유니콘 기업의 수가 적은 원인으로는 우리나라의 창업환경이 양적으로는 많이 성장했으나 질적 성장이 저조했다는 점을 들 수 있다.

지식재산 기반의 기술창업보다는 생계유지 목적의 창업 비중이 높다는 점을 들 수 있다. 우리나라에서 창업 후 3년 동안 생존하는 기업은 전체 창업 기업 중 38%로 나타났는데 이는 조사대상 26개 국가 중 25위에 해당하는 것이다. OECD 국가 중 스웨덴(75%), 영국(59%), 미국(58%), 프랑스(54%), 독일(52%) 등의 순으로 생존율이 높았다.

결국 창업자가 차별화된 지식재산권을 보유하고 있는 혁신기술 기반 창업인지 여부에 따라 성공 여부가 결정되는 것이다.

따라서 창업자에게 있어서 지식재산권의 보유 여부는 선택이 아닌 필수가 된 것이다. 특히, "다품종 소량생산시대"로 대표되는 4차산업혁명 시대에는 지식재산 기반의 1인기업이 급성장하여 유니콘 기업이 되는 패턴이 정착되어 가고 있는 점을 감안해 볼 때 지식재산은 성공적인 창업 여부를 결정하는 매우 중요한 요소가 된다.

(2) 창업의 의의

창업이란 본래의 의미는 새로운 업종을 창조하거나 기존의 업종을 새로이 창조하는 것을 말한다. 즉, 종래에 없던 새로운 형태의 제품이나 서비스 제공을 목적으로 창조적 사업을 개시하는 것을 의미한다.

이런 점에서 볼 때 창업은 이미 타인의 사업 모델을 반복적으로 개시하는 개업 또는 신장개업과는 다르다.

창업은 생계형 창업과 지식기반 창업으로 구분할 수 있으며, 생계형 창업은 개업과 유사한 의미를 내포한다. 즉, 지식기반형 창업이 진정한 의미의 창업이라고 말할 수 있는 것이다.

연구 결과에 따르면 생계형 창업이 지식기반형 창업보다 마케팅 비용이 많이 든다고 한다. 즉, 후발주자로 창업을 하는 경우 해당 시장에서 제품을 판매하기 위해서는 선두기업보다 1.7배에서 3배에 해당하는 마케팅 비용을 지불해야 한다는 분석 결과가 나온 바 있다.

이는 창업을 서두르기보다는 타인의 사업 모델보다는 자신만의 사업 모델을 기반으로 시장을 변화시킬 수 있는 지식재산기반 창업이 돼야 창업비용도 최소화하고 시장지배력도 확장할 수 있다는 것을 의미한다.

(3) 기업가의 지식파급이론

지식재산 기반 창업과 관련해 가장 많이 언급되는 이론이 "기업가의 지식파급이론(Knowledge Spillover Theory of Entrepreneurship)"이다. 이 이론의 핵심내용은 어떠한 종류의 창업이든 기술 기반의 혁신적 창업을 해야 높은 경제적 가치를 창출한다는 것이다. 즉, 시장 혁신이 가능한 고도의 기술에 기반한 상품과 서비스를 제공하는 창업을 해야 경제적 가치의 창출이 가능하다는 것이다.

그 이유로는 3가지를 들 수 있는데, 첫째, 혁신적 창업을 해야 차별화를 달성할 수 있다는 것이다. 과거의 대량생산 사회에서는 생산역량 갖추는 것이 차별화를 위한 중요한 요소였다. 그러나 고도화된 기술력이 시장을 지배하는 지식기반 사회에서는 새로운 아이디어와 기술력을 확보해야 차별화를 달성할 수 있고 가치창출은 물론이고 파급효과를 기대할 수 있기 때문이다.

둘째, 새로운 아이디어와 기술로 인해 경제적 가치를 지닌 지식재산을 보유해야 해당 사업자를 법제가 보호하는 배타적 권리를 인정하기 때문에 이윤보장이 가능하다는 것이다.

셋째, 지식재산을 확보하면 시장에서의 경쟁우위를 확보하는 것이 가능하다는 것이다. 즉, 지식재산을 보유하면 품질 향상에 유리한 것은 물론이고 타 회사와의 협상력이 향상되고 회사 및 제품에 대한 평판도가 향상되어 경쟁력이 강화될 수 있다는 것이다.

결론적으로 개업 또는 생계형 창업보다는 지식재산 기반 창업이 돼야 수익성을 확보해 창업의 성공률을 높일 수 있는 것이다.

(4) 기업가 정신

창업과 관련해서 가장 많이 언급되는 단어는 기업가 정신이다. 즉, 창업자가 기업가 정신으로 무장하면 성공할 가능성이 크다는 것이다.

기업가(entrepreneur)란 단어는 프랑스어 동사 'entreprendre'에서 유래하였는데 그 뜻은 '시도하다', '모험하다' 이다.

그리고 기업가 정신(entrepreneurship)이 무엇인지 대해서는 다양한 정의가 내려졌지만 가장 많이 인용되는 정의는 경영학자인 피터 드러커(Peter Ferdinand Drucker)가 정의한 것이다. 그는 기업가 정신이란 '위험을 무릅쓰고 포착한 기회를 사업화하려는 모험과 도전의 정신'이라 정의하였다.

그리고 경제학자 슘페터(Joseph Alois Schumpeter)는 기업가 정신의 본질을 혁신이라고 보았다. 그는 새로운 발명뿐만 아니라, 새로 시장을 개척하거나 값싼 원료를 새로 발견하는 일, 비용이 적게 드는 생산방법을 찾아내는 일 모두를 혁신으로 보았다.

이처럼 현대 사회에서 기업가 정신이 점점 강조되는 이유는 첫째로,

기업가 정신을 갖춘 기업가는 불확실한 환경에 신속·유연하게 대처할 뿐 아니라, 혁신적 활동을 할 수 있다고 보기 때문이다. 둘째, 기업가 정신을 갖춘 기업가는 위험을 무릅쓰고 새로운 제품과 서비스로 변화를 시도한다는 것이다. 결과적으로 이러한 변화가 과학과 산업을 발전시키는 원동력이 되는 것이다. 셋째, 기업가 정신을 갖춘 기업가는 고용을 창출하고 경제를 활성화해 국가경제를 발전시킬 수 있다는 것이다.

그러나 슘페터나 드러커가 정의한 기업가 정신에서는 왜 위험을 무릅쓰고 혁신해야 하는 이유에 대해서는 답을 주지 않고 있다.

그리고 4차산업혁명시대에는 위험 감수나 혁신도 법률이 허용한 범위 내에서 실행되어야 그 목적을 달성할 수 있다.

페이스북의 창업자인 마크 저커버그는 창업 전 하버드 대학생들이 이용하는 페이스 매쉬라는 네트워크상에서 해킹한 여성 학우의 사진을 시스템상에 게시하였다는 이유로 징계처분받고 여학생 단체의 비난을 받아 창업에 어려움을 겪은 바 있다. 이는 합법적이고 윤리적인 방법만이 기업의 지속과 성장을 보장한다는 것을 의미한다.

마크 저커버그는 2010년 5월 한 언론사와의 인터뷰에서 "내가 정말로 신경 쓰는 것은 세상을 개방적인 곳으로 만들겠다는 사명이다(The thing I really care about is the mission, making the world open)" 라고 언급한 바 있다. 즉, 돈을 버는 게 자신의 첫 번째 관심사는 아니라고 언급한 것이다. 그래도 여전히 각국으로부터 개인정보침해 등으로 인한 법적 분쟁에 봉착해 있다. 이는 향후 페이스북이 메타로 회사명을 변경했다 하더라도 여전히 숙제로 남을 것으로 판단된다.

한편, 글로벌 기업으로 성장한 삼성그룹의 창업인 고 이병철 회장은 왜 위험을 감수해 가면서 혁신해야 하는지에 대해 형이상학적 이념을 도입했다. 즉, 이병철 회장은 기업가의 사명을 사업보국(事業報國)이라고 정한 바 있다. 즉, 사업으로 국가에 보답하는 것이 기업가 정신이라는 것이다.

이것은 기업의 사회적 책임을 의미하는 것으로 "기업가의 본령은 돈벌이에 있는 것이 아니라 장래성 있는 사업을 기획하고, 그것을 기필코 성취하는 데서 보람을 느끼는 것"이라고 언급한 고 이병철 회장의 말에서 기업가 정신의 본질을 파악할 수 있다.

제2장

창업전략

제2장 창업전략

Ⅰ. 창업환경

1. 개 요

4차산업혁명시대에는 IT 기술 기반의 융합형 혁신기업이 생존 가능성이 클 것으로 예상된다. 즉, 융합형 혁신기업이 창업에 성공할 가능성이 크다는 것이다.

이는 노동력 또는 설비 중심이 아니라 차별성과 시장독점력을 갖는 지식재산(Intellectual property, IP) 기반의 창업전략을 수립하고 실행해야 성공할 수 있다는 것을 의미한다.

과거 대량생산에 기반해 효율성을 추구하는 사회에서는 생산역량이 차별화의 중요한 요소였다. 그러나 혁신적 아이디어가 시장을 주도하는 현대 사회에서는 R&D를 통한 새로운 가치창출역량이 차별화의 요소가 된다.

기술혁신에 의한 성장은 참신한 아이디어에서 시작하며 혁신적 아이디어를 법적으로 보호받는 지식재산권으로 전환하는 것이 중요한 시대다. 혁신적 지식으로 이윤극대화를 추구하는 기업은 지식에 대한 배타적인 권리를 부여받아 지속적인 혁신활동과 이윤창출을 할 수 있는 여건이 되기 때문이다. 특히, 지식재산권은 R&D투자에 사용된 초기비용을 상쇄시켜 기업의 투자유인이 훼손되지 않게 보호하는 역할도 하게 된다.

이러한 현상은 기업뿐만 아니라 한 국가의 산업경쟁력 향상을 위해서도 중요한 요소가 된다. 이는 특허 등 지식재산을 기반으로 창업한 기업들이 유니콘 기업으로 성장한 예를 보더라도 잘 알 수 있다.

2. 창업환경의 변화

국내 창업환경은 양적으로 큰 성장을 한 것은 사실이다. 그러나 질적으로도 큰 발전이 있었는지는 회의적인 평가들이 많다. 이러한 평가를 받는 이유는 통계상으로 지식재산 기반 창업보다는 생계유지 목적의 창업 비중이 월등히 높기 때문이다.

양적 성장 면에서 지난 20년간 국내 벤처기업 수는 100배 이상 증가한 것으로 나타났다. 대표적으로 우리나라의 벤처캐피털 투자는 OECD 국가 중 4위에 해당한다. 즉, 2021년 기준 벤처기업 수는 38,319개로 국민 1,500명당 1명꼴로 벤처창업을 한 것으로 나타났으며 벤처 업종별로는 제조업 62.1%, 정보처리 소프트웨어 개발업 19.9%, 기타 9.5% 등으로 나타났다. 그리고 벤처기업 수도 2018년부터 2021년까지 3년간 연평균 5~7%씩 증가한 것으로 나타났다.

이처럼 벤처기업의 수가 증가한 것은 우리 정부가 2016년에 창업 등록 단계를 12단계에서 2단계로 대폭 축소하였으며, 창업의 소요 기간도 22일에서 4일로 단축하는 등 창업절차를 제도적으로 개혁하였기 때문이다. 이는 가장 선진화되었다고 평가받은 미국의 5.6일보다도 더 개선되었다는 점에서 후한 평가를 받는 것은 당연한 일이다.

그 결과 2021년 기준 우리나라의 벤처투자금은 총 7조 6,802억 원으로 2019년의 4조 2,777억 원보다 약 2배 증가한 수치이며 2021년 한 해에만 3조 3,757억 원이 증가하는 등 전반적으로 투자 재원이 급격히 증가해 양적으로 많은 성장을 한 것으로 평가받고 있다.

그래도 여전히 창업환경 변화에 긍정적인 평가와 동시에 부정적인 평가가 나오는 이유는 양적 성장에 질적 성장이 동반되지 못하기 때문이라고 할 수 있다.

Ⅱ. 창업환경의 질적 성장

1. 의 의

앞에서 본 바와 같이 우리나라의 창업환경은 양적으로 급성장한 것이 사실이지만 질적인 성장 면에서는 아직 갈 길이 먼 것으로 나타났다. 2021년 4월 26일 중소벤처기업부가 “한국 창업 생태계의 변화 분석”이라는 보고서를 발표한 바 있는데, 이에 따르면 국내기업이 창업 후 5년간 생존율이 2020년 기준으로 29.2%에 불과하다는 것이다. OECD 주요국의 기업들이 창업 후 5년간 평균 생존율이 58.3%에 달하는 것과 비교해 볼 때 월등 낮은 것이다. 이는 우리나라의 창업환경이 질적인 면에서는 여전히 많은 과제를 안고 있다는 것을 의미한다. 창업환경의 질적인 면을 평가하는 데 중요한 지표 중의 하나가 바로 재창업률이다.

중소벤처부가 발표한 2021년 보고서에 따르면 지난 5년간 국내기업의 재창업 후 폐업률이 73.3%에 달하는 것으로 나타났다. OECD 국가들과 비교해 볼 때 프랑스(48.2%), 영국(43.6%), 이탈리아(41.8 %), 스페인(39.7%), 독일(38.6%), 핀란드(38.5%) 등에 비해 크게 열악한 것이다.

5년 차 폐업률이 가장 높은 분야는 예술·스포츠·여가서비스업으로서 81.6%에 달하며, 숙박·음식점업이 80.9%, 도·소매업이 74.0%, 청소·경호·여행사 등 사업지원 서비스업이 73.7% 등으로 나타났다.

이와 관련해 주목할 점은 창업 기업 중 혁신 창업 기업이 일반 창업 기업보다 매출이나 고용 부문에서 성과가 우수한 것으로 나타난 것이다.

구체적으로는 혁신형 기업의 고용창출효과가 기업당 8.2명이지만 일반기업은 6.6명으로 혁신기업이 일반기업보다 고용창출효과가 24%나 높은 것으로 나타났다.

창업 기업들의 질적 성장을 나타내는 지표인 매출액 규모와 관련해서도 혁신 분야 매출액은 6.34억 원으로 일반분야 매출인 5.95억 원 대비 6% 높은 것으로 나타났다.

따라서 국내 창업 기업의 생존율을 높이기 위해서는 예술·스포츠·여가서비스업, 숙박·음식점업, 도·소매업, 청소·경호·여행사 등 사업지원 서비스업보다는 인공지능, 빅데이터, 적층 가공, 사물인터넷, 바이오·헬스 케어, 핀테크 등 분야의 창업을 하는 것이 생존율을 높이는 등 질적 성장에 긍정적 영향을 미칠 것으로 보인다.

2. 향후 과제

(1) 창업자금 회수

창업 기업의 질적 성장 여부를 판단하는데 창업환경과 투자자의 자금 회수 전략 일명 "엑시트(exit)"도 중요한 요소로 평가되고 있다.

창업환경 문제와 관련해 미국 '스타트업 지놈(Startup Genome)'이 발표한 '글로벌 스타트업 생태계 2021' 보고서는 전세계 40개 도시의 창업 생태계를 토대로 분석된 것이다.

이 보고서에서는 스타트업 생태계를 기준으로 글로벌 톱 20을 선정하였는데 이에는 실리콘밸리, 뉴욕, 런던, 북경, 보스턴, 로스엔젤레스, 텔아비브 등이 상위권을 차지하였으며 서울은 16위에 포함되기는 하였으나 중국이나 일본보다는 창업 생태계가 하위권인 것으로 분석되었다.

특히, 창업자들이 필요한 경우 지분을 처분해 창업자본을 회수할 수 있고 투자자들도 투자자금을 회수할 수 있는 전략인 '엑시트(exit)' 순위에서는 한국은 세계 30위권 밖인 것으로 나타났다.

기업공개(IPO)와 인수합병(M&A)으로 대표되는 엑시트는 스타트업 생태계의 "스타트업, 투자자, 엑시트" 등 3요소 중 가장 중요한 요소로 평가받고 있다는 점을 고려해 보면 우리나라의 창업 생태계가 질적인 면에서 매우 열악하다는 것을 의미한다.

창업 생태계 선순환구조는 "창업 - 투자 - 성장 - 엑시트 - 재창업·재투자"로 인식되고 있는 점을 고려해 보면 엑시트 정책개선이 시급한 것이다.

엑시트 방법과 관련해 세계 주요 유니콘 강국의 엑시트 유형을 보면 M&A가 82.8%를 이루고 있지만 한국은 52.9%에 불과해 투자회수 시장이 경직된 것으로 평가받고 있다. 이런 문제를 해결하기 위해서는 M&A를 규율하는 공정거래법상의 기업결합규제나 지주회사규제, 금융사지배구조법 등을 선진화할 필요가 있다.

(2) 창업지원

우리 헌법 제123조 제3항은 "국가는 중소기업을 보호·육성하여야 한다"고 규정하고 있으며, 제5항에서는 "국가는 농어민과 중소기업의 자조조직을 육성하여야 하며, 그 자율적 활동과 발전을 보장하여야 한다"고 규정하고 있다.

그리고 헌법 제127조 제1항에서는 "국가는 과학기술의 혁신과 정보 및 인력의 개발을 통하여 국민경제의 발전에 노력하여야 한다."라고 규정하고 있다.

이는 국가가 중소기업은 물론이고 창업자를 보호하고 육성하여야 하며, 또한 중소기업이 자생적으로 설립될 수 있는 환경을 조성하고 동시에 이들의 발전을 보장해야 할 의무를 지고 있다.

이처럼 헌법에 중소기업과 창업자를 육성하고 보호할 국가 의무에 대해 규정한 것은 기존사업자들과의 경쟁에서 살아남기 어렵다는 점을 고려해 이들이 시장에서의 자생력을 갖출 수 있도록 육성하여 이들이 국가경제발전에 기여할 수 있도록 육성하는 데 목적을 두고 있다.

따라서 우리나라 입법부는 이러한 헌법 정신에 기반해 다수의 창업과 중소기업을 보호하고 육성, 또는 지원하는 법률들을 제정해서 실시하고 있다.

현 정부도 지속적으로 스타트업 등 중소·벤처기업들이 지식재산 경쟁력을 강화하도록 다양한 지원책을 발표하고 있다. 4차산업혁명과 관련해서 관심을 끄는 내용은 해당 분야의 특허 및 디자인을 출원하면 심사기간을 대폭 단축하는 내용이 포함되어 있다.

그리고 중소벤처기업의 특허·실용신안·디자인의 연간 등록료를 기존

30% 감면에서 50%로 확대하여 감면하고, 감면기간도 권리존속기간 전체로 확대하는 정책이 집행되고 있다.

그리고 혁신성장을 위해서는 창업 자체만을 촉진하기보다는 시장에서 끊임없이 가치를 창출하는 기업을 다수 육성하는 스타트업 스케일 업(scale-up) 방식으로 정책지원의 정도를 높여 왔다.

그러나 혁신성장을 위해서는 창업의 핵심 자산인 창의적 아이디어와 신기술을 신속하고 유연하게 보호하는 것이 매우 중요하다. 따라서 기술 기반의 창업자를 중심으로 창업자들이 양질의 지식재산을 제때 권리화할 수 있도록 다양한 지원을 하는 것이 필요하다.

그리고 성공적인 창업이 되기 위해서는 다른 기업과 차별화된 경쟁력을 확보하는 것이 필요한데, 지식재산은 창업자의 기술 및 브랜드 등을 단순히 보호하는 차원을 넘어 투자유치나 기업상장, 인수합병 등을 유발하는 원동력이 되어야 창업에 성공할 수 있는 것이다.

지식재산은 기업의 경쟁력을 강화할 뿐만 아니라 사업의 성패를 가르는 중요 자산에 해당하지만 이를 유지하고 발전시키는 데 고비용이 드는 만큼 정부 관련 부처의 정책적 지원이 필요한 것이 사실이다.

창업지원정책과 관련해 지식재산 기반 창업에 대한 다양한 지원정책을 통해 창업자들의 기술혁신이 지식재산권으로 보호받고, 이를 바탕으로 창업 후 생존율을 높이면 우리나라의 스타트업 시장에서 지식재산이 선순환 생태계를 확립하는 데 원동력이 될 수 있다.

Ⅲ. 캠퍼스 창업 육성

1. 대학 벤처

대학 캠퍼스에서는 고도의 전문성을 확보한 교수와 연구원, 그리고 창업에 대한 열정을 가진 학생 등 다양한 인재들이 집합해 있는 공동체이다.

따라서 대학과 그 구성원들이 보유한 지식재산과 그 인적 자원을 활용하여 기술을 개발하고 이를 창업자나 사업자들에게 이전해서 산업에 이용하는 것에 관심이 증가하고 있다.

이와 관련해 국내 대학들은 교내에 기술지주회사를 설립하고 대학과 그 구성원들이 연구·개발한 지식재산을 기술이전 방식을 통해 창업자들이 활용할 수 있도록 다양한 방법들을 모색하고 있다.

물론, 현재는 대학 기술지주회사들의 기술사업화 경험과 전담인력 부족, 법적·제도적 장애요인 등 다양한 이유로 그 성과가 저조한 실정이다.

그래도 각 대학들은 기술지주회사가 직접적으로 액셀러레이터(창업기획자)[15] 또는 벤처캐피털로서의 역할을 하면서 창업자를 발굴해 육성하는 방안들을 모색하고 있다. 다만, 대학은 교육기관으로서 창업자들을 육성하는 과정에서 지원 후 실패하는 경우 그 실패에 대한 책임이 엄격하여 지원 여부를 결정할 때 매우 신중하며, 결정 시 창업자의 재산 보유 여부를 매우 중요한 고려 요소인 것으로 나타났다. 이는 대학이 아직 모험적인 투자를 하는 데에는 한계가 있지만 점차 기업가적 대학으로 변신

---

15) 액셀러레이터란 창업기획자를 의미하며 인큐베이터와 달리 스타트업에게 사무공간 뿐만아니라, 창업자금을 투자하고 멘토링을 해 주는 전문기관이다. 미국 실리콘밸리에서는 국내의 액셀러레이터도 벤처캐피털의 일종으로 분류되고 있다.

중에 있다는 것을 의미한다.

현재 대학 벤처캐피털은 창업 후 3년 이내의 기업으로서 지식재산을 보유한 신생 창업자에게 초기 투자를 통한 자금지원을 할 수 있어서 향후 민간의 벤처캐피털이 후속 투자를 할 수 있도록 유인하는 데 마중물 역할을 하고 있는 것이다.

일반적으로도 대학 벤처캐피털로부터 투자를 유치한 경우 창업자는 이 성과지표를 활용해서 추가적으로 민간 투자자를 확보하고 정부의 지원 프로그램을 활용하는 데 매우 효과적인 것으로 나타나고 있다.

2. 지식재산 보유와 창업

특허청에서 발표한 자료에 따르면 2014년부터 2018년까지를 기준으로 볼 때 국내 대학의 지식재산권은 연평균 9.8%씩 증가한 것으로 나타났다고 한다.

이처럼 대학의 지식재산권이 증가하는 현상은 캠퍼스 내 창업 증가와도 밀접한 관련성이 있는 것으로 나타났다. 특이한 것은 이 기간 동안 특허, 디자인, 상표, 소프트웨어, 저작권 등은 증가했지만 실용신안 건수는 연평균 13.7% 감소한 것으로 나타났다고 한다. 이는 대학 내에서 개발된 기술들이 고도의 창작성에 기인한 발명들이라는 것을 의미한다.

또한 특허청에 국제출원을 함께 한 특허와 디자인, 상표권 등이 급증하고 해외에 등록된 소프트웨어, 저작권 등이 급증하고 있다고 한다. 이는 글로벌 시장을 지배하는 지식재산권이 대학에서 증가하고 있다는 것을 의미한다.

특히, 메타버스 세상이 가까워지면서 저작권은 더욱 증가할 것으로 예상되며, 향후에는 융합형 교육을 통한 지식재산권이 더욱 증가할 것으로 예상된다.

3. 지식재산 활용

2020년에 교육부와 한국연구재단이 발표한 산학협력 활동보고서에서는 최근 5년간 대학의 국내 특허출원 및 등록, 해외 특허출원(PCT) 및 등록 수의 증가추세를 나타낸 바 있다.

이 보고서에 따르면 5년간(2014~2018년) 대학의 기술이전 건수가 75% 증가했다고 한다. 그리고 이러한 기술이전 중 86%가 중소기업을 대상으로 실시되었으며 기술이전 대상 분야는 IT(32.4%) 분야와 바이오 기술(BT) 분야(32%)가 가장 높은 것으로 나타났다.

기술이전 거래유형은 통상 실시가 43%, 양도 33%, 전용실시 16% 등으로 나타났으며 양도 유형은 연평균 32%씩 증가하는 것으로 나타났다고 한다.

여기서 말하는 양도란 산업재산권의 권리 전부를 이전하는 것을 말하며, 권리를 양도한 자는 자산을 매각한 것이며 해당 권리를 양수한 업체는 자산 취득에 해당한다.

양도의 경우 지식재산권을 양도한 자는 그 명의를 양수인으로 변경하여야 하며, 양수인은 다시 그 권리를 매각하거나 제3자에게 실시를 허락하는 계약체결 등을 할 수 있다.

그리고 전용실시는 지식재산에 관한 권리를 배타적이고 독점적으로 사용할 수 있는 권리를 부여하는 실시를 말한다.

통상 실시는 지식재산에 대한 권리를 비배타적이고 비독점적으로 사용할 수 있는 권리를 부여하는 것을 말한다.

그리고 기술이전방식으로 M&A가 활용되는 경우가 있는데, 이 경우에는 기술을 보유한 기업 전체를 매수하는 방식으로 기술이전이 이뤄진다. 그 밖에도 기술자료의 매매를 통한 기술거래방식, 기술제휴 등을 통한 협력방식의 기술이전, 공동연구나 생산제휴 등을 통한 기술이전방식도 존재한다.

Ⅳ. 지식재산 확보전략

1. 선행기술 조사

4차산업혁명시대에는 지식재산 기반의 창업을 해야 성공률이 높다는 점은 이미 서술한 바 있다. 문제는 창업자가 소유한 지식재산이 선행기술 또는 이미 법적으로 보호받는 지식재산을 침해하는 것인지 파악하지 않고 창업한 후 법적 분쟁으로 발전해 사업을 영위하기 어려워질 수도 있다.

따라서 창업자 스스로 본인이 보유한 지식재산이 선행기술 또는 선사용 지식재산의 범위에 포함되는지를 확인해 보는 것이 중요하다.

이를 위해서는 특허청 홈페이지에 접속하면 인터넷을 통해 무료로 이용할 수 있도록 하는 특허정보검색서비스(Korea Intellectual Property Rights Information Service; KIPRIS)가 제공되고 있는데 이를 활용하면 된다.

이 KIPRIS는 특허정보의 이용 편의성을 높여 중소·벤처기업 및 발명인의 특허정보 획득에 소요되는 비용부담을 경감시켜 주고 특허정보 활용의 저변을 확대할 목적으로 특허청이 제공하는 서비스인 것이다.

KIPRIS는 특허·실용신안, 디자인, 상표, 심판, 한국특허영문초록(KPA), 해외특허, 해외상표 등과 같은 광범위한 정보제공 서비스를 하고 있어서 활용도가 매우 높다.

KIPRIS 통합검색은 서비스되는 모든 지식재산권(특허, 실용신안, 디자인, 상표, 해외특허)에 대하여 권리 구분 없이 전권리를 한 번에 검색할 수 있도록 만든 시스템이다.

이 서비스는 특허검색에 익숙하지 않은 초보자도 이용할 수 있도록 검색기능을 강화한 점이 큰 장점으로 평가받고 있다. 그리고 통합검색은 검색 결과 건수에 대한 제한이 없고, 검색 결과에 대한 권리별 보기가 가능해서 더 상세한 검색이 가능하다.

검색 결과도 화면에서 간략한 초록 정보와 함께 해당 결과에 대한 상세정보 및 전문 열람이 가능하게 하였으며, 화면 상단에 표시된 특허실용, 디자인, 상표 등 각각의 권리 명을 클릭하면 해당 권리의 내용을 조회하는 것이 가능하다.

KIPRIS 이용자는 홈페이지 초기화면 상단 메뉴에서 검색하려는 권리를 선택하여 원하는 검색 서비스를 이용하는 것이 가능하다.

권리별로 특허·실용신안검색, 디자인검색(물품의 디자인), 상표검색(상품의 브랜드명, 로고 및 서비스표), 심판검색(지식재산권 관련 심판사항), 한국특허영문초록(KPA)검색, 해외특허검색(미국, 유럽, PCT, 일본, 중국, 영국, 독일, 프랑스 특허) 및 해외상표검색(미국, 일본, 호주, 캐나다 상표)으로 구분되어 있다.

각 권리별로는 일반검색과 항목별검색으로 구분되며, 검색어 입력란에 해당 검색어를 입력해 검색하는 것이 가능해서 선행기술 조사에 큰 도움을 받을 수 있다.

2. 특허명세서 작성

(1) 특허명세서의 의의

창업할 때 가장 필요한 지식재산은 특허이다. 즉, 상표나 디자인권 등은 창업 후에 등록하더라도 시장을 지배하기에 큰 어려움이 없으나 특허권은 전장에서의 칼과 방패와 같은 역할을 하는 것이다. 따라서 창업 시 특허등록된 기술을 기반으로 창업을 하는 것이 최선이지만 최소한 특허출원은 하고 창업하는 것이 중요하다.

이때 특허출원서에 첨부되어야 하는 서류 중 가장 중요한 것이 특허명세서이다. 이것은 연구개발 성과물인 발명을 일반공중에게 공개하고 그 대가로 독점적이고 배타적인 특허권을 취득하기 위해 특허청에 제출하는 발명 내용이 기재된 서류를 말한다.

제3자에게는 기술적 문헌인 동시에 권리자에게는 권리서의 역할을 하므로 기술적 문헌과 권리서라는 2가지 측면의 기능을 완전히 구비해야 특허명세서로 인정받을 수 있다.

명세서 및 도면에는 보호받으려는 발명을 법이 요구하는 정도에 부합되도록 충분하게 기재하여 제출하여야 하는데, 이 중에서도 특허청구범위는 보호범위를 정하는 기준이 될 뿐만 아니라 심사 대상을 특정하는 역할을 하게 된다.

특허를 등록할 목적으로 출원하는 경우 해당 발명의 기술적 내용에 대해 독점권을 가지는 특허의 지위를 부여하기 위해서는 특정된 기술내용과 출원인이 공개하는 발명의 범위, 즉 발명기술의 기술적 경계가 확정되어 있어야 한다.

특허제도라는 것은 해당 발명에 독점권을 부여하는 대신 발명 내용을 공개하는 데 목적을 두고 있다. 따라서 특허제도를 원활히 운영하기 위해서 특허출원인과 일반공중이라는 양 이해관계자 간의 이익의 형평성을 확보하는 것이 매우 중요하다.

여기 말하는 일반공중에게 돌아가는 이익이란 발명의 상세한 설명이 주가 되어 표현되는 것을 말하고 특허출원인의 이익은 특허청구범위로서 표현되는 것을 말한다.

(2) 특허청구범위

특허청구범위는 출원 시와 등록 시로 구분되는데 출원할 때 정하는 특허청구범위는 특허요건을 판단하는 데 중요한 심사 대상이다. 다만, 출원 중 특허청구범위의 내용은 심사관의 실체심사에 의해 거절되는 경우 이를 보정, 즉 보완할 수 있으므로 그 권리범위가 아직 확정된 것은 아니다.

특허청구범위에 기재된 발명(claimed invention)은 특허청 심사관의 해당 특허출원심사 시 그 대상이 되며, 등록 후의 특허청구범위는 특허권의 보호범위를 결정하는 역할을 하게 된다. 등록 후에 특허권의 보호범위가 자유롭게 확장된다면 제3자의 법적 지위가 불안정하게 되므로 등록 후에 특허청구범위를 정정하는 것은 매우 제한적으로 인정된다(법 제136조 제1항).

그리고 특허발명의 보호범위는 특허청구범위에 기재된 사항에 의해 정해지므로 특허명세서 작성 시 신중을 기울여야 한다(97조).

그리고 특허법은 청구범위를 기재하는 요건에 대하여도 상세히 규정하고 있는데, 우선, 특허출원서에는 발명의 설명·청구범위를 기재한 명세서와 필요한 도면 및 요약서를 첨부하여야 한다. 그리고 청구범위에는 보호받으려는 사항을 적은 청구항이 하나 이상 있어야 하며, 그 청구항은 법이 정한 요건을 모두 충족하여야 한다. 그리고 법이 정한 요건이란 ① 발명의 설명에 의해 뒷받침될 것 ② 발명이 명확하고 간결하게 적혀 있을 것이다.

그리고 청구범위에는 보호받으려는 사항을 명확히 할 수 있도록 발명을 특정하는 데 필요하다고 인정되는 구조·방법·기능·물질 또는 이들의 결합관계 등을 기재하여야 한다(특허법 제42조).

Ⅴ. 비즈니스 모델

1. 개 관

(1) 의 의

창업할 때 사람을 고용하거나 자본을 조달할 때 상대방에게 사업에 대한 비전을 제시해야 하는데 그 비전이 바로 비즈니스 모델이다. 즉, 비즈니스 모델이란 어떤 제품이나 서비스를 어떻게 소비자에게 제공하고, 어떻게 마케팅하며, 어떻게 돈을 벌 것인가를 위해 준비한 계획 또는 사업 아이디어를 말한다.

누군가 당신의 비즈니스 모델이 무엇인지 질문했을 때 답을 해야 하는 상황이 종종 발생하는데, 이때 반드시 답을 해야 하는 사항들이 있다.

그것은 ① 우리가 주목한 문제가 무엇인가(문제, 타겟) ② 우리가 주목한 문제의 영향을 받는 사람은 누구인가(고객) ③ 우리는 주목한 문제의 영향을 받는 사람들을 어떻게 만날 것인가(관계관리) ④ 우리는 주목한 문제를 어떻게 해결할 것인가(제품/서비스) ⑤ 우리는 우리의 제품/서비스를 어떻게 세상에 알릴 것인가(유통 채널) ⑥ 우리는 주목한 문제를 통해서 어떻게 돈을 벌려고 하나(수익 모델) ⑦ 우리는 주목한 문제를 해결하기 위해 어떤 비용을 쓰나(비용구조) 등이다.

(2) 조직적 기술

앞에서 언급한 대로 창업 후 지속 가능한 기업으로 성장하기 위해서는 고유의 비즈니스 모델을 만드는 것이 중요하다. 비즈니스 모델은 특정 사업의 이익창출방식을 의미하는 것으로 사업모형 또는 사업 모델로 부르며 조직적 기술(organizational Technology)의 한 종류로 분류된다.

조직적 기술이란 1776년 애덤 스미스가 쓴 "국부론(An Inquiry into the Nature and Causes of the Wealth of Nations)"의 첫 장인 '분업과 협업'에서 언급된 것으로서, 애덤 스미스는 핀 공장의 예를 들면서 분업하면 생산성이 증대한다는 사실을 입증하기 위해 조직적 기술이라는 용어를 사용하였다. 이 예에서는 10명의 근로자가 분업하면 하루 4,800개의 핀을 제조할 수 있는데, 각자가 개별적으로 제조일을 하면 각자는 하루 20개만 생산할 수 있다고 한다.

즉, 조직적 기술이란 일과 시간을 적절히 분배하고 새로운 의사결정 구조를 만들어서 제조하면 생산성을 높이는 비즈니스 모델이다.

물론, 2008년 사토시 나카모토가 공개한 블록체인 기술이 탈중앙화를 통해 생산, 소비, 서비스, 마케팅, 아이디어 등이 더욱 분업화를 촉진하여 세상을 발전시킬 것이라고 본다면 애덤 스미스가 말한 조직적 기술이 블록체인 기반의 사회에서는 오히려 생산성을 약화시키는 결과를 초래할 수도 있다. 그러나 아직 블록체인 기술이 우리 사회에 상용화되지 못하고 있는 점을 감안해 보면 아직도 조직적 기술을 활용한 비즈니스 모델은 그 역할이 분명히 있다.

결론적으로 창업을 하는 궁극적 목적이 수익창출이라고 본다면, 이 목적을 달성하기 위해서는 물리적 기술(지식재산)을 가지고 생산, 판매, 수익 등을 창출할 수 있는 조직적 기술을 결합하는 것이 절대적으로 필요하다.

(3) 물리적 기술

조직적 기술이 생산성과 경영 효율성을 확보하기 위해서는 물리적 기술이 병행되어야 한다. 물리적 기술(physical technology)이란 자연과학적 기술, 즉 넓은 의미에서의 지식재산을 의미하며, 일반적으로 기술이라고 부를 때에는 물리적 기술을 의미한다.

이런 점에서 인터넷은 조직적 기술과 물리적 기술의 결합체라고 할 수 있으며 4차산업혁명시대의 도래와 함께 조직적 기술과 물리적 기술을 결합 내지는 융합해야 하는 필요성이 급증하고 있다.

지식재산을 법적인 보호를 받는 권리로 등록하는 것 역시 물리적 기술과 조직적 기술의 결합으로 이해된다.

사업 모델과 구분되는 개념으로 사업전략이 있는데, 이 사업전략은 현재 상황을 개선하는 방법을 선택하는 결정을 할 때의 사고의 과정으로 이해된다. 일반적으로 비즈니스 모델은 신사업을 발굴하고 기획하기 위해 사용하지만 전략은 이미 운영을 하고 있는 사업을 더 잘 할 수 있는 방법을 선택하는 결정의 과정이다.

2. 비즈니스 모델과 창업

비즈니스 모델을 조직적 기술의 한 종류로 이해한다면 물리적 기술은 물론이고 조직적 기술 중 하나인 비즈니스 모델도 확보해야 창업의 성공 가능성을 높일 수 있다. 조직적 기술이란 여러 가지 투입물을 조직이 원하는 산출물로 변화시키는 데 이용되는 지식, 도구, 활동이라고 이해한다면 이것이 존재해야 창업에 성공할 수 있는 것이다.

창업해서 수익을 창출하려면 시장을 독점할 수 있는 권리화된 지식재산인 물리적 기술이 필요하지만 이의 생산성을 높일 수 있는 조직적 기술도 중요하다. 이러한 조직적 기술을 구현하기 위해서는 일과 시간을 분배하고 의사결정구조를 만들어 생산성을 제고하는 방안을 도출해 내야 한다.

따라서 창업자는 물리적 기술인 지식재산을 확보했더라도 이들을 사업에 활용하는 조직적 기술 중 하나인 비즈니스 모델을 만들어야 하는데 이를 위해서는 창업절차와 자금조달, 이사회 중심의 지배구조 운영, 노사관리, 채무회생 등에 대한 사전지식을 습득하는 것이 필요하다.

즉, 창업의 성공률을 높이기 위해서는 물리적 기술을 지식재산권화해서 법적 보호를 받아 시장을 독점하는 방법에 대한 지식이 필요한 것이다.

3. 물리적 기술(지식재산)의 중요성

기술은 경제나 사회의 발전에 미치는 영향만큼이나 조직과 직무, 즉 비즈니스에도 중대한 영향을 미친다. 그러나 조직적 기술의 의의에 대해서는 견해가 대립되고 있다.

길레스피에(D.F. Gillespie)와 밀러티(D.S. Mileti)는 기술이란 '조직에서 다양한 자원을 투입해서 이들을 산출물로 전환하는 수단'이라고 정의하고 있다. 그리고 포터(L.W. Porter)와 로울러(E.E. Lawler)는 기술이란 반드시 산업이나 생산에만 국한된 것이 아니라 다양한 모든 형태나 다양한 종류의 조직에도 적용 가능한 것으로서 모든 조직에서 투입물을 산출물로 변환하는 활동에 인간이 참여하는 것을 전제로 한다고 정의하고 있다. 즉, 길레스피에와 밀러티는 물리적 기술만으로도 생산성이 제고될 수 있다고 생각했지만 포터와 로울러는 물리적 기술만으로는 생산성을 높일 수 없고 조직적 기술이 융합해야 생산성이 높아질 수 있다고 생각했다.

그리고 물리적 기술이 조직연구에 중요한 이유로는 첫째, 기술은 생산성을 향상해 왔고 향후 계속 생산성을 증가시키는 주된 원천이 된다는 것이다. 둘째, 한계자원을 경제적으로 이용할 가능성을 제고해서 적은 비용으로도 물질적인 풍요를 향유할 수 있다는 것이다.

셋째, 리터러(J.A. Litterer)가 '만약 기술과 기계설비가 변화한다면 직무환경도 변화한다'라고 언급한 것을 감안해 볼 때 기술이 조직의 변화를 선도한다는 것이다.

넷째, 기술은 집단의 구성이나 규모, 상호작용 형태, 인간의 개인적

통제 등에 관해 영향력을 행사하여 종업원의 태도나 행위에 영향을 미친다는 것이다.

결국, 조직적 기술과 물리적 기술이 결합돼야 창업에 성공할 수 있으며, 어느 기술에 우위를 두어야 하는지를 생각해 보면 물리적 기술이 선행되어야 창업에 성공할 수 있는 것이다.

4. 경제이념적 철학

애덤 스미스(Adam Smith, 1723년 6월 5일~1790년 1월 12일)는 1776년 발간한 국부론에서 사익을 추구하도록 제도적으로 보장하면 공익을 얻는 효과가 발생한다는 시장경제이론을 주장한 바 있다. 이 책은 시장에서는 보이지 않는 손이 작동한다는 가설의 타당성을 입증하였다.

이러한 애덤 스미스의 이론에 따르면 비즈니스 모델도 이익창출을 통해 사익 추구가 가능한 환경 속에서 최적화될 수 있다는 것으로 이해된다.

이는 시장을 불공정하고 악의적이라고 전제하고 국가가 비즈니스 모델을 통제하면 오히려 산업경쟁력은 약화될 수 있다는 것을 의미한다.

그리고 합의 알고리즘 기반의 블록체인 생태계에서도 악의적 행동인 "사실과 다른 내용의 합의"를 기술적으로 100% 해결하지 못하는 것으로 이해되고 있다. 따라서 합의에 참여하는 노드(node)가 악의적이라고 가정하기보다는 선의라고 가정한다면 "사실과 다른 내용의 합의"를 해결하는 데 해법을 찾을 수 있는 것으로 평가되고 있다.

따라서 비즈니스 모델을 이익을 창출하는 방법으로 이해한다면, 시장독점을 통해 사익 추구가 가능한 기술을 개발하기 위해 자본과 노력, 아이디어를 투자할 수 있는 환경이 조성된다면 결과적으로 산업경쟁력 발전이라는 공익적 기여효과를 누릴 수 있는 것이다.

따라서 창업 시에는 시장독점을 통해 사익 추구가 가능한 기술을 개발해 자본과 노력, 아이디어를 투자하는 비즈니스 모델을 준비해야 한다.

5. 물리적·조직적 기술 결합

창업에 성공하기 위해서는 성공적인 비즈니스 모델을 만들어야 하고, 이를 위해서는 차별화된 물리적 기술에 조직적 기술을 결합해야 가능하다. 즉, 지식재산을 법적으로 보호받는 권리화하는 것이 필요한 것이다.

2013년 삼성경제연구소가 발표한 자료에 따르면 지식재산을 기반으로 한 혁신형 창업을 한 후 3년 이상 생존할 확률은 전체 벤처기업 생존율의 2배를 초과하고 고용규모는 3배에 달하는 연구 결과가 나왔다고 한다.

구체적으로는 특허를 보유한 스타트업과 전체 스타트업 평균을 비교해 본 결과 창업 후 5년 이 경과된 시점에서 특허를 보유한 창업 기업의 고용성장률이 전체 창업기업보다 54.5% 높은 것으로 나타났다고 한다. 그리고 매출성장률도 79.5%, 벤처캐피털 투자액은 47%가 높은 것으로 나타났다고 한다.

정부도 물리적 기술과 조직적 기술을 결합하는 것을 지원하는 정책을 펴고 있다. 2021년 정부는 4차산업혁명의 생태계를 조성하는 것을 추진하기로 하고 이에 대한 시책을 발표했다. 그 주요 내용은 첫째, 혁신성장을 주도하는 '강한 지식재산창출' 지원이었다. 둘째, 공정경제를 위한 지식재산보호의 강화이다. 셋째, 지식재산을 토대로 일자리를 창출할 수 있도록 정부 사업을 민간에게 개방하는 것이다. 넷째, 4차산업혁명에 대비해 지식재산 생태계를 조성하는 것이다.

6. 비즈니스 모델의 변화

비즈니스 모델이란 생산성이 확보된 상태에서 수익을 창출하는 방법을 개념화한 것으로 21세기 들어서서 보편적으로 사용되기 시작하였다. 비즈니스 작가인 마이클 루이스(Michael Lewis)는 1999년에 출판한 'The New NewThing: A Silicon Valley Story'라는 책에서 Business Model 용어를 처음 사용하였다.

그 당시 루이스는 비즈니스 모델을 긍정적인 평가보다는 반대로 비판적 평가를 하였다. 그는 사업 모델이라는 용어가 인터넷 붐을 타고 중심에 있기는 하지만 온갖 미성숙의 사업계획들을 미화한다고 당시의 닷컴 버블과 비즈니스 모델을 같은 것으로 보고 비판한 바 있다.

그러면서도 한편으로는 미래의 기업들은 오로지 인터넷으로만 연결된 사업모형에 기반을 둘 것으로 예측하기도 했다.

그 이전에는 수익을 창출하는 방법은 사실상 선형 비즈니스 모델 한 가지였다. 즉, 원료구매, 상품생산, 판매 등을 기반으로 일직선의 가치사슬(value chain)이 단계별로 부가가치를 더해왔는데, 이 당시의 비즈니스 모델은 고객에게 제품이나 서비스를 제공하는 반대급부를 받는 것이었다.

물론 인터넷 플랫폼 기업인 아마존처럼 전통적 선형 비즈니스 모델에 기초한 회사도 있지만, 대부분의 IT 기업들은 콘텐츠로 트래픽을 모아서 광고수익을 내는 플랫폼 비즈니스 사업으로 모형을 변화시켰다.

선형 비즈니스 모델은 단일 생산자와 단일 혹은 복수의 소비자가 일방의 선형으로 연결되는 구조를 말하는데, 플랫폼에서는 다수 공급자와 다수의 소비자가 동시에 상호작용을 하고, 심지어 소비자 겸 생산자인 DIY와 같은 프로 슈머(producer+consumer)도 등장했다.

이와 관련해 토플러는 플랫폼 비즈니스 모델의 큰 장점은 상호작용이 많아질수록 단위 비용이 감소하는 것이라고 언급한 바 있다. 그러나 선형 비즈니스 모델에서는 규모가 커질수록, 처음에는 단위 비용이 감소하다가 다시 상승하는 형태를 보인다고 말한 바 있다. 따라서 창업 시에는 선형 비즈니스 모델보다는 플랫폼 비즈니스 모델을 만드는 것이 필요하다.

7. 비즈니스 모델의 구성요소

(1) 의 의

비즈니스 모델이란 어떤 제품이나 서비스를 어떻게 소비자에게 제공하고, 어떻게 마케팅하며, 어떻게 돈을 벌 것인가에 대한 계획 또는 사업 아이디어이다.

따라서 누군가 창업자에게 사업에 대해 궁금한 것을 질문하면 명확한 답을 할 수 있어야 비즈니스 모델을 갖고 있다고 판단한다.

궁금한 질문들은 크게 7가지 정도로 분류해 볼 수 있으며, 이에 대한 답을 명확히 할 수 있으면 창업자가 비즈니스 모델을 갖고 있다고 평가할 수 있다. 그 7개 항목에는 "문제와 타겟", "고객", "관계관리", "제품과 서비스", "유통 채널", "수익 모델", "비용구조"가 포함된다.

이를 분설하면, 첫째, 우리가 주목한 문제가 무엇인가(문제, 타겟)이며, 둘째, 우리가 주목한 문제의 영향을 받는 사람은 누구인가(고객)이다. 셋째, 우리는 주목한 문제의 영향을 받는 사람들을 어떻게 만날 것인가(관계관리)이다. 넷째, 우리는 주목한 문제를 어떻게 해결할 것인가(제품/서비스)이다. 다섯째, 우리는 우리의 제품과 서비스를 어떻게 세상에 알릴 것인가(유통 채널)이다. 여섯째, 우리는 주목한 문제를 통해서 어떻게 돈을 벌려고 하나(수익 모델)이다. 일곱째, 우리는 주목한 문제를 해결하기 위해 어떤 비용을 쓰나(비용구조)이다.

이와 관련해 경영컨설팅 회사인 "Innomove"가 소개한 자료[16]에 따르면 이러한 7개 항목을 "대상 고객", "주는 것", "받는 것", "하부구조"로 비즈니스 구조화 틀을 제시했다. 비즈니스 모델을 이해하는 데 도움이 될 수 있다고 판단해 소개하고자 한다.

따라서 창업을 준비하는 과정에서 이런 비즈니스 구조화 틀을 기반으로 사업계획서를 작성하는 것이 필요하다.

(2) 비즈니스 모델의 구조화 틀

1) 대상 고객

사업모델의 목적은 타겟 고객, 즉 대상 고객의 니즈를 충족시키는 것이며, 비즈니스 모델 구상 시 타겟 고객을 정하는 것이 매우 중요하다. 대상 고객이란 무엇인가에 대하여 광고 전문가인 Tom Duncan은 "브랜드 메시지에 긍정적으로 반응할 가능성이 큰 그룹"이라고 정의한 바 있다. 예를 들어 Disney World의 대상 고객은 주로 자녀에게 마법 같은 경험과 달콤한 휴가 추억을 주고 싶어하는 부모이다.

따라서 대상 고객이란 제품의 최종 사용자일 수도 있고 아닐 수도 있지만, 마케팅의 타겟 대상이 되는 고객을 말한다. 즉, 회사의 제품이나

16) https://www.innomove.com/blog/business-model-framework/

서비스를 구매할 가능성이 가장 높은 사람들이다.

이런 대상 고객과 효과적인 소통을 하기 위해서는 타겟 고객이 누구인지, 그들의 진정한 필요와 욕구가 무엇인지를 이해해야 한다.

마케팅 전문가인 로비트 알렌(Robert G. Allen)은 "제품이 무엇이든 간에, 고객들에게 삶에 있어서 제품을 효과적으로 사용하는 방법을 가르쳐야 한다"고 말한 바 있다. 그 이유는 "고객들은 그들이 필요로 인해서 제품을 구매하는 것"이기 때문이라고 한다.

그리고 대상 고객에 따라 사업 모델은 각기 다를 수밖에 없으며, 모든 고객을 만족시킬 필요도 없다.

이때 대상 고객을 만족시키는 데 혁신적인 기술이 있으면 더 효과적일 수 있다. 따라서 물리적 기술인 지식재산을 확보하는 것이 필요하고, 대상 고객의 니즈를 충족시킬 수 있는 지식재산이 되기 위해서는 산업상 이용 가능해야 한다.

2) 주는 것

주는 것이란 사업자가 고객에게 주는 것을 말한다. 따라서 "무엇을 제공해야 할까?"라는 이 질문이 사업 모델의 기획에서 가장 근본적인 질문이 되는 것이다.

예를 들어 인터넷 사용자를 타겟 고객으로 정한 경우, 주는 것(Give)은 "정확한 인터넷 검색"이 되어야 한다.

그리고 대상 고객을 광고주로 하는 경우, 주는 것은 "검색자에게 연관성 높은 광고노출"이어야 한다. 즉, 고객들에게 중요한 문제의 해결책을 제공하면 고객들은 만족하게 되고, 이를 통해 해당 고객은 주는 것에 대한 지속적인 사용자가 되는 것이다.

지식재산이 고객에게 줄 수 있는 상품과 서비스를 제공할 수 있는 물리적 기술이라면 성공한 비즈니스 모델을 확보하기 쉬운 이유이다.

3) 받는 것

고객에게 주는 것으로 만족하지 말고 준 것에 대한 대가를 그들로부터 받아야 사업이 지속 가능한 것이다. 대가는 반드시 금전일 필요는 없다. 예를 들어 대상 고객을 인터넷 사용자로 정한 경우 받는 것은 "시선(방문)"이 되어야 한다. 즉, 대상 고객을 광고주로 하는 경우, 받는 것은 "노출, 클릭당 광고료"이다.

인터넷 플랫폼 기업인 페이스북, 트위터 등 대부분의 소셜 미디어의 경우 그 사용료는 무료지만 고객의 방문 자체가 대가이다. 즉, 사용자의 나이, 성별, 사용 패턴 등의 데이터를 수집하고 이를 관리하는 것이 바로 대가이다. 이처럼 주는 것과 받는 것을 가치교환(value exchange)이라고 본다면 고객 측에서는 받는 가치에서 주는 가치를 뺀 것이 가치제안(value proposition)에 해당한다. 여기서는 '생필품을 싼 가격에 살 수 있는 것'이 고객이 느끼는 가치를 주는 것이고 이것과 마찬가지로 받는 것도 타겟 고객이 느끼는 가치와 일치해야 한다.

4) 하부구조

하부구조란 주는 것, 받는 것을 만들어 내는 데 필요한 자원 및 이러한 자원의 구조를 의미한다. 예를 들어 대상 고객이 인터넷 사용자인 경우 "고성능 검색 엔진, 검색사이트"가 사업 하부구조이며, 대상 고객이 광고주라면 "검색광고 시스템, 광고정산 시스템 등"이 사업 하부구조가 되는 것이다.

그리고 특정 제품을 생산하기 위한 조건이 있는데, 이에는 필요한 재료의 조달이 가능하고 제작에 필요한 기술이 존재하는 것이 해당한다.

상품을 판매하기 위한 조건으로는 상품을 안정적으로 살 수 있는 공급처가 필요하다는 것과 판매할 수 있는 채널이 필요하다는 것이다.

웹이나 앱 서비스와 관련한 조건은 개발 가능한 역량이 필요하다는 것과 이를 운영할 수 있는 서버나 클라우드 시스템이 필요하다는 것이다.

그리고 이러한 하부구조의 상당 부분은 무대 뒤에 있어서 관객의 눈에는 보이지 않는 것이 일반적이다.

제3장

창업절차

제3장 창업절차

Ⅰ. 창업주체

1. 개인사업자와 회사

창업할 때의 사업자 유형은 크게 2가지로 분류해 볼 수 있다. 즉, 개인사업자 유형과 회사 유형이며, 이는 사업의 주체가 개인이 되거나 회사가 된다는 의미이다.

따라서 창업자는 창업을 준비할 때 창업자 개인을 사업의 주체로 할 것인지 아니면 법인, 즉 회사를 주체로 할 것인지를 정하여야 한다.

개인사업자로 사업을 영위하는 경우 법적인 규제가 거의 없어 자유롭게 사업을 할 수는 있는 장점이 있지만, 다른 한편으로는 사업과 관련된 모든 책임을 창업자 개인이 부담하여야 하는 단점도 감당해야 한다. 반면에 법인, 즉 회사를 사업의 주체로 하는 경우 회사가 법인격[17]을 갖기 때문에 법적인 규제가 많지만, 최종 책임을 회사가 부담하기 때문에 창업자 개인은 유한책임만 지면 되는 장점이 있다.

따라서 현행법은 개인사업자의 사업에 대해서는 규제하지 않으나 회사 사업에 대해서는 법으로 설립부터 해산 시까지 상세하게 규제하고 있다.

어떤 창업유형이 적합한지에 대하여는 창업자별로 각기 다를 수 있으

---

17) 법인격이란 권리·의무의 주체가 될 수 있는 자격. 권리의 주체가 될 수 있는 자격이라는 관점에서 보면 '권리능력'과 같은 개념이다

나, 일반적으로 창업 후 사업을 소규모로 유지하려는 경우에는 개인사업자가 적합하지만, 창업 후 대기업으로 성장하고자 한다면 창업 초기부터 회사 형태로 창업을 하는 것이 바람직하다.

2. 세 금

앞에서 본 바와 같이 창업유형은 크게 2가지로 구분할 수 있는데, 하나는 개인사업자 유형이고 다른 하나는 회사 유형이다.

개인사업자의 경우에는 사업과 관련된 모든 권리와 의무는 사업자 개인이 부담하여야 한다. 즉, 사업상 발생한 모든 권리와 의무의 주체는 사업자 개인이라는 것이다. 우선, 세금과 관련하여 개인사업자는 관할 세무서에 사업자등록을 한 후 소득세를 낸다. 이것은 수입에서 지출을 뺀 차액이 소득이 되고 이것이 과세표준이 된다. 아래 표와 같이 소득세를 내야 하는데, 소득세 금액의 10%를 지방세로 추가로 납부해야 하므로 과세표준액이 1억 5천만 원을 초과하는 경우 최대 41.6%를 부담하게 된다.

이는 개인사업자의 경우 사업 관련 인건비를 포함한 각종 경비를 세액에서 공제하지 않기 때문이다.

〈표 3-1〉 개인사업자의 과세표준(2023년 1월 기준)

	세율	누진세액공제
1,200만 원 이하	6 %	0
1,200만 원 초과 - 4,600 만 원 이하	15 %	108 만 원
4,600만 원 초과 - 8,800 만 원 이하	24 %	522 만 원
8,800만 원 초과 - 1억 5천 만 원 이하	35 %	1,490 만 원
1억 5천 만 원 초과 - 3억 원 이하	38 %	1,940 만 원
3억 원 초과 - 5억 원 이하	40 %	2,540 만 원
5억 원 초과 - 10억 원 이하	42 %	3,540 만 원
10억 원 초과	45 %	6,540 만 원

또한 개인사업자가 폐업하는 경우 사업과 관련한 모든 부채는 사업자가 개인적으로 모든 책임을 부담하게 되는 무한책임을 부담하게 된다. 반면에 회사(법인)사업자의 경우에는 사업에 관한 모든 권리와 의무의 주체는 회사가 된다. 세금 역시 수입에서 지출을 제한 차액에 대하여 법인세가 부과되는데, 과세기준을 산정할 때 인건비를 포함한 모든 경비를 공제하게 된다. 따라서 개인사업자보다는 법인사업자의 과세기준이 낮게 평가되는 것이 일반적이다.

〈표 3-2〉 법인세 과세표준(2023년 1월 기준)

과세표준			세율
일반법인	과세표준	2억 원 이하	10 %
		2억 원 초과 -200억 원 이하	20 %
		200억 원 초과 - 3,000억 원 이하	22 %
		3,000억 원 초과	25 %
조합법인	과세표준	20억 원 이하	9 %
		20억 원 초과	12 %

3. 유한책임성

회사가 폐업(해산)하는 경우 존재하는 부채는 회사가 모든 책임을 부담하게 되므로 창업자는 투자한 것만을 손해보는 결과가 되므로 이를 유한책임이라 한다.

다만, 회사 명의로 금융권에서 대출을 받거나 기타 채무를 부담하는 경우 금융기관 등의 채권자가 회사 대표에게 회사채무에 대하여 개인적으로 인적 보증할 것을 요구하는 경우가 많은데, 이때 회사대표는 회사채무에 대하여 개인적으로 보증을 섰다면 회사가 폐업하더라도 개인적으로 연대보증인으로서 회사채무를 변제할 책임을 지게 된다.

그래도 창업 후 사업을 지속해서 성장·발전시키고자 한다면 개인사업자보다는 법인사업자로서 사업을 영위하는 것이 바람직하다.

4. 공동창업

4차산업혁명의 핵심 요소는 융합이다. 이는 창업 시 산업간 융합도 필요하지만 사람의 지식과 경험 및 능력 간의 융합도 필요하다는 것이다.

따라서 4차산업혁명에 적합한 분야에 창업하는 경우 독자적 창업보다는 공동창업이 더 유리할 수도 있다. 그러나 공동창업의 경우에는 장점도 많으나 단점 또한 많다. 따라서 이에 대한 사실을 미리 인식하고 있는 것이 중요하다.

개인사업자가 아닌 회사 형태로 창업하고자 하는 경우 1인회사로 출발할 것인지 아니면, 동업하기 위해 지분소유자가 2인 이상으로 시작할 것인지를 결정하여야 한다. 마이크로소프트(MS)사 창업자인 빌 게이츠(Bill Gates)는 폴 앨런(Paul Allen)과 공동창업을 하였으며, 애플 창업자 스티브 잡스(Steve Jobs)는 스티브 워즈니악(Steve Wozniak)과, 구글 창업자 래리 페이지(Larry Page)는 세르게이 브린(Sergey Brin)과 공동창업을 한 것으로 알려져 있다. 이들은 현재도 동업자로서 서로 보완적으로 회사를 경영하고 있다.

이에 반해, 아마존 설립자 제프 베조스(Jeffrey Preston Bezos)는 1994년 독자적으로 회사를 설립하였다. 페이스북 창업자인 마크 저커버그(Mark Elliot Zuckerberg)는 단독으로 창업하기는 했지만, 창업 초기에 1,000 달러 투자한 에드와도 새버린(Eduardo Saverin)에게 공동창업자의 지위를 부여한 사례가 있다. 그 밖에도 페이스북의 저커버그는 창업 초기 사업 아이디어를 교환했던 윙클보스(Winklevoss) 형제로부터 특허권을 침해했다는 이유로 소송을 당해 6,500만 달러(약 700억 원)를 배상하기도 하였다.

미국 IT 기업들의 사례에서 알 수 있듯이 자본이 중심인 제조회사의 경우와 달리 아이디어와 열정이 중심인 IT 회사의 경우 설립 당시 서로의 아이디어와 지적 능력을 공유하기 위해 공동창업하는 경우가 다수 있다.

이러한 동업은 창업 초기에는 대부분 상호간에 시너지효과를 보며, 성장에 도움이 되는 경우가 많다. 그러나 회사가 성장하고 손익분기점을 넘어선 이후에는 경영에 대한 주도권을 확보하기 위하여 동업자간에 경영권 분쟁이 발생하기도 한다. 따라서 동업하는 경우 동업자 상호간에 지분에 대한 합의를 서면으로 작성하는 것이 필요하며, 지분배정 시에도 동등한 지분을 부여하기보다는 지분에 대한 차등을 두는 것이 매우 중요하다. 그리고 차등의 격차가 크면 클수록 경영권도 안정되기는 하지만, 때로는 공동창업자간의 역할에 따라 합리적으로 지분율을 정하는 것이 바람직하다.

그리고 4차산업혁명시대에는 다른 사업자와의 협업(collaboration)이 중요하다. 협업이란 “다른 사람들과 지적 노력을 기울여 공동으로 또는 함께 일하는 것”을 의미하는데 독립된 사업자간의 협업이 중요하다.

협업 시에는 성공과 실패의 책임을 공동으로 분담해야 하는데 동업의 경우에는 구성원 일부만 이익과 손실의 주체가 될 수 있다는 것에 대한 불신이 분쟁의 원인이 되는 경우가 많다는 점을 인식할 필요가 있다.

5. 창업 아이템

현재 4차산업을 주도하는 기업 대부분은 IT 기업이며, 구체적으로 IT 플랫폼 사업자로 평가받는 구글(Google), 아마존(Amarzon), 마이크로소프트(MS), 메타(Meta, 구 페이스북), 아이비엠(IBM), 애플(Apple), 알리바바(Alibaba) 등이 그 예이다.

현재의 플랫폼 사업자들이 사업을 광범위하게 다각화하고 있어서 신규로 창업해서 이들과 경쟁할 수 있는 새로운 플랫폼 사업자가 되기는 쉽지 않다.

이러한 관점에서 본다면 신규로 창업하고자 하는 사람들은 이러한 플랫폼[18] 사업자들과 상생할 수 있는 상품을 공급하는 것을 주된 아이템으로 하는 것이 효과적일 것이다.

현재의 IT 플랫폼 사업자들은 IT 서비스는 물론이고 제조와 마케팅, 유통, 물류 등 모든 사업영역을 자체적으로 소화할 정도로 사업을 다각화하였기 때문에 이들이 소비자들을 상대로 직접 판매할 수 있는 상품을 개

---

18) 플랫폼(platform)이란, 원래 컴퓨터 시스템의 기본이 되는 특정 프로세서 모델과 하나의 컴퓨터 시스템을 바탕으로 하는 운영체제를 말하였다. 예를 들면, MS-DOS상에서 동작하는 DOS가 플랫폼이며, MS-Windows상에서 동작하는 응용 소프트웨어에 있어서는 MS-Windows가 플랫폼이다. 또 어떤 소프트웨어가 제공하는 환경을 플랫폼이라고 하는 경우도 있다. MS-Windows가 제공하는 환경이 MS-Windows의 플랫폼인 것이다. 그러나 애플이 아이폰을 세상에 내놓은 이후, 즉 스마트 시대에는 플랫폼을 다양한 의미로 해석하고 있으며, 일반적으로는 '정거장'에 비유하고 있다. 예를 들어 운송수단을 이용하고자 하는 사람인 이용자가 되는데 플랫폼은 바로 사람과 운송수단이 만나는 접점, 혹은 사람과 운송수단을 매개하는 매개 지점의 역할을 한다고 볼 수 있다. 스마트 시대에 인터넷 사업자, 콘텐츠 제공자, 사용자, 기기 제조사 등 다양한 주체들이 만나는 매개 지점이 플랫폼인 것이다. 이러한 플랫폼의 등장은 기업들에는 기회이기도 하지만 위협이 되기도 한다. 구글, 아마존, 애플, 알리바바, 페이스북 등은 플랫폼 구축에 성공해 기업 가치가 상승하고 있는 반면, 제조업체, 판매업체, 서비스업체 등은 각각 이들의 플랫폼 내에서 새로운 생존전략을 마련해야 하는 상황이 됐다.

발하여 이들에게 공급하는 등의 B2B사업이 적합할 것으로 예상된다.

그리고 B2B사업[19]을 모델로 하여 창업을 하는 경우 창업자가 고도의 지식기반 사업능력을 소유하고 있다면 소규모로 창업, 특히 1인회사 형태로 창업을 해보는 것도 고려해 볼 만하다.

그 밖에도 향후 협업 기반의 새로운 플랫폼 사업자들이 4차산업혁명을 선도할 것으로 예상하는 전문가들이 많다. 이런 경우에 창업은 이러한 플랫폼 사업자들이 필요로 하는 상품을 공급하는 것을 아이템으로 하는 것이 효과적이라고 본다.

다만, 이러한 플랫폼 사업자들은 제조와 마케팅, 유통, 물류 모두를 스스로 감당할 가능성이 크기 때문에 이들이 소비자들을 상대로 판매하고자 하는 상품을 개발하여 공급하는 것, 즉 C2C사업이 대세가 될 것으로 예상된다. 이러한 C2C(Consumer-to-Consumer)의 경우에는 소비자와 소비자 간 전자상거래에서는 인터넷 경매 또는 벼룩시장과 같은 중개기관을 거치지 않고 소비자들이 인터넷을 통해 직거래하는 방식이 대세를 이룰 것으로 예상된다.

이러한 C2C의 대표적인 사례로는 미국의 이베이와 한국의 옥션을 들 수 있다. 그 밖에도 컴퓨터 동호인들 간의 전자부품 직거래, 부동산 직거래, 생필품 상호 매매교환 등 다양한 형태로 발전될 것으로 예상된다. 그리고 플랫폼을 이용한 창업 시에는 처음에는 1인회사 형태로 출발하는 것이 가장 바람직하다고 본다.

---

19) B2B(Business to Business)란 기업과 기업 간에 이뤄지는 전자상거래를 말하며, 인터넷을 기반으로 하는 전자상거래의 유형 가운데 하나로, '기업간 거래' 또는 '기업간 전자상거래'라고도 한다.

6. 1인회사

앞에서도 본 바와 같이 4차산업혁명시대에는 대기업과 1인기업이 상생하는 창업 시대가 도래한다는 것이 일반적인 전망이다. 이는 창업할 때 1인회사를 설립하여 출발하는 것도 좋은 선택이 될 수 있다는 것이다.

1인회사란 회사의 지분을 소유한 자가 1인이라는 것을 의미하는데, 주식회사와 유한회사도 2001년 이전에는 상법상 1인회사의 설립을 허용하지 않았으나 현재는 가능하므로 1인회사가 다양한 방법으로 활용될 수 있게 되었다(상법 제288조, 제543조 참조).

참고로 회사의 종류 중 합명회사와 합자회사는 지분소유자가 1인인 경우에도 설립이 불가하며 설립 후에도 1인이 되면 자동해산사유가 된다.

그러나 유한회사와 주식회사는 2001년 상법 개정 후 설립 시 뿐만 아니라 설립 후에도 지분소유자가 1인이어도 존속이 가능하도록 법을 개정한 것이다(상법 제288조, 제543조).

유한회사는 법적인 규제가 적고, 폐쇄적으로 운영할 수 있어서 가족회사에 적합한 형태임에도 불구하고 우리나라는 유한회사 수가 극히 소수이다. 그러나 독일이나 일본은 유한회사가 대세인 점을 감안해 보면 우리나라에서도 1인회사가 더 활발하게 창업하고 영업활동을 할 수 있도록 입법정책을 추진하는 것이 필요하다.

다만, 1인주식회사를 설립할 때 고려해 볼 사항들이 있다. 우선, 주식회사는 공개적으로 자금조달을 하는 것이 쉬워 대기업으로 성장할 가능성이 큰 회사 형태임은 분명하지만 그만큼 법률에서 정한 규제와 제한, 의무 등이 많다는 점을 고려해야 한다.

그 밖에도 주식회사의 경우 회사가 성장 과정에서 불가피하게 자금을 조달하여야 하는 경우 창업자의 지분율이 하락할 수밖에 없는 실정이다. 미국처럼 창업자에게 황금주나 차등의결권을 부여하는 것이 법적으로 보장되지 않는 한 경영권 위협에 노출될 위험성이 높다.

물론, 현행 상법상 주주 수와 상관없이 자본금 10억 원 미만의 주식회사를 창업할 경우에 ① 발기설립 시 정관에 대한 인증의무면제, ②주주총회의 소집절차간소화(상법 제363조), ③ 감사의 선임의무면제(상법 409조) 등의 예외를 인정하여 자본금 10억 원 이상의 주식회사보다는 규제가 완화되어 있다. 그래도 여전히 주식회사에는 그 밖에도 규제가 많은 것이 사실이다.

이런 점을 고려해 볼 때 창업 후 급성장을 목표로 하지 않는다면 개인사업자 형태로 사업을 진행하다가 일정한 규모에 도달하면 주식회사로 전환하는 것도 좋은 방법이 될 수 있다.

1인유한회사의 경우에는 주식회사보다 법적인 규제가 적고, 공시의무도 적기 때문에 폐쇄적으로 운영할 수 있다. 특히, 창업자가 향후 사업을 가족 중심의 회사로 성장시키고자 하는 경우에는 1인유한회사를 설립하는 것도 좋은 방법이 될 수 있다.

참고로 주식회사나 유한회사의 경우에는 다수의 투자자로부터 자금을 조달하기 때문에 회계가 불투명한 경우 투자자들의 보호 차원에서 법률로 주식회사 중 자산규모가 일정한 수준에 달하면 외부회계법인의 정기적 회계감사를 받도록 규정하고 있다. 즉, 직전 사업연도 말의 자산총액이 120억 원 이상, 직전 사업연도 말의 부채총액이 70억 원 이상, 직전 사업연도의 매출액이 100억 원 이상, 직전 사업연도 말의 종업원 100명

이상 중 2개 이상에 해당하는 주식회사와 유한회사는 외부감사를 받아야 한다. 외부감사는 금융위원회 외부감사 및 회계 등에 관한 규정에 따라야 한다.

그리고 주식회사의 경우 회사가 성장 과정에서 불가피하게 자금을 조달해야 하므로 자연적으로 창업자의 지분율이 낮아질(희석화) 수밖에 없다. 미국처럼 창업자에게 황금주나 차등의결권주식이 법적으로 보장되지 않는 한 경영권 위협에 노출될 위험성 높은데, 우리나라에서는 주주평등의 원칙상 황금주나 차등의결권주는 인정되지 않음으로 불법이다.

황금주(golden share)[20]란 보유주식의 수량이나 비율과 관계없이 기업의 주요한 경영 사안에 대하여 거부권을 행사할 수 있는 권리를 가진 주식을 말하며, 차등의결권주식(dual class right)[21]이란 보통주식보다 의결권이 수배 많은 주식으로 최대주주의 경영권방어를 위하여 사용되는 주식을 말한다. 우리나라에서는 주주평등원칙에 위배된다는 점에서 허용

20) 황금주란 보유수량이나 비율에 관계없이, 극단적으로 단 1주만 가지고 있더라도 적대적 M&A 등 특정한 주주총회 안건에 대하여 거부권을 행사할 수 있는 권리를 가진 주식을 말한다. 일반적으로 공기업이 민영화된 뒤에도 공익성과 민주성을 유지할 수 있도록 보유하는 특별주식이 이에 해당한다. 이 황금주는 1984년 영국의 브리티시텔레콤(BT)을 민영화하는 과정에서 처음 도입되었는데, 그 취지는 민영화된 이후에도 공익성을 유지할 수 있도록 정부가 민간 경영진을 견제하려는 것이었다. 유럽연합(EU) 재판소가 황금주 도입을 불법으로 판정한 바 있으며, 이 제도를 처음 도입한 영국 정부도 자유로운 자본이동을 제한할 뿐 아니라 기업가치를 훼손한다는 이유로 보유하고 있던 브리티시텔레콤과 공항공사의 황금주를 소각한 바 있다.

21) 차등의결권주식이란 예를 들어 최대주주가 소유한 A급주는 주당 1의결권을 행사할 수 있도록 하고 일반주주들에게는 B급 주식을 발행하여 이익배당은 많이 하되, 의결권은 10주당 1의결권을 행사하도록 함으로써 경영권을 용이하게 유지하는 방식으로 활용할 수 있다. 미국에서는 구글이 2004년 공모·상장하면서 창업주들은 보통주보다 의결권이 10배나 많은 주식을 발행해 경영권을 강화하면서도 대규모 자금조달을 한 바 있다. 미국 포드사의 경우에도 대주주는 3.7%의 지분으로 40%의 의결권을 행사하도록 차등의결권을 정관에 정하고 시행하고 있다.

되지 않는다.

참고로 독일이나 일본에서는 유한회사가 대세인데, 그 이유는 경영권 안정 때문이라고 생각되며, 이러한 회사들이 오랜 역사를 갖는 강소기업으로 국가 경제에 중요한 역할을 하고 있다.

Ⅱ. 창업회사의 유형

1. 유니콘 기업의 유형

4차산업혁명은 IT 기술과 산업 간의 융합을 의미한다고 본다면 4차산업혁명시대의 창업회사 유형은 IT 기업을 중심으로 검토해 볼 필요가 있다.

IT 기업은 부동산이나 설비를 위한 시설투자를 위해 대규모 자본보다는 기술과 능력을 보유한 인력을 가장 중요한 자산으로 창업한 기업들이다.

이러한 IT 기업의 경우 창업 시에는 참여자가 지분을 서로 분배하는 공동창업과 창업자 1인이 지분을 전부 소유하는 단독창업으로 구분할 수 있다.

공동창업의 예로는 마이크로소프트사를 들 수 있는데 MS는 창업 시 빌 게이츠와 앨런이 공동으로 창업하고 지분도 비록 비율은 달라도 경영을 공동으로 수행한 대표적인 사례이다. 이와 유사한 창업사례로 구글의 래리 페이지와 세르게이 브린의 공동창업, 애플의 스티브 잡스와 워즈니악의 공동창업 등을 들 수 있다.

반면에 단독창업을 한 창업사례들도 있다. 대표적인 것이 아마존의 경우이며, 제프 베조스는 단독창업을 해서 지분을 독점한 후 사업규모를 확대할 때 추가 지분을 발행해 투자자에게 지분을 부여하는 방식으로 자금을 조달하였다. 참고로 알리바바의 마윈과 페이스북의 마크 저커버그도 단독창업을 한 사례로 분류될 수 있다.

공동창업과 단독창업을 비교해 보면 공동창업의 경우 기술과 경영관리를 상호보완할 수 있도록 인적 구성을 할 수 있다는 점에서 큰 장점으로 인식되고 있다. 그러나 단독창업의 경우도 기업이 성장하는 과정에서 경영권 분쟁의 소지가 적어 안정적 성장을 할 가능성이 높다는 장점을 갖고 있다.

공동창업이든 단독창업이든 창업 시에는 기술, 신용, 자본 투자자에게 지분을 배분할 때 신중해야 한다. 대표적으로 페이스북의 경우 1,000달러 투자한 새버린에게 35% 지분을 부여한 후 경영권 분쟁으로 발전한 사례도 있다.

따라서 창업 시 지분배정 시 전략적인 검토를 하는 방법을 알아두는 것이 필요하다. 특히, IT 기반의 사업 아이템이 4차산업혁명시대에는 창업의 성공요인으로 인식되고 있어서 창의적인 사업 아이템을 선택하고 구현하기 위해서는 이에 적합한 인재가 사업에 참여하도록 하는 것과 이를 구현하는 데 필요한 자본을 확보하는 것이 중요한 요인으로 인식되고 있다

그리고 인력이든 자본이든 제공한 자에게는 그 대가로 지분을 배정하는 것이 일반적인데, 몇 %의 지분을 배정하는지를 결정함에 있어서는 냉철한 이성적인 판단이 전제되어야 한다.

지분배정은 향후 경영권 안정에 중요한 요소가 되는 만큼 신중한 검

토가 필요한 것이다. 이에 앞서 반드시 알아두어야 할 점은 창업 후 회사가 성장하게 되면 그 성장에 비례하여 창업자의 지분이 희석화, 즉 지분율이 감소하게 되어 경영권이 점차 약화될 수 있다는 점이다. 따라서 미국은 이러한 지분율의 희석화 문제를 해결하기 위해 정관에 창업자에게는 보통주주보다 의결권을 복수로 부여하는 차등의결권을 부여하는 규정을 두거나 중요한 사안에 대하여는 창업자가 동의하지 않으면 의결을 할 수 없도록 제한하는 황금주를 부여해 지분의 희석화로 인한 경영권 분쟁을 예방할 수 있다. 그러나 우리나라는 1주 1의결권 원칙에 대한 예외 규정을 두지 않아 차등의결권이나 황금주를 부여하는 것이 사실상 불가하다.

중국의 마윈 회장이 알리바바를 2014년 미국 뉴욕증권거래소에 상장한 이유는 중국에서 상장하면 경영권이 보장되지 않는다는 우려 때문이었던 것으로 알려져 있다.

2. 상생형 기업 유형

창업자가 아무리 좋은 아이템을 가지고 창업을 했다 하더라도 시장을 지배하는 플랫폼 기업과 경쟁해서 성공하기란 매우 어렵다. 반면에 플랫폼 기업들이 필요로 하는 상품을 제조 또는 가공해 공급하는 B2B사업을 하는 비즈니스 모델을 가지고 1인기업 또는 소규모창업을 하면 오히려 성공 가능성이 크다고 인식되고 있다.

이는 1인창업 또는 소규모창업의 경우 대기업과 협업관계를 유지해야 시장진입이 용이하다는 것을 의미한다.

그리고 창업 시 회사의 유형과 관련해 1인창업 기업의 경우에는 상법상 허용되는 유한회사나 주식회사 형태로 창업해야 한다. 그러나 2인 이상의 출자자가 있는 중소기업의 형태로 창업하는 경우 합명회사, 합자회사, 유한회사, 주식회사, 유한책임회사 등 모든 형태의 창업이 가능하다.

3. 유형별 특성

(1) 개 요

앞서 본 바와 같이 법인사업자, 즉 회사 형태로 창업하는 경우가 성장형 모델로 적합하다고 할 수 있다. 다만, 회사의 유형 중 어느 유형이 창업자에게 가장 바람직한지를 사전에 숙지하는 것이 매우 중요하다.

현행법상 회사는 합명회사, 합자회사, 유한회사, 주식회사, 유한책임회사 등 5가지 유형만 허용된다. 그리고 그 유형은 창업자의 책임의 정도에 따라 구분될 수 있는데, 크게는 무한책임과 유한책임으로 그 책임의 정도를 구분해 볼 수 있다. 무한책임이란 창업 후 사업을 폐지하면 부채 발생 시 회사의 부채를 창업자 개인이 사유재산으로 변제할 책임을 말한다. 반면에 유한책임이란 창업 후 회사 폐업 시 발생한 부채에 대하여 창업자가 변제책임을 부담하지 않는 것을 말한다.[22]

특히, 유한책임은 창업과 투자를 유도하여 산업이 발전하는 데 크게 기여한 제도이다. 일각에서는 창업자들이 유한책임제도를 악용하는 도덕적 해이 현상이 심화될 수 있다는 점에서 이를 법률로 제한하는 법적인 장치가 필요하다는 주장을 해왔다. 그러나 유한책임제도를 택한 회사의 창업자나 투자자에게 무한책임을 부과하는 경우 창업과 투자가 크게 위

22) 유한책임사원은 출자가액을 한도로 회사의 채무에 대한 책임을 진다는 점에서 출자가액과 관계 없이 회사의 모든 채무에 대한 책임을 지는 무한책임사원과 대립된다.

축될 수 있다는 점에서 이를 법제화하지는 않고 있다. 다만, 사건에 따라 일시적으로 법원의 판사가 해당 사건의 경우에만 창업자나 투자자의 유한책임 규정의 적용을 배제하기 위해 회사의 법인격을 부인하여 이들이 개인사업자처럼 무한책임을 지도록 하는 판결들이 종종 내려지고 있다.

그러나 이러한 법인격 부인의 법리는 법치주의에 반한다는 점에서 공공질서 유지 차원에서 불가피한 경우에만 예외적으로 판례를 통하여 해당 사건에만 인정되고 있다.

대법원은 기존회사가 채무면탈을 목적으로 기업의 형태와 내용이 실질적으로 동일한 신설회사를 설립한 경우, 기존회사의 채권자가 두 회사 모두에 대하여 채무의 이행을 청구할 수 있는지를 다툰 사건에서 이를 인정함으로써 법인격 부인의 법리를 적용한 바 있다(대법원 2006. 7. 13. 선고 2004다36130 판결).

(2) 회사 종류별 특성

1) 합명회사

합명회사(general partnership)는 자본을 출자한 모든 투자자가 회사채무에 대하여 무한책임을 부담하는 회사 형태이다(상법 제212조). 이런 합명회사는 가족회사로 창업할 때 많이 이용되는 회사 형태이다.

투자자(사원)의 책임이 크다는 점에서 가족이나 친척, 또는 친구 등 매우 친밀한 관계에 있는 사람들이 공동으로 사업을 하기에 적합한 회사라고 할 수 있다. 이러한 합명회사는 사원들 간의 합의와 협력을 전제로 회사를 운영하는 것이 바람직하다는 점에서 이를 인적 회사 중의 하나로 분류하고 있다.

이러한 합명회사는 기동력 있는 경영을 할 수 있는 장점이 있으나 자본출자자(사원)의 책임이 과중하다는 단점을 갖고 있다. 영미법에서는 이를 "general partnership"으로 표현하고 있으며, 이에 대하여는 법인격을 인정하지 않으므로 개인사업자와 동일한 법리가 적용된다. 그러나 우리나라에서는 이러한 무한책임사원만으로 구성되는 합명회사에 대하여도 법인격을 부여하여 회사 명의로 대출이나 거래 등과 같은 법률행위를 할 수 있도록 허용하고 있다.

이러한 합명회사는 정관에 다른 정함이 없는 한, 자본출자를 한 모든 사원은 회사의 업무를 집행하고 회사를 대표하는 권한을 소유하게 된다(상법 200조, 207조).

즉, 자본을 출자한 모든 사원에게 경영권이 부여됨으로써 마치 개인기업을 공동으로 경영하는 효과가 있다. 이러한 합명회사는 가내수공업 등과 같은 개인의 노동력에 의존도가 높은 분야의 사업에 적합한 회사 형태라고 할 수 있다.

우리나라에서는 가족 중심의 영농법인들이 창업할 때 합명회사 형태를 취하고 있는 경우가 비교적 많다.

2) 합자회사

합자회사(limited partnership)란 회사채무에 대하여 무한책임을 부담하는 지분출자자(사원)와 유한책임을 부담하는 출자자로 구성된 회사를 말한다. 가족이나 친한 지인과 함께 창업할 때 많이 사용하는 회사 형태이다.

이러한 합자회사는 일반적으로는 창업자가 무한책임을 지는 무한책임사원이 되어 사업을 경영하고 이러한 회사에 자본을 제공하고 사업으로부터 발생하는 이익을 분배하되 회사채무에 대하여는 출자금만 포기하면 되는 유한책임사원으로 구성되게 된다.

합자회사 역시 합명회사와 마찬가지로 가족이나 친척, 또는 친구 등 매우 친밀한 사람들이 공동으로 사업을 하기에 적합한 인적 회사로 분류된다.

법리적으로는 합자회사는 무한책임사원과 유한책임사원이 각 1인 이상으로 구성되는 이원적 조직의 회사라고 말할 수 있다(상법 제268조).

특히, 무한책임사원은 당연히 업무집행할 권한을 갖게 되며, 회사를 대표하게 된다. 그러나 유한책임사원은 원칙적으로는 업무를 집행할 권한은 없으며, 예외적으로 회사정관에서 업무집행권을 부여한 경우에만 예외로 허용된다고 보는 것이 일반적이다.

경제적으로는 무한책임사원이 경영하는 사업에 유한책임사원이 자본적 참가를 하는 것으로서 인적 요소와 물적 요소가 결합된 형태의 회사이다. 즉, 능력이 출중한 인재가 창업 시 고려할 수 있는 회사 형태이며, 4차산업시대에 적합한 회사 형태이다. 그러나 합자회사는 무한책임사원의 권한은 많지만 투자자보호가 법적으로 미흡하여 자금조달이 용이치 않은 단점이 있다.

지난 2017년 11월 미국 팝스타 카니예 웨스트(Kanye West)를 지원하는 '카니예 웨스트 크리에이티브 팀(Kanye West Creative Team)'이 한국에 합자회사를 설립했다는 언론보도가 나온 바 있다. 그리고 6차 산업 군에 속하는 농축산 법인 중에 합자회사 형태를 취하고 있는 예들이 비교적 많다.

3) 유한회사

유한회사(private company, limited liability company)는 출자자 모두가 몇 가지 예외적인 경우를 제외하고는 출자금 한도 내에서 책임을 지는 유한책임사원만으로 구성된 회사를 말한다.

비교적 다수의 구성원으로 구성되었어도 인적으로 유대관계가 깊은 사람들이 모여서 창업할 때 많이 이용되는 회사 형태이다.

이러한 유한회사는 회사의 자치를 폭넓게 인정하는 합명회사의 장점과 사원이 유한책임을 부담하는 주식회사의 장점을 융합한 회사이다. 형식적으로는 폐쇄적인 회사의 특성상 중소기업에 적합하지만 실질적으로는 주식회사에 가까운 회사이다.

국내에 현지법인을 설립한 외국계 기업들의 경우 대부분이 유한회사의 형태를 취하고 있는데 이는 법적으로 규제가 주식회사보다 적은 반면 책임은 출자한도로 제한되기 때문이다.

이처럼 유한회사는 창업 시 설립절차가 주식회사보다 간편하고 설립비용도 소액이라는 장점을 갖고 있다. 그 밖에도 지배구조가 단순하고 회사경영 상황에 대한 공개의무가 없어서 선진국에서는 여러 세대에 걸쳐 가업으로 사업을 하는 가족회사들이 이 회사 형태를 취하고 있다. 특히, 공개의무가 없다는 점에서 외국계 회사들이 선호하는 회사형태이다.

이런 유한회사의 기관으로는 이사·감사·사원총회가 있는데, 사원총회에서는 1인 또는 복수의 이사를 선임할 수 있으며, 이사의 권리와 의무는 주식회사의 이사와 유사하다고 할 수 있다. 그리고 감사는 임의기관이기 때문에 반드시 선임하지 않아도 된다.

이러한 유한회사에는 외국계 회사들이 많은 것으로 알려져 있다.[23] 즉, 한국MSD, 한국릴리(Lilly Korea), 한국BMS제약 등이 있으며, 우리나라에서는 외국계 IT 회사들이 유한회사 형태를 취하고 있는데 이에 해당하는 기업으로는 휴렛패커드(HP: Hewlet-Packard), 스태츠칩팩(statschippac)코리아, 한국마이크로소프트, 애플코리아, 구글코리아, 한국오라클 등이 있다. 그 밖에도 루이비통코리아와 샤넬코리아가 주식회사에서 유한회사로 전환하였으며, 에르메스코리아와 코우치(Coach)코리아리미티드는 애초부터 법인을 유한회사로 설립한 것으로 알려져 있다.

또한 소비자들에게 널리 알려진 한국피자헛, 도미노피자코리아, 한국맥도날드, 나이키코리아, 한국코카콜라, 아웃백스테이크하우스, 블리자드엔터테인먼트 등도 유한회사이다.

국내기업이었으나 외국자본에 인수되면서 유한회사로 전환한 기업들도 있는데, 대표적인 예가 대구텍과 잡코리아이다. 이 점을 고려하면 4차산업시대에는 창업 시 유한회사 형태를 취하는 것도 고려해 볼 필요가 있다.

4) 주식회사

주식회사(company limited by shares)란 지분출자자인 주주에게 주식을 발행하고, 이를 인수한 주주는 인수가액만큼 출자의무를 부담하며, 회사의 채무도 출자한 금액 범위 내에서만 책임을 지는 물적 회사를 말한다.

1인기업으로 창업하는 경우 활용할 수 있는 회사 형태인 만큼 대부분 창업자들이 선호하는 회사 형태이다.

유니콘 기업 대부분이 창업할 당시부터 주식회사의 형태를 취하고 있

23) 신동아, 유한회사 전환으로 '감시망' 벗어나다, 2013년 04월호 기사 참조.

으며, 이는 자금조달이 용이하여 기업이 성장하는 데 필요한 시스템이 정비된 회사 형태이기 때문이다.

이러한 주식회사의 각 주주는 회사의 채무에 대해서 직접적으로 책임을 부담하지 않고, 회사가 자본 범위 내에서만 책임을 부담하므로 이를 물적 회사라고도 부른다.

주식회사에 있어서 자본금은 회사채권자에 대한 최소한도의 담보액이며 회사신용의 기초라고 할 수 있다. 따라서 상법은 자본의 3원칙[24]이라는 이름으로 자본금 확정 ·자본금 유지 ·자본금 감소에 대한 특별한 제한을 가하고 있다.

주주의 회사에 대한 권리와 의무는 주식을 단위로 정해지며, 각 주식의 금액은 100원 이상으로 균일해야 하며(329조 2항), 모든 주식은 평등한 대우를 받도록 주주평등의 원칙이 상법상 정립되어 있다.

그러나 이러한 주주평등의 원칙이 때로는 유연한 회사경영 또는 탄력적 회사경영에 걸림돌이 될 수도 있다.

참고로 주식회사는 투자자들로부터 투자를 용이하게 받을 수 있는 만큼 법적으로 투자자보호 차원에서 많은 규제를 가하고 있다. 따라서 창업초기에는 유한책임회사나 합자회사로 출발한 후 차후에 회사가 안정기에

---

24) 자본의 3원칙: ① 자본 확정의 원칙: 주식회사 설립시 자본을 정관으로 확정할 뿐만 아니라 자본총액에 상당하는 주식인수(株式引受) 또는 출자인수(出資引受)에 의하여 출자자가 확정되는 것을 필요로 하는 원칙을 말한다.
② 자본 충실의 원칙: 자본이란 주식회사가 보유할 최소한도의 재산액이므로 그것은 단순한 명목상의 금액으로 머물 것이 아니라 회사는 자본액에 상당하는 재산을 현실로 보유할 것을 요구하는 원칙으로 자본유지의 원칙이라고도 한다.
③ 자본 불변의 원칙: 주식회사의 자본액이 일단 확정되고 나면 법정의 절차에 의하지 않고서는 감소하는 것을 허용하지 않는다는 원칙을 말한다. 자본의 증가는 이사회의 결의에 의해서 신주를 발행할 때마다 행하여지게 되었으므로 현재에 있어서는 자본불변의 원칙은 자본의 감소의 경우에만 해당되는 원칙이 되었다.

접어든 후에 주식회사로 전환하는 것도 좋은 방법일 수 있다.

5) 유한책임회사

유한책임회사(limited liability company. LLC)는 2012년 개정된 상법에 의하여 도입된 회사의 형태로서 사모투자펀드나 게임회사 등과 같은 청년 창업에 적합한 회사 형태이다.

이 회사 형태는 주식회사처럼 출자자들이 유한책임을 지면서도 이사나 감사를 의무적으로 선임하지 않아도 되는 등 회사의 설립·운영과 구성 등에서 사적 자치가 광범위하게 인정되는 회사 형태이다.

유한책임회사의 내부관계에 관하여는 정관이나 상법에 다른 규정이 없으면 합명회사에 관한 규정을 준용하도록 상법에서 규정하고 있다.

이러한 유한책임회사는 주식회사의 경직된 지배구조와는 달리 신속하고 유연하며 탄력적인 지배구조이어서 출자자가 직접 경영에 참여할 수 있다는 장점을 갖고 있다. 그리고 각 사원이 출자금액만을 한도로 책임을 지므로, 고도의 기술을 보유하고 있으며 초기 상용화에 어려움을 겪는 청년 벤처창업에 적합한 회사 형태라고 할 수 있다.

최근에 유한책임회사에 대한 관심이 고조되고 있다.[25] 그 이유는 이러한 유한책임회사는 공동기업이나 회사 형태를 가지고 있으면서도 회사 내부에서는 폭넓은 사적 자치가 인정되는 조합적 특성을 보유하고 있기 때문일 것이다. 그리고 이러한 유한책임회사로 조직을 변경하고자 하는 유인이 큰 회사들로는 소유와 경영이 동일한 가족기업, 기업의 재무상태가 외부에 공개되기를 원하지 않은 기업, 회의체가 없어 모든 것을 정관

---

25) 전자신문, 유한책임회사에 대한 문의가 많아지는 이유, 2017.08.09. 기사.

에 의해서 정하는 기업, 사채가 없거나, 발행할 계획이 없는 기업, 상장을 고려하지 않은 기업 등이 있다. 최근 들어서는 일반주식회사를 농어업회사법인으로 전환하는 사례도 점차 늘고 있다.

결론적으로 4차산업시대 1인 또는 소규모창업 시 가장 바람직한 회사형태라고 할 수 있다.

그러나 법적으로 규제가 적다는 이야기는 때로는 갈등이 빈번히 발생할 수도 있다는 것을 의미한다. 따라서 출자자들 간에 서로 합의한 자치규범인 정관을 보다 세부적으로 작성하여 갈등요인을 사전에 제거하는 것이 필요하다. 구체적으로는 주식회사의 정관을 모델로 하는 것도 바람직한 해법이 될 수 있을 것이다.

Ⅲ. 종류별 창업절차

1. 개 요

창업할 때 어떤 회사 형태를 취할 것인가를 결정한 후 회사별 상법이 정한 절차를 준수하여야 설립등기를 할 수가 있다. 즉, 창업자가 볼 때 주식회사, 유한회사, 합명회사, 합자회사, 유한책임회사 중 어느 회사의 유형이 가장 적합한지를 결정하고 이에 대한 절차에 따라 회사를 설립하는 것이 중요하다.

회사는 설립등기가 되어야 비로소 법인격을 취득하기 때문에 설립등기를 마치지 못하면 설립준비 중에 발생한 모든 행위에 대한 책임을 창업자가 부담하게 될 수 있다. 즉, 법인격을 취득한다는 말은 사업과 관련된 모든 권리와 의무의 주체가 회사가 된다는 것을 의미한다.

그리고 회사의 종류마다 사원들의 책임 정도가 다른 만큼 그 절차 역시 상법에서 각각 달리 정하고 있다. 창업 시 이처럼 법에서 정한 절차를 준수하지 않는 경우 과태료 등의 형사처벌은 물론이고 설립무효가 될 수 있으므로 이에 대한 주의를 기울일 필요가 있다.

2. 설립의 의의

개인사업자가 아닌 법인을 사업 주체로 하는 회사를 설립해 창업하기 위해서는 상법에서 정한 절차에 따라 회사를 설립해야 한다. 이는 법정 절차를 무시하고 회사를 설립하면 절차상 하자를 이유로 설립이 무효가 될 수 있으며, 이 경우 모든 민·형사상 법적 책임을 창업자 개인이 부담해야 한다는 것을 의미한다.

따라서 창업 시 회사를 설립하는 경우 법이 정한 절차에 대해 숙지하는 것이 중요하며, 특히 지배구조와 관련한 사전지식을 갖는 것이 매우 중요하다. 예를 들어 페이스북 창업 당시 창업자인 마크 저커버그가 급우인 새버린(Eduardo Luiz Saverin)으로부터 1,000 달러를 투자받으면서 그 대가로 페이스북 지분을 34% 부여한 후 심각한 법정분쟁이 발생한 바 있다.

분쟁의 발단은 페이스북이 벤처투자자인 피터 틸(Peter Thiel)로부터 50만 달러를 투자받는 과정에서 새버린의 지분을 34%에서 1% 이하로 낮춘 것이었다. 결국, 새버린은 신주발행 무효의 소송을 제기하였고, 저커버그는 거액의 합의금을 지급하고 새버린을 공동창업자로 인정하고 분쟁을 종료시킨 바 있다.

회사설립절차와 관련해 상법은 회사 종류별로 그 절차를 달리 규정하고 있다. 즉, 상법은 회사 종류를 합명회사, 합자회사, 유한회사, 유한책임회사, 주식회사 등 5개로 정하고(상법 제170조) 그 설립절차에 대해 각기 달리 규정하고 있다. 설립절차 중에 자본을 조달, 즉 투자받는 방법의 내용에 대해 다양한 규정을 두고 있다. 특히, 주식회사를 설립할 때 설립절차를 위반하면 민사책임은 물론이고 형사책임을 부담하므로 이에 대한 사전지식을 습득하는 것이 필요하다.

3. 유형별 설립절차

(1) 합명회사

합명회사란 무한책임사원만으로 구성된 회사로서 자본보다는 인적결합 색채가 짙은 전형적인 인적 회사 중의 하나이다. 따라서 합명회사는 창업 당시부터 인적으로 신뢰관계가 형성되어 있는 소수 인원으로 구성된 공동기업을 운영하기에 적합한 회사이다. 이러한 합명회사를 설립하려면 2인 이상의 출자자(사원)가 공동으로 정관을 작성하고, 설립등기를 함으로써 성립하게 된다(상법 제172조, 제178조).

합명회사의 정관에는 ① 목적, ② 상호(이 상호 중에는 합명회사라는 문자를 포함시켜야 함), ③ 사원의 성명·주민등록번호 및 주소 ④ 사원의 출자 목적과 그 가격 또는 평가의 표준. 출자의 종류가 노무라면 단순히 노무, 신용이면 신용이라고 기재하면 된다. 그러나 재산출자의 경우에는 그 재산의 종류를 기재하여야 한다. 출자의 가격 또는 평가의 표준은 출자를 금전으로 계산한 가격 또는 그 산정방법을 말한다. ⑤ 본점의 소재지,

⑥ 정관의 작성 연월일 등 이상의 6개 항목을 기재하여야 한다(제179조).

출자는 재산출자로 한정되지 않기 때문에 노무출자·신용출자도 인정되며, 입사 및 사원 지위의 양도(지분의 양도)는 다른 사원의 승낙이 필요하다(제197조). 그러나 퇴사는 자유롭게 인정되고 제명제도도 존재한다.

원칙으로 각 사원이 업무집행권 및 대표 권한을 가지며, 각 사원이 경업피지의무를 지는데(제198조), 회사와 동종영업에 대하여 자기 또는 타인의 계산으로 사업을 하려면 다른 사원의 승낙이 필요하다. 만약 다른 사원의 승낙 없이 동종영업 분야에 속한 사업을 하는 회사의 이사 또는 무한책임사원이 된 경우 이들은 손해배상책임은 물론이고, 자기계산으로 한 경우에는 회사가 권리의무의 주체가 되며, 타인의 계산으로 한 경우에는 거래를 통하여 발생한 이익을 회사에 반환하여야 한다.

(2) 합자회사

합자회사란 유한책임사원과 무한책임사원이 함께하는 회사로서, 창업 당시 경영을 책임지는 사원이 존재하고 다른 출자자는 투자만 하고 이익배당 등의 사적 이익취득을 추구할 수 있도록 설립되는 회사 형태이다. 이러한 합자회사를 설립하는 데에는 무한책임사원이 될 자와 유한책임사원이 될 자의 2인 이상이 정관을 작성하고 설립등기를 하면 된다.

합자회사의 정관에는 합명회사의 정관에 기재하여야 할 사항 외에 각 사원책임의 유한 또는 무한임을 기재해야 하며(제270조) 또 그 상호 중에는 합자회사의 문자를 사용하여야 한다(제19조).

합자회사의 설립등기를 하는 경우에는 합명회사의 등기사항 외에 각 사원의 무한책임 또는 유한책임인 것을 등기해야 한다(제271조).

그 밖의 사항에 관해서는 합명회사의 규정을 준용하도록 하고 있는데, 합자회사의 내부관계에 관한 규정은 임의규정이므로 이와 달리 정하고 싶은 경우에는 정관에 다른 규정을 두면 된다.

그리고 무한책임사원의 출자는 재산·노무·신용 중 어느 것이든지 출자할 수 있으며, 유한책임사원은 금전 그 밖의 재산만을 출자할 수 있다(제272조). 각 사원의 권리 및 의무와 관련하여서는 정관에 다른 정함이 없는 한 무한책임사원 각자가 업무집행할 권리와 의무를 가지게 되지만, 유한책임사원은 회사의 업무를 집행할 수가 없다(제273조, 제278조).

그리고 업무집행의 의사결정은 업무집행권을 가지는 무한책임사원의 과반수로 결정하며(제269조, 제200조 2항), 유한책임사원에게는 제한적인 감시권이 있을 뿐이다(제277조 2항).

(3) 유한회사

유한회사란 출자자인 사원 모두가 출자한도로만 책임을 지는 유한책임사원만으로 구성된 회사를 말한다. 이러한 유한회사는 주식회사와 달리 지분의 양도가 비교적 자유롭지 못한 점이 있어서 인적 유대관계가 깊은 경영자와 투자자들이 창업 시 선택하는 회사 유형이기도 하다.

유한회사는 주식회사에 비하면 폐쇄적이기 때문에 그 설립절차가 주식회사보다 훨씬 더 간편하며, 모집설립은 인정되지 않고 발기설립만 허용된다.

지분을 출자하는 사원이 되려는 자는 정관을 작성해서 정관이 정한 자본총액을 인수한 후 주식회사의 발기설립과 유사한 방법으로 설립한다(제543조-제551조). 유한회사의 이사는 각 사원으로부터 출자전액을 납입받아야 하며, 현물출자의 경우에는 해당 목적재산이 동산이라면 인도하고 부동산이라면 이전등기하여야 하며, 기타 지식재산권이라면 권리자 변경등록을 하여야 한다(제548조).

이러한 유한회사의 설립등기는 위의 납입 또는 급여가 있은 날로부터 2주 이내에 본점 소재지 관할 법원 등기소에 완료하여야 한다(제549조).

그리고 유한회사의 지분출자자인 사원이 현물출자 또는 재산인수[26]한 목적재산이 회사설립 당시 정관에서 정한 가격보다 실제 가격이 현저히 낮은 경우에는 회사설립 당시의 사원이 회사에 대하여 그 부족액을 연대하여 지급해야 할 책임을 부담해야 한다(제550조).

그리고 납입 또는 급여가 완료되지 않은 출자가 있을 경우 회사창업 당시의 사원(이사도 포함)은 회사에 대하여 그 납입되지 않은 금액 또는 이행되지 않은 현물의 가액을 연대하여 지급할 책임을 부담하게 된다(제551조 1항).

이러한 사원의 전보책임은 면제할 수가 없으나 이사의 책임은 모든 사원이 동의하면 면제할 수 있다(제550조 제2항, 제551조 제2항·제3항).

(4) 유한책임회사

유한책임회사는 출자자인 사원이 직접 경영에 참여할 수 있는 반면, 각 사원은 자신이 출자한 투자액을 한도로 법적인 책임을 부담하는 형태의 회사를 말한다. 따라서 내부적으로는 정관자치가 보장되는 조합의 실질을 갖추고 외부적으로는 투자액의 범위 내에서 유한책임을 부담하는

26) 재산인수란 발기인이 회사의 성립을 조건으로 제3자로부터 특정 재산의 취득을 목적으로 하는 매매형식의 계약으로 변태설립사항의 일종을 의미한다. 정관에 기재하지 않은 재산인수의 효력은 무효이다.

주식회사의 장점을 모두 결합한 회사제도인 것이다. 이러한 유한책임회사는 고도의 기술을 보유하고 있지만, 초기 상용화에 어려움을 겪는 청년 벤처창업이나 사모(私募)투자펀드, 법무법인, 세무회계법인 등에 적합한 기업 유형이다.

따라서 기존의 주식회사나 유한회사보다 회사설립절차와 운영절차가 간편한 회사이다. 창업 시 설립절차와 관련해서는 정관작성과 출자의 이행, 설립등기 순으로 규정되어 있다. 우선, 정관의 작성과 관련해서는 목적, 상호, 사원의 성명·주민등록번호 및 주소, 출자의 목적 및 가액, 자본금의 액 등을 기재한 정관을 작성해야 한다(상법 제287조의2, 제287조의3).

그리고 출자와 관련해서는 사원은 정관의 작성 후 설립등기 시까지 금전이나 그 밖의 재산의 출자를 전부 이행해야 한다(상법 제287조의4 제2항). 출자는 재산출자만 가능하고 누구든 신용이나 노무를 출자의 목적으로 하지 못한다(상법 제287조의4 제1항).

설립등기는 본점 소재지에서 목적, 상호, 존립기간, 자본금의 액, 업무집행자의 성명 등에 관한 사항을 등기하면 된다(상법 제287조의5 제1항).

(5) 주식회사

1) 개 요

주식회사는 창업 시 출자한 모든 출자자가 출자 한도만 책임을 지는 극단적인 유한책임회사이며, 동시에 지분양도도 자유로워 출자자에게 매우 유리한 회사 형태이다. 주식회사는 국가경제가 발전하는 데 필요한 민간자본을 시장에 유입하도록 창안된 제도로서 각국의 산업발전에 기여도가 큰 회사 형태이다.

이처럼 주식회사는 지분의 양도가 자유롭고 주주도 출자한도로만 책임지기 때문에 다른 형태의 회사보다는 창업 당시부터 그 설립절차가 복잡하고, 법적인 규제들도 많다. 즉, 투자자보호 차원에서 설립절차도 복잡하게 하고, 회사 내용도 투자자들이 알아볼 수 있도록 공시제도도 상세히 규정하고 있다.

이러한 주식회사의 설립절차에 대하여 개괄적으로 보면 ① 발기인선정 ② 정관작성 ③ 자본확정 ④ 기관구성 ⑤ 창립총회 ⑥ 설립등기 등의 절차로 구분해 볼 수 있다.

2) 발기인

발기인은 주식회사의 설립자 즉 창업자로서 정관에 발기인으로 기명날인 또는 서명한 자를 말하는데, 반드시 여러 사람일 필요는 없다. 즉, 발기인은 1인이어도 상관없다. 2001년 상법개정 이전에는 설립 시 발기인은 반드시 3인 이상이었지만 현재는 설립절차를 신속·간편하도록 하기 위하여 그 숫자의 제한을 가하지 않아서 1인의 발기인으로도 충분하다.

발기인이 될 수 있는 자격요건에 대하여 상법은 특별한 제한을 가하고 있지 않다. 따라서 무능력자, 즉 미성년자. 한정치산자, 금치산자도 발기인이 될 수 있지만, 미성년자나 한정치산자의 경우에는 법정대리인의 동의가 필요하며, 금치산자의 경우에는 항상 법정대리인이 대신하여야 법적 효력이 발생한다.

이러한 발기인은 반드시 1주 이상의 주식을 인수하여야 하는데 인수할 때에는 서면으로 하여야 하며, 의사록을 작성하여 의사의 경과와 그 결과를 기재하고 기명날인 또는 서명하여야 한다.

또한 발기인은 회사의 기관으로서 설립에 필요한 모든 행위를 할 수 있는 직무권한을 가진다. 그리고 그의 행위에 의한 권리·의무는 회사가 설립함과 동시에 회사에 귀속되지만, 회사가 설립등기를 하지 못하고 실패하는 경우 그 모든 권리와 의무는 발기인에게 귀속된다. 즉, 회사설립이 실패한 경우, 설립 중에 행하였던 모든 행위에 대한 책임과 권리는 모두 발기인이 부담하거나 갖게 된다(제326조).

3) 정 관

정관이란 회사의 자치규범이며, 주주들이 창업 당시부터 앞으로 회사운영과 관련된 중요한 사항들에 대하여 의사결정과 집행방법을 합의한 것을 말한다. 정관은 상법에서 강행규정, 예를 들어 "해야 한다"라는 규정을 제외한 모든 사항을 정할 수 있다는 점에서 매우 중요한 자치규범이다. 특히, 정관에 상세한 규정이 있는 경우 경영진의 경영활동이 제한될 수 있는 단점이 있기는 하지만 결정적인 사안에 대하여 책임을 면할 수 있는 근거가 된다는 점에서 신중하게 작성하고, 활용할 필요가 있다.

이러한 정관은 발기인이 작성하고 서명 또는 기명날인하여야 하며, 기명날인한 발기인은 회사 및 제3자에 대한 손해, 그리고 인수되지 않은 주식이나 납입되지 않은 주식에 대하여 연대하여 인수나 납입담보책임을 져야 하는 경우도 발생할 수 있다.

그리고 일반적으로 회사설립의 첫 번째 단계는 정관작성을 통해 창업에 대한 구체적인 의지가 표현된다고 할 수 있다.

4) 자 본

주식회사란 자본만으로 책임을 지기 때문에 회사 창립 시 주식을 배정하고 배정된 주식을 인수하고, 이에 대한 주금을 납입하는 것은 매우 중요하다.

여기서 주식의 배정이란 주식을 인수하고자 하는 자의 청약에 대하여 발기인이 인수될 주식의 수를 부여하는 행위를 말하며, 그 절차는 먼저 주식을 인수하고자 하는 자가 원하는 수만큼의 주식을 배정하여 줄 것을 청약하면 발기인이 이를 결정하는 것을 말하며, 배정의 권한은 전적으로 발기인에게 있다. 즉, 주식인수의 청약에 대하여 발기인은 배정방법을 미리 공고하지 않은 이상 자유로이 배정할 수 있는데, 이를 배정자유의 원칙이라고도 한다. 그리고 주식청약자는 아직 주주가 아니므로 이 경우에 주주평등원칙이 적용되지도 않기 때문에 법리적으로 문제가 없는 것으로 해석되고 있다.

회사설립 후에는 자본금을 증가시키기 위하여 신주를 발행하는 경우 정관변경 없이 이사회결의만으로 가능하다. 자본금 증가 없이 타인의 자금을 조달하고자 하는 경우 사채제도를 활용하면 되고, 그 결정 역시 이사회가 결의하면 된다(제469조).

5) 기 관

주식회사 형태로 창업하려면 창업 당시부터 상법상 반드시 의사결정기관인 주주총회, 이사회, 그리고 업무집행과 대표기관인 대표이사 및 감독기관인 감사 기관을 설치해야 한다.

이러한 기관의 역할과 관련하여 상법은 주주총회를 최고의 의사결정기관으로 정하고 그 역할과 관련하여서는 상법과 정관에서 정한 사항만 결의할 수 있도록 규정하고 있다(제361조).

이사회 역시 의사결정기관이며, 그 권한과 의무 역시 상법과 정관에서 정하도록 규정되어 있다(제393조). 그리고 그 권한으로 중요한 자산의 처분 및 양도, 대규모 재산의 차입, 지배인의 선임 또는 해임과 지점의 설치·이전 또는 폐지 등이 해당된다.

그 밖에도 이사회는 이사의 직무집행에 대하여 감독할 수 있으며, 이사회의 구성원인 이사는 대표이사를 통해 다른 이사 또는 피용자의 업무에 관하여 이사회에 보고할 것을 요구할 수 있다.

대표이사는 주주총회와 이사회에서 결정 사항이나 정관에서 정한 사항을 회사를 대표하여 집행할 권한을 갖고 있다. 그리고 감사는 이사나 대표이사의 업무집행감독권과 회계감독권 모두를 갖고 있다. 이와 관련하여 이사회의 감독권과 감사의 감독권이 상충될 여지가 있는데, 이에 대하여 일반적으로는 이사회의 업무집행감독권은 적법성은 물론이고 타당성 조사를 할 수 있는 것으로 해석되고 있다. 그러나 감사의 업무감사권은 적법성 감사에 국한된다고 보는 것이 일반적인 견해이다.

6) 창립총회

발기인은 출자의 이행이 끝나면 지체없이 창립총회를 소집하여야 한다. 창립총회의 결의는 출석한 주식인수인의 의결권의 3분의 2 이상이며 인수된 주식 총수의 과반수에 해당하는 다수로써 결의하게 된다(상법 제309조). 그리고 그 권한은 회사설립에 관한 모든 사항에 미치며, 창립에 관한 사항을 발기인이 보고하고, 창립총회에서 선임된 이사·감사가 주식

총수의 인수·이행의 유무를 조사·보고해야 한다(제311조, 제313조).

이러한 창립총회는 변태설립사항[27]의 변경, 정관변경 또는 회사설립 폐지의 결의도 할 수 있다(제314조, 제316조). 특히, 변태설립사항은 현물출자, 재산인수, 발기인의 특별이익, 설립비용 및 발기인의 보수 등이 이에 해당하며, 이들은 발기인들이 도덕적으로 해이해 지는 경우 회사의 자본이 손실될 위험성이 있으므로 이러한 사항은 정관에 기재하고 법원이 선임한 검사인의 검사를 받아야 한다. 그리고 검사인은 창립총회에서 이를 보고해야 한다.

7) 설립등기

주식회사는 설립등기를 마쳐야 비로소 법인격을 취득하게 되며, 권리의무의 주체가 될 수 있다(제317조). 즉, 회사 이름으로 거래 등 회사업무 관련 일들을 할 수 있게 된다. 이러한 주식회사의 설립등기는 창립총회가 종결한 날로부터 2주간 내에 이를 하여야 한다.

등기사항은 ① 목적 ② 상호 ③ 회사가 발행할 주식의 총수 ④ 액면주식을 발행하는 경우 1주의 금액 ⑤ 본점의 소재지 ⑥ 회사가 공고를 하는 방법 ⑦ 자본금의 액 ⑧ 발행주식의 총수, 그 종류와 각종 주식의 내용과 수 ⑨ 주식의 양도에 관하여 이사회의 승인을 얻도록 정한 때에는 그 규정 ⑩ 주식매수선택권을 부여하도록 정한 때에는 그 규정 ⑪ 지점의

27) 변태설립사항이란 주식회사설립과 관련된 사항들 가운데 회사의 자본적 기초를 약화시킬 우려가 있는 것을 말한다. 상법은 회사의 자본을 충실하게 하기 위해 변태설립사항을 강행규정으로 하고 있으며 이를 위반한 경우 원칙적으로 무효이다. 변태설립사항에는 발기인의 특별이익, 현물출자, 재산인수, 설립비용과 발기인의 보수 등이 있다. 이러한 변태설립사항은 정관에 기재하여야 하며, 법원이 선임한 검사인의 검사를 받아야 한다. 그리고 창립총회에서 이에 관한 사항을 보고하고 승인을 받아야 한다.

소재지 ⑫ 회사의 존립기간 또는 해산사유를 정한 때에는 그 기간 또는 사유 ⑬ 주주에게 배당할 이익으로 주식을 소각할 것을 정한 때에는 그 규정 ⑭ 전환주식 발행사항 ⑮ 사내이사, 사외이사, 그 밖에 상무에 종사하지 아니하는 이사, 감사 및 집행임원의 성명과 주민등록번호 ⑯ 회사를 대표할 이사 또는 집행임원의 성명·주민등록번호 및 주소 ⑰ 2인 이상의 대표이사 또는 대표 집행임원이 공동으로 회사를 대표할 것을 정한 경우에는 그 규정 ⑱ 명의개서대리인을 둔 때에는 그 상호 및 본점 소재지 ⑲ 감사위원회를 설치한 때에는 감사위원회 위원의 성명 및 주민등록번호 등이다.

이처럼 등기하는 이유는 투자자 등 이해관계자들에게 회사의 등기사항을 알 수 있도록 공시함으로써 투자 등이 의사결정할 때 참고할 수 있도록 하는 것이 목적이며, 그 취지는 투자자보호이다.

제4장

자금조달

제4장 자금조달

Ⅰ. 의 의

생산과 투자 주체인 기업은 운영을 위해 자금이 필요하다. 창업 시에도 물론 운영자금이 필요하며, 이를 위해서는 자기 자금이든 타인 자금이든 조달을 해야 사업을 영위할 수 있다. 일반적으로 기업이 자금을 조달하는 출처로는 내부자금과 외부자금이 있는데, 내부자금은 기업 내부에서 자체적으로 마련되는 자금이며, 외부자금은 타인의 투자금이나 대출받은 자금을 말한다.

내부자금 중 가장 많은 것이 내부유보금인데, 이는 영업수익 중 각종 비용이나 배당금 등을 지급한 후 남은 내부유보자금을 말한다.

이러한 내부자금을 조달하면 이자 등 별도의 조달비용이 들지 않고 자금사용기간도 제약이 없다는 점에서 매우 유리한 자금조달수단이다. 그러나 이러한 내부자금만으로 미래 수익창출을 위해 소요되는 대규모 자금을 조달하는 것은 매우 어렵다. 결국, 내부자금으로 부족한 추가자금은 불가피하게 외부로부터 충당할 수밖에 없다.

이러한 내부자금이 없는 창업의 경우에는 대부분 창업 초기자본만을 가지고 사업을 시작하는 경우가 많다. 그러나 창업 후 일정 기간이 경과하면 신규투자가 필요하게 되고 결국 타인으로부터 직접이든 간접이든 외부자금을 조달해야만 사업을 유지·발전시킬 수 있는 것이 현실이다.

이처럼 타인으로부터의 외부자금조달은 지분을 부여하거나 이자를 지급하므로 득과 실을 따져서 적절한 방법을 모색할 필요가 있다. 외부로부터의 자금조달에는 직접적인 자금조달과 간접적인 자금조달로 구분해 볼 수 있다. 직접적인 자금조달은 주식이나 사채를 발행하여 주주나 사채권자들로부터 직접 자금을 조달하는 방법이며, 간접적인 자금조달은 금융기관으로부터 금전차입 형태로 자금을 조달하는 방법이다.

이 중에서 간접적인 자금조달, 즉 차입방식의 자금조달은 금융기관과 창업자 간의 사적인 계약의 형태로 이뤄지기 때문에 이에 대하여 제도적으로 규율할 필요성은 적다.

그러나 창업자나 사업자가 다중을 상대로 신주를 발행하여 직접적으로 자금을 조달하는 경우에는 발행주식 수가 증가한다는 점에서 주주들과의 이해관계가 대립될 수 있다.

이 경우에는 주주들에게 신주인수권을 우선 배정하도록 하는 등의 주주보호절차를 규정해 놓고 있다. 또한 사채발행을 통한 자금조달의 경우에는 다수의 사채권자로부터 자금을 조달해야 한다는 점과 주주들과의 관계에서 불이익을 볼 수 있으므로 상법은 사채권자의 보호에 관하여도 채권자보호절차 등과 같은 상세한 절차 규정을 두고 있다.

창업 후 사업이 본궤도에 진입하기까지는 추가적인 자금조달이 지속해서 요구된다. 예를 들어 어렵사리 기술을 개발한 후 이를 기반으로 한 시제품을 생산하는 단계에서 자금조달 문제로 어려움을 겪는 경우가 많다. 이러한 어려운 과정을 일반적으로 데스밸리(Death Valley), 즉 죽음의 계곡이라고 부르기도 한다.[28] 오늘날 대기업으로 성장한 기업들도 창

28) 데스밸리(Death Valley)란 창업 기업이 연구개발(R&D)에 성공한 후에도 자금 부

업 초기에 자금조달 문제로 홍역을 치른 일들이 많았다. 예를 들어 페이스북의 창업자인 마크 저커버그는 기숙사에서 창업하면서 비용이 필요하여 급우인 새버린으로부터 불과 1,000 달러를 투자받았지만, 페이스북이 성장한 후에 추정컨대 수천억 원의 대가를 지급하고 공동창업자로 인정해야 하는 사건이 발생한 바 있었다.

반면에 대기업으로부터 지분투자를 받은 후 급성장한 기업들도 있다. 예를 들어 페이스북의 경우에는 2007년 1.6% 지분의 대가로 MS사로부터 2억 4,000만 달러를 투자받은 후 글로벌 플랫폼 사업자로 급성장한 바 있다.

알리바바도 2000년 소프트뱅크의 손정의 회장으로부터 2,000만 달러(한화 약 210억 원)를 투자받은 후 글로벌 최대기업으로 성장한 바 있다.

이처럼 창업 후 데스밸리를 넘기 위해 창업자들은 다양한 자금조달 방법들을 사용해 왔다. 이러한 방법들은 전통적으로 크게 5가지로 구분하여 분류해 왔다. 즉, ① 주식발행방식 ② 사채발행방식 ③ 벤처투자기관에 의한 투자방식 ④ 엔젤 또는 크라우드 펀드에 의한 투자방식 ⑤ 대출(차입)에 의한 자금조달방식 등이 그것이었다.

정부지원을 통한 자금조달방식도 급격히 증가하고 있어서 이를 새롭게 분류할 필요가 있다. 따라서 외부자금조달방법으로 ① 창업 전 주주계약을 통한 자금조달 ② 벤처투자 ③ 주식발행 또는 지분발행방식 ④ 차입방식 ⑤ 정부지원수혜방식으로 구분해서 검토해 보고자 한다.

족 등으로 인해 사업화에 실패하는 기간을 말한다. 이러한 데스밸리는 연구개발에 모든 자본을 투자하느라 적자가 누적되면서 은행 대출이 막히고, 빠른 시간 내에 기업공개(IPO)를 할 가능성이 희박해 벤처캐피털 투자자들로부터 외면당하면서 생기는 현상으로, 보통 흑자를 내기 전까지 지속된다.

그리고 상법에서는 직접 자금조달과 관련해 가장 중요한 주식과 사채 발행에 대해 상세히 규정하고 있다. 이하에서는 이에 대해서도 상세히 검토해 보고자 한다.

Ⅱ. 외부자금조달

1. 주주계약

주주계약방식이란 회사설립 전부터 특정 개인으로부터 투자를 받으면서 향후 회사를 설립하면 회사지분 중 일정 비율을 발행하여 교부하기로 약정을 하고 투자형식으로 자금을 조달하는 방식이다. 페이스북의 마크 저커버그는 창업 당시 새버린에게 지분의 34%를 부여하기로 합의하는 주주계약을 체결한 바 있다. 그리고 이어서 페이팔(PayPal) 창업자인 피터 틸(Peter Thiel)로부터 50만 달러를 투자받으면서 지분 2.5%를 부여하는 주주계약도 체결했다. 이 과정에서 50만 달러 투자에 지분을 2.5% 부여하면서 1천 달러에 지분 34%를 부여하는 것은 부당하다고 보고 새버린의 지분을 1% 이하로 조정하였고 이에 불만을 품은 새버린은 주주계약상의 채무불이행을 이유로 소송을 제기한 바 있다.

이처럼 주주계약을 통한 투자자와 창업자 간에 지분배분에 대한 분쟁이 심한 것은 투자의 본질적인 특성 때문이다. 즉, 투자에는 손실위험이 따르며, 위험의 정도는 불확실성의 정도에 따라 달라진다. 당연히 창업 당시에는 투자손실의 위험이 매우 커 투자 관련 주주계약을 체결할 당시에 투자 후의 사업의 진행 정도를 고려해 냉철한 검토를 한 후 지분 배정을 약속하는 것이 중요하다.

투자자 측에서 보면 회사에 자본으로 투자한다는 것은 회사가 파산하는 경우 발생하는 자본손실로 인한 투자손실도 기꺼이 감수하겠다는 의지의 표현이라고 할 수 있다. 이처럼 손실의 우려가 있음에도 불구하고 투자를 하는 이유는 이익이 발생하는 경우 이익배당은 물론이고 투자지분의 가치가 상승하는 이익을 향유할 수 있기 때문이다.

창업자가 볼 때 자본투자를 받으면 파산을 하더라도 부채가 발생하지 않는다는 점에서 매우 매력적인 자금조달방법임은 분명하다.

그리고 창업자가 대기업 또는 자산가로부터 투자계약을 통한 자금조달을 하는 경우 마케팅에 유리할 뿐만 아니라 사업영역을 공유할 수 있다는 점에서 성공이 보장되었다고도 평가할 수 있다.

1999년 직원 17명과 함께 알리바바(Alibaba)를 창업한 마윈은 창업 초기 한 건의 거래도 성사시키지 못하며 좌초 위기에 직면한 바 있었다. 그러나 일본 소프트뱅크의 손정의 회장으로부터 2,000만 달러(한화 약 210억 원)의 대가로 주식을 발행하여 알리바바 지분의 35%를 부여하는 조건으로 투자를 받은 후 국내외의 주목을 받으며 사업 활로를 개척한 것으로 알려져 있다.

페이스북의 마크 저커버그도 2004년 기숙사에서 창업 후 2006년 야후가 10억 달러에 인수하겠다는 제안을 한 바 있으나 2007년 MS사에 지분 1.6%를 부여하면서 그 대가로 2억 4,000만 달러를 투자받은 후 급성장한 대표적인 예이다.

그러나 이러한 주식발행방식이 때로는 경영권 분쟁의 원인이 될 수도 있다. 앞의 사례들은 성공한 사례이지만 투자금의 대가로 과도하게 주식을 발행하여 배정한 경우 경영권을 찬탈당하거나 기술을 탈취당하는 결과를 가져올 수도 있다.

물론, 기업이 아닌 불특정 다수를 상대로 주식을 발행해 자금을 조달할 수 있지만 이는 주식을 상장한 기업에 일반적으로 가능한 방법이므로 창업단계에서는 경영권을 보장받으면서도 성장하는 데 원원할 수 있는 투자자를 찾는 것이 성공의 관건이라고 할 수 있다.

물론, 미국처럼 창업자가 정관에 차등의결권이나 황금주 등에 관한 규정을 둘 수 있다면 주주계약을 통한 투자를 받은 경우에도 경영권 위협에 자유로울 수 있다. 예를 들어 페이스북의 경우 정관에 차등의결권을 허용하는 규정을 두고 있어서 저커버그는 페이스북의 지분은 15%만을 소유하면서도 의결권의 59.7% 행사하여 경영권을 보장받을 수 있다.

그러나 우리나라에서는 상법상 "1주 1의결권" 원칙만을 규정하고 있어서 창업 시 주주계약에 신중하지 않으면 경영권분쟁이 발생할 수 있다는 점을 인식할 필요가 있다.

2. 벤처투자

벤처투자란 기술력이 우수해 발전 가능성은 크지만 자금조달능력이나 경영 기반이 취약한 창업자, 즉 스타트업에 투자하는 것을 말한다. 이처럼 벤처기업에 투자하는 것을 전문으로 하는 창업투자회사를 벤처캐피털(VC)이라고도 한다.

벤처캐피털은 스타트업이 신기술 기반의 제품을 개발하고 연구하는 데 필요한 자금을 투자하거나 융자해 주는 방식으로 자금조달을 지원하는 기관이다.

이런 VC는 기업이 성공하면 투자자금을 회수하여 높은 수익을 확보할 수 있지만 반대로 투자손실의 위험도 크다

VC가 투자하면 투자금액뿐 아니라 기업 브랜드의 인지도가 향상되고 추가로 투자유치가 성공할 가능성이 크며, 경영기법 등과 같이 기업 성장에 필요한 것들을 다 각도로 지원받을 수 있다.

1995년 제프 베조스(Jeff Bezos)는 시애틀(Seattle)에서 인터넷(Internet) 서점을 창업하였는데, 창업 직후 2차에 걸친 대규모 벤처투자를 받은 후 급성장한 바 있다. 우선, 1995년 말에는 벤처 투자자들로부터 98만 달러를 투자받고 1996년에는 벤처캐피털 회사인 클라이너퍼킨스(Kleiner Perkins)로부터 800만 달러의 투자를 받은 바 있다. 이후 베조스의 아마존 지분은 16.95%로 축소는 되었지만 아마존은 현재 도서, 의류, 신발, 보석, 식품 등 다양한 품목을 판매하는 미국의 온라인(Online) 커머스(Commerce) 회사로 성장하면서 베조스의 자산가치도 급증했다.

벤처캐피털과 비교되는 개념으로 엔젤투자자가 있다. 엔젤투자자는 기술력과 발전 가능성이 크지만 자금 기반이 취약한 스타트업에 투자하는 "개인투자자"를 말한다.

이러한 엔젤투자자는 자금 기반이 취약한 스타트업에게 자금을 지원해 준다는 의미에서 "천사"라고 명명하고 있다.

엔젤투자를 받아 성공한 창업자의 예로 구글을 들 수 있다. 1998년 래리 페이지와 세르게이 브린은 캘리포니아주에 있는 친구 집의 차고에서 "Google Inc."를 창업한 바 있다.

창업 당시 스탠퍼드 대학에 근무하는 교수의 소개로 선마이크로시스템즈의 공동창업자인 앤디 벡톨하임(Bechtolsheim)에게서 10만 달러의

투자를 유치한 후에 사업이 본궤도에 진입한 바 있다.

이처럼 창업자가 자금을 조달할 때 앞에서 본 것처럼 민간기업 또는 개인으로부터 투자받아 긍정적인 결과를 가져오기도 하지만 그 반대의 경우도 발생할 수 있다. 즉, VC나 엔젤투자자가 벤처 사냥꾼으로 변모해 벤처생태계를 변질시킬 수 있어서 각국은 법률로 이러한 부작용을 사전 예방하는 차원에서 다양한 규제를 가하고 있다.

우리나라 "벤처기업육성에 관한 특별조치법(벤처기업법)"에서는 이러한 벤처투자기관을 투자전문관리기관이라고 부르고 이에 대한 진입규제 및 행위규제를 가하고 있다. 이에 해당하는 것으로는 중소기업창업투자조합, 신기술사업투자조합, 중소기업투자모태조합, 한국벤처투자조합 등이 있다. 미국에서는 이러한 벤처투자기관을 벤처캐피털이라는 이름으로 부르고 있으며 우리나라처럼 법률로 규제하고 있지는 않다.

이처럼 벤처투자기관으로부터 지분투자를 받아 성장하는 경우도 있지만 어떤 벤처투자기관으로부터 받을지 여부에 대해서는 신중한 판단이 필요하다. 우리나라는 벤처투자기관을 법률로 규제하고 있어서 벤처투자가 활성화되어 있지는 않다. 4차산업시대를 맞이해 벤처투자가 활성화되도록 제도적 개선을 하는 것이 필요하다.

3. 차 입

직접적인 자금조달방법 중 하나인 사채(社債)란 투자자들로부터 금전을 차입하는 방식을 말하며, 대출이란 금융기관으로부터 금전을 차입, 즉 돈을 빌리는 것으로 주식발행 없이도 자금을 조달할 수 있는 장점을 갖고 있다. 창업 당시 차입을 통하여 자금조달 후 성장의 발판을 마련한 대표적인 기업으로 MS사를 들 수 있다.

MS사의 창업자인 빌 게이츠는 1975년 하버드대를 중퇴한 후 19살에 21살의 앨런과 함께 앨버커키에서 자본금 1,500 달러와 3명의 직원으로 창업을 한 것으로 알려져 있다. 창업 첫해에는 총매출이 1만 6,000 달러에 불과하였지만 빌 게이츠가 컴퓨터 프로그램 언어인 'BASIC'을 개발하고 '포트란(FORTRAN)'을 후속 프로그램으로 출시한 후 1978년에는 매출액이 100만 달러에 달할 정도로 성장하였다. 특히, 1980년 IBM사가 PC를 개발하면서 MS사에 컴퓨터 운영체제(OS)의 개발을 의뢰하였고 빌 게이츠의 MS-DOS가 IBM에서 출시한 PC의 운영체계로 채택된 후 초대형 글로벌 기업으로 탄생하게 되었다.

이처럼 MS사는 창업 직후부터 급성장하였지만 성장하는 과정에서 지분투자를 받았다는 사실은 알려지지 않았다. 즉, 다른 기업들과 달리 창업 초기에 특정 벤처캐피털이나 대기업으로부터 지분투자를 받지 않은 것이다. 이는 MS사가 은행 또는 누군가로부터 금전을 차입하는 방식으로 자금을 조달하였다는 것을 의미한다.

현재 MS사에 대한 빌게이츠의 지분은 2.26%에 불과한데, 이처럼 적은 지분을 소유하게 된 이유는 빌게이츠가 설립한 공익재단에 지분을 기부하기도 하였지만, 다른 한편으로는 MS를 상장(IPO)하는 과정에서 신주를 발행하여 자기의 지분율이 감소했던 것으로 이해된다.

이처럼 창업 초기에 신주를 발행하지 않고도 차입만으로 자금을 조달한 기업들은 자금조달의 필요성을 느끼지 못할 정도로 매출이 급성장한 사례에 해당하기 때문에, 굳이 지분투자를 받지 않고도 자체적으로 재원을 조달할 만큼 경영실적이 좋았던 것으로 추측된다.

앞에서 말한 대로 빌게이츠는 현재 2.26%의 지분만을 소유하고도 MS사에 대한 강력한 지배력을 확보하고 있는데 그 이유는 '빌&멜린다 게이츠 재단'에 빌게이츠가 40조원 상당의 MS 주식을 기부한 후 이 재단을 통하여 의결권을 행사하고 있는 것으로 추정된다.

이처럼 주식을 발행하지 않고도 자체적으로 자금을 조달하여 창업 후 일반적으로 3년 차에 찾아오는 데스밸리(Death Valley)의 위기를 잘 극복한 창업자에게는 향후에 경영과 관련한 선택의 폭이 커짐은 분명하다.

그러나 사채를 발행하여서도 주식발행의 경우처럼 데스밸리를 용이하게 극복하기는 쉽지 않다. 그 이유는 사채는 상장한 기업들만이 조달할 수 있는 것이 일반적이기 때문에 창업자가 데스밸리를 극복하는 방법으로는 활용하기에는 어려운 점이 있다.

그리고 금융기관으로부터 대출받는 경우 창업자가 연대보증을 서는 것이 일반적이므로 창업에 실패하면 신용불량자가 될 수도 있다는 점을 사전에 알아두는 것이 필요하다.

4. 엔젤투자

투자를 전문으로 하는 벤처캐피털과 달리 개인투자자들이 중심이 되어 자본이 부족한 벤처기업의 성장 가능성을 보고 투자하는 방식을 엔젤투자라고 한다.

최근에는 자금이 필요한 창업자가 온라인 플랫폼 등을 통해 불특정 다수 대중으로부터 자금을 모으는 크라우드 펀딩(crowd funding)[29]이

29) 크라우드 펀딩(crowd funding)이란 자금을 필요로 하는 창업자가 온라인 플랫폼 등을 통해 불특정 다수 대중에게 자금을 모으는 방식을 말한다. 대중을 뜻하는 크라우드(Crowd)와 자금조달을 뜻하는 펀딩(Funding)을 조합한 용어로, 소셜네

크게 관심을 끌고 있다. 이러한 크라우드 펀딩들이 초기에는 트위터, 페이스북 같은 소셜네트워크서비스(SNS)를 적극 활용해서 '소셜 펀딩'이라고도 불렀다.

그리고 개인이 아니라 모임을 이뤄서 엔젤투자를 하는데 이러한 투자자 모임을 엔젤그룹이라 한다. 엔젤그룹은 전도유망한 신생기업에 투자하려는 부유한 개인투자자들의 모임이라고 할 수 있는데, 엔젤투자는 개인보다는 이러한 엔젤그룹을 통하여 이뤄지는 것이 일반적이다. 이는 엔젤투자의 기회가 누구에게나 주어지는 것은 아니라는 것을 의미한다.

최근에는 엔젤그룹이라는 명칭보다는 엔젤포럼이란 용어를 사용하고 있는데, 이러한 대부분의 엔젤포럼의 경우 인증투자자(accredited investor)에게만 참여의 기회를 주고 있다. 미국의 사례를 보면 이러한 엔젤그룹이나 포럼의 경우 수백만 달러의 자산가나 20만 달러(약 2억 원) 이상의 연봉수입자에게만 인증을 부여하고 이들에게만 엔젤투자의 기회를 주는 것이 일반적이다.

이러한 엔젤 펀드들은 각 신생기업의 현금흐름 가능성을 분석한 후, 연 50% 이상의 투자수익률을 올릴 수 있는 기업을 선택하는 것이 일반적이다. 엔젤 펀드들은 스스로 도박적 성격의 투자를 한다고 생각하기 때문에 초기 단계의 기업에 투자할 때 실패할 확률이 높다는 사실을 인식하고 적어도 10개 이상의 기업에 분산 투자하는 것이 일반적이다.

2013년 중국 상해에 생산공장을 가동하며 중국 시장 진출을 현실화한 화장품 제조기업 "(주)제닉"이 사업 초기 어려움을 겪을 당시 엔젤투

트워크서비스(SNS)를 적극 활용해 '소셜 펀딩'이라고 불리기도 했다. 이러한 크라우드 펀딩은 종류에 따라 지분투자형(증권형), 대출형, 후원형, 기부형 등 네 가지 형태로 나뉜다.

자를 받아 투자금의 65배에 달하는 수익을 발생시키면서 엔젤투자의 성공사례로 재조명받았다.

2001년 회사설립 당시, 창업자금이나 사업운영비용은 대표가 저축해 온 자금과 가족과 주변 친지들로부터 소액씩 차입한 자금으로 충당한 바 있다. 사업운영에 상당한 어려움을 겪던 중 투자자들에게 창업자의 열정과 차별화된 기술력을 어필한 결과 엔젤 펀드로부터 투자 제안을 받게 되었다고 한다. ㈜제닉은 엔젤투자 이후 금융기관의 소액대출로 운영자금을 조달하고, 차후 기술력을 인정받으며 공장 설립자금과 운영자금 등을 투자받아 급속한 매출 성장을 이뤄낼 수 있었다고 한다.

또한 개별 투자와 관련해 크라우드 펀딩은 아이디어는 있지만 실행을 위한 자금이 부족한 개인 또는 팀이 다수 사람(Crowd)으로부터 돈을 모금(Funding)하는 것을 말한다. 이러한 크라우드 펀딩은 영국에서 시작되었는데, 2005년 Raw Halo라는 업체는 마감시간을 정해놓고 초콜릿 원료를 취급하는 회사라는 점을 강조하고 목표금액을 £85,000으로 설정하고 실시간 금액을 홈페이지에 기록하였다. 결과적으로 목표금액에 근접한 £84,810를 투자받았고, 이에 투자한 투자자 수가 132명에 달할 정도로 만족할 만한 성공을 이뤘다.

Mush라는 업체는 마감시간을 정해놓고 그 업체의 장점을 Johnson & Johnson brand와 같다고 표시하면서 목표금액을 £650,000로 제시하였는데 458명의 투자자가 £753,850을 투자하였다고 한다.

이처럼 창업 후 데스밸리를 건너는 과정에서 엔젤투자와 크라우드 투자를 통해 자금을 조달하는 것도 좋은 방법이 될 수 있다. 다만, 엔젤투자의 경우에는 경영권 분쟁에 대한 사전 조치가 필요하며, 크라우드 투자의 경우 영업이익이 단기간에 창출되지 않으면 투자자들의 성급함 때문에 조속히 사업을 중단해야 하는 경우도 발생할 수 있다. 이에 대한 사전 준비가 필요하다.

5. 정부지원

창업자가 필요한 자금을 민간으로부터 조달하는 경우가 일반적이지만 경우에 따라서는 정부가 경제정책 차원에서 자금을 지원해 주는 경우도 있다. 즉, 사업 아이템이나 기술력이 우수함에도 자금이 부족하여 창업하지 못하는 이들을 위해 정부가 창업자금을 지원하는 것이다.

창업 초기에 자금이 부족한 경우 창업자가 스스로 주식이나 사채를 발행해 자금을 직접적으로 조달하는 것이 어려울 뿐만 아니라 담보력 또한 부족해 은행으로부터 대출을 받는 것 역시 어려운 경우가 대부분이다. 이 경우 창업자들은 불가피하게 고금리 대출로 사업을 연명하거나 카드대출 등을 통해 자금을 간접적으로 조달해 결국에는 좀비기업으로 전락해 우리나라의 창업생태계가 교란되는 등 국가경쟁력이 약화되는 결과를 초래할 수 있다.

따라서 정부는 창업자금지원, 다양한 교육, 멘토링, 네트워크 등의 지원을 통해 창업자들이 유니콘 기업으로 성장하는 데 필요한 환경을 조성하고자 국고예산을 투입하는 것이다.

창업자금지원은 예비창업자 또는 창업 3년 이내의 기업을 대상으로 저금리 무담보대출 형태로 자금을 간접적으로 지원하는 것이 일반적이며, 기술력이 우수한 창업 기업에게는 정부가 운영하는 벤처캐피털을 통해 직접 투자를 하기도 한다.

간접자금조달을 위한 지원대상을 선정함에 있어서는 담보력 대신 우수한 기술성과 사업성 그리고 잠재적 성장 가능성을 보고 판단하는 등 선정 여부를 결정하는 심사가 엄격하다.

그리고 지원대상자로 선정되면 은행 대출에 대해 정부가 보증하는 방식으로 자금을 지원하는데, 이러한 자금지원을 받기 위해서는 사업계획서에 기업의 성장 가능성을 강조하고, 다른 한편으로는 창업주 등은 스스로 자신의 신용관리도 해야 할 필요가 있다.

이때 은행권은 정부보증으로 부실채권화를 방지할 수 있다는 점에서 일반대출에 발생하는 손실위험을 예방할 수 있는 것이다.

이러한 정부 각 부처의 창업지원제도를 총 합하면 300여 개가 넘는 것으로 추정되고 있으며 창업자들은 지원사업을 운영하는 기관별로 중요하게 여기는 부분과 필요한 서류가 다른 점을 고려해 준비할 필요가 있다.

Ⅲ. 직접자금조달

1. 주식발행

(1) 직접투자

창업 후 사업이 성장하면 할수록 매출과 이익이 증가하기는 하지만 다른 한편으로는 비용도 증가하기 마련이다. 결국, 기업이 성장하면 할수록 자금조달의 중요성이 증가하며, 이때 직접적 자금조달의 한 수단으로 주식을 발행하면 이자 등의 금융비용을 줄일 수 있다.

이처럼 주식을 발행하여 비용을 충당하면 자본이 증가하여 대외신인도가 높아질 뿐만 아니라 회사의 부채가 증가하지 않아 이자 부담이 발생하지 않기 때문에 가장 효과적인 자금조달방법이다.

따라서 대부분 기업이 창업 후 대기업으로 성장하는 과정에서 신주를 발행하여 자본 규모도 증가시키면서 사업의 동반자도 확보해 왔다. 그러나 이러한 동반자가 상황의 변화에 따라 경영권을 공격할 수도 있어서 신주발행 역시 양면성을 갖는 자금조달방법이기도 하다.

결론적으로 주식발행을 통한 자금조달을 하는 경우 누구에게 신주를 배정할 것이며, 그 신주발행가액과 규모 등을 어떻게 정하는지가 매우 중요하다.

창업 후 추가로 신주를 발행하는 경우 원칙적으로는 주주들에게 신주인수권을 우선적으로 부여해야 한다. 그리고 주주들이 신주를 인수하지 않는 경우 과거에는 특정 주주나 제3자에게 인수되지 않은 주식을 배정할 수도 있었다. 그러나 2001년 상법이 개정된 이후에는 신기술개발이나 재정난을 극복하기 위해 필요한 경우에 한 해 특정 주주나 제3자에게 신주를 배정할 수 있도록 변경되었다. 이는 창업자가 원하는 사람들로부터 투자를 받기 위해서는 그 이유가 자금조달의 어려움을 겪고 있거나 신기술개발에 필요한 자금이 부족한 경우에만 제3자나 특정 주주에게 신주를 배정할 수 있는 것이다. 물론, 다른 주주들이 있는 경우에 문제가 되며, 창업자나 가족만이 지분을 갖는 경우 별로 큰 문제가 되지 않는다.

이 점 때문에 우리나라에서 주식발행을 통해 자금조달하는 것이 다른 국가들보다 다소 어려운 것은 사실이다. 앞으로 4차산업혁명시대를 맞이하여 신산업의 탄생과 육성에 방점을 두어 정부정책을 수립한다면, 신주의 제3자배정에 관한 법적 규제를 개선할 필요가 있다고 할 수 있다. 즉,

신기술개발이나 재정난을 극복하기 위한 경우가 아니더라도 신주의 제3자배정이 가능하도록 규제를 완화할 필요가 있다.

(2) 주 식

창업자는 회사 형태, 특히 주식회사 형태로 회사를 창업하는 경우 자본금에 해당하는 주식(stock)을 발행해 본인이 소유하거나 투자자에게 교부해야 한다. 주식이란 주식회사의 자본을 이루는 구성단위로서 주주는 1개의 주식을 기준으로 동일한 권리와 의무를 가지며, 다수의 주식을 소유한 주주의 경우에는 1주에 대한 권리와 의무에 그 수만큼을 곱한 권리를 갖게 된다(상법 제329조, 제369조).

그리고 주식에 부여된 권리 중 의결권만 배제되는 경우가 있는데, 예를 들어 감사를 선임할 때와 당해 주주가 주주총회 의결 안건과 특별이해관계[30]가 있는 경우에는 의결권이 제한되는 경우가 있다. 그리고 보통주보다 이익배당을 더 받는 우선주를 발행하는 경우 이 우선주를 의결권 없는 주식으로 발행할 수도 있다. 이 무의결권 우선주식은 총발행주식의 4분의 1을 초과할 수 없도록 규제하고 있다(상법 제344조의3).

이러한 주식의 발행과 관련하여 우리나라는 주주평등의 원칙에 따라 주식의 금액은 균일하여야 하여야 하며, 동일한 권리와 의무가 주어져야 한다. 다만, 미국의 경우에는 1주 1의결권 원칙, 즉 주주평등의 원칙을 법률로 강제하고 있지 않기 때문에 예를 들어 페이스북 창업자인 저커버그가 15% 지분을 소유하더라도 54%의 의결권을 행사할 수 있도록 차등

30) 특별이해관계인이란 상법상 총회의 결의에 대해 개인적인 이해관계가 있는 자를 말한다. 특별이해관계인은 총회에 출석하여 의견을 진술할 수는 있으나 의결권은 행사하지 못한다(상법 제368조 3항).

의결권을 허용하는 규정을 정관에 두어 이를 활용하는 것이 가능하다.

그러나 우리나라는 상법에 1주 1의결권 원칙에 대한 예외규정을 두지 않고 있기 때문에 모든 주주는 소유 주식 수만큼만 의결권을 행사할 수 있다.

따라서 창업 시에는 회사에 대한 안정적인 경영권을 유지하기 위해서는 창업자 소유의 지분비율이 매우 중요하다. 최소한 34%의 지분을 소유하고 있으면 회사의 중요한 사항에 대한 결정권을 가질 수 있는 것으로 이해된다. 그 이유는 합병이나 영업양도, 회사분할, 정관변경 등 중요사항에서는 주주총회에서 특별결의를 통한 승인을 받아야 하는데, 그 찬성한 주주가 최소한 지분의 3분의 1 이상을 소유하고 있어야 하기 때문이다. 이는 반대로 다른 주주들이 특별결의를 해야 하는 중요한 사안에 대해 창업자의 의사를 거부할 수 있는 마지노선이라고도 할 수 있기 때문이다.

이러한 주식을 소유한 주주는 법에서 정한 다양한 권리들을 향유할 수 있는 반면에, 주금납입의무만 부담한다. 그래서 주식회사를 극단적인 유한책임만을 부담하는 회사라고 부르는 것이다.

그리고 앞에서 언급한 바와 같이 주식이란 의결권을 통해 경영권을 확보하는 데 주요한 수단이라고 할 수 있다. 즉, 주식을 많이 소유하고 있으면 경영권행사는 물론이고, 회사경영에 참여할 기회도 확대될 수 있다.

따라서 창업 시 창업자가 지분을 많이 가지고 있으면 있을수록 강력한 리더십을 발휘할 수 있다. 그러나 창업자가 지분을 많이 가지고 있으면 오히려 자금을 조달하기 어려운 단점도 갖고 있다. 예를 들어 구글의 지주회사인 알파벳(Alphabet)의 경우 창업자인 래리 페이지(Larry Page)와 세르게이 브린(Sergey Brin)은 의결권 주식의 약 51%를 보유하고 있는데, 이에 대하여 2017년 6월 주주총회에서 알파벳의 주주들이 편중된 의결권 구조의 시정을 촉구하면서 의안에 대한 반대표를 던졌던 것으로 알려져 있다.

창업자가 몇 퍼센트의 지분을 갖고 있어야 하는지는 회사마다 다르나 "50% + 1주"를 소유하면 이사선임권을 안전하게 확보할 수 있다는 점에서 가장 바람직하지만, 그렇지 못한 경우에는 최소한 특별결의의 저지선인 3분의 1, 즉 34%는 소유하면 안정적이라고 할 수 있다. 그리고 일반적으로 회자되는 경영권분쟁이란 이사선임권분쟁이라고 할 수 있으며, 지분을 50% 미만을 소유하면 우호 주주(우호 세력)를 확보하는 것이 매우 중요하다.

따라서 적은 지분을 부여하고도 거액의 투자를 받으면 창업자로서는 성공루트를 찾았다고 할 수 있다. 예를 들어 창업한 지 약 3년이 안 된 페이스북에 MS의 빌게이츠가 그 지분을 1.6%를 취득하면서도 그 대가로 2억 4,000만 달러, 즉 2천500억 원에 달하는 투자를 한 것을 들 수 있다.

그러나 이러한 방식으로 자본을 조달하기 위해서는 기술력이나 사업전망 등이 우수해야 소수의 신주를 배정하고도 많은 금액을 투자받을 가능성이 커진다.

따라서 창업을 하기 전부터 특허 등의 기술력을 확보하는 것도 성공의 지름길이라고 할 수 있다.

(3) 절 차

주식회사 형태로 창업하는 경우 자본을 구성하는 주식을 발행해야 하는데, 주식은 설립 시에 발행하는 경우와 설립 후 자본을 증가시키기 위하여 증자하는 경우로 구분하여 볼 수 있다.

회사설립 시에는 정관에 회사의 발행예정주식총수와 설립 시에 발행하는 주식의 총수를 기재하여야 하는데, 설립 시에 발행하는 주식의 총수에 대하여 법률상 제한은 없다(상법 제289조). 참고로 2011년 이전에는 회사설립 시 발행예정 주식 총수의 4분의 1 이상을 발행하도록 상법이 강제했었다. 그러나 현재는 창업 시 불필요한 규제를 완화한다는 차원에서 이러한 요건을 폐지한 것이다. 그리고 회사성립 후에는 발행예정 주식총수 범위 내에서 아직 발행하지 않은 미발행주식을 발행하는데 이를 신주발행이라 한다.

회사설립 시의 주식발행은 전적으로 발기인이 결정하게 된다. 이때 발행주식 모두를 발기인이 인수하는 회사설립을 발기설립이라 하고, 발기인이 일부 인수하고, 나머지는 주주를 모집하는 설립을 모집설립이라고 한다. 발기설립의 경우에는 창립총회라는 절차가 필요 없지만 모집설립의 경우에는 반드시 창립총회를 개최하여야 하며, 만약 창립총회를 개최하지 않는 경우에는 설립을 무효화시키는 소송이 제기될 수도 있다.

회사설립 후 증자를 위해 수권자본, 즉 발행예정주식총수의 범위 내에서 미발행주식을 발행하는 경우 이사회의 결의만으로 신주를 발행할 수 있다. 물론, 정관으로 주주총회에서 신주발행사항을 결정하도록 정한 경우에는 주총에서 결정하여야 하지만 대부분 회사는 이런 규정을 정관에 두고 있지 않다(제416조).

그리고 신주발행 시에 누구에게 신주를 배정할 것인가 하는 점이 매우 중요하다. 원래는 신주발행 시 주주들에게만 신주를 인수할 수 있는 권리를 부여할 수 있다. 즉, 주주들이 소유한 주식 수에 비례하여, 예를 들어 1주당 0.1신주 등과 같이 신주를 배정하여야 한다. 그런데, 회사의 재무상태가 악화된 경우에는 신주인수권을 부여해도 주주들이 신주를 인수하지 않는 것이 일반적이다. 이 경우 재무상태가 미흡하더라도 회사에 대한 책임의식을 갖고 있거나 미래를 보고 투자 차원에서 신주를 인수하려는 특정 주주나 주주가 아닌 제3자에게 신주를 배정할 수 있다. 이를 신주의 제3자배정[31]이라고 하는데, 우리 상법은 이러한 제3자배정은 정관에 근거규정을 두어야 하며, 동시에 신기술의 도입, 재무구조의 개선 등 회사의 경영상 목적을 달성하기 위해 필요한 경우에 한해 발행할 수 있도록 규정하고 있다(제418조). 이는 회사 경영상태가 악화되어 주가가 하락함은 물론이고 자금조달이 어려운 경우에는 우선, 주주들에게 신주배정을 하고 이들이 인수 청약하지 않으면 인수되지 않은 주식을 특정 주주 또는 제3자에게 신주배정하여 자금을 조달할 수 있도록 하는 데 취지가 있다.

(4) 결 정

자금조달을 위해 투자자들에게 투자금액에 상당하는 주식을 부여하는 것을 주식발행이라고 한다. 창업자가 회사 창업 후 정관에서 정한 발행예정 주식 총수, 즉 수권자본의 범위 내에서 자금을 조달하기 위하여

---

31) 제3자배정이란 신주발행의 경우, 특별법 또는 주주총회의 특별결의 등으로 유상증자를 하여 연고가 있는 자 또는 특정한 제3자에게 신주인수권을 할당하는 방법을 말한다. 제3자배정은 발행절차가 주주배정, 일반공모방식 등에 비해 상대적으로 간편하고 비용, 소요기간 등이 상대적으로 적어 자금조달이 용이하다는 장점이 있다. 하지만 부실기업들이 증권시장에서 퇴출당하는 것을 임시적으로 피하거나, 경영권 인수자금 조달의 수단으로 사용하는 문제점이 많이 발생되기도 한다. 따라서 상법은 정관에 3자배정을 허용하는 규정을 두어, 신기술개발이나 경영상 목적을 달성하기 위하여 필요한 경우에만 제3자배정을 할 수 있도록 제한하고 있다.

신주를 발행할 수 있다. 다만, 정관에서 주주총회에서 신주발행을 결정하도록 규정하였다면 주주총회에서 신주발행사항을 결정해야 하지만, 이러한 규정이 없는 경우에는 이사회가 주식발행, 즉 신주발행을 결정할 수 있다. 이때 이사회는 ① 신주의 배정 ② 발행주식의 종류와 수 ③ 신주의 발행가액 ④ 신주인수금의 납입기일 ⑤ 신주의 인수방법 ⑥ 현물출자 하는 자의 성명과 그 목적인 재산의 종류·수량가액과 이에 대하여 부여할 주식의 종류와 수 ⑦ 신주인수권 양도 ⑧ 신주인수권 증서의 발행과 청구기간 등을 결정하여야 한다(상법 416조). 신주의 인수방법이란 현물출자도 허용할 것인지 아니면 현금출자만을 허용할 것인지를 결정하는 것을 말한다. 특히, 누구에게 신주를 배정할 것인지에 대하여는 주주에게 우선배정하여야 하지만 구체적인 비율은 이사회가 임의로 정할 수 있다고 본다. 그리고 특정 주주에게 더 배정하고자 하는 경우나 주주가 아닌 자에게 배정하기 위해서는 제3자배정요건을 갖추어야만 배정할 수 있다.

만약, 이러한 내용을 이사회에서 결정하지 않고 대표이사가 임의대로 신주를 발행해 주주나 이사, 감사로부터 신주발행 무효소송을 당할 수도 있다.

신주발행 무효소송을 제기하는 경우 최종 대법원판결이 나기까지는 대략 2년 이상 정도가 소요된다. 이 기간 동안 이미 발행된 주식이 거래되는 경우 신주발행을 무효시키면 혼란이 초래될 수 있다. 신주발행 무효소송은 대표이사가 위법했다는 것을 확인하는 의미가 있으며, 이를 근거로 대표소송이나 이사해임청구권을 행사하기 위한 사전 정지작업 중의 하나로 활용하는 것이 일반적이다.

(5) 시장조달

창업 후 회사가 성장하여 규모가 커지면 창업자가 자본증가분을 모두 인수하여 새로운 자본출자가 사실상 어렵다. 이 경우에는 자본시장에서 불특정 다수로부터 자금을 공개적으로 조달할 필요가 있는데, 이처럼 공개적으로 자금을 조달하기 위해서는 주식을 거래소에 상장 또는 기업공개(IPO: Initial Public Offering)를 해야 한다. 기업을 상장 또는 공개할 거래소시장은 코스피(KOSPI), 코스닥(KOSDAQ), 코넥스(KONEX) 시장으로 구분하고 있다.

코스피 시장에는 주로 대기업이 상장하는데, 이러한 상장을 하기 위한 요건으로는 ① 영업활동기간 3년 이상 ② 자기자본 300억 원 이상 ③ 상장예정 주식수 100만 주 이상 ④ 일반주주 700명 이상 ⑤ 최근 연도 매출액 1천억 원 및 최근 3년 평균 매출액 700억 원 이상 ⑥ 기준시가 총액이 2천억 원 이상인 주식회사이어야 한다.

따라서 코스피 시장에 상장하여 자금을 조달하기 위해서는 창업 후 상당한 기간이 소요되어야 하며, 회사 규모도 시가총액이 2천억 원 이상이 될 수 있도록 성장한 후에나 가능하다고 할 수 있다.

코스닥 시장에는 주로 중소기업들이 상장하는데, 기술상장기업의 경우 그 요건으로는 ① 전문평가기관의 기술 등에 대한 평가결과가 A-, BBB 등급 이상일 것 ② 자기자본 10억 원 이상 ③ 기준 시가총액은 90억 원 이상 등이 있다.

따라서 창업 후 상당한 정도로 성장한 기업들은 주식시장에서 그 회사의 주식가치가 공개적으로 산정되고, 이를 쉽게 처분하여 현금화할 수 있으므로 창업자 등 대주주는 코스닥 시장에 상장 후 주식 중 일부를 처분하여 투자금을 회수하는 출구(Exit) 전략을 사용하기도 한다.

창업 직후에 이처럼 코스피 시장이나 코스닥 시장에 상장하여 자금을 조달하는 것은 어려운 일이다. 따라서 벤처창업자는 코넥스 시장을 활용하는 방안을 알아두는 것도 꼭 필요하다. 즉, IT 관련 사업의 벤처창업자들에게는 코넥스 시장에 상장하거나 프리 IPO(pre-IPO)도 고려해 볼 필요가 있다.

코넥스 시장에 상장하려면 ① 상장기업 발굴 및 적격성 심사, 공시업무 자문, 기업현황 보고서 작성, 규정준수 지도 등 사실상의 후원인 역할 수행하는 지정자문인의 지정 ② 자기자본 5억 또는 매출액 10억, 또는 순이익 3억 중 최소 하나의 요건 충족 ③ 외부회계법인의 적정 감사의견 ④ 상근감사 선임 ⑤ 사외이사 선임 등의 요건을 충족하여야 한다.

이처럼 코넥스 시장에 상장하게 되면, 차후 코스닥 시장에 상장하기 전에 충분한 준비작업을 할 수 있는 여유를 가지게 되며, 자금조달도 용이해지기 때문에 창업자들이 관심을 가져 볼 만한 가치가 높은 거래소시장이다. 그리고 코넥스 시장에 상장하게 되면 창업자를 포함한 주요 주주들의 투자금도 회수할 가능성이 커지는 것이 일반적인 현상이다. 프리 IPO는 IPO를 하기 전에 미리 투자자들로부터 일정 자금을 유치받는 것을 의미한다. 일반적으로 기관투자자들을 상대로 향후 몇 년 내에 상장하겠다는 약속을 하고, 투자자들은 상장 때 지분을 다시 매각하는 조건으로 투자를 하는 것이 일반적이다. 그리고 약속기간 내에 상장되지 않으면 창업자는 매각했던 지분을 재매입할 의무(put-option)를 지는 것이 일반적이다.

2. 회사채발행

(1) 의 의

창업 후 사업이 일정한 궤도에 진입하면, 신주발행 없이 자금을 조달하는 방법 중의 하나가 회사채발행이다. 이는 일반적으로는 사채(社債, corporate bond)라고 부르며, 고금리의 차입을 말하는 사채(私債)와는 구분된다.

신주발행을 통한 자금조달 시에는 자본을 증가시켜 자금을 조달하므로 창업자가 자신이 보유한 지분비율만큼 증자에 참여해 추가출자를 하지 않는 한 지분율이 감소할 수밖에 없어 점차 경영권이 불안정해진다.

그러나 사채를 발행해 자본증가 없이 다수로부터 3년 이상 동안 장기에 걸친 금전을 차입하는 것이므로 경영권 불안정의 단점을 극복할 수 있는 자금조달방법이기도 하다.

이처럼 회사의 경영상태가 양호한 상태에서 사업을 확대하기 위해 자금을 조달하는 경우 사채를 발행하는 것이 일반적이다. 단, 사채를 발행하면 발행 시 약정한 상환기간에 사채금을 환불해야 하며, 사채금 사용기간에는 회사에 적자가 발생하더라도 약정한 이자를 지급하여야 한다. 주식을 발행하여 자금을 조달해 회사에 적자가 발생하면 이익배당을 하지 않아도 되는 것과 비교해 보면 단점으로 평가할 수 있다.

(2) 개 념

회사채란 기업이 시설투자나 운영 등의 장기자금을 조달하기 위해 회사채를 인수한 채권자들로부터 금전을 차입하는 것을 내용으로 하여 발행되는 채권이다.

기업이 이러한 회사채권을 발행한 경우 회사채권자에게 채무를 부담하고 이자를 정기적으로 지급해야 하며 약속된 기일에 원금을 상환해야 한다.

이러한 회사채가 주식과 다른 점은 일정한 상환기한이 있고, 기업이익의 유무에 상관 없이 확정이자가 지급된다는 점이다. 그리고 회사가 해산해도 회사의 잔여재산을 분배할 때 주주보다 우선순위로 상환하여야 한다.

빌 게이츠가 MS사를 창업한 후 비교적 경영권분쟁 없이 회사를 성장시킬 수 있었던 배경에는 창업 초기에 신주를 발행하여 자금을 조달하지 않았다는 점을 들 수 있다. 이런 점에서 보면 회사채 발행을 통한 자금조달도 효율성이 높은 방법이라고 할 수 있다.

다만, 회사채를 발행하여 성공적으로 자금을 조달할 수 있는 기업은 일반적으로 상장회사들이다. 이는 창업자가 창업 직후에 사채발행을 통하여 자금을 조달하는 것이 사실상 불가능하다는 것을 의미한다.

따라서 창업 초기에는 자금조달을 위해 금융기관으로부터 금전을 차입하는 것이 일반적인데 이 경우 금융기관으로부터 창업자에게 개인적인 연대보증을 요구하기 때문에 주의할 필요가 있다.

(3) 종 류

1) 발행조건

회사채는 발행조건에 따라 다양하게 구분할 수 있는데 우선, 보증 및 담보 유무에 따라 보증사채와 담보부사채로 구분할 수 있다. 회사채는 창업 당시에는 발행하기 어렵고 창업 후 사업이 본궤도에 진입해야 발행하는 자금조달방법이다.

보증사채란 발행한 회사채의 원금상환 및 이자의 지급을 발행회사가 아닌 제3자가 보증하는 사채를 말한다. 이때 원리금의 지급보증은 증권사, 은행, 신용보증기금, 종합금융회사, 보증보험사 등에서 담당하고 있으며, 발행회사는 보증기관에 필요한 담보제공과 보증수수료를 지급하게 된다. 이러한 보증사채는 부실채권이 될 위험성이 적다는 장점이 있는 반면에 무보증사채에 비해 낮은 이자를 받는 것이 단점이다.

담보부사채(mortgage debenture)는 물적 담보[32)]가 있는 사채를 의미한다. 즉, 보증사채에는 인적 담보가 제공되는 반면에 담보부사채의 경우에는 물적 담보가 제공된다.

다만, 회사채 발행 시 회사마다 개별적으로 담보를 제공하는 것은 어려우므로 우리 정부는 담보부사채신탁법[33)]을 제정하여 모든 사채권자가 공동의 담보권을 갖도록 하고 있다.

그리고 사채에 물적 담보를 설정하고자 할 때 그 사채를 발행하는 회

32) 물적 담보란 채무를 물건으로 보증해 주는 것을 말하며, 대물담보(對物擔保), 담보물건, 물상담보(物上擔保)라고도 한다. 이는 인적 담보(人的擔保)에 대응되는 말이며, 인적 담보는 보증인이 제공한다. 그리고 물적 담보에는 유치권, 저당권, 질권 등이 있는데, 물적 담보는 그 물건, 재산권의 객관적 가치가 유지되는 한 채권의 목적을 달성할 수 있으므로 경제활동을 하는데 인적 담보보다 유용한 담보형태라고 할 수 있다.

33) 담보부사채신탁법은 담보부사채의 발행에 관하여 그 신탁업무를 지도감독하고 사채권자를 보호하여 사채에 대한 일반투자를 용이하게 함을 목적으로 1962년 1월에 제정된 법률이다. 사채에 물적 담보를 붙이고자 할 때에는 위탁회사와 신탁업자와의 신탁계약에 의하여 발행하여야 한다. 사채에 붙일 수 있는 물상담보는 동산질, 증서가 있는 채권질, 주식질, 부동산저당 기타 법령의 인정하는 각종 저당에 한한다. 담보부사채에 관한 신탁업을 영위하고자 하는 자는 신탁회사 또는 은행으로서 금융위원회에 등록하여야 한다.

사와 신탁업자인 신탁회사 또는 금융기관 간에 신탁계약이 체결되어야 한다.

신탁계약이라는 것은 일정한 목적을 가지고 재산권을 처분하는 계약을 말하는 것으로서 신탁법에서는 “신탁설정자(위탁자)와 신탁을 인수하는 자(수탁자)와 특별한 신임관계에 의거하여 위탁자가 특정의 재산권을 수탁자에게 이전하거나 기타의 처분을 하고 수탁자로 하여금 일정한 자(수익자)의 이익을 위하여 또는 특정의 목적을 위하여 그 재산권을 관리, 처분하게 하는 법률관계를 말한다”라고 규정하고 있다(제1조 2항).

신탁계약에 의거한 재산 운영으로부터 발생하는 이익은 특약으로 정해진 수익자(위탁자뿐만 아니라 제3자라도 가함)가 취득하게 되는데, 이것은 재산을 관리하는 것을 위탁한다는 점에서 임차와 유사한 면이 있지만, 단순히 보관뿐만 아니라 신탁재산의 처분까지도 할 수 있다는 점에서 독립된 형태의 새로운 계약이다.

이러한 신탁계약은 법정사항을 기재한 신탁증서를 통하여 체결되어야 하며, 신탁업자는 신탁증서에 기재된 총사채를 위한 담보권을 취득하고 총사채권자를 위하여 담보권을 보존하거나 실행하여야 한다(제60조). 즉, 사채를 발행하는 회사(기채회사)와 신탁회사(수탁회사) 간에 신탁계약을 체결하고, 신탁회사가 물상담보권을 취득하는 동시에 이를 총사채권자를 위하여 보존하거나 실행해야 한다. 이때 총사채권자는 담보부신탁계약의 수익자로서 그 채권액에 따라서 평등하게 담보의 이익을 받게 된다.

창업의 경우에는 창업자가 보증인이 되는 보증사채를 발행할 가능성이 높은 반면, 부동산 등을 담보로 설정하는 담보부사채를 발행하는 경우는 많지 않다.

2) 금리결정방법

회사채의 경우 금리결정방법에 따라 확정이자부사채와 변동금리부사채로 구분할 수 있다. 확정이자부사채란 이미 이자가 확정된 회사채를 말하며, 일반적으로 변동금리부사채보다 높은 이자율을 지급한다.

이러한 확정이자부사채는 발행 시에 정해진 일정한 이자가 상환 시까지 정기적으로 지급되는 유가증권으로서 국채·지방채·정부보증채·사채·금융채 등으로 발행된다.

변동금리부사채(FRN ; floating rate note)란 지급이자율이 시장에서 대표성을 갖는 금리에 연동되어 매 이자지급기간마다 정기적으로 재조정되는 중장기 채권을 말한다.

이러한 FRN은 채권 발행 시에 지급이자율을 산정할 때 기준금리에 가산금리를 더하여 결정하며 매 이자지급기간 개시 전에 차기 지급이자율이 결정되는 것이 일반적이다.

FRN은 유럽 시장에서 금리상승에 따른 투자위험을 감소시키기 위하여 발행되기 시작하였으며, 일반적으로 5년 만기의 중기채로 발행된다. 그리고 변동금리를 적용하여야 하기 때문에 6개월 단위로 이자율 조정이 이루어지며, 연동되는 시장이자율은 리보(LIBOR) 또는 단기재정증권(treasury-bill ; 미국의 재무부가 발행하는 만기 1년 미만의 순할인증권)의 이자율과 같은 특정 금융시장지표가 사용된다. 한국에서 발행되는 금리연동부사채도 통상 3~5년 만기 중기채이며, 연동되는 이자율은 금융기관의 정기예금 금리를 사용하는 것이 일반적이다.

3) 이익참가 종류

회사채는 이익참가 형태에 따라 일반사채, 전환사채, 신주인수권부사채, 교환사채, 이익참가부사채 등으로 구분해 볼 수 있다.

일반사채란 회사채 발행할 때 약정한 이자와 상환기간에 따라 이자와 원금을 상환받는 회사채를 말한다.

그리고 전환사채(CB ; Convertible Bond)는 사채권자에게 주식가치가 감소하는 경우 채권자로 남아 원금과 이자를 받을 수 있는 기회가 부여됨과 동시에 주식가치가 상승하는 경우 사채를 주식으로 전환하여 주주가 될 수 있는 선택권을 부여한다는 점에서 기업이 자금조달이 어려울 때 주로 발행하고 있다. 때로는 특정 주주나 제3자에게 전환사채를 발행해 기업지배구조를 강화할 때도 활용될 수 있다.

신주인수권부사채(BW ; Bond with Warrant)는 사채발행 후 일정 기간 내에 미리 약정된 신주인수가격으로 당해 발행회사가 발행하는 일정한 수 또는 금액에 해당하는 신주의 교부를 청구할 수 있는 권리가 부여된 사채를 말한다.

이러한 신주인수권부사채는 신주인수권행사를 통한 주식취득으로 자본상 이득을 기대할 수 있으므로 낮은 표면이자율로도 발행할 수 있어서 발행회사는 이자부담이 감소되는 이점을 누릴 수 있다.

교환사채는 회사채 발행회사가 소유하고 있는 상장사의 주식이나 채권 등으로 교환을 청구할 수 있는 권리가 부여된 사채를 말한다. 그리고 이익참가부사채란 약정된 이자 이외에도 발행회사가 이익이 발생한 경우 주주들에게 배당하는 이익배당에도 참가할 수 있는 권리가 부여된 회사채를 말한다. 교환사채나 이익참가부사채 역시 사채권자에게 약정이자

이외에 추가이익을 준다는 점에서 자금조달이 어려운 경우에 활용가치가 높은 회사채이다.

(4) 발행절차

사채는 다수를 상대로 발행된다는 점에서 그 절차에 대하여 상법에서 상세한 규정을 두고 있다. 우선, 회사채 발행과 관련한 결정은 이사회가 하도록 되어 있다. 다만, 정관으로 정하는 경우 이사회가 대표이사에게 사채의 금액 및 종류를 정하여 1년을 초과하지 아니하는 기간 내에 사채를 발행할 것을 위임할 수 있다(상법 제469조). 그리고 회사채는 기존에 발행되었던 회사채 전액에 대한 납입이 완료된 후가 아니면 이를 새로이 발행할 수 없다.

상법시행령에서는 이익참가부사채와 교환사채, 상환사채, 파생결합사채의 발행절차에 대하여 상세한 규정을 두고 있다. 우선, 이익참가부사채를 발행하는 경우 ① 이익참가부사채의 총액 ② 이익배당 참가의 조건 및 내용 ③ 주주에게 이익참가부사채의 인수권을 준다는 뜻과 인수권의 목적인 이익참가부사채의 금액을 이사회가 결정한다. 다만, 정관에서 주주총회에서 이를 결정하도록 정한 경우에는 주총에서 결정하여야 한다(상법시행령 제21조).

주주 외의 자에게 이익참가부사채를 발행하는 경우 그 발행할 수 있는 이익참가부사채의 가액과 이익배당참가의 내용에 관하여 정관에 규정이 없으면 주주총회의 특별결의로 정하여야 한다.

이익참가부사채의 인수권을 가진 주주는 그가 가진 주식의 수에 따라 이익참가부사채의 배정을 받을 권리가 있다.

회사는 일정한 날을 정하여, 그날에 주주명부에 기재된 주주가 이익참가부사채의 배정을 받을 권리를 가진다는 뜻을 그날의 2주일 전에 공고하여야 한다. 주주가 이익참가부사채의 인수권을 가진 경우에는 각 주주에게 그 인수권을 가진 이익참가부사채의 액, 발행가액, 이익참가의 조건과 일정한 기일까지 이익참가부사채 인수의 청약을 하지 아니하면 그 권리를 잃는다는 뜻을 통지하여야 한다.

회사가 이익참가부사채를 발행하면 납입이 완료된 날부터 2주일 내에 본점 소재지에서 등기를 해야 한다.

사채권자가 회사 소유의 주식이나 그 밖의 다른 유가증권으로 교환할 수 있는 교환사채를 발행하는 경우 이사회가 ① 교환할 주식이나 유가증권의 종류 및 내용 ② 교환의 조건 ③ 교환을 청구할 수 있는 기간을 결정한다(상법시행령 제22조).

주주 외의 자에게 발행회사의 자기주식으로 교환할 수 있는 사채를 발행하는 경우에 사채를 발행할 상대방에 관하여 정관에 규정이 없으면 이사회가 이를 결정한다.

교환사채를 발행하는 회사는 사채권자가 교환청구를 하는 때 또는 그 사채의 교환청구기간이 끝나는 때까지 교환에 필요한 주식 또는 유가증권을 한국예탁결제원에 예탁하여야 한다. 이 경우 한국예탁결제원은 그 주식 또는 유가증권을 신탁재산임을 표시하여 관리하여야 한다.

회사가 그 소유의 주식이나 그 밖의 다른 유가증권으로 상환할 수 있는 상환사채를 발행하는 경우 이사회가 ① 상환할 주식이나 유가증권의 종류 및 내용 ② 상환의 조건 ③ 회사의 선택 또는 일정한 조건의 성취나 기한의 도래에 따라 주식이나 그 밖의 다른 유가증권으로 상환한다는 뜻의 사항을 결정한다(상법시행령 제23조).

주주 외의 자에게 상환사채를 발행하는 경우 사채를 발행할 상대방에 관하여 정관에 규정이 없으면 이사회가 이를 결정한다.

또한 일정한 조건의 성취나 기한의 도래에 따라 상환할 수 있는 경우에는 상환사채를 발행하는 회사는 조건이 성취되는 때 또는 기한이 도래하는 때까지 상환에 필요한 주식 또는 유가증권을 한국예탁결제원에 예탁하여야 한다. 이 경우 한국예탁결제원은 그 주식 또는 유가증권을 신탁재산임을 표시하여 관리하여야 한다.

그리고 유가증권이나 통화 또는 자산이나 지표 등의 변동과 연계하여 미리 정하여진 방법에 따라 상환 또는 지급금액이 결정되는 파생결합사채를 발행하는 경우 이사회가 ① 상환 또는 지급금액을 결정하는 데 연계할 유가증권이나 통화 또는 그 밖의 자산이나 지표 ② 자산이나 지표와 연계하여 상환 또는 지급금액을 결정하는 방법을 결정한다(상법시행령 제24조).

그리고 시장에서 자금조달이 어려울 때 널리 발행되는 사채로는 전환사채(CB:Convertible Bond)와 신주인수권부사채를 들 수 있다.

전환사채는 사채권자에게 주식가치가 감소하는 경우 채권자로 남아 원금과 이자를 받을 수 있는 기회와 주식가치 상승 시 주식으로 전환할 수 있는 선택권을 준다는 점에서 사채권자에게 가장 유리한 제도이다. 따라서 기업이 자금조달이 어려운 경우 발행하는 것이 일반적인데 전환사채를 발행하여 주식으로 전환되면 자본이 증가하는 효과를 누림과 동시에 정관에 제3자배정 규정을 두면 우호 세력인 특정 주주나 제3자에게 전환사채를 발행하여 기업지배구조를 견실히 하는 것도 가능하다.

또한 전환사채만큼 사채권자에게 유리하지는 않지만 사채인수 후 회사의 경영상태가 호전되면 신주발행 시 주주처럼 신주를 인수할 수 있는 권리가 부여된 사채를 신주인수권부사채라고 한다. 이 신주인수권부사채 역시 우호적인 특정 주주나 제3자에게 신주인수권부사채를 발행하여 기업지배구조를 견고하게 하는 데 활용할 수 있는 자금조달방법 중의 하나이다.

3. 벤처투자

(1) 개 요

창업 후 사업의 성공 여부를 결정하는 데 중요한 요소 중의 하나가 효율적인 자금조달이다. 앞에서 본 바와 같이 대중이나 지인을 통해 자금을 조달하는 주식이나 사채를 발행하여 자금을 조달하는 것이 일반적이기는 하지만, 이를 통해 자금을 조달할 수 없는 처지의 소규모 창업 기업들이 대부분이다.

창업 기업 중 잠재력이 있는 기업들은 초기의 자금조달 문제만 극복하면 대기업으로 성장할 가능성이 크기 때문에 투자자도 이러한 기업들에 투자하면 향후 거액의 투자금을 회수할 수 있다. 따라서 자본시장에서는 오래 전부터 잠재성 있는 창업 기업에 투자하려는 자본들이 형성되어 있다. 대표적인 예로 소프트뱅크가 알리바바에 투자한 것을 들 수 있다. 소프트뱅크는 2000년에 마윈에게 2천만 달러를 투자해서 알리바바 주식의 1/3 정도를 갖고 있는데, 뉴욕 증시에 알리바바가 상장하면서 그 가치가 폭등하여 수천 배의 수익을 남겼다고 한다.

따라서 벤처투자라는 것은 창업자에게만 유리한 것이 아니라 투자자에게도 유리한 서로 윈윈하는 자금조달방법이다.

이처럼 스스로 자금조달이 어려운 스타트업 기업들이 벤처투자 전문기관이나 투자전문 민간기업으로부터 투자받는 방법과 금융기관에서 차입해서 자금조달하는 경우 이에 대한 사후조치에 대한 부분들을 알아두는 것은 매우 중요하다.

(2) 의 의

유망한 창업(스타트업) 기업에 자본을 투자한 후 그 기업이 코스닥이나 코넥스에 상장할 때 주식을 처분하여 수익을 남기는 것을 일반적으로 벤처투자(venture capital)라 한다. 실무에서는 이러한 벤처투자를 벤처캐피털이라고도 하며, 투자전문회사가 이를 담당하고 있다.

벤처투자는 벤처기업이 창업 후 완제품을 시장에 진입시키는 단계에서 투자하는 것이 일반적이다.

그리고 벤처투자자는 벤처기업에 대한 투자 파트너로서 성장과정에서 금전적 투자 이외에도 경영 전반에 대한 자문과 아이디어 제공, 네트워크 연결 등 중요한 역할을 담당하게 된다.

벤처투자자 중 일부는 각종 투자를 하면서 터득한 노하우를 바탕으로 직접 자신의 기업을 설립하여 독립적인 창업을 하는 경우도 있다.

우리나라는 1986년 5월 중소기업의 설립을 촉진하고 성장 기반을 조성하여 중소기업의 건전한 발전을 통한 건실한 산업구조의 구축에 기여함을 목적으로 중소기업창업지원법(이하 '창업지원법')을 제정하였으며, 현재는 2020년 제정한 "벤처투자촉진에 관한 법률(벤처투자법)"에 의거하여 벤처투자가 이뤄지고 있으며, 우리 자본시장에서는 민간보다는 정부주도로 성장하고 발전해 왔다.

이는 벤처투자법이 중소기업창업투자회사(창업투자사)를 설립하는 경우 정부가 지원해 주는 혜택이 주어지므로 대부분의 벤처투자자는 100% 자기 자산으로 벤처투자를 하여 발생하는 위험을 스스로 감수하기보다는 정부지원금을 통해 벤처투자를 함으로써 실패 위험을 감소시키는 것이 관행화되어 있다.

이는 투자자도 모험을 감수하고, 투자받는 기업도 모험을 감수해야 하는 벤처투자의 본질을 고려해 볼 때 효율성이 낮을 것으로 판단된다. 즉, 우리나라처럼 정부 주도의 벤처투자제도를 운영하는 한, 국내 자본시장에서 스타트업 기업들이 글로벌 기업으로 탄생하기를 기대하는 것 자체가 무리일 수도 있다.

따라서 우리나라에서도 벤처투자가 활성화되도록 하기 위해서는 민간부문에서의 벤처투자가 활성화될 수 있도록 현행 벤처투자법에 대한 개정논의가 필요하다.

(3) 벤처투자법

벤처투자법에 의해 중소기업의 창업을 활성화하고 육성에 기여할 목적으로 설립되는 벤처캐피털의 한 형태이며 이에는 창업투자회사(창투사)가 있다. 이러한 창업투자회사는 창의성과 사업성은 있으나 자금력이 부족한 창업자에게 자본을 투자(출자)해서 회사가 성장한 경우 지분가치의 상승으로 인한 주가차익은 물론이고 이익배당도 받는 일석이조의 효과를 누릴 수 있는 투자방식이다.

즉, 일반금융회사는 리스나 이자 등의 사용료가 수익원이지만 창투사는 자본이득이 수익원인 것이다.

창업자들은 회사설립 시 벤처기업 인증을 받으면 다양한 세제혜택이나 코스닥 시장 등록 시 다양한 혜택을 누릴 수 있는데, 그 인증요건 중의 하나가 창투사의 투자를 받았는지 여부이다. 즉, 창업투자회사가 투자한 자본이 전체 지분의 10% 이상(문화콘텐츠제작자 7% 이상) 되면 창업자는 벤처기업 인증을 취득할 수 있는 것이다.

창투사의 투자와 관련해 벤처인증을 받기 위해서는 벤처투자법상으로는 벤처투자를 받아야 한다. 법상 벤처투자란 중소기업이 개발 또는 제작하며, 다른 사업과 회계의 독립성을 유지하는 방식으로 운영되는 사업에 대하여 투자하는 것을 말하며, 이를 이행하는 것을 창업투자회사[34]라고 정의하고 있다.

벤처투자법상 지원을 받는 벤처투자가인 창업투자사가 되기 위해서는 중소기업창업투자회사로 등록하여야 한다(제37조 제1항 1호).

이런 창업투자사가 되기 위하여는 ① 납입자본금이 20억 원 이상 ② 차입금이 납입자본금의 20% 미만 ③ 대주주가 사회적 신용을 갖출 것 ④ 상근하는 전문인력과 시설을 보유할 것 ⑤ 창업투자회사와 투자자 간, 특정 투자자와 다른 투자자 간의 이해상충을 방지하기 위한 체계를 갖춰야 한다(벤처투자법시행령 제23조).

---

34) 창업투자회사란 1986년에 제정된 중소기업창업지원법에 따라 중소기업 창업 활성화와 육성에 기여할 목적으로 설립된 벤처캐피털의 한 형태로, 줄여서 '창투사'라고도 부른다. 창업투자회사는 창의성과 사업성은 있으나 자금력이 부족한 창업자에게 자본을 투자(출자)해서 창업자가 성장하도록 자금을 조달해 주며, 이익발생 시 지분율에 비례하여 이익도 배분하게 된다. 벤처기업은 창업투자회사의 투자자본이 전체 지분의 10% 이상 돼야 코스닥 시장 등록 시 설립연한, 자산가치, 자본금 등의 제한을 받지 않고 쉽게 등록할 수 있다.

정부지원받는 벤처투자로는 ① 창업자에 대한 투자 ② 벤처기업에 대한 투자 ③ 기술혁신형·경영혁신형 중소기업에 대한 투자 ④ 한국벤처투자조합의 결성과 업무의 집행 ⑤ 해외 기업의 주식 또는 지분인수 등 해외투자 ⑥ 중소기업이 개발 또는 제작하며, 다른 사업과 회계의 독립성을 유지하는 방식으로 운영되는 사업에 대한 투자 ⑦ 창업보육센터의 설립 및 운영 ⑧ 중소기업과의 계약에 따른 경영기술지원을 위한 사업 등에 투자하는 것을 말한다.

(4) 투자 사례

국내에는 순수 민간 차원에서 출발한 벤처투자사가 적지만 외국에는 순수 민간 차원의 벤처투자사들이 많은 것이 현실이며, 그 대표적인 예로 일본의 소프트뱅크(Softbank)사를 들 수 있다.

손정의 회장이 최대 주주로 있는 소프트뱅크는 소프트웨어 유통업을 하면서 동시에 IT 분야에 대한 투자전문기업으로도 그 사업영역을 확대해 왔으며, 현재는 IT 분야 투자에 주력하는 일명 IT 벤처투자회사로 널리 알려져 있다. 즉, 유니콘 기업에 많은 투자를 했다. 소프트뱅크가 투자한 회사를 보면 2000년 초에는 야후(Yahoo)를 비롯 세계 600여 유망 인터넷 기업에 각각 주식 5% 이상을 투자한 전문 IT 벤처투자회사이다. 한국에는 소프트뱅크 코리아를 설립한 후 국내 벤처기업 30여 개에 대략 수조 원대의 투자를 한 것으로 알려져 있다. 특히, 국내 유니콘(Unicorn) 기업으로 알려진 쿠팡(coupang)에 대하여도 소프트뱅크가 2014년에 1조 2000억 원을 투자한 것으로 알려져 있다. 소프트뱅크는 이 외에도 중국 전자상거래 사이트 '알리바바'(대표 마윈)에 2000만 달러(약 220억 원)를 투자한 최대 주주인 것으로 알려져 있다.

최근에는 벤처기업뿐만 아니라 기존의 글로벌 대기업에도 투자하는 공격적 투자를 하고 있다.

(5) 유의사항

벤처투자를 받는다는 것은 지분의 일정 비율을 대가로 지급한다는 점에서 신중할 필요가 있다. 페이스북이나 아마존, 구글, 알리바바 등 대부분의 글로벌 IT 플랫폼 기업들은 거액의 벤처투자를 받은 후 글로벌 기업으로 탄생한 것은 사실이다.

그래도 벤처투자를 받을 때 주의할 점들을 사전에 인지하는 것은 매우 중요하다. 일부 벤처투자회사는 기업의 성장보다는 투자차익만을 추구하는 경우가 있음은 물론이고, 일부는 투자 후 기술에 대한 지식재산만을 탈취한 후 지분을 처분하는 경우도 있다.

따라서 벤처투자를 받는 경우 투자자의 성향에 대한 사전분석이 중요하다. 특히, 자금조달이 절박해지는 경우 페이스북의 새버린의 사례처럼 소액의 투자를 받고도 향후 경영권을 공유하거나 거액을 지급하고 그 투자자의 지분을 인수해야 하는 경우가 발생할 수 있다.

특히, 투자자의 투자성향에 대하여 사전분석 시 경영참여의 경향을 보였는지를 면밀히 검토하는 것이 필요하다. 경영참여란 이사회 구성에 참여하거나 회계장부열람, 임시주주총회 소집청구, 주주제안, 집중투표청구 등을 요구하는 것을 말한다. 특히, 이사해임결의를 위한 주주총회 소집청구 등의 경력이 있는 투자자의 경우에는 경영참여의사가 있는 투자자로 보는 것이 현명하다고 본다.

(6) 투자유치전략

투자를 받는다는 것은 투자자가 투자를 해도 투자금을 회수하거나 추가 이익을 기대할 수 있다는 신뢰를 얻었다는 것을 의미한다. 즉, 투자유인은 창업 후 성공 가능성보다는 신뢰에 있다고 할 수 있다. 투자를 받을 때 기술력 외에도 인성이 중요한 역할을 한다는 것은 널리 알려진 사실이다.

그리고 기대하는 투자이익이 크면 클수록 투자를 받는 기업의 가치도 상승하게 된다. 즉, 적은 지분으로도 거액의 투자금을 받을 수 있다. 페이스북이 MS사로부터 1.6%의 지분만 부여하고도 2억 4,000만 달러, 즉 3,000억 원에 달하는 투자를 받은 것을 그 예로 들 수 있다.

이처럼 성공적인 투자를 받기 위해서는 기업의 가치를 입증할 수 있는 독점적 기술력이 있어야 한다. 즉, 시장 지배력이 있는 독보적 기술개발이 선행되어야 투자를 받을 수 있다. 특히, 시장을 독점할 수 있도록 기술에 대한 BM 특허[35] 등록 등 지식재산권으로 보호받는 장치를 마련하는 것이 필요하다.

이는 반대로 사전에 독점적 기술력을 갖지 못하고 투자받는 것만 서두르다 보면 오히려 많은 지분을 부여하고도 소액의 투자금만을 받는 결과를 초래할 수도 있다는 것을 의미한다. 이 경우 설령 투자금 수령 후 이를 기반으로 기술개발을 해도 그 기술의 소유자는 창업자가 아니라 벤

---

35) BM 특허란 인터넷비즈니스모델 특허의 약칭으로, 컴퓨터, 인터넷, 통신기술 등과 같은 정보시스템을 활용한 혁신적인 경영이나 마케팅기법에 부여하는 특허를 말한다. 영어로는 business model patent, business method patent라고 표기하며 인터넷이 사업용 수단으로 등장하면서 이를 활용한 새로운 사업 아이디어 자체가 특허로 인정한 것이다. BM 특허는 특허 아이디어를 기반으로 한 특허이기 때문에 일반 기술특허보다 등록이 용이치 않다는 단점을 갖고 있다. 특허출원 후 등록까지 2~3년이 소요될 수 있다.

처투자자가 될 수 있다.

따라서 투자받는 것을 서두르기 보다는 벤처기업으로서 시장을 독점적으로 지배할 수 있는 기술적 우위를 선점하는 데 비중을 두고 창업을 하는 것이 매우 중요하다.

그리고 투자금에 대응하는 지분율에 대하여도 사전에 철저한 분석이 필요하며 이를 기반으로 투자계약을 체결해야 성공적인 창업을 할 수 있다. 이는 투자계약 시 법률가의 조력을 받는 것이 필요하다는 것을 의미한다. 이러한 투자계약은 주주계약이라고도 하는데, 주주계약 시 창업자의 경영권보장에 관한 구체적인 내용을 계약서에 포함시키는 것이 매우 중요하다. 참고로 이러한 벤처투자계약에 관한 구체적인 내용을 법률에서 규정하고 있지는 않다. 따라서 성공적인 창업을 위해서는 투자계약(주주계약) 시 창업자의 경영권을 보호하는 방안을 사전에 알아두는 것은 매우 중요하다. 다만, 경영권보장에만 지나치게 치중하는 경우 투자 자체를 받을 수 없어 창업에 실패하는 경우도 발생할 수 있다. 적절한 방안이 사전에 모색되어야 한다.

일반적으로 벤처투자계약서에 포함되는 내용들을 보면 ① 목적 ② 투자금 ③ 상환 또는 지분배정방법 ④ 전용금지 ⑤ 보고사항 ⑥ 기한이익상실 ⑦ 담보제공 ⑧ 담보물처분 ⑨ 기타 사항 ⑩ 분쟁해결 ⑪ 특약사항 등이 있다.

4. 엔젤투자형 자금조달

(1) 엔젤투자

창업하는 데 자금을 조달하는 방법과 관련하여 앞에서는 전문적인 투자자, 특히 창업투자사로부터 투자받는 방법에 대하여 알아보았다. 이와 관련하여 벤처창업이 발달한 선진국의 경우에는 이러한 창업투자사뿐만 아니라 개인들로부터 투자를 받는 엔젤펀드(angel fund)가 많이 발달하여 창업자들이 창업 시 자금을 조달하는 방안이 다양하게 발달해 있다.

일반적으로 엔젤펀드는 독특한 기술과 참신한 아이디어를 갖췄으나 자본이 부족한 벤처기업에게 자금을 지원, 성공할 경우 투자자금을 회수하는 고위험 고수익 자본이다. 즉, 개인투자자들이 중심이 되어 고성장이 기대되는 기업을 창업하는 데 소요되는 자금을 제공하고 그 주식을 취득하는 펀드를 말한다.

우리나라에서는 이러한 엔젤투자를 벤처투자촉진에 관한 법률(벤처투자법)을 통하여 법률로 통제하고 있다. 즉, 시장에서 자생적으로 엔젤펀드들이 조성되어 투자하기보다 정부중심으로 투자가 이뤄지고 이에 대한 감독도 엄격히 이뤄지고 있다. 우리나라에서 엔젤펀드 등 투자펀드가 민간에서 활성화되지 못하는 이유이기도 하다.

우리나라에서는 벤처투자법상 엔젤투자를 위한 전문기관들이 존재하는데, 대표적인 기관으로 (사)한국엔젤투자협회를 들 수 있다. 이 협회는 엔젤투자자 육성 및 엔젤투자자와 창업 기업 간의 네트워크 구축, 엔젤투자저변 확대, 기업성장 지원 등 선순환 벤처투자 생태계 조성을 통해 고용창출과 국가 경제성장에 기여할 목적으로 2012년 9월 중소기업청으로부터 사단법인 설립허가를 받아 발족하였다. 그리고 그 주요 업무로는 ① 회원 상호간의 업무협조 및 정보교환 ② 엔젤투자 활성화를 위한 제도 확립 및 개선 등에 필요한 사업 ③ 엔젤투자업무에 대한 정부 및 관계기관에 정책 건의 ④ 국내외 엔젤투자 벤처산업에 대한 조사연구 ⑤ 청년창업 및 중소기업 육성을 위한 위탁사업 ⑥ 국내외 엔젤투자자 및 관련기관 제휴 및 교류 촉진을 위한 사업 ⑦ 대내외 홍보를 위한 사업 ⑧ 교육 및 연수사업 ⑨ 기타 협회의 목적달성에 필요한 사업 등을 수행하고 있다.

(2) 엔젤펀드

엔젤펀드(angel fund)는 독과점적 시장지배력이 예상되는 독창적 기술과 아이디어를 확보하고 있음에도 불구하고 자본이 부족한 벤처기업에게 개인들이 투자하는 자금조달방법이다. 창업자는 이러한 엔젤펀드로부터 투자를 받아 사업이 성공할 경우 창업자는 경영권 위협 없이도 성장 발판을 마련하는 계기가 될 수 있으며, 엔젤투자자들 입장에서는 소액을 투자하고도 고액의 투자자금을 회수하는 투자방법이 될 수 있다. 그러나 벤처기업에 대한 투자란 손실의 위험성이 큰 만큼, 엔젤펀드란 고위험 고수익 자본이라고 할 수 있다.

이를 다시 정리해 보면, 투자를 전문으로 하는 벤처캐피털과 달리 개인투자자들이 중심이 되어 고성장이 기대되는 기업을 창업하는 데 소요되는 자금을 제공하는 엔젤펀드로 자금을 조달하는 경우 경영권탈취, 기술탈취 등과 같은 위험은 최소화될 수 있다.

벤처캐피털이 주로 창업 후 완제품의 시장진입 단계에서 투자하는 반면에 엔젤캐피털은 아이디어만 있고 제품이 없는 창업 초기 단계에서도 자금을 공급하는 것이 일반적이다.

이처럼 엔젤펀드를 개인들로부터 조달하고, 아이디어만 있는 창업 초기 단계에서도 투자가 가능하다 보니 많은 경우 투자자보호가 문제될 수 있다.

따라서 이러한 엔젤펀드 운영상의 불공정행위를 차단하기 위해 엔젤투자지원센터인 한국엔젤투자협회에서 이에 대한 자율규제를 하고 있다.

엔젤투자지원센터는 엔젤투자를 개인형 엔젤투자자와 법인형 엔젤투자자로 구분하여 자율규제를 하고 있다.

(3) 크라우드 펀딩

크라우드 펀딩(crowd funding)이란 2005년 영국에서 처음 등장한 개념으로 자금을 필요로 하는 창업자가 온라인 플랫폼 등을 통해 불특정 다수 대중에게 자금을 모으는 방식을 말한다.

대중을 뜻하는 크라우드(Crowd)와 자금조달을 뜻하는 펀딩(Funding)을 조합한 용어이다. 초기에는 페이스북이나 트위터 등과 같은 소셜네트워크서비스(SNS)를 적극 활용해서 이뤄진다는 점에서 '소셜 펀딩'이라고 불리기도 했다.

이러한 크라우드 펀딩은 종류에 따라 지분투자형(증권형), 대출형, 후원형, 기부형 등 네 가지 형태로 구분하기도 한다.

지분투자형(증권형)은 다수의 소액투자자들이 이윤창출을 목적으로 비상장 주식이나 채권에 투자하는 형태의 펀딩을 말하는데, 투자자는 주식이나 채권 등의 증권을 취득하게 된다.

대출형은 개인과 개인간에 이뤄지는 P2P 금융으로, 소액대출을 통해 개인 혹은 개인사업자가 자금을 지원받고 만기에 원금과 이자를 다시 상환해 주는 방식을 말한다. 엄밀한 의미의 손실위험을 감수하는 투자는 아니지만 창업자가 파산하는 경우 대출금을 회수할 수 없을 가능성이 크기 때문에 투자의 한 형태로 분류하기도 한다.

후원형은 대중의 후원으로 목표금액을 달성하면 프로젝트가 성공하는 방식으로, 공연과 예술 분야에서 많이 활용되고 있는데, 엄밀한 의미의 투자는 아니다. 기부형도 증권교부 등을 조건으로 하지 않고 순수한 기부 목적으로 지원하기 때문에 투자는 아니지만 크라우드 펀딩의 한 유형으로 인정하고 있다.

이러한 크라우드 펀딩은 2005년 영국의 ZOPA.COM(조파닷컴)이 사업으로 처음으로 시작한 바 있다. 특히, 지분투자형 크라우드 펀딩은 2007년 영국의 크라우드큐브(crowdcube.com)가 최초인 것으로 알려졌다.

그리고 2008년 미국에서 인디고고(Indiegogo)가 최초로 기부형(후원형) 크라우드 펀딩 플랫폼을 출시하면서 비로소 크라우드 펀딩이란 용어가 일반화되었다.

우리나라의 경우에는 2011년 후원형과 기부형, 그리고 대출형의 형태로 크라우드 펀딩이 정착되기 시작하였다. 그리고 2016년 1월에는 증권형 크라우드 펀딩이 도입되었다.

이러한 증권형 크라우드 펀딩은 개인 투자자가 크라우드 펀딩 플랫폼 업체를 통해 중소·벤처기업에 연간 최대 500만 원(업체당 200만 원)을 투자할 수 있다(자본시장법 제9조 27항, 제83조). 자본시장법은 이를 담당하는 사업자를 온라인 소액투자중개업자[36] 또는 온라인 소액증권 발행

36) 온라인소액투자중개업자는 크라우드 펀딩을 온라인을 통해 중개해 주는 것을 업

인으로 부르고 있다.

4차산업혁명시대에 아이템만 우수하다면 창업자들이 널리 활용할 수 있는 자금조달수단이다.

Ⅳ. 간접자금조달

1. 대 출

(1) 신용회복

창업 후 자금을 조달하는 방법 중 신주발행방식과 벤처투자방식, 엔젤펀드 투자방식 등 모두는 자본을 증가시키는 방법에 해당한다. 이는 향후 창업자의 지분율이 감소할 위험이 있어 경영권이 불안정해질 우려가 증가할 수 있다는 것을 의미하며, 장기적으로 기업의 지속가능성이 감소한다는 것을 의미한다. 따라서 창업자의 지분율을 감소시키지 않으면서 자금을 조달하는 방법을 모색하는 것이 필요하며, 그 방법으로 회사채 발행 방법과 금융기관으로부터 대출, 즉 차입방식의 자금조달을 생각해 볼 수 있다. 그러나 회사채를 발행하려면 기업이 시장에서 신뢰를 받을 만큼의 규모를 갖추어야 하므로 창업 초기의 기업의 경우 회사채를 발행한다는 것은 사실상 불가능할 수 있다.

따라서 대부분의 창업 초기의 기업들은 금융기관으로부터 자금을 대출받는 간접자금조달방법을 택하는 것이 일반적이다. 그러나 우리나라의

으로 하는 사업자이다. 자본시장법은 크라우드 펀딩 회사의 난립을 막기위해 자본금 규모는 5억 원일 것을 요구하고 있으며, 일종의 금융사이기에 "예탁결제원"의 관리를 받는다.

금융시장의 특성상 벤처투자 시 가치평가 및 대출기준이 정립되지 않다 보니 기술을 담보로 대출하는 관행이 형성되어 있지 못하다.

따라서 물적 담보를 제공할 만한 여력이 없는 창업 기업의 경우에는 금융기관으로부터 대출받을 때 창업자가 개인적으로 인적 보증인 연대보증[37)]을 서고 대출을 받는 경우가 많다. 이 경우 사업실패 시 창업자가 전 재산을 채무변제에 충당하거나 아니면 신용불량자가 되어 경제활동이 제약당하는 결과를 가져올 수 있다. 이는 창업자가 한 번 실패하면 재기가 어려울 수도 있다는 것을 의미한다.

창업자가 금융기관으로부터 대출을 받는 것과 동시에 사업실패 시 부채로 인하여 재기가 어려운 경우 이를 극복하는 방안, 즉 신용회복방안을 사전에 알아두는 것은 매우 중요하다.

(2) 자금조달

앞에서 언급한 바와 같이 일반적으로 자금조달방법은 직접자금조달과 간접자금조달로 구분할 수 있다. 직접적 자금조달은 주식과 사채를 발행해서 자금을 조달하는 것을 말하며, 간접자금조달이란 금융기관에서 대출을 받아 자금을 조달하는 부채를 말한다.

이러한 금융기관은 금융서비스의 성격에 따라 은행, 저축은행 및 신용조합 등 예금·대출서비스를 제공하는 기관, 보험회사와 같이 연금·보험서비스를 제공하는 기관, 증권 및 투자회사와 같이 브로커, 인수(underwriting) 등의 업무를 수행하는 기관이다.

---

37) 연대보증이란 연대보증인이 주채무자와 연대하여 채무를 부담하므로 연대보증인은 보증채무의 보충성에 기한 최고(催告)의 항변권과 검색(檢索)의 항변권을 갖지 못한다(민법 제437조).

창업자가 일반적으로 대출받는 금융기관은 주로 은행과 비은행 예금취급기관이다. 은행은 불특정 다수의 일반국민으로부터 예금을 받아 기업, 가계 등에 대출해 주는 대표적인 간접금융기관이다. 즉, 은행은 자금의 사용기간, 규모, 위험 등이 서로 다른 예금자와 대출자 사이에서 이들을 연결해 주는 중간매개자 역할을 한다.

그리고 비은행 예금취급기관들은 과거 은행의 문턱이 높았던 시절에 서민과 영세자영업자, 농어민들이 소액의 가계생활자금이나 영업자금, 영농자금 등을 쉽게 대출받을 수 있도록 정책적으로 육성한 신용협동기구 또는 상호금융 형태의 지역 서민 금융기관으로서 은행보다 대출금리가 높은 것이 일반적이다. 이에 해당하는 것으로는 저축은행, 신용협동조합, 새마을금고와 농어촌지역에서 볼 수 있는 단위농협·수협, 산림조합 등을 들 수 있다.

창업자가 이러한 은행이나 비은행 예금취급기관으로부터 대출을 받는 경우 창업을 주식회사 형태로 하였다면 주주는 유한책임을 지기 때문에 회사가 부실해져서 부채가 많은 상태에서 해산하더라도 주주 개인이 책임을 지지는 않기 때문에 창업자는 회사부채로부터 자유로운 것이 원칙이다.

그러나 실무에서는 전혀 다른 현상이 발생하고 있는 것이 관행으로 되어 있다. 즉, 중소기업의 경우 금융기관이 대출해 줄 때 대표이사에게 개인적으로 연대보증설 것을 요구하기 때문에 회사가 파산하면 회사부채를 대주주인 창업자가 부담하는 경우가 많다.

따라서 창업 시에는 가능한 한 대출을 받지 않는 것이 필요하지만, 현실에서는 불가피한 경우가 많다. 특히, 대출금을 변제하지 못하는 경우 창업자가 신용불량자로 등재되어 재기가 어려울 수 있다.

이 경우 창업자가 재기하기 위하여 기존의 부채를 감소시키거나 면제받는 제도에 대하여 알아둘 필요가 있습니다. 창업실패 후 재기를 위하여는 개인워크아웃, 프리워크아웃, 개인회생, 개인파산제도를 활용하는 것을 사전에 고려해 볼 필요가 있다.

2. 신용회복

(1) 개인워크아웃

창업 후 사업실패로 폐업을 한 후 회사경영 시 대출받은 채무에 대하여 연대보증을 서서 개인 채무가 많아 신용불량 상태에 직면한 경우, 취업해 적더라도 최저생계비 이상의 고정적인 수입이 있는 경우 개인워크아웃제도를 이용하여 재기의 기회를 노릴 수 있다.

'개인워크아웃'의 정식 명칭은 '신용회복지원제도'라고 하는데, 이는 금융기관 간 맺은 '신용회복지원협약'에 따른 신용불량자 구제제도라고 할 수 있다.

구체적으로는 최저생계비(2023년 기준, 개인 124만원, 2인 가족 207만원, 3인 266만원, 4인 324만원, 5인 379만원, 6인 433만원, 7인 486만원) 이상의 소득이 있는 개인 또는 개인사업자가 채무 과다로 인하여 현재의 소득으로는 채무상환을 할 수 없어 신용불량자로 등재되어 있는 경우 신용회복위원회[38]에 개인워크아웃 신청을 하면, 신용회복위원회가

38) 신용회복위원회는 '금융기관 간 신용회복지원협약'에 따라 2002년 10월 출범 후 채무자를 위한 신용관리에 관한 상담 및 교육 등 공익적 업무수행과 채무조정업무의 공정성과 객관성을 확보하기 위해 금융위원회의 허가를 받아 2003년 11월 비영리 사단법인으로 전환되었다.

금융기관의 채무를 일정 부분 조정하여 줌으로써 신용불량자가 경제적으로 회생할 수 있도록 도와주는 제도이다.

이러한 개인워크아웃을 신청할 수 있는 대상은 금융기관 간 자율협약인 '신용회복지원협약'에 가입한 금융회사 2곳 이상에서 모두 5억 원 이하의 대출금과 신용카드 대금, 할부금융채권 등의 개인 채무가 있는 채무자로 3개월 이상 연체를 한 채무자이다.

'신용회복지원협약'에 가입한 금융회사는 은행과 보험, 신용카드, 상호저축은행, 농·수협중앙회, 농·수협 단위조합과 새마을금고 등이 해당된다.

다만, 신용불량정보로 등록되기 직전에 과도하게 다액의 대출을 받거나 재산을 도피·은닉한 경우, 도박·투기 등으로 부채가 많은 경우는 제외된다.

개인신용회복지원제도를 이용하려면 채무자 본인(미성년자는 법정대리인)이 신용회복지원위원회 사무국으로 방문하여 신청하거나 온라인으로 신청할 수 있다.

그러나 신용협동조합이나 사채(私債)업자로부터 대출받은 금전채무에 대하여는 개인워크아웃이 적용되지 않는다.

이러한 개인 워크아웃제도는 회사의 부채가 과다하여 사업을 해산하고, 회사의 부채를 창업자가 연대보증한 상태에서 변제를 완료하지 못하고, 생계를 위한 다른 직장에 취업한 경우에 이용할 수 있는 제도이다.

(2) 프리워크아웃

창업 후 직접적인 자금조달이 어려워 창업자가 직접 금융기관에 연대보증을 서고 대출을 받았으나 자금사정이 여의치 않아 이자도 변제하기 어려워진 상황이지만 아직 폐업하기 이전에 채무를 조정하여 사업을 계속할 수 있도록 지원되는 프리워크아웃(pre-workout)제도를 이용할 수 있다.

프리워크아웃은 신용회복위원회가 채무조정을 통해 과중 채무자에게 연체이자 전액 감면, 이자율 인하, 상환기간 연장 등의 지원을 함으로써 금융채무 불이행자로 전락하지 않도록 사전에 지원하는 제도이다. 이러한 프리워크아웃은 채무자가 원리금(원금+이자)을 분할상환방식으로 상환을 완료하면 이행이 종료된다.

이 제도의 지원대상은 연체기간이 90일 이내이며, 총채무액이 15억 원(담보채무 10억 원, 무담보채무 5억 원) 이하인 경우가 해당한다.

프리워크아웃을 신청하면 다음 날부터 채권금융회사의 추심, 법적 절차 등이 중단되게 되며, 신용회복위원회는 협약에 가입된 금융회사의 모든 채무를 통합하여 조정하게 된다.

이러한 프리워크아웃은 법원에서 하는 조정이 아니라 신용회복위원회라는 사적 기관이 수행하는 사적 조정제도이기 때문에 일반적으로는 신속한 결정(동의율 98%)이 이뤄지게 된다. 그리고 신청 또한 공인인증서를 이용한 인터넷 신청이 가능하다. 그 밖에도 성실 상환자에게는 인센티브가 주어지는데, 12개월 이상 성실히 변제계획을 이행하는 중 긴급하게 생활안정자금, 학자금 및 기타 긴급자금이 필요한 경우 무담보, 저금리(2~4%)로 대출지원도 가능하다.

이러한 프리워크아웃제도는 창업 후 직접적인 자금조달이 어려워 창업자가 직접 금융기관에 연대보증을 서고 대출을 받았으나 자금사정이

여의치 않아 이자도 변제하기 어려워지는 상태에 직면한 초기에 신속히 신청하는 것이 재기의 발판을 마련하는 데에 큰 도움이 될 것으로 생각된다.

(3) 개인회생

개인회생제도란 법원이 강제로 채무를 재조정해 파산을 구제하는 일종의 개인법정관리라고 할 수 있다. 구체적으로는 파산에 직면한 임금생활자나 소규모 자영업자, 전문직 종사자 등 지속적인 수입이 있는 자들이 5년 동안 부채를 성실히 변제하면 잔여 부채를 탕감받게 되는 제도이다. 창업자가 운영자금이 부족해 개인카드를 많이 사용해 신용불량자가 된 경우도 이에 해당한다.

이러한 개인회생제도는 파산선고로 인해 개인들이 직장에서 퇴출당하는 등 사회적·경제적 불이익을 당하지 않도록 하는 예방조치로 이해된다.

또한 이 개인회생제도는 신용협동조합이나 사채(私債)업자에게서 고금리로 빌린 돈은 구제대상에서 제외하는 개인워크아웃과 달리 모든 채무에 대해 포괄적으로 구제받을 수 있다.

총채무도 5억 원으로 제한된 개인워크아웃과 달리 사채업자로부터 받은 대출 등 채무종류와 무관하게 포괄적으로 구제받을 수 있다.

원금감면 한도와 관련하여 개인워크아웃은 금융회사가 상각 처리한 채무범위 내에서 총채무액의 3분의 1만 감면해 주는 반면, 개인회생은 최장 5년간 분할상환하면 잔여채무 전액이 감면될 수 있다.

보증채무와 관련하여 워크아웃은 변제계획에 따라 상환하면 소멸되지만 회생제도는 본인 당사자가 면책되더라도 보증인의 책임은 계속 유지될 수 있다.

신청절차와 관련하여 개인워크아웃을 신청하면 개별 금융회사에 이어 신용회복위원회의 이중심사를 거쳐야 하지만 개인회생은 법원이 채무자의 변제계획에 대해 채권자의 의견을 검토해 채무 재조정 여부를 결정하게 되기 때문에 심사절차가 비교적 간편하다.

연체액이 소액이어서 상환조건의 적절한 변경만으로 최대 5년 동안 채무를 모두 분할하여 변제할 수 있는 것으로 판단되는 사람이라면 개인워크아웃을 신청하는 게 유리하다.

그러나 부채가 수억 원에 달해 전재산을 모두 처분해도 도저히 변제할 능력이 없다고 판단되면 법원에서 개인회생절차를 밟는 게 유리할 수 있다.

창업자의 경우에도 불가피하게 회사채무에 대한 보증을 선 경우 개인회생제도를 활용하면 재기가 비교적 용이할 것으로 생각된다.

(4) 개인파산

개인파산이란 신의성실한 개인이 생계를 유지하는 과정에서 불가피하게 부채상환능력을 상실하여 정상적인 생활을 영위할 수 없는 상태에 직면하면 법원이 이를 인정하여 채무이행을 면책해 주는 제도이다.

즉, 임금생활자, 주부 등 비사업자가 자신의 상환능력을 초과하여 과도하게 신용카드를 이용하거나 금전을 차용한 경우, 또는 타인의 채무에 대한 보증을 서서 자신의 모든 재산을 충당하고도 모든 채무를 변제할 수 없는 지급불능상태에 직면한 경우, 이를 정리하기 위해 법원에 스스로 파산신청을 하는 제도이다.

창업자도 운영자금을 조달하기 위해 개인적으로 금융기관으로부터 창업자 개인명의로 대출 등 자금을 차입한 경우에도 개인파산의 대상이 된다.

파산 및 면책은 자신의 모든 채무를 변제할 수 없는 재정상태에 직면한 자가 신청할 수 있으며 신용불량자가 아니어도 신청할 수 있다. 이때 신청서는 채무자 자신의 주소지를 관할하는 지방법원 본원에 접수하여야 한다.

다른 구제절차와는 달리 개인파산제도의 경우에는 공·사법(公·私法)상의 권리가 제한되는 경우가 있다.

우선 사법상으로는 가족법상의 후견인, 친족회원, 유언집행자, 수탁자가 될 수 없다. 그리고 공법상으로는 공무원, 변호사, 공인회계사, 변리사, 공증인, 부동산중개업자, 사립학교교원, 건축사 등의 자격이 제한된다.

다만, 파산자도 대통령, 국회의원, 지방자치단체장의 선거권 및 피선거권은 보유한다.

그 밖에도 주식회사, 유한회사와 위임관계에 있는 이사가 파산해도 회사와 이사 간의 위임관계가 파산선고로 종료되기 때문에 당연퇴임사유가 된다.

파산선고를 받으면 경제활동도 제한받게 되는데, 구체적으로는 파산자의 신원증명업무를 관장하는 등록기준지 시·구·읍·면장에게 파산선고 사실이 통지되고 신원증명서에 신원증명 사항의 하나로 기재되어 각종 금융거래와 취직 등에 있어서 불이익을 받을 수 있다.

다만, 법원으로부터 전부면책결정이 확정되면 위와 같은 불이익은 모두 소멸될 수 있다. 즉, 법원으로부터 파산자의 신원증명업무를 관장하는 등록기준지 시·구·읍·면장에게 면책결정 확정사실이 통지되면 파산선고를 받은 사실이 신원증명 사항에서 삭제되게 된다. 이러한 전부면책결정은 판사의 재량사항인 것으로 해석된다.

창업자가 임금체불에 직면하지 않기 위하여 금융기관으로부터 신용대출 등을 받아 채무불능상태에 직면하면 그 사정을 감안하여 판사가 재량으로 전부면책결정하는 경우가 종종 있다.

제5장

기업지배구조

제5장 기업지배구조

Ⅰ. 기업지배구조의 의의

1. 이해충돌

창업 후 기업에 이익이 발생하기 시작하면 이해관계자들 간의 이해충돌이 발생하는 것이 일반적이다. 이러한 이해관계를 조절할 수 있는 시스템이 기업지배구조이며 좋은 지배구조를 가지려면 창업단계부터 이를 설계할 필요가 있다. 기업지배구조는 기업의 성장동력이 될 수도 있지만 경영권분쟁의 원인이 되기도 한다.

기업지배구조와 관련해 각국은 서로 다른 법제도를 갖고 있는데, 이와 관련하여 학자들은 각국의 기업지배구조 유형을 분류하고자 노력했다. 일반적으로는 이익분배의 주체를 중심으로 영미식의 주주자본주의와 유럽, 특히 독일식의 이해관계자자본주의로 구분하고 있다. 그리고 이사회와 감사 기관의 관계에서 이사회가 업무집행을 담당하면서 감독도 하는 영미식의 일원적 시스템과 이사회와 감사 기관이 분리되어 독립적으로 존재하면서 서로 견제하는 독일식의 이원적 시스템으로 구분하고 있다.

우리나라는 자산 2조 원 이상인 상장회사는 이사회 내에 감사위원회를 반드시 설치하도록 강제함으로써 일원적 시스템을 택하고 있으며, 자산 1천억 원 이상부터 2조 원 미만인 상장회사는 상근감사를 두도록 강제하고 있어서 이원적 감사시스템도 병행하여 택하고 있다. 이때 상근감사

대신에 감사위원회를 설치할 수도 있다.

그리고 자산 1천억 원 미만인 상장회사와 비상장회사는 모두는 일원적 시스템과 이원적 시스템 중 하나를 선택할 수 있다.

결론적으로 우리나라의 기업지배구조는 미국식과 독일식을 혼합한 형태의 기업지배구조를 법제화하고 있으며, 일본은 독일식에 가까운 기업지배구조의 형태를 취하고 있다.

2. 기업지배구조

기업지배구조란 이를 직설적으로 표현하면 기업을 다스리는 구조라고 할 수 있다. 즉, 경영진(대주주 포함)과 소액주주, 채권자, 종업원(근로자 포함) 등 기업 이해당사자들의 역학관계를 나타내는 구조라고 할 수 있다.

이러한 역학관계에서 회사에 이익이 발생하면 누가 분배 주체가 되는지에 대해 주주자본주의는 손실의 위험을 감수한 투자자인 주주만이 회사이익의 분배 주체가 되어야 한다는 이념에 기초하고 있다.

반면에 이해관계자자본주의는 주주뿐만 아니라 이익창출에 기여를 한 근로자나 채권자, 지역주민 등 모든 관계자가 이익분배에 참여할 권리가 있다는 이념에 기초한다.

미국은 주주자본주의를 원칙으로 하고 있으며, 독일이나 유럽은 이해관계자자본주의를 원칙으로 하고 있다. 우리나라와 일본은 주주자본주의를 원칙으로 하고 있으나 우리나라는 최근 공기업의 노동이사제 도입 논의 등과 관련하여 유럽식의 이해관계자자본주의로 전환하려는 노력이 지속되고 있다. 노동이사제[39]가 입법적으로 도입되는 경우 근로자 경영 참여를 통한 투명한 경영이 실현될 수 있다는 긍정적인 의견들이 있으나 오히려 이사회가 노사 간의 대립의 장으로 변해 사실상 경영 효율성이 떨어진다는 부정적 견해가 많다. 창업 시에 이런 점을 고려해 기업지배구조의 밑그림을 그리는 것 또한 중요하다.

현재까지 우리나라의 기업지배구조는 주주자본주의를 택하고 있어 기업 내에서의 이해관계자 기관은 주주총회, 이사회, 감사, 대표이사, 소수주주 등으로 구성되어 있으며, 이에 대하여 상법이 그 권한과 의무에 대하여 상세히 규정하고 있다.

창업 후 성공한 기업이라 할지라도 안정된 경영권을 확보하기 위해서는 이러한 기업지배구조가 균형적으로 확립되도록 설계할 필요가 있다. 기업지배구조란 이해관계자들이 회사 운영에 대한 기본원칙을 합의한 것이고, 이를 위반하면 분쟁이 발생할 수 있기 때문이다.

예를 들어 페이스북의 경우 저커버그가 하버드대 기숙사에서 창업할 때 자금이 부족하여 급우인 새버린으로부터 1,000 달러 투자받으며 페이스북의 지분 34% 배정하기로 하는 합의를 한 바 있다. 그 후 페이스북이 추가 투자받을 때는 물론이고, 경영 관련 의사결정을 할 때 종종 갈등을 빚었으며 결국, 소송으로까지 전개된 바 있다. 특히, 의사결정과 관련하여 저커버그가 페이스북의 지배구조 내에 포함되지 않은 냅스터 공동창업자인 숀파커(Sean Parker)의 자문을 받고 의사결정을 한 것에 대하여 새버린이 불만을 품게 되면서부터 갈등이 시작되었다.

따라서 창업을 희망한다면 창업 전부터 향후 기업지배구조를 어떻게

39) 노동이사제는 노동자 대표가 기업 이사회에 이사로 참석해 발언권과 의결권 등을 행사하는 제도다. 유럽, 특히 독일에서는 법률로 이를 제도화하고 있으며, 국내에서는 서울시가 2016년 9월 최초로 관련 조례를 도입하여 시행하고 있다.

구성할 것인지를 미리 구상해 놓는 것이 매우 중요하다.

3. 경영권과 지배구조

앞에서 본 바와 같이 저커버그와 새버린의 경우처럼 창업 후 성공 가능성이 커지면 누가 회사를 지배하는지를 두고 지분소유자 간의 갈등이 발생할 가능성은 항상 존재한다. 페이스북의 갈등이 기업지배구조 외곽에 존재하는 숀파커(Sean Parker)의 자문으로 시작된 점을 고려하면 안정적으로 회사경영을 하기 위해서는 의사결정절차와 결정권자, 결정기관 등을 제도적으로 정하는 기업지배구조를 명확하게 하는 것이 매우 중요하다. 상법상으로는 기업지배구조에 관여하는 이해관계자 및 집단, 즉 기관을 주주총회, 이사회, 대표이사, 감사로 구분하여 규정하면서 각자의 권리와 의무, 책임 등에 대하여 상세히 규정하고 있다.

이 중에서 지배구조의 핵심이라고 할 수 있는 이사회와 감사 기관과 관련하여 상호 견제적 관계를 어떻게 제도화할 것인지를 두고 각국은 서로 상이점들을 갖고 있다.

각국은 크게 영미식의 일원적 시스템과 독일식의 이원적 시스템을 기준으로 각기 다양한 형태로 지배구조를 제도화하고 있다.

미국식의 일원적 시스템은 이사회가 경영도 하고 감독도 하는 시스템을 말한다. 이러한 미국식은 주식시장 중심의 자본시장에 의존하여 주식시장을 통해 경영성과에 따라 경영진이 평가받도록 하여 간접적인 업무집행감독을 기본방침으로 하고 있다. 따라서 독립된 감사 기관을 설치하기보다는 이사회가 스스로 감독기능도 담당할 수 있도록 이사회 내에 감사위원회를 설치하여 이 감사위원회가 이사들의 업무를 감독하고 있다.

반면에 독일식의 감사제도를 택하고 있는 국가들은 독립된 감사 기관을 주식회사 내에 두고 있다. 독일식의 감사제도가 모든 나라에 보편화되어 있는 것은 아니고 독일만 독립된 감독이사회제도40)를 통한 근로자의 경영참여가 가능하게 되어 있다. 즉, 주주 대표자뿐만 아니라 근로자 대표도 동등한 입장에서 이사회의 경영을 감독하고 견제하는 시스템을 갖고 있다.

우리나라나 일본과 같은 국가들은 독립된 감사 기관을 두되, 근로자의 경영참여가 배제되는 식의 감사제도를 갖추고 있다. 또한 각국의 회사지배시스템마다 경영 스타일도 차이가 있다. 미국에서는 경영의 권한이 최고경영자(chief executive officer)에 집중되고 있는 반면에 독일의 경우에는 기업의 전체구성원들의 이익을 고려할 수 있도록 이해관계자 중심의 협의체적 기업지배를 지향하고 있다. 즉, 근로자의 경영참여로 인하여 회사경영 시 주가나 회계상의 이익을 추구하는 등 단기적인 변동성보다는 기업의 전체 구성원들의 이익 및 사회적 이익을 고려하여 경영 판단을 하여야 하므로 경영자의 권한이 미국보다는 작다.

이러한 각기 다른 시스템에서 우리가 주의깊게 봐야 할 점은 미국 등과 같은 주식시장 중심의 시스템하에서는 벤처캐피털 산업이 활성화되고 성장해 왔다는 점이다. 이러한 활발한 벤쳐캐피털시장은 기술혁신을 촉진함은 물론이고 투자를 촉진해 경제가 활성화되는 동력이 되어 왔다.

이러한 점 때문에 상당수 국가는 주식시장 중심의 자본시장을 형성하

---

40) 독일에서는 공동결정법상 근로자가 2천명 이상인 주식회사의 경우에는 근로자대표 50%, 주주대표 50%로 구성된 감독이사회를 설치하도록 강제화되어 있다. 이때 감독이사회 의장은 주주대표 중에서 선임하며, 의장은 캐스팅 보트를 행사할 수 있다.

고자 노력하고 있으며 독일도 현재는 그 예외가 아니다.

따라서 현행 상법상 기업지배구조의 구성요소인 주주총회, 이사회, 감사, 대표이사, 소수주주 등에 관하여 알아보는 것은 중요하다.

4. 구성요소

(1) 주주총회

주주총회는 투자자들로 구성된 총회이며, 주식회사의 최고의사결정기관이다. 주주총회에서는 1주 1의결권의 원칙 하에 모든 주주는 회사에 대하여 1주를 기준으로 평등한 대우를 받도록 상법이 규정하고 있다. 창업 당시에는 창립총회가 주주총회 역할을 하지만 그 이후부터는 주주총회가 최고의사결정기관으로서 역할을 하게 된다.

주주총회의 권한은 상법에서 규정하고 있는데, 주된 내용으로는 이사의 선임권 및 해임권, 합병 및 분할, 영업양도, 해산, 재무제표, 이사의 보수한도, 정관변경승인권 등을 들 수 있다.

특히, 이사의 보수한도와 관련하여서는 모든 이사의 보수합계액에 관한 한도를 승인하는 것이며, 개별 이사의 보수에 대하여까지 주주총회에서 승인하는 것은 아니다.

주주총회와 관련하여 법에서 정한 절차를 위반하면 그 결의의 효력을 부정하는 주주총회결의 취소소송, 주주총회 무효확인소송, 주주총회 부당한 결의 변경 및 취소소송, 주주총회결의 부존재 확인의 소송 등을 통해 그 결의의 효력을 부정할 수 있다.

주주총회의 결의형식은 '특별결의'와 '보통결의', '특수결의'로 분류할 수 있는데, '특별결의'는 총회출석 주주의결권의 3분의 2 이상과 발행주식 총수의 3분의 1 이상의 찬성이 필요하다. 이에 해당하는 것으로는 정관의 변경, 영업양수도, 이사와 감사의 해임, 합병승인, 회사분할 승인결의 등이 있다.

'보통결의'는 출석주주 의결권의 2분의 1 이상과 발행주식 총수의 4분의 1 이상의 찬성이 필요한데, 이에 해당하는 것으로 이사·감사·청산인의 선임 및 보수의 결정, 재무제표의 승인, 주식배당, 배당금 지급시기의 특정, 외부감사인의 선임결의 등이다. 여기서 말하는 외부감사인이란 회계법인이나 회계사 등을 말한다.

'특수결의'는 발행주식 전부를 소유하고 있는 전체주주의 동의가 필요하며, 이에 해당하는 것은 이사 또는 감사의 회사에 대한 책임면제와 유한회사로의 조직변경에 관한 결의 등이다.

주식회사를 유한회사로 조직을 변경할 때 총주주 전원의 동의가 필요한 이유는 유한회사의 경우에는 주식회사보다 지분양도가 자유롭지 못하며, 자본의 결손이 발생하는 경우 이를 지분수에 비례하여 전보할 책임이 발생할 수 있기 때문이다.

(2) 이사회

창업자는 이사가 되고 이사회를 주도해야 하는 것이 일반적이다. 즉, 경영권의 원천은 이사회라고 할 수 있으며, 이사회를 안정적으로 지배할 수 있어야 경영권이 안정된다. 이사는 3인 이상이 되어야 하는 것이 원칙이며, 상법상 자산 2조 원 이상 상장회사로 성장하면 사외이사를 과반수 이상 선임하여야 하는데, 예를 들어 사내이사가 3인이면 사외이사는 4인이 선임되어야 한다. 이사회에서 대표이사를 선임하는데, 예외적으로 자본금 10억 원 미만의 회사는 대표이사를 이사회에서 선임할 필요 없이 대주주인 창업자만을 이사로 선임하는 1인 이사선임도 가능하다.

이사회는 실질적으로 회사의 가장 중요한 의사결정기관이며, 회사 경영과 관련된 갈등 대부분은 이사회 운영과 관련하여 발생하는 것이 일반적이다. 상법도 이사회의 구성과 역할에 대하여 상세히 규정하고 있으며, 이사회가 결정해야 할 사항도 법률로 규제하고 있다.

구체적으로는 회사의 대표이사나 이사, 그리고 그 친인척, 회사 지분의 10% 이상을 소유한 주주 및 그 친인척이 회사와 거래할 때는 재적 이사 3분의 2 이상의 찬성이 있어야 거래할 수 있다. 등기이사가 아닌 부사장이나 전무, 상무 등 회사 내의 등기임원을 제외한 임원을 선임할 때 이사회의 승인이 필요하다. 회사가 자본을 증가시키기 위하여 신주를 발행하는 경우 그 발행사항 및 신주배정에 대하여도 이사회가 결정하게 된다.

이사회는 주주총회에서 선임할 이사후보자들에 대한 추천권을 비롯한 주주총회의 의안과 의제 모두를 상정할 권한도 갖고 있다.

이처럼 이사회는 권한이 큰 만큼, 책임도 크다. 즉, 이사회가 위법한 결정을 하면 반대의사를 명확히 표현한 이사를 제외한 모든 이사가 위법한 결정으로 인하여 회사나 제3자가 손해를 입으면 그 손해에 대하여 연대하여 손해배상책임을 지게 된다.

(3) 대표이사

대표이사는 이사회 구성원 중에서 선임(CEO)하는데, 회사를 대표하는 기관으로서 상법에서 정한 주주총회, 이사회, 감사의 권한을 제외한 모든 경영 관련 사안에 관하여 의사결정권을 갖게 된다. 창업자의 경우에는 대부분 대표이사의 지위를 갖는다.

이러한 대표이사의 행위는 회사의 설립목적 범위 외의 행위라 할지라도 제3자에 대하여는 회사가 권리와 의무를 지는데 이러한 법리를 정당화시키는 이론이 법인실재설이다.

예를 들어 섬유회사의 대표이사가 개인적으로 의류 도매상을 하는 상인의 채무에 대하여 보증을 선 경우에도 개인적으로 보증하지 않고 회사대표 자격으로 보증한 것으로 추정되어 회사가 보증책임을 지게 된다. 물론, 보증인으로서 타인의 채무를 회사가 대신 변제하면 감사는 대표이사를 상대로 손해배상청구소송을 할 수 있다. 문제는 감사가 이를 알면서도 대표이사를 상대로 책임을 추궁하지 않으면 1% 지분을 소유한 주주가 감사를 대신하여 대표이사를 상대로 회사에 배상하라고 청구할 수 있다. 상장회사의 경우에는 0.01%를 소유한 주주가 대표소송을 제기할 수 있다. 아울러 소수주주는 감사에게도 임무를 게을리했다는 점을 들어 책임을 추궁하는 소송을 제기할 수 있다.

그리고 일반적으로 대표이사는 최대주주가 직접 담당하거나 최대주주가 추천하는 자로 선임되는 것이 일반적인데, 대표이사 선임에 관한 갈등이 심한 기업은 지배구조가 불안정하여 성장성과 지속성이 불확실해질 수 있다.

때로는 대표이사가 권한을 남용하는 사례가 발생할 수 있는데, 이때에는 2인 이상을 공동대표이사로 선임하여 공동으로 대표행위를 하도록 제한을 가할 수 있다.

창업자는 기술개발만 하고 회사경영을 전담할 대표이사를 별도로 선임하면 대표이사의 권한남용을 억제할 수 있는 적절한 제도적 장치를 마련할 필요가 있다.

(4) 감 사

감사는 이사회와 대표이사가 주주총회로부터 위임받은 사무를 제대로 집행하고 있는지를 감독하는 독립된 기관이다. 감사는 창업자를 비롯한 이사회 구성원들의 업무와 회계를 감독할 권한과 책임을 갖는다.

감사도 주주총회에서 보통결의로 선임하며 해임 시에는 특별결의가 필요하며, 자산이 2조 원 이상인 상장기업의 경우에는 별도의 독립된 감사 기관을 두지 않고 이사회 구성원 중 3인 이상을 선임하여 감사위원회를 설치하여 감사업무를 집행하게 된다.

감사위원 중 3분의 2 이상은 사외이사로 구성되어야 한다. 그리고 자산이 1천억 원 이상, 2조 원 미만인 회사는 상근감사를 두어야 하며, 자산이 1천억 원 미만인 회사는 비상근감사를 선임할 수 있다.

감사는 업무집행감독권과 회계감독권 모두를 가지며, 감사는 이사회에 참석하여 의결에 참여할 권한은 없지만 발언할 권한은 가지고 있다. 그리고 감사는 회사를 대신하여 이사들을 상대로 소송을 제기할 권한을 갖고 있으며, 감사의 독립성을 확보하기 위하여 감사선임에 관한 주주총회의 선임 결의 시 3% 이상의 지분을 소유한 주주는 3%까지만 의결권을 행사할 수 있도록 제한하고 있다.

따라서 창업자를 견제할 수 있는 인사를 감사로 선임될 수 있도록 지분이 3%(상장사 0.01%)를 넘는 주주의 의결권은 배제되도록 해 감사의 독립성을 확보하도록 입법이 된 것이다.

Ⅱ. 지배구조 관련 법

1. 개　요

회사를 창업 후 성공적으로 사업을 영위하고, 지속 가능한 기업으로 생존하려면 지배구조를 상호유기적으로 정립시켜 놓아야 한다. 지배구조가 취약한 경우 회사 내 갈등으로 인해 기업의 성장과 발전이 멈출 수 있기 때문이다. 따라서 대부분 기업은 창업자가 주도적으로 의사결정과 집행을 할 수 있도록 지배구조를 설계하는 것이 일반적이며, 때로는 이러한 현상이 기업의 성장과 발전에는 도움이 되지만 독단적 경영 또는 황제식 경영이라는 오너 리스크로 낙인되어 부정적 결과를 가져오기도 한다.

이러한 문제를 해결하기 위해서 대한민국은 1980년대 후반부터 민간기업들의 지배구조를 다른 국가들에 비하여 엄격하게 법률로 규제하고 있다. 특히, 법이 정한 지배구조 관련 규제를 위반하는 경우 의결권을 제한당하거나 정부로부터 주식처분명령을 받아 경영권을 상실하기도 한다.

결국, 기업지배구조는 법률이 정한 범위 내에서 확립이 되어야 회사경영이 가능하다는 것을 의미한다. 따라서 법률이 정한 지배구조의 범위를 알아보는 것은 매우 중요하다.

2. 금융사지배구조법

종래에는 금융기관을 창업하는 것은 대규모 자본과 정부의 인·허가, 금산분리 등의 진입규제 등으로 어려움이 많다. 그러나 최근에는 장벽들이 있어서 4차산업혁명시대를 맞이하여 금융 분야에서는 핀테크(fintech ;

finance + technology)가 대세를 이루고 있으며, 이러한 핀테크 분야의 창업을 하는 경우 거대자본 없이도 창업이 가능한 것으로 본다. 다만, 진입규제는 여전히 존재하기 때문에 다른 분야보다는 창업이 매우 제한되는 영역이다.

핀테크의 핵심은 간편결제라고 할 수 있다. 이러한 핀테크 업은 분류상으로는 여전히 금융업자로 분류되어 금융기관의 지배구조에 관한 법률의 적용을 받게 된다. 이러한 금융기관의 지배구조와 관련하여 정부는 금융 3사, 즉, 은행과 증권, 보험 등을 비롯한 유관 금융기관 등에 대하여 각기 사업영역을 지키면서 영업을 해왔으며, 지배구조 역시 금산분리라는 대원칙 하에 칸막이식 규제 속에 정부 주도로 성장해 왔다.

4차산업혁명과 관련하여 금융 분야에서 핀테크가 대세를 이루면서 이에 대한 금융규제를 어떻게 적용해야 하는지를 두고 해석들이 분분하다.

IT와 금융의 융합은 크게 4가지 영역으로 나뉘어 진행되고 있는데, 지급결제, 금융데이터 분석, 금융 소프트웨어, 플랫폼 등이 그것이다.

지급결제와 관련하여서는 '애플페이'와 '삼성페이' 같은 하드웨어 기반의 모바일 간편결제 서비스부터 '카카오페이'와 '라인페이' 같은 앱 기반의 간편결제 서비스까지 다양한 서비스가 나왔기 때문에 아직도 창업 분야의 블루오션으로 인식되고 있다. 즉, 핀테크 스타트업도 이러한 편리한 서비스를 무기로 대기업이 할 수 없는 틈새시장을 공략할 수 있다는 것이다.

금융 데이터 분석업무는 고객의 금융거래를 바탕으로 신용도를 파악해 적절한 이자율을 계산하는 업무를 핀테크 기술이 한 차원 발전시킨 업무라고 할 수 있다. 예를 들어 미국의 소액대출회사 온덱(On Deck)은 사회관계망 서비스(SNS)와 인터넷 활동내역을 바탕으로 대출 이자율을 계산해 금융거래 내역 없는 소상공인에 대출해 주는 핀테크 스타트 기업인데, 그 기업가치가 1조 6천억 원을 넘는 것으로 평가받고 있다.

그리고 금융 소프트웨어는 금융업무를 더 효율적으로 만드는 소프트웨어를 제공하는 사업으로서 리스크 관리나 회계업무 등의 효율성을 제고 하는 핀테크 기업이 이를 담당하고 있다. 예를 들어 페이팔(PayPal)이 자체적으로 제작한 사기거래탐지(FDS)기술도 금융 소프트웨어 분야라고 할 수 있다.

플랫폼은 금융기관이 중간에 개입하지 않고도 전세계 고객이 자유롭게 금융업무를 처리할 수 있는 기반을 제공하는 사업 분야이다. 대표적인 예로 플랫폼 핀테크 회사로는 P2P(peer to peer) 대출회사인 렌딩클럽(Lending Club)을 들 수 있다. 이 회사는 2015년에 이미 기업가치가 9조원으로 평가받은 바 있으며, 뉴욕증권거래소에 상장된 유니콘 기업 중 하나이다.

이러한 핀테크 기업들도 업종은 금융회사에 포함되기 때문에 우리나라에서는 은행법 등의 규제를 받게 된다. 즉, 이 핀테크 분야에 창업하려면 금융위원회의 승인이나 인가 등을 받아야 하며, 정기적으로 창업자, 즉 대주주는 금융위원회의 자격심사를 받아야 한다. 그리고 P2P 사업은 은행업종으로 분류되기 때문에 창업자가 10% 이상의 지분을 취득하려면 금융위원장의 승인을 받아야 한다. 이를 위반하면 과징금은 물론이고 주식에 대한 의결권이 제한될 수 있다. 때로는 처분명령[41]을 받아 소유한

41) 주식처분명령이란 정부기관이 법령을 위반한 주주에게 그가 소유한 회사의 주식을 타인에게 처분하라는 명령을 하는 행정처분이다. 이를 준수하지 않은 경우에는 당해 주식에 대한 의결권이 제한되며, 과징금도 부과된다. 그리고 정부가 발

주식을 처분해야 하는 경우도 발생할 수 있다.

더욱이 이러한 핀테크 벤처기업이 지주회사의 손자회사나 증손회사로 편입되면 이 회사들이 소유한 다른 회사의 주식을 모두 처분하거나 아니면 이들 주식을 100%까지 소유해야 하는 경우가 발생할 수 있다. 그리고 이를 2년 이내에 처분하지 않으면 의결권이 제한됨은 물론이고, 과징금이 부과되며, 공정거래위원회가 처분하라고 명령할 수도 있다.

이처럼 핀테크 기업의 경우 금융기관으로 분류되기 때문에 2015년 7월 제정된 '금융회사의 지배구조에 관한 법률(금융지배구조법)'의 적용을 받아야 한다.

이 법은 글로벌 금융위기 이후 전세계적으로 금융회사의 바람직한 지배구조에 관한 중요성이 강조되는 추세였고, 금융회사의 이사회와 감사위원회의 역할 강화 등 금융회사의 지배구조에 관한 규율을 강화해야 하는 주장들이 제기되면 그 필요성이 증가하여 제정되었다.

이처럼 별도의 독립된 금융지배구조법이 제정된 배경은 과거에 이사회의 사외이사[42] 비율, 임원의 자격요건 등에 대하여 개별 금융업권별로 차이가 나는 지배구조에 관한 사항을 통일적이고 체계적으로 규정하여 금융업 간의 형평성 논란을 해소하기 위해서 이를 제정한 것이었다.

또한, 이 법은 이사회와 감사위원회의 기능을 강화하고 위험관리위원회와 위험관리책임자를 두도록 함으로써 금융회사의 책임성을 높이는 한

주하는 사업에 참여할 수 있는 자격도 박탈되게 된다.

42) 사외이사란 전문적인 지식이나 풍부한 경험을 바탕으로 기업경영 전반에 걸쳐 폭넓은 조언과 전문지식을 구하기 위해 선임되는 이사를 말한다. 이러한 사외이사는 기업 외부의 비상근이사이며, 일반적으로 대학교수, 변호사, 공인회계사, 언론인, 퇴직관료나 기업인 등 일정 요건을 갖춘 전문가들이 사외이사로 선임되는 것이 일반적이다. 사외이사는 비상근임에도 불구하고 사내이사와 동일한 책임을 지게 된다.

편, 금융회사의 대주주에 대한 자격요건을 주기적으로 심사하도록 함으로써 건전한 경영을 유도하여 금융시장의 안정성을 유지하기 위한 제도적 기반을 마련하기 위하여 제정되었다.

이에 따르면 핀테크 회사의 경우 전략기획·재무관리 등 주요 업무를 집행하는 주요 업무집행책임자를 대표이사, 즉 창업자 임의대로 선임하지 못하고 이사회 결의를 거쳐야 임명할 수 있도록 규제하고 있다.

금융회사는 반드시 사외이사를 선임하여야 하는데, 이러한 사외이사의 자격요건과 관련하여 최근 3년 이내에 금융회사의 상근 임직원 또는 비상임 이사였던 사람은 해당 금융회사의 사외이사로 임명될 수 없도록 하는 한편, 임원후보추천위원회를 3인 이상의 위원으로 구성하되, 사외이사를 총위원의 과반수가 되도록 규제하고 있다. 핀테크를 하는 금융회사는 자산운용 등 각종 금융거래에서 발생하는 모든 위험을 적시에 인식하고 통제하는 등 위험관리를 위한 그 기준을 마련하고, 위험관리위원회와 그 관리책임자를 두어야 한다. 그리고 임원보수의 결정 및 지급방식 등을 심의·의결하는 보수위원회를 설치하고, 보수의 일정 비율 이상을 성과와 연동시키되, 성과보수를 일정 기간 이연(移延)하여 지급하도록 강제하고 있다.

3. 공정거래법

창업 당시에는 소기업인 만큼 공정거래법상 규제를 받을 가능성은 매우 낮다. 그러나 창업 후 유니콘 기업으로 성장하여 자산가치가 5조 원 이상이면 공정거래법상의 특별한 지배구조규제를 받아야 한다.

공정거래법은 시장에서의 공정한 경쟁을 촉진하기 위하여 제정된 법률이다. 그러나 1986년부터 특별히 대기업집단의 경제력집중을 억제하기 위한 엄격한 규제를 도입한 이후에는 대기업들이 중소기업들을 계열화하는 것에 대하여도 엄격한 통제를 가하고 있다.

특히, 벤처기업들이 기술개발 후 해당 기업이 대기업들과 M&A 하는 것에 대하여도 엄격히 통제를 가하고 있다. 따라서 벤처기업과 대기업 간의 상생체제를 구축하는 데 상당한 제약이 가해지고 있다.

특히, 벤처기업들이 일정한 기술을 확보한 후 지주회사에 인수되어 손자회사나 증손회사가 되면 이들이 소유한 다른 회사의 주식을 100% 소유하거나 아니면 전부 처분하도록 규제하고 있다.

또한 자산 10조 원 이상 되는 대기업집단의 10% 이상의 주식을 소유하고 있는 일명 재벌 총수일가에 속한 개인이 벤처기업에 투자하면 당해 벤처기업은 해당 대기업 및 그 계열사들과 거래하는 경우 일감몰아주기로 보고 부당지원성 또는 경쟁제한성 여부와 관계없이 일괄적으로 제재를 가할 수 있도록 규제하고 있다(공정거래법 제9조의2).

즉, 대기업집단 그룹 내 계열사에 대한 총수일가의 지분율이 일정 비율 이상(상장사 30%, 비상장사 20%)인 기업의 내부 거래행위는 경쟁 제한성의 입증 없이 제재하게 되어 있는 것이다. 이를 위반하면 공정위는 해당 불공정거래행위 또는 특수관계인에 대한 부당한 이익제공행위의 중지 및 재발방지를 위한 조치, 계약조항의 삭제, 시정명령을 받은 사실의 공표 기타 시정을 위해 필요한 조치를 명할 수 있으며 거래한 매출액의 2% 범위 안에서 과징금도 부과할 수 있다(법 제24조).

결론적으로, 현행법상 고도의 지적 능력에 기반하여 벤처창업한 스타트업을 소프트뱅크처럼 대기업 또는 지주회사가 공정한 가격을 주고 인수하는 것 자체가 우리나라에서는 제한의 대상이 되는 것이다.

참고로 소프트뱅크사가 국내 유니콘 기업인 쿠팡에 1조 2천억 원의 투자를 할 수 있었던 이유는 이 기업이 국내 대기업이 아니기 때문이다.

4차산업시대에 대기업과 중소기업 간의 상생이 대세일 것이라는 전문가들의 전망을 고려하면 현행 공정거래법은 일정 부분 개정이 필요하다고 할 수 있다.

최소한 벤처기업들과 대기업 간의 M&A, 또는 벤처기업이 자산 1천억 원 이상인 지주회사의 손자회사나 증손회사로 편입되면 이에 대한 예외를 인정하는 법 개정이 필요하다.

4. 상 법

기업지배구조에 관한 기본법은 상법이라고 할 수 있으며, 우리나라 상법은 창업 당시부터 이에 대하여 다른 국가들에 비하여 엄격한 기준을 제시하고 있다. 특히, 자산이 일정 규모 이상인 상장회사에 대하여는 보다 엄격한 기업지배구조 규제를 가하고 있다.

예를 들어 자산이 1천억 원 이상이면 상근감사를 반드시 선임하여야 하며, 자산이 2조 원 이상인 상장기업의 경우에는 이사회 구성원 중 과반수 이상을 사외이사로 선임하여야 하며, 3인 이상으로 된 감사위원회도 설치하여야 하는데, 이때 3분의 2 이상을 사외이사로 구성하여야 한다는 것 등을 들 수 있다.

여기서 말하는 사외이사란 상근하지 않으면서 이사회 결의에 참여하는 자로서 법이 정한 자격요건을 갖추어야 하며, 그 자격요건은 전문성과 최대주주로부터의 독립성이라고 할 수 있다. 다만, 우리 상법은 사외이사의 전문성 요건에 대하여는 아무런 규정을 두고 있지 않기 때문에 자율규범인 이사회 규정을 통하여 전문성에 관한 요건을 정하는 것이 일반적이다.

독립성 요건과 관련하여서는 적극적 자격요건은 규정하지 않고, 소극적인 자격요건만을 규정하고 있다. 즉, 상법은 사외이사의 결격요건을 구체적으로 정하여 놓고 있는데, 사외이사가 될 수 없는 자로 ① 회사의 상무에 종사하는 이사·집행임원 및 피용자 또는 최근 2년 이내에 회사의 상무에 종사한 이사·감사·집행임원 및 피용자 ② 최대주주가 자연인이면 본인과 그 배우자 및 직계 존속·비속 ③ 최대주주가 법인이면 그 법인의 이사·감사·집행임원 및 피용자 ④ 이사·감사·집행임원의 배우자 및 직계 존속·비속 ⑤ 회사의 모회사 또는 자회사의 이사·감사·집행임원 및 피용자 ⑥ 회사와 거래관계 등 중요한 이해관계에 있는 법인의 이사·감사·집행임원 및 피용자 ⑦ 회사의 이사·집행임원 및 피용자가 이사·집행임원으로 있는 다른 회사의 이사·감사·집행임원 및 피용자 등이 열거하고 있다.

그 밖에도 지배구조상 소액주주들이 이사회나 대표이사의 의사결정이나 업무집행에 대하여 견제할 수 있는 다양한 소수주주권도 인정하고 있다. 예를 들어 소액주주가 직접 이사나 대표이사를 상대로 회사에 손해배상할 것을 청구할 수 있는 대표소송제기권이나 이사들이 법령이나 정관을 위반한 행위할 때 그 행사를 사전에 저지할 수 있는 위법행위유지청구권이 있다. 또한 주주총회가 법이 정한 절차를 준수하지 않는 경우 그 효력을 부정할 수 있도록 주주총회 결의의 취소·무효소송도 제기할 권한이 있다.

그 밖에도 이사를 해임하기 위한 주주총회소집청구권, 회사해산청구권, 주주제안권, 집중투표청구권 등을 통해 소액주주들도 경영진을 견제하거나 경영에 참여할 수 있는 제도들이 있다.

Ⅲ. 역할과 책임

1. 이사회

(1) 개 요

상법상 이사회에 관한 사항을 규정하고 있으므로 소규모 창업을 하더라도 회사 형태, 특히 주식회사 형태로 창업을 한 경우에는 이사회를 구성하여야 한다. 이러한 이사회는 지배구조상 매우 중요한 위치를 차지하고 있어서 창업자들은 이에 대한 사전지식을 갖는 것이 중요하다.

이사회는 주주들로부터 회사경영에 관한 의사결정을 위임받은 기관을 말하고 이사회는 이사들의 집합체로서 법에서 주주총회 다음으로 상법에서 정한 중요한 의사결정을 하도록 권한을 부여받고 동시에 책임이 부과된 기관을 말한다.

따라서 창업 후 성공적으로 사업을 영위하고, 지속 가능한 기업으로 생존하려면 이사회가 CEO와 최대주주 등과 상호 협조적인 관계를 유지하는 것이 절대적으로 필요하다.

그리고 이사회 구성원들 간에 대립관계가 형성되면 해당 기업의 지속 가능성은 위협받을 수 있다. 이는 이사회가 동일 목표를 가지고 상호협력적인 관계가 형성되는 것이 바람직하며, 그 역할을 하기 위해서는 최대주주의 지분이 안정적인 비율을 확보하거나 우호 주주와 상호보완적인 관계를 유지하는 것이 필요하다.

(2) 경영권과 이사회

경영권의 원천은 이사회라고 할 수 있으며, 이사회를 안정적으로 지배해야 경영권도 안정된다. 즉, 창업 당시부터 이사회 구성에 관해 상세한 지식과 고민이 필요하다. 상법상 자산이 2조 원 이상의 상장회사로 성장하면 이사회 구성원 중 사외이사를 과반수 이상을 선임해야 한다. 즉, 이사회는 의사결정을 위해 홀수로 구성되어야 하는데, 예를 들어 이사 수가 7명이라면 사외이사가 4인, 사내이사가 3인이어야 한다는 것을 의미한다.

그리고 이사회는 3인 이상으로 구성되는 것이 원칙이며, 구성원인 이사는 주주총회에서 선임하지만 이를 대표하는 대표이사는 이사회에서 선임한다. 물론, 정관에서 대표이사는 주주총회에서 선임하는 것으로 규정하면 이사회가 아닌 주주총회에서 대표이사를 선임한다.

그러나 자본금 10억 원 미만의 소규모 주식회사는 1인의 이사 선임도 가능하며 2인으로 이사회를 구성할 수도 있다.

상법상 이사회가 의사결정을 해야 할 사안을 법으로 정해 놓고 있으며, 그 대표적인 예가 내부거래 승인, 임원선임 승인, 이사후보 추천, 주주총회안건 상정 등이 있다. 그리고 이러한 결정과 관련해 이사회가 위법한 결정을 해서 회사에 손해를 입히면 찬성한 이사와 묵비한 이사는 연대하여 회사에 대해 손해배상책임을 지게 된다. 이때 이사들을 상대로 손해배상을 청구하는 주체는 감사가 되어야 하지만 감사가 이를 실행하지 않으면 1%(상장사는 0.01%) 이상의 주식을 소유한 주주가 감사를 대신해 이사들을 상대로 연대하여 회사에 손해배상을 하라고 대표소송을 제기할 수 있다(상법 제403조).

(3) 이사회 운영

이사회 구성과 운영에 관한 기본 틀은 상법에서 규정하고 있으며, 각 기업은 이사회 구성과 운영의 투명성을 확보하기 위하여 기업 자체적으로 이사회 운영에 관한 내부규정을 두는 것이 일반적이다.

대부분의 창업 초기의 회사나 중소기업 등은 이사회 의장을 창업자인 대표이사가 맡으며, 자산 2조 원 이상인 기업 중 일부는 이사회 구성원 중 사외이사가 이사회를 운영하는 의장직을 수행하는 경우가 많다.

이러한 이사회는 대표이사 중심으로 운영되며, 회사업무에 관한 의사결정권과 감독권도 함께 보유하게 되며, 이사의 임기는 상법상 3년을 넘지 않도록 규정하고 있다.

그리고 이사회 결의 권한을 주주총회에 위임할 수 있는데, 위임이 가능한 사항은 "대표이사나 공동대표 선임사항", "신주발행", "준비금 자본전입", "전환사채 발행", "신주인수권부 사채발행" 등으로 한정된다.

그리고 이사 수가 일반적으로 3인 이상이면 이사회 내에 소위원회를 설치하여, 이사회에 안건이 상정되기 전에 사전에 충분한 검토를 하도록 상법이 규정하고 있다. 이러한 이사회위원회로는 감사위원회, 내부거래위원회, 보수위원회, 리스크관리위원회, 사외이사후보추천위원회, 경영위원회 등이 있으며, 대부분 회사는 감사위원회는 설치하고 있지만 기타 위원회는 회사 사정에 따라 설치하고 있다.

(4) 이사회 결의

이사회의 결의사항에 대해서는 상법에서 정하고 있는데, 그 외에도 주주총회의 결의사항을 이사회에 위임할 수 없으나 대표이사 권한을 이사회에 위임하는 것은 가능하다.

우선, 상법에서 이사회의 권한사항으로 정한 것은 이사와 회사 간의 거래나 계열사 간 거래, 이사나 대주주의 친인척과 회사 간의 거래 등 내부거래에 대해 승인할 수 있는 권한이 있다.

특히, 계열사 간에 50억 원 이상 거래할 때 공정거래법상 내부거래위원회의 승인을 받으면 되지만, 내부거래위원회가 설치되어 있지 않으면 이사회가 승인해야 한다.

그리고 이사와 주요 주주, 그리고 그들의 친인척과 회사가 거래할 때 재적이사 3분의 2의 찬성으로 이사회가 승인하여야 한다.

임원선임권은 원래는 주주총회나 대표이사이지만 때로는 비등기이사 등 내부임원도 선임권을 이사회의 권한으로 정한 경우가 있다. 즉, 비등기임원의 선임은 원칙적으로 대표이사의 권한이지만 이사회 운영 규정에 비등기임원의 선임 시 이사회 승인을 받도록 한 경우 이사회 승인을 받아야 한다.

그리고 이사회는 이사후보추천권을 갖고 있다. 즉, 이사는 주주총회에서 선임하지만 이사후보자는 이사회에서 추천해야 한다. 물론, 이사회에서 추천하지는 않았지만 3% 이상을 보유한 주주가 주주제안권을 행사해 특정인을 이사후보로 제안하면 주주총회에서 이사회가 추천한 인사와 주주제안으로 제안된 이사 중에서 경선을 해야 한다,

그 밖에도 이사회는 신주나 사채발행에 대한 결정권을 갖고 있으며,

주주총회의 상정 안건도 결정할 수 있는 권한을 갖게 된다. 즉, 주주총회의 안건은 이사회 결의를 거쳐 주주총회에 상정되는 것이다. 물론, 주주제안 있는 경우에는 이사회에서 상정하지 않은 안건도 주주총회에 상정될 수 있다.

이처럼 이사회의 권한으로서 의사결정하는 과정에서 이사회가 위법한 결정을 하여 회사에 손해를 입히면 찬성한 이사와 묵비한 이사는 연대하여 회사에 손해배상책임을 지게 된다.

2. 대표이사

(1) 의 의

창업할 때 창업자는 CEO로서 역할을 하여야 하는데, 이를 일반적으로 사장 또는 대표이사라고 부른다. 이러한 대표이사는 권한이 큰 반면 책임도 크다는 점에서 그의 역할이 회사의 미래와 직결되는 사람이라고 할 수 있다. 일반적으로 창업자인 최대주주가 대표이사의 직을 맡는 경우 경영이 효율적인 것으로 평가받는다. 즉, 페이스북의 저커버그나 구글의 래리 페이지 등을 보면 잘 알 수 있다. 물론, 때로는 대표이사의 무능이나 독단 경영으로 인하여 회사가 부실화되는 경우가 있는데, 이 경우에는 전문경영인을 대표이사로 선임하면 위험을 감소시킬 수 있다.

결론적으로 창업 후 급성장하는 기업 대부분은 대표이사의 역량에 상당부분을 의존하고 있는 것이 사실이다. 그러나 대표이사가 그 역할과 의무에 대하여 정확히 인식하지 못하는 경우 장기적으로 기업의 성장과 발전에 상당한 위험요소가 될 수 있다. 특히, 대표이사가 업무를 집행할 때 법령이나 정관을 위반하면 민·형사상의 책임을 지게 되며, 이 경우에는 기업의 운명과 직결된다는 점에서 사전에 이를 숙지하는 것은 매우 중요하다.

(2) 지 위

일반적으로 CEO는 주식회사의 경우 대표이사라고 부르는데, 이러한 대표이사는 대내적으로는 업무를 집행하고 대외적으로는 회사를 대표하는 주식회사의 필요적 상설기관이다. 즉, 대표이사가 없으면 그 회사는 행위능력이 없어서 어떠한 영업활동도 할 수 없게 된다.

이러한 대표이사와 회사의 관계는 법인실재설[43]상 "대표이사 = 회사"로 정의되고 있다. 즉, 대표이사가 설령 정관에 정한 회사의 설립목적 범위 외의 행위를 한 경우에도 그 법률효과는 회사가 권리와 의무를 갖게 된다. 예를 들어 핀테크 사업을 하는 회사의 대표이사가 개인으로부터 회사의 사업상 금전이 필요하다고 하면서 금전을 차입하여 사적으로 돈을 유용하였다 하더라도 회사는 일단 채권자에게 차입금을 변제해야 한다. 물론, 회사는 차후에 대표이사를 상대로 책임을 추궁할 수 있지만 대외적으로 회사가 모든 권리와 의무를 부담하는 것이 원칙이다.

이러한 대표이사는 원칙적으로 이사회에서 선임하지만, 정관에 의하여 주주총회에서 직접 선임할 수도 있다. 대표이사의 자격이나 인원수에 대하여는 법에서 아무런 제한을 가하고 있지는 않기 때문에, 대표이사가 여러 명이어도 상관없다. 다만, 규모가 작은 회사는 1인의 대표이사가 존

---

43) 반대로 대표이사는 회사와의 관계에서 대리인에 불과하기 때문에 정관에서 정한 목적 외의 행위를 한 경우에는 무권대리가 되어 회사에는 법률효과가 발생하지 않고 대표이사 개인에게 법률효과가 발생한다는 법인의제설이 있다.

재하는 것이 바람직하며, 글로벌 기업에 해당하는 초대형 기업의 경우에는 대표이사가 2인 이상인 것이 바람직하다.

이러한 대표이사는 이사자격을 상실당하거나 사임, 또는 이사회나 주주총회의 해임결의 등에 의하여 종임된다.

따라서 경영권분쟁이 발생하는 경우, 특히 대규모 자본을 소유한 자가 적대적 M&A를 시도하는 경우 일반적으로 대표이사를 해임하기 위한 주주총회 소집을 법원에 청구하는 경우가 빈번히 발생한다.

(3) 권 한

대표이사는 이사회의 위임범위 내에서 업무집행에 관한 세부적·일상적 사항을 결정하고 집행할 권한을 갖고 있다.

대표이사는 구체적으로는 재무제표와 부속명세서·영업보고서를 작성하여 거래소나 감독기관에 제출해야 할 권리와 의무를 갖는다. 이와 관련된 서류들은 회사에 비치하여 주주들이 열람할 수 있도록 하고, 회사에 중요한 사항들은 공고하여야 한다.

발행한 주식에 대한 주권과 사채권에 기명날인할 권한과 주식·사채의 청약서 작성, 정관·주주명부·사채원부·의사록의 비치 등이 대표이사의 업무에 해당한다.

대표이사는 회사를 대표하여 영업에 관한 재판상 또는 재판 외의 모든 행위를 할 수 있으며, 대표권의 제한은 선의의 제3자에게 대항하지 못한다. 여기서 말하는 재판상의 행위란 회사 상대의 소송이 제기되거나 회사가 타인을 상대로 소송을 제기하는 경우 소송당사자가 된다는 것을 의미한다. 재판 외의 행위란 소송 이외의 모든 행위로서 회사경영과 관련된 모든 행위를 말하며, 공동대표이사가 존재하면 공동으로 업무를 집행하고 회사를 대표하게 된다.

(4) 의 무

대표이사는 회사에 대하여 위임에 따른 선량한 관리자의 주의의무를 부담하여야 하므로 일반인들이 기대하는 정도로 회사에 충실하게 업무를 집행해야 할 의무를 지게 된다. 이 중에서 대표이사가 임무를 게을리(해태, 태만)하거나 회사의 이익보다 자신의 이익을 추구할 위험성이 높은 2가지 사항에 대하여는 상법이 별도로 특별히 규제를 가하고 있다. 즉, 회사와 동종의 영업을 자기의 이익을 위하여 행사할 가능성이 큰 경업금지(피지)의무를 부과하고 있다. 예를 들어 회사의 대표이사를 하면서 본인이 개인의 재산으로 설립한 동종의 영업을 하는 사업체나 회사를 운영하는 것은 금지된다. 이는 회사의 이익보다는 개인의 이익을 위하여 업무를 집행할 가능성이 크기 때문이다.

다른 하나는 대표이사가 회사와 직접 거래하는 것, 즉 자기거래의 경우 재적이사 3분의 2의 찬성이 필요하다. 이때 대표이사뿐만 아니라 그의 친인척과 회사와 거래해도 이사회의 승인을 얻어야 한다.

그리고 대표이사가 법령 또는 정관에 위반한 행위를 하거나 그 임무를 게을리한 때에는 회사에 대하여 다른 이사들과 연대하여 손해를 배상할 책임을 지게 된다. 이때 이사회의 승인을 받고 집행하면 책임을 지지 않지만, 이사회 승인 없이 독단적으로 정관이나 법령을 위반하거나 임무를 게을리해 업무를 집행하면 단독으로 모든 책임을 져야 한다. 물론, 이러한 책임은 모든 주주가 회사를 위하여 불가피하게 위법행위를 한 것이니 책임을 면제해 주자고 동의하면 면책될 수는 있지만 현실적으로 이것이 실현되기는 매우 어렵다.

그 밖에도 대표이사가 악의 또는 중대한 과실로 인하여 그 임무를 게을리하면 그 이사는 제3자에 대하여도 손해를 배상할 책임을 지게 된다.

이처럼 대표이사의 책임이 과중하다 보니 최대주주 또는 창업자는 대표이사로 등기를 하지 않고 실질적으로 대표이사의 역할을 하는 경우 책임을 회피할 수 있다.

따라서 상법은 대표이사로 등기도 하지 않은 채 실질적으로 대표이사라는 직함을 사용하면서 업무를 집행하고, 회사가 이를 승인 또는 묵인하면 이를 표현대표이사라고 개념을 정의하고 이에 대한 책임을 별도로 규정하고 있다. 그리고 이러한 표현대표이사의 행위로 거래 상대방이 손해를 입으면 당해 표현대표이사도 이사들과 연대하여 손해를 배상하는 책임을 지게 된다. 물론, 이때 거래 상대방은 표현대표이사가 대표이사라고 신뢰한 경우에만 보호를 받게 된다.

(5) 경영권보장

창업자는 대표이사인 CEO로서 회사에 대한 책임이 큰 것은 사실이다. 그리고 고도의 지적 능력을 자산으로 창업하면 창업자가 회사의 운명을 책임져야 할 상황이 발생하는 것이 일반적이다.

대부분은 창업 당시에 창업주 즉, 대표이사의 지분이 많아 특별히 대표이사의 의결권을 보호해야 할 장치가 필요한 것은 아니다.

그러나 창업 후 기업이 성장하면서 자본을 증가시키는 과정에서 창업자인 대표이사의 지분이 희석되는 경우 창업자의 경영권이 약화된다.

따라서 창업 후 회사가 대기업으로 성장하는 것 자체를 창업자가 원하지 않는 소위 피터팬 신드롬에 빠져들 수도 있다. 예를 들어 2014년 알리바바가 미국 뉴욕거래소에 상장하였는데, 그 이유로 마윈 회장은 중국이 경영권이 보장되지 않기 때문이라고 언급한 바 있다. 즉, 피터 팬 신드롬[44]에 빠져들지 않기 위해 미국에 상장하였다는 것이다.

미국은 주주평등원칙에 대한 예외를 기업들이 스스로 정관에 둔 경우에는 대표이사에게 황금주[45]나 차등의결권을 부여할 수 있도록 법으로 통제하지는 않는다. 예를 들어 페이스북의 마크 저커버그는 2015년 보유주식의 99%를 사회에 환원하기로 한 약속을 이행하기 위해 소유주식 중 15%를 제외한 모든 주식을 처분하여 그와 아내가 운영하는 공익법인으로서 유한책임회사 형태를 취한 '찬-저커버그 이니셔티브(Chan Zuckerberg Initiative)'에 기부한 바 있다. 그래도 여전히 마크 저커버그는 페이스북(메타로 회사명 변경)에 대한 경영권을 확보하고 있다. 그 이유는 15%의 지분을 가지고도 주주총회에서 54% 의결권을 행사할 수 있도록 정관에 차등의결권을 인정하는 규정을 두고 있기 때문이다.

---

44) 피터팬 신드롬(Peter Pan syndrome)이란 신체적으로는 어른이 되었지만 그에 따른 책임과 역할을 거부하고 어린이의 심리상태에 머무르고자 하는 심리적 퇴행상태에 빠진 어른들을, 영원히 늙지 않는 동화 속 주인공에 비유한 것이다. 이는 최근 중소기업들이 대기업으로 성장하는 경우 각종 규제가 많아지고 지원제도를 활용 못하는 경우를 회피하기 위하여 계속해서 중소기업으로 잔류하고자 하는 것을 비유한 용어로 널리 사용되고 있다.

45) 황금주란 보유 주식의 수나 비율에 관계없이, 창업자 등이 1주만 소유하더라도 적대적 M&A 등이 시도되는 경우 주주총회에서 해당 안건에 대하여 거부권을 행사할 수 있는 권리가 부여된 주식을 말한다. 영국에서 처음 활용된 주식으로 공기업이 민영화된 뒤 공익성과 민주성에 반하는 결정을 할 때 정부가 이를 차단하기 위한 목적으로 도입되었다. 현재는 미국에서 벤처기업들이 대기업에 인수된 후 창업자들의 경영권을 보장하기 위한 수단으로도 활용되고 있다. 이러한 황금주에 관한 내용은 정관에 명시하는 것이 일반적이지만 인수자측과 합의하여 매각계약에 해당 내용을 포함시키는 경우도 있다. 우리나라에서는 허용되지 않는다.

페이스북은 3종류의 주식을 발행하였는데, 클래스 A 주식에 대하여는 10배의 의결권을 부여하고, 클래스 B 주식에는 1 의결권이 부여되지만 클래스 C 주식에 대하여는 의결권을 배제하는 내용을 정관에 규정한 것이다. 참고로 우리나라에서는 주주평등원칙상 차등의결권의 발행이 금지되어 있다.

3. 주 주

(1) 주주권

4차산업혁명시대의 창업이란 또 하나의 새로운 유니콘 기업의 탄생을 의미할 수도 있다. 이처럼 한 기업이 탄생하고 성장하는 과정에는 많은 이해관계자가 관여할 수밖에 없고, 창업자의 지배력 역시 분산될 수밖에 없다.

특히, 기업이 성장과정에서 자금조달을 위해 신주발행을 한 경우 자본을 투자한 주주와 조화로운 관계를 유지하는 것이 매우 중요하다.

따라서 상법은 이러한 창업자를 중심으로 한 경영진과 주주들 간의 지배구조에 관한 기본 틀을 정하고 있다. 구체적으로는 소액주주들이 경영진의 경영을 견제하고 감독할 수 있는 각종의 제도들을 마련해 두고 있다.

창업하기 위해서는 사전에 주주들이 어떠한 권리를 갖고 주주권을 어떻게 행사하는지를 구체적으로 아는 것은 매우 중요하며, 상법에서는 이러한 주주 권리로 자익권과 공익권을 부여하고 있다. 자익권이란 모든 주주에게 회사로부터 경제적 이익을 직접 받을 수 있는 권리를 말하며 이에는 이익배당청구권, 잔여재산분배청구권, 주식매수청구권, 신주인수권 등이 있다. 공익권은 경영참여권이라고 할 수 있는데, 이에 해당하는 것으로는 대표소송제기권, 주주제안권, 집중투표청구권, 회계장부열람권, 이사의 위법행위유지청구권, 주주총회결의취소의 소송 등이 있다.

이러한 주주의 권리는 소액주주들에게만 부여되는 것이 아니라 창업자인 대주주에게도 부여되는 권리임은 당연하다. 즉, 대주주가 경영에 참여하지 않고 전문경영인을 선임하여 회사를 경영하려면 대주주도 이러한 주주권을 행사할 수 있다.

(2) 자익권

주주의 자익권이란 주주가 회사로부터 경제적인 이익을 얻기 위한 권리를 말한다. 창업 당시 투자자를 모집할 때 주주의 자익권의 내용에 대해 알아두어야 한다.

주주의 자익권은 다시 투자금에 대한 수익을 위한 권리와 투자한 자금의 회수를 위한 권리로 분류할 수 있다.

우선, 출자금의 수익을 위한 권리에는 이익배당청구권과 신주인수권, 주식매수청구권이 해당한다. 이익배당청구권이란 회사에 이익이 발생하면 주주가 그 이익의 배당을 청구하는 권리를 말하며, 신주인수권은 주주가 그가 가진 주식 수에 따라서 신주의 배정을 받을 수 있는 권리를 말한다. 만약 이사회가 주주에게 우선해서 신주인수권을 부여하지 않고 특정 주주 또는 제3자에게 신주인수권을 부여하면 주주나 이사, 감사로부터 신주발행 무효의 소송이 제기될 수 있다.

투자금의 회수를 위한 권리에는 잔여재산분배청구권과 주식매수청구권이 있다. 잔여재산분배청구권은 회사의 청산 시 회사의 잔여재산에 대해 각 주주가 가진 주식의 수에 따라 분배받을 수 있는 권리를 말한다.

주식매수청구권은 주식회사의 합병·영업양도 등 주주의 이익과 중대한 관계가 있는 사항을 주주총회의 결의, 즉 다수결의 원칙에 따라 결정하는 경우 이에 반대한 주주는 자기소유주식을 공정한 가격으로 회사가 매수하여 줄 것을 청구할 수 있는 권리를 말한다.

이때 매수가격은 회사와 주주 간에 합의하여 정할 수 있는데, 합의가 이뤄지지 않으면 법원에 매수가격을 정해달라고 청구할 수 있으며, 이때 법원은 양 당사자의 의견을 고려하여 판사가 재량으로 가격을 정하게 된다.

(3) 공익권

1) 주주경영참여

창업 후 회사가 성장하면 할수록 자본이 증가하게 되고, 주주의 수도 증가하게 된다. 이러한 총주주들로 구성된 주주총회는 최고의사결정기관으로서 그 역할은 상법에 규정되어 있다.

주주총회는 매년 1회 일정한 기간(매 결산기)에 정기주주총회를 소집하게 되는데, 모든 회사는 법률로 결산기를 매년 1월 1일부터 12월 31까지로 정하고 있다. 따라서 정기총회는 회사 내 경리부서에서 회계장부를 정리하여 재무제표를 작성한 후에 개최해야 하므로 회사별로 상이하나 일반적으로 2월부터 3월 중에 개최한다.

중간배당을 위해 연 2회 이상의 결산기를 정한 회사는 매기에 총회를 소집하여야 하며, 결산기로부터 3개월 내에 주주총회를 개최하고, 배당을 결정한 지 1개월 이내에 배당금을 지급하여야 한다.

정기주주총회 외에도 필요할 때 수시로 소집하는 임시총회가 있는데,

이 임시총회의 소집은 원칙적으로 이사회에서 결정하고 대표이사가 구체적인 소집절차를 진행하게 된다. 그러나 소액주주나 감사도 회의의 목적과 소집이유를 서면으로 이사회에 제출하여 임시총회의 소집을 청구할 수 있다. 그래도 이사회가 임시총회를 소집하지 않으면 3% 이상의 주식을 소유한 주주는 법원의 허가로 직접 주주총회를 소집하는 것도 가능하다.

주주총회를 소집하기로 이사회가 결의한 경우에는 주주총회일 2주간 전에 각 주주에게 서면으로 통지를 발송하여야 한다. 물론, 정관에 전자메일 등으로 서면통지를 대체할 수 있다는 규정이 있는 경우에는 전자적 방법으로 통지를 하는 것도 가능하다.

총회소집통지서에는 회의의 목적사항을 기재하여야 하는데, 이때 회의 목적사항은 구체적으로 기재할 필요는 없고, 결의사항이 무엇인지를 고지하는 정도면 충분한 것으로 해석되고 있다.

주주총회 장소와 관련하여서는 정관에 다른 정함이 없으면 본점 소재지 또는 이에 인접한 곳에서 소집하게 된다. 주의할 점은 주주이익공여 금지[46] 원칙상 주주총회 참석한 주주들에게 사은품 등의 참석 대가를 지급하거나 총회꾼에게 회사 비용으로 보수를 지급해서는 안 된다는 것이다. 이는 주주평등원칙에 위배될 뿐만 아니라 재무건전성이 훼손될 수 있기 때문이다.

주주가 직접 주주총회에 참석하지 못하면 대리인을 정하여 그에게 의

46) 주주이익공여금지란 회사가 누구에게든지 주주의 권리행사와 관련하여 재산상의 이익을 공여할 수 없다는 것을 의미한다. 재산상의 이익을 공여한다는 것은 금전이나 유가증권뿐만 아니라 동산 및 부동산, 심지어는 신용이나 노무, 또는 이권 등을 무상으로 또는 현저히 낮은 대가를 받고 제공하는 것을 말한다. 특히, 총회꾼들에게 수고의 대가로 회사 자금을 지급하는 것은 전형적인 이익공여에 해당한다. 다만, 이익공여자가 회사가 아니라 대주주 개인인 경우에는 이에 해당하지 않는다.

결권대리행사를 위임할 수 있다.

주주로부터 위임을 받은 대리인은 대리권을 증명하는 위임장을 회사에 제출하여야 하며, 1통의 위임장을 통해 수개의 총회에 참석하여 의결권을 행사할 수 있도록 포괄적인 대리권을 수여하는 것도 가능한 것으로 해석된다.

회사정관에 전자적 방법으로 의결권을 행사할 수 있도록 정하면 위임을 하지 않고 주주 본인이 직접 전자적 방법으로 의결권을 행사할 수 있다.

이때 전자투표 관리기관인 한국예탁결제원[47]과 계약을 맺어 전자투표 시스템에 주총의 의안과 의안별 자료, 의결권제한내용 등을 올리면 주주들은 주총이 열리기 하루 전까지 온라인으로 투표할 수 있다.

이처럼 전자투표제를 상법에 도입한 이유는 주주들이 총회에 참석하는 비율이 낮아 최소의결정족수인 총의결권 주식의 4분의 1 또는 3분의 1 요건을 충족하기 어렵기 때문이다.

이와 관련하여 상장회사들의 경우에는 1991년부터 쉐도우 보팅(Shadow Voting)이라고 불리는 그림자투표제도를 사용하여 주주가 주주총회에 참석하지 않아도 투표한 것으로 간주하고 다른 주주들의 투표 비율을 의안결의비율에 맞추어 그대로 적용해 왔다.

예를 들어 동일 지분을 소유한 주주 100명 중 주주총회에 참석한 주주가 10명일 경우 이 10명 가운데 해당 안건에 대해 7명이 찬성하고 3명이 반대하였다고 하면 출석하지 않은 나머지 90명의 주주에 대해서도

---

47) 한국예탁결제원은 유가증권 중앙예탁결제기관이다. 이 기관은 기관투자자와 개인투자자가 보유한 주식이나 채권 등의 유가증권을 관리하는 기능을 수행하며, 증권매매가 이루어진 경우 증권과 대금은 예탁결제원을 통해 계좌 간 대체의 방법으로 결제된다.

70%가 찬성 표결에 참여한 것으로 의제되는 것을 말한다.

이처럼 쉐도우 보팅은 정족수 미달로 주주총회가 무산되는 것을 막기 위해 도입된 제도이지만, 실제로는 소수 경영진이나 대주주의 경영권 강화 수단으로 악용돼 '주주우선경영원칙'에 위배된다는 비판을 받아 왔다.

정부는 2013년 5월 자본시장법을 개정하여 2015년 1월에 폐지될 예정이었으나 현실적으로 실현 불가능하였다. 따라서 국회는 부칙을 개정하여 폐지를 3년간 유예한 바 있다.

그래도 다시 2018년부터 쉐도우 보팅 제도가 폐지되는 경우 대안이 마땅치 않아 입법적 혼란에 직면한 상태이다. 일각에서는 전자투표를 의무화하면 대안이 될 수 있다고 하지만, 전자투표는 해킹 논란으로부터 자유롭지 못해 이 역시 선택이 어려운 것으로 파악된다.

2) 주주의 견제권

주주의 공익권이란 경영참여권 또는 경영진견제권으로 불리는데, 이는 이사회나 대표이사가 법령이나 정관을 위반하는 등 부당한 경영을 하는 경우 이를 억제할 권리를 의미한다. 이러한 주주권은 1주 1의결권 원칙에 따라 주주총회에 참석하여 의결권을 행사할 수 있을 뿐만 아니라, 일정 수의 주식을 소유한 주주가 개별 사안에 대하여 경영진에게 책임을 추궁하거나 견제하는 소수주주권, 1주만 소유해도 경영진을 견제할 수 있는 단독주주권 등이 있다.

소수주주권은 구체적으로는 주주총회소집청구권, 이사의 위법행위 유지청구권, 대표소송제기권, 회사해산청구권, 주주제안권, 집중투표 청구권, 회계장부열람권 등이 있다.

주주총회소집청구권이란 3% 이상의 지분을 소유한 주주가 이사해임결의 등을 위해 법원에 주주총회소집을 명령해달라고 청구할 수 있는 권리를 말하는데, 경영권분쟁 시 대주주의 이사자격을 박탈시키기 위하여 청구되는 경우가 대부분이다.

이사의 위법행위유지청구권은 이사가 법령이나 정관에 위반한 행위로 인하여 회사에 회복할 수 없는 손해가 발생할 염려가 있는 경우 1% 이상의 지분을 소유한 주주가 법원에 이사업무집행정지를 명해달라고 청구할 수 있는 권리를 말한다.

대표소송제기권은 이사가 정관이나 법령을 위반하여 회사에 손해를 입히면 1% 이상 주식을 소유한 주주는 감사에게 회사를 대표하여 이사를 상대로 손해배상을 청구할 것을 요구하고, 이 요구가 있는 날로부터 30일 이내에 소송을 하지 않는 경우 주주가 직접 회사를 대신하여 회사에 배상하라고 소송을 제기할 수 있는 권리를 말한다.

회사해산청구권은 10% 이상의 지분을 가진 주주가 법원에 회사해산을 명해달라고 청구할 수 있는 권리를 말한다.

주주제안권은 발행주식 총수의 3% 이상을 소유한 주주는 이사회에 대하여 주주총회의 의제와 의안을 제안을 할 수 있는 권리를 말한다. 원칙적으로는 이사회가 의제 및 의안을 정하는데, 이러한 주주제안권을 제도적으로 보장함으로써 소수주주에게도 참여기회를 부여한 것이다.

집중투표청구권은 2인 이상의 이사 선출 시 3% 이상 지분을 보유한 주주가 요청하면 주주총회에서 투표해 다득표 순위대로 이사를 선출하는 제도를 말하는데, 의결 시 선임이사 수만큼 주주의 소유주식 수에 곱하여 의결권을 부여한다.

회계장부열람권은 주식회사나 유한회사의 주주 또는 사원이 회사의 회계장부 및 회계서류의 열람 또는 등사를 요구할 수 있는 권리를 말한다.

그러나 회계장부는 회사의 영업비밀 등이 포함된 장부이므로 이 권리를 주주가 남용하는 경우 회사의 피해가 클 수 있다. 따라서 이러한 회계장부는 그 열람권의 남용을 방지하기 위하여 발행주식 총수의 3% 이상을 소유한 주주 또는 사원에게만 허용되는 주주권이다. 주주가 열람을 청구하려면 서면으로 하여야 하며, 그 이유를 명시하여야 한다. 이때 회사는 이러한 청구가 부당함을 증명하지 않으면 이를 거부하지 못한다. 다만, 회계장부열람을 청구하더라도 회계장부 전부를 열람할 수 있는 것이 아니라 문제가 되는 부분에 한정하여 열람을 청구할 수 있다.

제6장

경영위험관리

제6장 경영위험관리

Ⅰ. 형사책임관리

1. 기업범죄

창업 후 회사가 본궤도에 진입하게 되면 신규 사업투자와 관련하여 항상 손실의 위험을 안게 된다. 즉, 경영 판단을 잘못하는 경우, 항상 손실이 발생할 가능성이 상존한다.

이와 관련하여 전통적으로 우리나라 사법부는 경영 판단과 관련한 기업범죄를 형사처벌을 하는 과정에서 대표이사가 전혀 인식하지 못한 종업원의 행위에 대하여도 그에게 추상적 위험범[48]의 법리를 적용하여 형사처벌을 하는 사례가 빈번히 발생하고 있다.

이에 대하여 전문가들은 이처럼 대표이사에게 종업원 행위에 대한 감독책임까지 물어 형사처벌을 하는 것이 간접적으로 다소나마 기업 범죄를 억제하는 긍정적 효과를 얻을지는 모르지만, 직접적으로는 오히려 기업활동을 위축시키는 부정적 효과가 더 클 수 있다고 보고 있다.

즉, 기업가정신을 고취시켜야 창업이 활성화될 수 있다는 점을 고려해 보면, 이처럼 기업인들에게 엄격한 형사처벌을 가하는 경우 경제가 위축될 수 있다는 우려가 크다.

---

48) 추상적 위험범은 그 행위가 현실적인 위험을 야기하지 않아도 일반적인 위험성만 인정되면 범죄의 구성요건이 충족된다.

그래도 기업에 일단 손실이 발생하면 투자자들이 손해 봄은 물론이고, 채권자들 역시 채권을 회수 못해 손해를 보는 경우가 많다.

그러나 위법적 사실이 명확하지 않은 경우에도 경영손실에 대한 책임추궁의 일환으로 형사처벌을 하는 것은 죄형법정주의[49]에 위반될 수 있다.

이번에는 대표이사가 최선을 다하였거나 과실로 경영 판단하였으나 회사에 손해를 입힌 경우에도 형사처벌을 받는 경우를 알아보고 이에 대한 대처방안을 알아보고자 한다.

2. 경영 판단의 형사책임

미국의 경우에는 기업의 경영자가 충분한 정보에 근거해 이해관계 없이, 그리고 성실히 회사의 이익에 합치한다는 믿음을 가지고 회사의 경영에 관한 판단을 한 경우에는 결과적으로 회사에 대해 손해를 초래했더라도 그러한 판단을 한 기업의 경영자에게 책임을 묻지 않는다는 경영 판단의 원칙이 확립되어 있다.

그러나 우리나라에서는 업무상 배임죄에 해당하여 형사처벌의 대상이 될 수 있다. 즉, 우리나라의 경영자는 경영 판단할 때 항상 위법성의 경계선에 서 있다고 할 수 있다.

문제는 경영 판단의 경우 합리적인 판단과 비합리적인 판단 간의 구분이 법적 판단을 하는 경우 위법과 합법을 구분하는 것처럼 그리 간단치 않다는 점이다.

---

49) 죄형법정주의란 아무리 사회적으로 비난받아야 할 행위라 할지라도 법률이 범죄로서 규정하지 않았다면 처벌할 수 없으며, 범죄에 대하여 법률이 규정한 형벌 이외의 처벌을 과할 수 없다는 주의이다. 즉, 국민 개인의 자유와 권리를 보장하기 위하여 승인되는 국가권력의 자기제한을 죄형법정주의라고 할 수 있다.

그 이유는 경영 판단에는 "위험감수원칙"이 적용되나 법적 판단의 경우에는 "위험회피의 원칙"이 적용되기 때문에 근본적으로 다름에도 불구하고 우리나라 대표이사들은 검찰수사가 시작되면 대부분이 무죄판결을 받기 어려운 것 또한 사실이다.

우리나라 법원도 업무상 배임죄로 재판 중의 사건 중 일부는 경영 판단에 관한 사항에 대하여 법원이 사법적 판단을 하는 경우가 종종 발생하고 있어, 업무상 배임죄에 대한 사전지식이 필요하다.

3. 업무상 배임죄

대표이사는 주주들이 투자한 자본을 가지고 회사를 경영하는 경우 대표이사가 "타인의 사무를 처리하는 자"에 해당한다. 이와 관련하여 우리 상법과 형법, 특정경제범죄가중처벌법(특경법) 등에서는 업무상 배임죄에 관한 규정들을 명문으로 규정을 두고 있다. 즉, "타인의 사무를 처리하는 자가 그 임무를 위배하는 행위로써 재산상의 이익을 취득하거나 제3자로 하여금 이를 취득하게 하여 본인에게 손해를 입히면 5년 이하의 징역 또는 1,500만 원 이하의 벌금에 처한다(형법 제356조).

여기서 말하는 "타인의 사무를 처리하는 자"에는 발기인, 이사 기타의 임원, 지배인, 기타 회사영업에 관한 어느 종류 또는 특정한 사항의 위임을 받은 사용인 모두가 포함되며, 대표이사도 당연히 포함된다.

여기에 추가로 이득액이 일정 금액 이상이면 형법이 아니라 "특정경제범죄가중처벌법(특경법)"에 따라 가중된 처벌을 받게 된다. 특경법에 따르면 이득액이 50억 원 이상인 때에는 무기 또는 5년 이상의 징역에 처하도록 규정하고 있다(제3조).

이와 관련하여 법원에서는 이러한 업무상 배임죄를 적용할 때 ① 타인의 사무를 처리하는 자가 ② 그 업무상의 임무에 위배되는 행위로써 ③ 재산상 이익을 취득하거나 제3자로 하여금 재산상 이익을 취득하게 하여 ④ 회사에 재산상의 손해를 입혀야 한다는 기준을 적용하여 범죄구성요건 충족 여부를 기준으로 유무죄를 판단하고 있다.

이러한 요건을 보면, 아무리 선의를 가지고 회사를 위하여 경영 판단을 하였다 할지라도 회사가 손해를 본 경우에는 형사처벌을 받을 수 있게 된다. 물론, 대표이사가 재산상 이익을 취득해야 하는데, 예를 들어 계열사가 발행한 어음을 인수하면 본사는 어음상의 채무를 부담하는 손해를 보았지만 계열사가 회생한 경우, 그리고 계열사의 주가가 상승하여 대표이사의 주식 가치가 상승하면 업무상 배임죄가 성립될 수 있다.

이와 관련하여 일본의 경우에는 처음부터 회사가 손해를 입힐 목적이 대표이사에게 있었다는 사실을 검찰이 입증해야만 형사처벌할 수 있도록 법조문에 명시되어 있다.

그러나 우리 형법에는 이런 목적이 없더라도 형사처벌이 가능하도록 규정되어 있어서 이에 대한 입법적 논란들이 많은 것이 사실이다.

4. 형사책임 사례

대표이사들이 형사처벌을 받는 대표적인 사례는 분식회계라고 할 수 있다. 분식회계란 회계장부를 사실과 다르게 기재하는 것을 말한다. 예를 들어 자산을 과다하게 평가하면 투자자들과 채권자들을 속이는 것이고, 자산을 과소 계상하면 회사자산을 대표이사가 이중장부를 만들어 개인적으로 사취하는 것이 되기 때문이다. 물론, 이때 당연히 대표이사가 사기죄는 물론이고 업무상 배임죄의 처벌을 받아야 마땅하다. 그리고 이러한 분식회계금액이 50억 원을 넘는 경우 특경법에 따라 5년 이상 무기징역에 해당하는 엄중한 처벌을 받도록 되어 있다.

문제는 대표이사가 경리담당직원에게 직접 분식회계를 지시하지 않은 경우에도 업무상 배임죄의 처벌을 받아야 하는지에 대하여는 논란이 많다. 그래도 사법부는 대표이사가 경리담당자에게 지시하였다는 사실을 입증하지 않고도 처벌하는 일이 종종 발생하였다. 그 이유는 대표이사의 경우 부진정부작위범으로서 회계감독을 잘못한 책임을 물어야 하기 때문이라는 것이다. 이는 경리부서에서 자발적으로 분식회계를 하고 대표이사에게는 제대로 보고하지 않은 경우에도 대표이사가 업무상 배임죄의 처벌을 받을 수 있다는 것을 의미한다.

비상장회사가 합병이나 기업을 인수하는 과정에서 그 주식가격을 산정할 때 제대로 하지 않았다는 이유로 형사처벌을 받을 때도 있다. 비상장 주식은 그 가격을 산정하는 것이 매우 어려워 대부분은 비상장회사의 순자산가치를 주식 수로 나누어 1주의 가치를 평가하는 것이 회계관행으로 되어 왔다. 그런데, 자산가치를 평가할 때 감정평가사의 평가가 상이해 정확히 그 가격을 산정하기 어렵다. 문제는 비상장회사가 합병 후 주가가 오른 경우 대표이사가 소유한 주식의 가치가 상승하면 주식가격을 과도하게 저가 또는 고가로 산정하였다는 이유로 처벌받는 사례들이 있었다.

그리고 투자계약 시 파생금융상품, 특히 옵션거래할 때 일정 기간이 지나면 거래 상대방이 재처분이나 재매입 등의 선택권을 행사할 수 있는데, 이 경우에 다른 주주에게는 보상해 주지 않고 특정 주주에게만 손해를 보전해 주는 것 자체가 주주평등원칙에 위반된다는 지적을 받아 왔다.

그리고 보전하지 않아도 될 손해를 손실보전 이면계약을 체결하여 보전했기 때문에 보전금액만큼 회사에 손해를 입혔다는 이유로 형사처벌 대상이 되기도 한다. 그러나 손실보전 이면계약은 파생상품거래 중 풋옵션[50] 또는 콜옵션[51] 거래에 해당하는 것이다.

또한 경영권을 방어하는 과정에서 자사주를 우호 세력인 특정인에게 처분할 때 그 가격산정에 오류가 있었다는 이유로 업무상 배임죄로 형사처벌받는 경우도 종종 있다. 그 이유는 우호 세력에게 주식을 처분하여 경영권을 방어한 것 자체를 재산상 이득으로 보았기 때문일 것이다.

또한 전환사채를 발행한 후 사채를 주식으로 전환하는 과정에서 주식가격을 산정할 때 적정한 가격으로 하지 않았다는 이유로 형사처벌받을 수 있다. 특히, 주식이 비상장회사의 주식이면 그 가격산정이 어려운 만큼, 차후에 주식 가치가 상승하면 재산상 이익을 보았다고 볼 수 있으므로 과거에 현재보다 저가에 주식을 인수하였다면 처벌받을 가능성이 커진다.

그래도 대표이사가 법에서 정한 절차를 제대로 준수하였다면 대부분은 형사책임을 면할 수 있다. 예를 들어 외부평가기관에 자산평가나 가격평가를 의뢰하였고, 이사회를 합법적으로 거친 경우에는 크게 문제가 없지만, 이러한 절차에 흠결이 있으면 형사처벌을 받을 가능성이 급증하는 것으로 분석된다. 즉, 모든 경우에 법에서 정한 절차를 준수하면 처벌을 면할 가능성이 크고, 절차를 위반했으면 설령 대표이사가 이익을 보지 못

50) 풋옵션(put option)이란 옵션거래에서 특정한 기초자산을 장래의 특정 시기에 미리 정한 가격으로 팔 수 있는 권리를 말한다.

51) 콜옵션(call option)이란 옵션거래에서 특정한 기초자산을 만기일이나 만기일 이전에 미리 정한 행사가격으로 살 수 있는 권리를 말한다.

했음에도 불구하고 형사처벌을 받는 경우가 많다.

실무상 회사재산을 임의로 사용하는 횡령죄의 경우에는 형사처벌을 면하기 어렵지만 업무상 배임죄의 경우에는 직접적으로 이익을 취한 것이 아니라 주가 상승 등과 같은 간접적 이익을 얻으면 경영 판단 시 법에서 정한 절차를 준수하였다면 형사처벌을 면하는 사례들이 증가하고 있다.

Ⅱ. 회계위험관리

1. 회계관리

앞에서 본 바와 같이 창업자가 회사의 대표이사로서 경영 판단을 할 때 법에서 정한 절차들이 복잡하여 이를 알지 못해 법을 위반한 결과를 가져와 민사나 형사상 소송을 당하는 경우가 많다.

따라서 이러한 문제를 해결하기 위하여 상법은 회사 내부적으로 감사기관이 이를 감독하도록 하는 방법을 제도화하였다.

비상장회사의 경우에는 감사에게 업무감독권과 회계감독권을 부여하여 포괄적으로 법률위반 여부를 감독하게 되어 있다. 그러나 구체적으로 어떻게 감독해야 할지에 대하여는 아무런 규정을 두고 있지 않다. 다만, 회계업무와 관련하여서는 상업장부 작성 시 자산평가를 하는 원칙을 정해놓고 있을 뿐이다. 즉, 유동자산을 평가할 때 취득가액 또는 제작가액을 회계장부에 기재하되, 시가가 현저히 낮을 때에는 시가로 기재하도록 규정하고 있다. 고정자산을 평가할 때 취득가액 또는 제작가액에서 감가상각비를 공제한 후 이를 회계장부에 기재하도록 규정하고 있다. 이러한 회계장부를 사실과 다르게 기재하는 등의 분식회계를 한 경우에는 형사상 처벌을 받도록 규정하고 있다.

반면에 상장회사의 경우에는 자본시장법에서 정한 내부통제기준에 따라 회계업무를 처리하도록 규정하고 있으며, 이를 위반하면 업무정지나 과태료 등과 같은 행정상 제재 이외에도 증권집단소송에 의한 거액의 손해배상을 해야 하는 경우도 발생할 수 있다.

자본시장법은 이러한 점을 고려하여 그 위법 여부를 사전에 내부적으로 점검할 수 있도록 법률전문가인 준법지원인을 고용하여 모든 의사결정절차가 제대로 이행되는지를 사전에 조사하고 감독하도록 하는 내부통제 시스템을 구축할 것을 요구하고 있다.

4차산업혁명시대에는 사회가 다변화되면서 경영과 관련된 위험도 예견치 못한 형태로 발전할 수 있다. 따라서 다양한 각도에서 법률 리스크를 관리하는 방안이 무엇인지를 숙지할 필요가 있다.

2. 내부감사

창업 후 자본이 증가하고 영업이익이 발생하면서 이해관계자 간 갈등구조가 생성될 가능성이 커진다. 이러한 갈등구조의 핵심에는 회계부정, 즉 분식회계가 있다. 분식회계는 투자자 등을 비롯한 이해관계자들에게 사실과 다른 허위사실을 알려주는 근거자료가 될 수 있다는 점에서 사기적 행위의 원인이 될 수 있다.

특히, 자본시장에서 공개적으로 자본을 조달하는 상장회사가 분식회계를 하는 경우 투자자가 피해를 보는 것은 물론이고 자본시장 자체가 신뢰를 잃어 성장하지 못하는 부작용을 가져올 수 있다.

이런 문제를 해결하기 위해 상법과 자본시장법은 회사의 회계와 관련하여 내부감사와 외부감사가 경영진의 업무와 회계를 감독하도록 하고 있다.

감사는 회계감사뿐만 아니라 업무감사도 할 수 있도록 법이 규정하고 있는데, 이러한 감사는 반드시 상근해야 하는 것은 아니지만 자산이 1천억 원 이상인 상장기업은 반드시 상근감사를 선임하여야 한다. 이는 자산이 1천억 원 미만인 주식회사의 경우에는 반드시 상근감사를 두지 않아도 된다는 것을 의미한다.

상근감사의 자격과 관련하여서는 적극적 자격요건에 관한 규정은 없고 결격요건만 규정하고 있다. 즉, 미성년자·금치산자 또는 한정치산자, 파산자로서 복권되지 아니한 자, 금고 이상의 형을 받고 그 집행이 종료되거나 집행을 받지 아니하기로 확정된 후 2년 미경과자, 해임되거나 면직된 후 2년을 경과하지 아니한 자, 당해 회사의 주요 주주(지분 10% 이상 소유자), 당해 회사의 상근임· 직원 또는 2년 이내에 상근임직원이었던 자, 주요 주주의 배우자 및 직계 존비속, 상근임원의 배우자 및 직계 존비속, 계열회사의 상근임·직원 또는 최근 2년 이내에 상근임직원이었던 자는 상근감사가 될 수 없다.

자산 2조 원 이상인 상장회사는 감사위원회를 반드시 설치하여야 하는데, 감사위원회를 설치하면 감사를 선임할 수 없다. 감사위원회는 이사회 내의 위원회 중 하나로서 3명 이상의 이사로 구성하며 다만, 사외이사가 위원의 3분의 2 이상이어야 한다.

감사위원회는 그 결의로 위원회를 대표할 자를 선정하여야 하며 이 경우 수인의 위원이 공동으로 위원회를 대표할 것을 정할 수 있다.

감사위원회를 사외이사가 아닌 사내이사 감사위원들만으로 구성할 수는 없으나, 사외이사인 감사위원들만으로 구성은 가능하다.

이러한 감사는 주주총회에서 선임되며, 임기는 취임 후 3년 내의 최종 결산에 관한 정기총회의 종결 시까지 업무감독권과 회계감독권을 갖고 있다. 감사는 언제든지 이사에게 영업에 관한 보고를 요구할 권리와 회계장부 및 서류를 조사할 권한을 갖고 있다.

감사에게는 의무와 책임도 따르게 되는데, 감사는 주주총회에서 회계에 관한 보고를 할 의무를 지며, 감사가 악의 또는 중대한 과실로 인하여 그 임무를 게을리하면 회사 또는 제3자에 대하여 연대하여 손해배상책임도 져야 한다.

3. 외부감사

창업 후 회사가 급성장하여 ① 직전 사업연도 말의 자산총액이 120억 원 이상인 주식회사 ② 해당 사업연도 또는 다음 사업연도 중에 상장하려는 주식회사 ③ 직전 사업연도 말의 부채총액이 70억 원 이상이고 자산총액이 70억 원 이상인 주식회사 ④ 직전 사업연도 말의 종업원 수가 300명 이상이고 자산총액이 70억 원 이상인 주식회사라는 요건 중 어디 하나에 해당하면 외부감사를 받아야 한다. 즉, 회사규모가 커지면 내부감사만으로는 안 되고 법이 회계법인 등의 외부감사를 받도록 하는 것이며, 위의 요건이 충족되지 않으면 내부감사만 두면 된다.

앞에서 언급한 내부감사의 경우에는 객관성에 대한 신뢰도가 낮을 수밖에 없다. 더욱이 다수로부터 투자를 받는 주식회사의 경우에는 내부 감사가 적정했는지를 외부의 전문가가 객관적으로 평가해야 회계에 대한 시장의 신뢰도가 증가하는 것은 물론이고 투자자보호에도 효과적이라고 할 수 있다.

이러한 외부감사와 관련하여서는 상법이나 자본시장법이 아닌 '주식회사 외부감사에 관한 법률'이라는 별도의 법률로 이에 대하여 규율하고 있다.

외부감사란 내부감사에 대응되는 용어로서 일반적으로 기업 외부의 공인회계사나 회계법인 같은 직업적 감사인이 당해 기업이 작성한 회계기록, 특히 재무제표[52]가 기업회계기준[53]에 적합한지를 감사하는 것을 말한다.

이러한 외부감사인은 회계사로 구성된 감사반이나 회계법인만 선정될 수 있으며, 이들은 재무제표 등 각종 회계장부를 감사하고 그 결과를 감사보고서로 작성한다.

외부감사인이 감사한 결과는 감사보고서에 적정의견, 한정의견, 부적정의견, 의견거절 등 4가지의 의견의 형태로 나타나게 된다.

우선, 적정의견이란 재무제표의 모든 항목이 적절히 작성되어 기업회계기준에 일치하고 불확실한 사실이 없을 때 표시하는 감사인의 의견을 말한다. 이 경우에는 아무런 제재가 없으며, 동시에 회사가 부담할 회

52) 재무제표는 재무회계의 과정을 통해 수집, 처리된 정보를 정기적으로 이용자에게 전달하는 방법으로서 재무보고의 가장 핵심적인 보고수단으로 활용되고 있다. 상법에는 재무상태표, 손익계산서 및 이익잉여금처분계산서 또는 결손금처리계산서를 재무제표로 하고 있으며, 기업회계기준에서는 재무상태표, 손익계산서, 이익잉여금처분계산서 또는 결손금처리계산서 및 현금흐름표, 주기 및 주석을 재무제표로 정하고 있다.

53) 기업회계기준은 일반적으로 인정된 회계원칙 즉, 회계기준은 회계관습 중에서 일반적으로 공정성·타당성이 인정된 것을 반영한 것으로서 회계실무상 실행 가능하도록 제정된 것이므로 모든 기업이 회계실무에서 의거해야 할 실천규범으로 이해된다.

계 리스크도 없다.

한정의견이란 회계처리방법과 재무제표표시방법 중 일부가 기업회계에 위배되거나, 재무제표의 항목에서 합리적인 증거를 모두 얻지는 못하고 있는 경우에 외부감사인이 내는 의견이다. 다만, 이러한 위배되거나 합리적인 증거가 없다는 이유만으로 한정의견을 낼 수 없으며, 그것이 재무제표에 영향을 주거나 줄 수 있다고 인정되어야 하며, 그 영향이 없거나 제외했다는 사실을 입증하는 것을 조건으로 기업의 재무제표가 기업회계기준에 적정하게 표시하고 있다는 의견을 제시하는 것을 말한다.

부적정의견이란 재무제표가 전체적으로 합리적으로 기재되지 못하고 왜곡표시됨으로써 무의미하다고 인정되는 경우를 표시하는 의견이다.

의견거절은 감사의견을 형성하는 데 필요한 합리적 증거물을 얻지 못하여 재무제표 전체에 대한 의견표명이 불가능한 경우, 또는 기업 존립에 관계될 정도의 객관적 사항이 특히 중대한 경우, 또는 감사의 독립성이 보장되지 않았으면 이러한 사유를 기재하고 이 때문에 재무제표에 대한 의견을 표명할 수 없음을 표시하는 의견을 말한다.

코스피 시장에 상장한 회사의 경우 외부감사인으로부터 감사의견이 '한정'인 기업은 관리종목에 지정되는데, 이러한 관리종목 지정을 두 차례 연속 받으면 상장이 폐지된다.

'거절' 또는 '부적정' 판정받은 기업의 경우 곧바로 상장 폐지된다. 코스닥 시장에 등록된 기업은 재무제표에 대한 감사인의 감사의견이 '부정적' '의견거절' 또는 '감사범위제한에 의한 한정'일 경우 '관리종목'으로 지정되고 코스닥위원회의 승인을 거쳐 등록이 취소된다.

이러한 외부감사의 목적은 이해관계자(정보이용자)의 보호와 기업의 건전한 발전을 도모하는 것이다.

이러한 회사들은 매 사업연도 개시일로부터 4월 이내에 감사인 선임위원회의 승인을 얻어 감사인을 선임하여야 한다.

4. 내부통제기준

앞에서 본 바와 같이 회계장부가 잘못 작성되는 경우 이로 인한 투자자 피해는 물론이고 회사 자체의 존립이 위협받을 수 있다. 문제는 이러한 회계장부 작성과 관련한 위험 이외에도 법에서 정한 사항을 이행하지 않거나 금지사항을 위반하여 내부 직원들이 위법행위를 하는 경우 회사에 미치는 부정적 영향은 물론이고 행위자뿐만 아니라 대표이사도 함께 법적인 제재를 받는 경우가 많다. 이처럼 내부 직원들에 대한 감독책임을 이행하지 못하였다는 이유로 내부 담당자뿐만 아니라 대표이사가 민형사상 책임을 지는 것을 사전에 예방하기 위하여 상장회사와 금융기관의 경우에는 내부통제기준(internal control system)을 마련하고 이를 준법지원인이나 준법감시인이 내부기준이 제대로 이행되고 있는지를 조사하는 리스크관리제도가 있다.

물론, 이런 내부통제기관이나 준법지원인은 회사가 상장한 후와 자산이 5천억 원 이상이 되어어 의무화되지만 미리 내부리스크관리 차원에서 창업자는 알아둘 필요가 있다.

이러한 내부리스크관리를 내부통제라 하는데, 이러한 내부통제는 개념상으로는 "관리자가 조직임무의 달성에 관한 합리적인 확신을 확보하기 위하여 공식적으로 설정한 계획·규정·방법·절차 및 수단"이라고 정의하고 있다.

이러한 내부통제제도는 일반적으로는 회계 면에서 다루어지는 일이 많으며, 회계제도로서의 내부통제제도는, 회사조직 중에서 가장 기본적인 것이라고 할 수 있다. 내부통제제도의 주된 역할은 회계상의 과실이나 법위반사실을 발견하고 방지함으로써 기업이 정하는 회계규칙·절차의 준수 여부를 검사하는 모든 절차를 말한다.

내부통제제도의 구성요소로서 각 감사기준마다 조금씩 달리 규정하고 있지만 대체로 ① 기관·사업의 운영(program operations)에 대한 통제, ② 자료의 타당성과 신뢰성에 대한 통제, ③ 법·영·규칙의 준수에 대한 통제 및 ④ 자원의 보호에 대한 통제 등 4가지 영역으로 구분할 수 있다.

이러한 내부통제를 담당하는 자는 일반기업의 경우 준법지원인이라 하고, 금융기관의 경우에는 준법감시인이라고 부른다.

우선, 준법지원인은 상장사의 경영진이나 임직원이 정해진 법과 규정을 준수하고 내부통제기준에 따라 회사경영을 적정하게 수행하는지 감시해 이사회에 보고하는 역할을 담당하고 있다. 그 자격요건은 변호사와 5년 이상 경력의 법학 교수, 그 밖에 법률적 지식과 경험이 풍부한 사람이며, 자산이 5천억 원 이상 되는 상장사는 이러한 자격요건을 갖춘 자 중 1인 이상 반드시 선임하여야 하며 임기는 상근 3년이다(상법 제542조의 13 제5항).

감사위원회 등과 같은 내부감사제도는 주로 주주가 경영진의 직무집행을 감시하는 것을 목적으로 하는 데 반하여 준법지원인제도는 경영진이 임직원의 업무수행과정상 내부통제기준의 준수 여부를 스스로 점검하는 리스크관리방법이다.

준법감시인은 금융기관의 임직원이 그 직무를 수행할 때 따라야 할 기본적인 절차와 기준인 내부통제기준의 준수 여부를 점검하고 내부통제기준에 위반하는 경우 이를 조사하여 감사위원회에 보고하는 자를 말한다.

이러한 준법감시인제도는 준법지원인처럼 주로 주주가 경영진의 직무집행을 감시하는 것이 아니라 경영진이 임직원의 업무수행과정상 내부통제기준의 준수 여부를 스스로 점검하는 리스크관리방법이라고 할 수 있다.

이러한 준법감시인제도가 도입되어 시행됨으로써 경영진 스스로 사전 예방적이고 상시적인 내부통제기능을 수행하기 수월해졌다는 평가를 받고 있다.

다만, 준법지원인이나 준법감시인 때문에 공격적 경영을 할 수 없다는 지적들도 있다. 그 이유는 준법지원인이나 감시인은 위험회피의 본성하에 업무를 판단하기 때문에 때로는 모험을 감수한 공격적 경영을 견제하는 것이 일반적이어서 기업이 신성장동력을 찾는 데 장애요인이 될 수 있다는 지적들이 많다. 즉, 매뉴얼 사회가 때로는 좋은 점도 있지만 4차산업시대를 맞이하여 융합형 사업을 하는 데 상당한 장애요인이 될 수 있는 것이다.

특히, 내부통제기준을 너무 세부적으로 작성하는 경우 탄력적 경영이 불가능할 수 있기 때문에 적절한 조화가 필요하다.

Ⅲ. 노사관리

1. 노동권

4차산업시대에는 일자리 감소를 가져온다는 사실에 대하여는 이의를 제기하는 사람이 없을 것이다. 또한 새로운 일자리가 탄생할 것이라는 점에 대하여도 이의를 제기하는 사람이 없다.

다만, 어떠한 일자리가 사라지고 어떠한 새로운 일자리가 등장할 것인가에 대한 관심들이 집중되어 있다. 그러나 기업마다 어느 날 CEO가 결정하면 새로운 사업을 하게 되거나, 기존 사업을 폐지할 수 있는 것은 아니다.

그 이유는 근로자에게는 노동3권이 법으로 보장되어 있기 때문이다. 따라서 창업 후 유니콘 기업으로 성장하기 위해서는 창업자가 경영상의 비즈니스 모델을 갖는 것도 중요하지만 노사관리에 관한 법제도를 이해하는 것도 매우 중요하다.

우리나라를 비롯한 모든 국가는 대표이사가 임의대로 근로자의 퇴출을 결정하는 것을 차단하도록 노동 관련 법을 두고 있으며, 그 방법과 절차도 상세히 규정해 놓고 있다.

이를 위반하여 고용주가 근로자에게 인사상 불이익을 가하거나 해고하면 민사뿐만 아니라 형사처벌도 받는 것은 물론이고, 행정벌도 받게 된다.

창업을 준비하려면 향후 새로운 일자리가 어떤 분야에서 창출될 것인지, 그리고 새로운 일자리를 창출하는 사업 분야의 노사관계를 어떻게 유지하고 관리하여야 하는지 사전에 알아두는 것은 매우 중요하다.

2. 노사관계

노사관계는 계급관계에서 그 근본사상이 출발하게 된다. 즉, 계급관계를 바탕으로 발생하는 집단으로서의 노동자와 자본가, 그리고 경영자와의 관계에서 출발하게 되었다.

구체적으로는 노동력의 매매와 이를 위한 교섭을 둘러싼 노동조합과 자본가, 그리고 그 단체와의 관계가 노사관계라고 해석된다. 이러한 노사관계는 경영이라는 관점에서 노동관계, 종업원관계, 공공관계로 구별하는 것이 일반적이다.

노동관계란 단체교섭, 협약, 알선, 조정, 중재, 불만처리 등 노동조합과의 직접적인 관계를 의미한다. 종업원관계는 일반적으로 인사관리의 대상이 되는 고용, 배치, 훈련, 임금노동조건, 복지후생, 승급, 승진, 해고, 정리해고 등 노동자와의 직접적인 관계를 의미한다.

공공관계란 일반소비자, 출자자, 종업원 등의 이익집단과의 관계를 말한다. 이러한 공공관계는 사회적 존재로서의 기업, 사회적 책임을 갖는 경영이라는 관점에서 생긴 새로운 노사관계로 평가되고 있다. 이러한 의미에서 보면 공공관계는 노사교섭 영역 외의 특별한 성격의 노사관계라고 할 수 있다.

이러한 노사관계에서 가장 많이 논란이 되는 사안들은 단체교섭, 통상임금, 부당노동행위, 부당해고 등이다.

3. 취업규칙

취업규칙이란, 근로계약에 적용되는 임금이나 근로일자, 근로시간 등의 근로조건과 복무규율 등을 사용자가 체계적이고 구체적으로 명시해 놓은 규정이다. 따라서 해당 사업장에서 근무하는 근로자들에게 공통으로 적용되는 사내규정이다.

따라서 창업을 준비하는 과정에서 반드시 고려해야 할 것이 바로 취업규칙을 마련하고 이를 숙지하는 것이 중요하다.

이 취업규칙은 근로계약관계에 적용되는 근로조건이나 복무규율 등에 대하여 사용자가 일방적으로 작성한다는 점에서 근로자보호 차원에서 근로기준법에서 이를 규율하고 있다. 이 취업규칙은 이 명칭이 아니어도 인사규정 또는 취업규정 등으로 불리기도 한다.

근로기준상 상시 10명 이상의 근로자를 사용하는 사용자는 취업규칙을 작성하여 고용노동부장관에게 신고하도록 규정하고 있다.

이와 관련해 대법원은 징계나 해고에 필요한 절차가 단체협약이나 취업규칙 등에 규정되지 않으면 그 절차를 거치지 않고 징계나 해고하였다 하더라도 그 처분은 유효하다고 판결한 바 있다. 즉, 취업규칙 등에 제재에 관한 절차가 정하여져 있으면 반증이 없는 한 그 절차는 유효하다는 것이다. 그러나 단체협약, 취업규칙 등에서 해고절차규정을 둔 경우에는 이러한 절차를 위반한 해고는 절차상의 하자가 치유되는 예외적인 경우를 제외하고는 무효라고 대법원은 판시한 바 있다(대법원 1996. 12. 6. 선고 95다45934 판결).

4. 단체협약

노동법은 2인 이상의 근로자들이 단결할 수 있는 노동조합을 결성할 권리 즉, 단결권을 부여하고, 노동조합의 대표가 사용자 대표와 근로조건 및 취업규칙에 대하여 협상할 수 있는 단체교섭권을 부여하고 있다. 그리고 사용자가 단체교섭에 불성실하게 임하여 평화적인 교섭이 실패하면 파업 등의 단체행동을 할 수 있는 권리를 부여하고 있다.

이러한 단체교섭권행사는 단체협약이라는 이름으로 노동조합과 사용자 또는 그 단체 간의 교섭을 통해 협약이 체결되는데 이는 자치적 노동법규에 해당한다.

이러한 단체협약은 개별근로계약에 대한 지배력을 가지며, 이러한 단체협약의 내용에 위반한 근로계약은 당연무효[54]가 되며, 이처럼 무효가 된 근로계약의 내용은 단체협약에서 정한 대로 근로계약의 내용이 되도록 노동조합법이 규정하고 있다.

다만, 근로자단체라 하더라도 노동조합이 아닌 일시적 단체나 임의단체는 노동조합법상 단체협상 체결능력이 없다. 이러한 단체협약은 반드시 서면으로 작성하여야 하며, 단체협약서에는 양 당사자의 서명 또는 날인 후 행정관청에 신고하여야 하며, 단체협약의 유효기간은 2년이다.

이러한 단체협약 내용 중 위법부당한 사실이 있으면 노동위원회가 의결을 거쳐 이를 변경하거나 취소할 수 있다.

5. 통상임금

통상임금은 근로자에게 정기적이고 일률적으로 소정근로 또는 총근로에 대하여 지급하기로 정한 것을 말하며, 이에는 시간급 금액, 일급 금액, 주급 금액, 월급 금액 또는 도급 금액이 포함된다(근로기준법시행령 6조). 여기에는 기본급 외에 직무수당·직책수당·기술수당·면허수당·위험

54) 당연무효란 법률행위에 흠이 있어서 소송을 통하지 않고서도 무효인 경우를 말한다.

수당·벽지수당·물가수당 등과 같이 실제 근무일이나 실제 수령임금에 구애됨이 없이 사업주가 고정적이고 일률적으로 지급하는 임금이 모두 포함된다. 다만, 상여금이나 연월차수당·연장근로수당 등과 같이 근로 실적에 따라 지급 여부와 지급액이 달라지는 임금은 포함되지 않는다.

이러한 통상임금은 연장근로와 야간근로, 휴일근로에 대한 가산금과 유급휴가 시에 지급될 임금산출기준이 된다.

현행 근로기준법에서는 연장근로·야간근로·휴일근로에 대하여 통상임금의 50% 이상을 가산하여 지급하도록 하고(제56조), 연차유급휴가 기간에 취업규칙 등에서 정하는 통상임금 또는 평균임금[55]을 지급하도록 규정하고 있다(제61조 5항).

그래도 통상임금의 범위를 두고 노사 간 소송이 지속해서 발생하였는데, 그 이유는 근로기준법시행령에 존재하는 통상임금의 개념 때문이다. 우리나라도 일본처럼 근로기준법시행령이 아닌 근로기준법 내에 통상임금의 범위를 구체적으로 규정하는 입법안 마련이 시급하다고 본다. 법률에 통상임금의 범위를 구체적으로 정하면 법리상 논쟁의 여지가 없지만, 지금처럼 법률에 통상임금이라는 용어를 사용하면서 그 개념을 시행령에서 정하다 보니 시행령의 규정내용이 법률의 입법취지와 맞는지 논란이 많은 것이 사실이다. 이러한 문제를 해결하기 위해서는 조속한 시일 내에 법개정하는 것이 필요하다.

---

55) 평균임금이라 함은 이를 산정하여야 할 사유가 발행한 날 이전 3월간에 그 근로자에 대하여 지급된 임금의 총액을 그 기간의 총일수로 나눈 금액을 말한다. 취업 후 3월 미만도 이에 준한다. 이 평균임금은 퇴직금, 휴업수당, 재해보상, 취업규칙에 의한 감급 등을 산출하는 기초가 된다. 평균임금산출방식에 의하여 산출된 금액이 당해 근로자의 통상임금보다 저액일 경우에는 그 통상임금액을 평균임금으로 한다(근로기준법 제2조).

6. 부당노동행위

노사관계에서 발생하는 분쟁 중 상당 부분은 부당노동행위에 관한 문제이다. 부당노동행위란 근로자들이 노동3권, 즉 단결권, 단체교섭권, 단체행동권을 행사하는 것에 대하여 사용자가 행하는 모든 방해행위를 말한다. 이는 개별근로자와 노동조합이 노동3권을 자주적으로 방위하기 어렵다는 전제 하에서 정부가 노사관계에 개입하여 균형 있는 노사관계가 정립될 수 있도록 국가기관이 적극적으로 개입하는 것을 의미한다.

이러한 부당노동행위에 대하여 국가가 개입하기 시작한 것은 1935년 미국의 와그너법(Wagner Act)이 제정되면서부터라고 할 수 있다. 이 법의 근본취지는 사용자에 의해 노동조합이 어용화되거나 무력화되는 것을 방지하는 것이었다.

현행 노동조합 및 노동관계조정법(노동조합법) 제81조는 부당노동행위를 개별적인 근로자 대상 부당노동행위와 노동조합 대상 부당노동행위로 구별하여 놓고 구체적으로 5종류의 부당노동행위를 규정하여 이를 금지하고 있다.

노동조합법상 부당노동행위로서 금지되는 행위로는 ① 노동조합에 가입 또는 가입하려고 하였거나, 노동조합을 조직하려고 하였거나 기타 노동조합의 업무를 위한 정당한 행위를 한 것을 이유로 그 근로자 해고 또는 불이익을 주는 행위 ② 근로자가 어느 노동조합에 가입하지 아니할 것 또는 탈퇴할 것을 고용조건으로 하거나 특정한 노동조합의 조합원이 될 것을 고용조건으로 하는 비열계약(yellow-dog contract)을 맺는 행위 ③ 노동조합의 대표자 또는 노동조합으로부터 위임을 받은 자와의 단체협약체결 기타 단체교섭을 정당한 이유 없이 거부하거나 해태하는 행위 ④ 근로자가 노동조합을 조직 또는 운영하는 것을 지배하거나 이에 개입하는 행위와 노동조합의 운영비를 원조하는 행위 ⑤ 근로자가 정당한 단체행동에 참여한 것을 이유로 하거나 노동위원회에 대하여 사용자의 부당노동행위를 신고하거나 그에 관한 증언을 하거나 기타 행정관청에 증거를 제출한 것을 이유로 그 근로자를 해고하거나 불이익을 주는 행위 등이 이에 해당한다.

이러한 부당노동행위로 인하여 권리를 침해당한 근로자 또는 노동조합은 그 부당노동행위가 있은 날로부터 3개월 이내에 관할 노동위원회에 구제를 신청할 수 있다.

노동위원회는 부당노동행위가 성립되었다고 판단되는 경우 사용자에게 복직 기타 원상회복명령을 하거나 단체교섭에 응하도록 명령하는 구제명령을 할 수 있다. 이러한 관할 노동위원회의 구제명령이나 기각결정이 있었는데 이에 불복하는 관계당사자는 10일 이내에 중앙노동위원회에 재심을 신청할 수 있다. 이러한 재심판정에도 불복하면 15일 이내에 행정소송을 제기할 수 있다.

이러한 구제절차는 관계당사자의 신청에 의하도록 하는 당사자주의를 채택하고 있으며, 확정된 기각판결 또는 재심판결에 따르지 않은 자는 3년 이하의 징역 또는 3,000만 원 이하의 벌금에 처한다.

7. 직장 내 괴롭힘

국가인권위원회와 한국노동연구원 등이 2017년 발표한 자료에 따르면 우리나라 직장인들의 70% 정도가 괴롭힘 피해를 경험한 바 있다고 답할 정도로 우리 사회에 직장 내 괴롭힘이 광범위하게 발생하고 있다고 했다.

따라서 정부는 2019년 7월 근로기준법 개정으로 직장 내 괴롭힘의 개념을 법률로 명시하여 이를 금지하고, 괴롭힘이 발생하면 이에 상응하는 조치를 하도록 사용자에게 의무 등을 부과시키는 규정을 신설한 바 있다.

이러한 개정 근로기준법은 직장 내 괴롭힘의 개념을 법적으로 정의하고 이를 금지(제76조의2)하면서도 행위자에 대한 직접적인 처벌규정은 두지 않고, 사업장별 상황에 따라 취업규칙 내에 직장 내 괴롭힘 예방과 대응조치를 정하고 그에 따르도록 규정하고 있다.

그리고 직장 내 괴롭힘이란 사용자 또는 근로자가 직장에서의 지위 또는 관계 등의 우위를 이용하여 업무상 적정범위를 넘어 다른 근로자에게 신체적·정신적 고통을 주거나 근무환경을 악화시키는 행위라고 정의하고 있다.

그리고 누구든지 직장 내 괴롭힘 발생사실을 사용자에게 신고할 수 있으며(제76조의3 제1항), 직장 내 괴롭힘의 발생사실을 신고받거나 인지하면 사용자는 지체없이 조사하도록 의무를 부과시켰다.

사용자는 괴롭힘 피해자 의견을 들어 근무장소변경, 유급휴가명령 등 적절한 조치를 해야 한다. 그리고 직장 내 괴롭힘이 확인된 경우 사용자는 행위자에 대한 징계 등 적절한 조치를 해야 할 의무를 진다.

또한 직장 내 괴롭힘 발생사실을 신고하거나 피해를 주장한다는 이유로 피해근로자에 대한 해고 등 불이익한 처우를 하는 것을 금지시키고 있다.

그래도 이를 위반하면 3년 이하의 징역 또는 3천만 원 이하의 벌금을 부과할 수 있다. 그리고 사용자는 직장 내 괴롭힘의 예방 및 발생 시 조치에 관한 사항 등을 정하여 취업규칙에 필수적으로 기재해야 한다(제93

조 제11호).

8. 해 고

현행 근로기준법상 저성과를 이유로 근로자를 해고하는 것은 매우 어렵다. 이는 해고의 일반적 제한으로서 사용자는 근로자에 대하여 정당한 이유 없이 해고하지 못한다고 규정하고 있기 때문이다(제27조). 특히, 저성과자에 대한 해고를 두고 논란이 많은 것이 사실이다.

여기서 무엇이 '정당한 이유'인가에 관하여는 근로기준법에 구체적인 규정을 두고 있지는 않으나, 그 일반적 내용은 해당 근로자와의 근로관계를 유지하는 것을 사용자가 기대할 수 없을 정도의 이유가 존재하는 것을 말한다.

노동조합법상 정당한 이유가 없는 해고는 당연무효이며, 동시에 사용자는 5년 이하의 징역 또는 3천만 원 이하의 벌금이 부과된다. 그리고 사용자가 정당한 사유가 있어 근로자를 해고하고자 할 때도 최소한 30일 전에 예고하거나 30일분 이상의 통상임금을 지급해야 한다.

회사의 경영상의 어려움을 이유로 정리해고하려면 근로자 대표 또는 노조에 50일 이전에 이를 통보하여야 한다. 즉, 회사의 적자가 발생하여 부득이하게 구조조정 차원에서 해고하면 기업주는 정리해고에 앞서 기업이 어려운 원인을 분석하고 종업원에게 정리해고를 할 수밖에 없는 상황을 충분히 설명해야 한다.

이때 근로자보호를 위해 해고 회피를 위한 노력을 다하여야 하며, 해고 시에도 합리적이고 공정한 기준에 따라 대상자를 선정해야 한다. 사업주는 이러한 정리해고계획안이 확정되면 해고 60일 전에 해당자에게 알리고 노동부에 신고도 해야 한다.

9. 기간제근로

지난 수년간 큰 논란이 되어왔던 비정규직 문제는 2006년 12월 제정된 "기간제 및 단시간근로자 보호 등에 관한 법률"에서 시작되었다. 이 법은 일반적으로 비정규직법 또는 기간제법이라고도 부르는데, 이 법에서는 사용자가 기간제근로자를 2년을 초과하여 사용하면 당해 기간제근로자는 정규직근로자로 의제한다고 규정하고 있다.

이 규정은 기간제근로자, 단시간근로자 등 비정규직 근로자가 급격히 증가하고 이들 근로자에 대한 차별적 처우와 남용행위가 사회문제로 대두됨에 따라 제정되었다. 따라서 이 법은 기간제근로자 및 단시간근로자에 대한 불합리한 차별을 시정하고 사용자의 남용행위를 규제함으로써 이들 근로자의 근로조건을 보호하고 노동시장의 건전한 발전을 도모할 목적으로 도입된 것이다.

그러나 기간제법 제4조가 비정규직 근로자를 정규직으로 전환되도록 하는 순기능을 하기보다는 오히려 기간제근로자들이 2년마다 새로운 직장을 구하기 위해 노동시장을 전전해야 하는 부작용이 발생한 바 있다. 참고로 일본의 경우 기간제근로의 계약기간에 제한은 없으나 일반적으로 3년~15년 미만이며 설령 이를 초과하더라도 비정규직을 정규직으로 강제 전환하라고 의무를 부과하는 규정은 없는 실정이다.

최근에는 기간제근로기간을 5년 이상으로 연장하여야 한다는 주장들도 제기되는가 하면, 아예 기간제근로자 규정을 폐지하여 노동시장의 유연성을 확보해야 한다는 주장도 있다.

10. 파견근로

창업 직후 규모가 작은 기업들의 경우 종종 파견근로에 관한 법적인 문제에 직면하는 경우가 많다. 근로자파견제는 지난 1998년 7월 '파견근로자보호 등에 관한 법률(근로자파견법)'이 시행되면서 본격 도입된 제도이다. 당시 노동계는 중간착취, 정규직 근로자 감소에 의한 고용불안, 노조활동 위축을 이유로 근로자파견법을 반대했었다. 그러나 국제통화기금(IMF)이 구제금융지원을 조건으로 정리해고제와 근로자파견법 등 노동관련 법안 개정을 요구해서 불가피하게 제정되었다.

이러한 근로자파견법에는 '근로자파견업이란 파견사업주가 근로자를 고용한 후 그 고용관계를 유지하면서 근로자파견계약에 따라 사용사업주의 지휘명령을 받아 사용사업주를 위해 근로에 봉사케 하는 것'이라고 규정되어 있다. 즉, 근로자는 파견회사에 고용되어 있으면서 실제 업무는 사용업체의 지휘·감독을 받아 수행하게 된다. 예를 들어 소프트웨어 개발의 경우 회사에 프로그래머를 파견해 사용회사로부터 업무지시를 받아 근무하면 '파견'이 되는 것이다.

근로자파견기간과 관련하여 상시 파견이 가능한 업무는 1년 이내를 원칙으로 하되, 파견사업주·사용사업주·파견근로자의 합의로 1회 한해 그 기간을 연장할 수 있어서 총파견기간은 2년을 초과하지 못하도록 규정되어 있다. 다만, 예외적으로 만 55세 이상인 고령자에 대해서는 2년을 초과하여 파견근로기간을 연장할 수 있도록 규정하고 있다.

사업자가 이를 위반하면 일반적으로 3년 이하의 징역 또는 3천만 원 이하의 벌금에 처해 질 수 있다.

근로자파견업종은 2019년 현재 32개 업종, 197개 직종으로 제한되어 있다. 그리고 이러한 32개 업종에는 (1) 컴퓨터 관련 전문가의 업무 (2) 행정, 경영 및 재정 전문가의 업무 (3) 특허 전문가의 업무 (4) 기록보관원, 사서 및 관련 전문가 업무 (5) 번역가 및 통역가 업무 (6) 창작 및 공연 예술가 업무 (7) 영화, 연극 및 방송 관련 전문가의 업무 (8) 컴퓨터 관련 준전문가의 업무 (9) 기타 전기공학 기술공의 업무 (10) 통신기술공의 업무 (11) 제도 기술 종사자, 캐드 포함 (12) 광학 및 전자장비 기술 종사자의 업무 (13) 정규교육 이외 교육 준전문가의 업무 (14) 기타 교육 준전문가의 업무 (15) 예술, 연예 및 경기 준전문가의 업무 (16) 관리 준전문가 (17) 사무 지원 종사자의 업무 (18) 도서, 우편 및 관련 사무종사자의 업무 (19) 수금 및 관련 사무종사자의 업무 (20) 전화 교환 및 번호안내 사무종사자의 업무 (21) 고객 관련 사무종사자의 업무 (22) 개인 보호 및 관련 종사자의 업무 (23) 음식 조리 종사자의 업무 (24) 여행안내 종사자의 업무 (25) 주유원의 업무 (26) 기타 소매업체 판매원의 업무 (27) 전화 통신 판매종사자의 업무 (28) 자동차 운전 종사자의 업무 (29) 건물 청소 종사자의 업무 (30) 수위 및 경비원 업무 (31) 주자창 관리원의 업무 (32) 배달, 운반 및 검침 관련 종사자의 업무 등이 포함되어 있다.

그 밖에도 위 32개 업종에는 해당하지 않지만, 사용사업주가 당해 근로자대표와 사전협의절차를 거친다는 조건으로 예외적으로 파견이 가능할 수 있다. 이에 해당하는 경우로는 첫째, 출산·질병·부상 등으로 결원이 생긴 경우, 둘째, 일시적·간헐적으로 인력확보의 필요성이 있으면 파견할 수 있다.

이상의 점들을 종합적으로 검토해 보면 창업에 성공한 사업가가 되기 위해서는 종업원들이 만족하는 사업을 하여야 가능하다는 것을 알 수 있었다. 이는 노사관계가 적절히 형성되어야 한다는 것을 의미한다. 그러나 노사관계가 적절히 효율적으로 작동하기까지에는 많은 시행착오를 겪게 되는 것이 일반적이다. 그 시행착오를 줄이는 방법은 노사관계에서 빈번히 발생하는 갈등요인들을 제거하는 방법이라고 할 수 있으며, 그 시작은 법대로 하는 일이라고 할 수 있다. 즉, 창업자들이 왜 노사관계법을 알아야 하는 이유이기도 하다.

Ⅳ. 성과보상관리(스톡옵션)

1. 개 요

창업 초기에는 회사의 자금사정이 어려운 것이 일반적이기 때문에 임직원, 즉 근로자들은 저임금에 야간근무 등을 감당하면서 회사 성장에 기여하게 된다. 그래도 창업에 성공한 후 정작 큰 이익을 보는 주체는 임직원이 아니라 기업에 자본출자한 창업자와 주주들이다. 특히, 4차산업 시대에는 지적 능력이 우수한 근로자들이 회사에 기여하는 정도가 커질 수밖에 없으므로 이러한 현상은 더욱 심화될 것으로 예상된다.

이런 환경 속에서는 창업 초기, 임직원들이 열정을 가지고 기술개발에 총력을 기울이지만 점차 시간이 흐를수록 임직원들이 이직을 생각하는 등 회사에 대한 충성도가 약해질 수밖에 없다.

심지어는 개발된 기술 등 영업비밀[56]을 다른 경쟁업체에 제공하고

56) 영업비밀이란 지적재산권 등록, 즉 특허등록, 실용신안등록 등을 하지 않았지만 상당한 노력에 의하여 비밀로 유지된 생산방법, 판매방법, 그 밖에 영업활동에

그 대가로 금전을 받는 유혹에 빠질 수 있다. 이러한 문제를 해결하는 방법 중 하나가 바로 스톡옵션제도이다. 이 제도는 상법에서는 주식매수선택권이라고 정의하고 이에 대한 상세한 규정을 두고 있다.

이러한 스톡옵션제도는 기업이 성장함으로써 창출되는 이익을 지분투자한 주주뿐만 아니라 임직원도 향유케 함으로써 근로자들이 기업의 성공에 기여할 인센티브를 제공하는 제도라고 할 수 있다.

창업했거나 준비하는 경우 창업자는 사전에 스톡옵션이 무엇이고, 이를 제공하는 방법과 절차에 대하여 미리 알아보는 것은 매우 중요하다.

2. 의 의

스톡옵션(stock option)이란 회사의 설립과 경영·기술혁신 등에 기여했거나 기여할 능력을 갖춘 임직원에게 일정 수량의 자기 회사의 주식을 저가로 매수할 수 있는 권리를 부여하는 제도를 말한다. 상법에서는 이를 주식매수선택권이라고 하고 있으며, 기업회계기준에서는 주식매입선택권이라고 말하고 있다.

벤처 등 새로 창업한 기업들이 자금부족에도 불구하고 유능한 인재를

유용한 기술상 또는 경영상의 정보를 말한다(부정경쟁방지 및 영업비밀보호에 관한 법률 제2조 제2호). 이처럼 기술정보 또는 경영정보가 영업비밀보호법상 보호를 받지만, 그 보호의 강도는 특허법이 훨씬 높다고 할 수 있다.

구체적으로 특허권의 경우에는 특허된 발명을 권리자 이외의 다른 사람들이 의도적으로 복제하는 것을 금지시킬 뿐만 아니라, 그들이 독자적으로 개발한 경우에도 그것의 제조·판매를 금지시킬 수 있다. 그러나 영업비밀은 신뢰관계의 파기(破棄)나 그 밖의 부정한 수단에 의하여 획득한 경우에만 그 사용을 금지시키고, 스스로 개발하였거나 그 밖의 정당한 방법, 예컨대 역공정(reverse engineering) 등으로 그 비밀인 발명을 획득한 경우는 그 사용을 금지시킬 수 없다. 또한 영업비밀로 보호하는 경우 비밀의 영속성을 유지하기 어렵고, 한 번 유출된 영업비밀의 경우 회수가 불가능하며, 국가별로 보호 정도가 상당히 상이하다는 문제점이 있다.

확보하기 위한 수단으로 이 스톡옵션제도를 널리 이용하고 있다.

이 제도는 창업할 당시 자본의 가치, 즉 주식의 가치는 액면가이지만 기업이 성장하여 일명 성공을 하면, 주식의 가치가 액면가보다 훨씬 높아지게 된다. 이 경우 주식을 소유한 창업자와 투자자들은 상승한 주식 가치만큼 이익을 보지만 주식을 소유하지 못한 임직원들은 그 동안 받은 저임금에 만족해야 하는 현상이 발생할 수 있다.

이 때 스톡옵션제를 이용하면 임직원들도 자사의 주식을 일정 한도 내에서 액면가 또는 시세보다 훨씬 낮은 가격으로 매입할 수 있는 권리를 갖게 함으로써 주주자본주의의 본질적 결함을 다소 해결할 수 있다.

다만, 임직원이 스톡옵션만 행사하고 이직하는 경우 오히려 이 제도로 인해 기업의 지속 가능성이 침해될 여지 또한 존재한다.

우리 상법은 이러한 점을 고려하여 스톡옵션을 부여받은 후 일정 기간 회사를 위하여 일하도록 하고, 그 기간이 경과하면 이를 임의대로 처분할 수 있도록 함으로써 회사는 물론 임직원도 기업 성장의 이익을 향유하도록 규정하고 있다. 미국의 경우에는 스톡옵션이 거의 일반화되어 있고, 전문경영인들은 스톡옵션을 통해 본봉보다 더 많은 소득을 올리는 경우도 많다.

이러한 스톡옵션은 철저하게 능력 중심으로 제공되기 때문에 직급 또는 근속연수를 바탕으로 하는 우리사주조합제도와는 근본적으로 다르다고 할 수 있다.

그러나 경영진이 기업의 장기적인 성과보다는 단기적인 주가 상승을 위해 스톡옵션을 발행하는 경우 오히려 스톡옵션제도가 회사의 장기적인 성장에는 부정적인 영향이 미칠 수도 있다는 비판이 있다.

창업자는 이러한 스톡옵션제도의 장단점을 모두 고려하여 적절한 방안을 마련하는 것이 필요하다고 본다.

3. 스톡옵션 유형

스톡옵션과 관련하여 어떤 유형의 스톡옵션이 있으며, 임직원들에게 어느 정도까지 스톡옵션을 부여할 수 있는지를 알아보는 것이 필요하다. 스톡옵션에 관하여 규율하고 있는 법은 상법인데, 이에 따르면 스톡옵션 부여 유형을 세 가지로 구분하고 있는데, 이에는 자기주식양도형, 신주발행형, 차액정산형이 있다.

자기주식양도형 스톡옵션은 임직원이 회사가 보유하는 자기주식을 예정된 저가로 양수할 수 있는 권리를 부여하는 유형을 말한다(상법 제340조 제1항). 이 유형은 신주를 발행하지 않는다는 점에서 자본증가 없는 스톡옵션 부여방식이다. 즉, 창업자의 지분비율이 감소하지 않는 방식이다. 이 방법을 사용하려면 사전에 회사 이익 중 일부를 가지고 자사주를 매입해 놓아야 한다.

신주발행형은 스톡옵션권을 행사할 수 있는 임직원이 회사를 상대로 액면가로 신주를 발행하여 줄 것을 청구하는 방식의 스톡옵션방법이다. 이 신주발행형 스톡옵션의 경우에는 회사의 자본이 증가하면서 주식 수도 증가하기 때문에 창업자의 지분율이 감소하게 된다.

차액정산방식은 스톡옵션권을 갖는 임직원들이 회사의 주식을 소유하기보다는 액면가와 시가와의 차액을 회사로부터 현금으로 받으려는 경우 선택하는 방법이다.

임직원이 주식을 소유하지 않는다는 점에서 회사와 운명을 같이하겠다는 의지가 약한 경우일 수도 있다. 그러나 창업자는 지분을 유지하면서 향후 추가로 적은 지분으로 고액의 투자를 받을 수 있는 여지가 크다는 점에서 회사에 불리한 스톡옵션 유형은 아니라고 할 수 있다.

이러한 스톡옵션은 무제한으로 부여할 수 있는 것은 아니며, 원칙적으로 주식발행 총수의 10% 범위에서만 부여할 수 있다. 다만, 상장회사의 경우에는 주식발행 총수의 20%가 그 한도이며(상법 340조의2, 제542조의3), 벤처기업의 경우에는 벤처특별법상 주식발행 총수의 50%가 그 한도이다(법시행령 제11조의3 제7항).

그리고 법상 스톡옵션의 부여한도를 준수해야 할 시점이 스톡옵션을 정관에서 정한 시점인지, 아니면 부여시점인지 또는 실제로 행사할 시점인지가 불분명하다. 다만, 입법취지와 분쟁예방이라는 관점에서 볼 때 정관에 규정할 당시뿐만 아니라 부여시점에서도 위 한도를 준수하여야 한다고 보는 것이 일반적인 해석이다. 이러한 해석에 따른다면 양 시점을 비교하여 주식발행 총수가 적은 시점을 기준으로 하여 스톡옵션을 부여하는 것이 법리적으로 분쟁을 예방하는 방법이다.

4. 스톡옵션 부여

스톡옵션의 부여와 관련하여서는 상법이 그 절차를 상세히 규정하고 있다. 우선, 회사 정관에 스톡옵션에 관한 사항들이 규정되어 있어야 하는데, 이는 주주들이 이에 관하여 동의해야 하는 것이다. 창업자 1인이 주주이면 창업자가 결정하는 것이 곧 정관의 규정이기 때문에 스톡옵션 부여 문제는 전적으로 창업자의 결정에 따르게 된다. 그러나 주주가 2인 이상이 되면 주주총회에서 정한 정관에 그 근거규정이 있어야 하며, 정관에서 정한 방법으로 스톡옵션을 부여해야 한다.

정관에 규정해야 하는 내용으로는 ① 일정한 경우에는 스톡옵션을 부여할 수 있다는 뜻 ② 스톡옵션을 행사하는 경우 발행하거나 양도할 주식의 종류와 수 ③ 스톡옵션 받을 자의 자격요건 ④ 스톡옵션의 행사기간 ⑤ 특별한 경우에는 이사회 결의로 스톡옵션을 취소할 수 있다는 내용을 규정하여야 한다.

이러한 스톡옵션에 관한 내용은 그 대상인 임직원과 개별적인 계약서 형태로 작성되어야 한다. 그리고 정관에서 이처럼 정한 내용에 따라 스톡옵션을 부여하더라도 부여 시마다 최종으로 그 이사회 안에 대한 주주총회 특별결의가 필요하다. 즉, 정관에 선택권을 부여하였다고 하더라도 실제 선택권을 부여하기 위해서는 주주총회의 특별결의를 통한 승인을 받은 후 반드시 계약서를 작성하여야 한다는 것이다.

주주총회에서 결의하면 ① 스톡옵션을 부여받을 자와 그가 행사할 주식 수를 특정하여야 하고 ② 스톡옵션을 위해 신주발행 또는 자기주식 양도 등을 결정하여야 하며 ③ 스톡옵션을 부여받은 자가 실제로 행사할 때 그 행사기간과 가액을 정해야 하고 ④ 스톡옵션 행사 전에 추가로 신주발행 또는 자본감소를 해야 하는 사정이 발생한 경우, 스톡옵션 행사가액의 증감 여부 및 그 변경사항을 정해야 한다.

5. 스톡옵션 행사

스톡옵션은 법에서 정한 일정한 기간을 경과해야 실제로 행사할 수 있다. 예를 들어 비상장회사는 주주총회 결의일, 상장회사의 경우는 이사회 결의일을 기산점으로 하여 2년 이상 회사에 재직 또는 재임하여야 스톡옵션권을 행사할 수 있다. 즉, 스톡옵션을 행사하기 위해서는 주총 결의일로부터 2년 이상 재임하여야 하는 것이 원칙이다. 대법원의 판결에서도 주식매수선택권을 부여받은 비상장법인 임직원들이 자신들의 귀책사유가 아닌 비자발적인 사유로 퇴임·퇴직한 경우라도 2년이라는 최소 재임(재직)요건과 관계없이 주식매수선택권을 행사할 수 있는지가 문제된 사안에서, 최소 재임(재직)요건을 충족하지 못하는 한 주식매수선택권을 행사할 수 없다고 판결한 바 있다.[57)]

다만, 상장회사와 비상장회사 간에 다소 차이가 있다. 예를 들어 재임의무기간 중에 어떤 사유로든 퇴임 또는 퇴직하는 경우 비상장회사의 임직원은 스톡옵션권리를 상실하게 된다. 그러나 상장회사의 경우에는 재임의무기간 중에 사망 또는 그 밖의 본인의 책임이 아닌 사유로 퇴임이나 퇴직하면 여전히 스톡옵션에 대한 권리를 행사할 수 있다(상법 제542조의3 제5항).

문제는 스톡옵션을 부여받은 자가 본인의 의사에 따라 사임하거나 사직한 경우이다. 이때 상장회사는 회사에 고의 또는 중대한 과실로 손해를 입힌 경우, 회사가 파산한 경우, 계약상 특별한 취소사유가 발생하면 스톡옵션에 관한 권리를 취소할 수 있다.

스톡옵션 행사시점에 그 권리를 행사하려는 자는 스톡옵션으로 행사할 주식의 종류와 수를 기재한 청구서를 2통 작성하여 회사에 제출하여야 한다.

이때 회사는 위 청구를 받고 기존에 주주총회 결의에서 정한 대로 스톡옵션을 부여할지 아니면 차액정산에 의할 것인지를 이사회 결의로 정

57) 대법원 2011. 3. 24. 선고 2010다85027 판결.

할 수 있다.

이후 회사의 결정으로 선택권의 행사가 가능해지면 스톡옵션 선택권자는 신주의 경우 행사가액 전액을 납부한 때에 주주가 된다. 그리고 회사가 소유한 자기주식을 양수하는 경우 양수받은 주식에 대한 주권을 이전받고 명의개서해야 회사에 대항할 수 있다.

6. 우리사주

스톡옵션이 임직원들에게 회사 주식을 취득할 수 있는 권리라고 한다면, 이와 유사한 제도로 우리사주제도가 있다. 다만, 스톡옵션은 철저하게 능력 중심으로 제공되기 때문에 모든 근로자에게 부여되어야 하는 것은 아니다.

반면에 우리사주는 능력보다는 직급 또는 근속연수를 바탕으로 모든 근로자에게 공평하게 자사주를 인수할 수 있는 권리가 부여된다.

이러한 우리사주는 근로자의 재산형성, 기업의 생산성 향상 및 협력적 노사관계 등을 목적으로 미국·영국 등 세계 여러 나라에서 이러한 목적을 위해 널리 활용되고 있다.

우리나라에서는 이러한 우리사주에 대하여 근로복지기본법에서 규정하고 있는데, 이에 따르면 우리사주조합[58]을 통하여 주식을 취득하게 함

58) 우리사주조합(employee stock ownership association)이란 근로자가 자기 회사의 주식을 보유하여 기업의 경영과 이익분배에 참여하게 함으로써 근로자의 근로의욕을 고취시키고 재산형성을 촉진시키기 위해 만든 종업원지주제의 일환으로 결성된 조직이다. 자주적이며 자율적인 단체로 종업원의 자유로운 의사에 따라 조합에 가입·탈퇴할 수 있고, 조합은 당해 회사 및 지주관리회사(증권금융회사)와 대등한 입장에서 종업원지주제의 운영에 관한 사항을 협의·약정하고 그 관리운영의 주체가 된다.

으로써 근로자의 경제, 사회적 지위 향상과 노사협력 증진을 도모함을 목적으로 도입된 제도이다(제32조).

우리사주는 발행주식의 20%를 기존 주주보다 우선으로 배정받는 것이 원칙이지만, 근로자별 연봉한도, 누적적 취득한도 등의 제한이 따른다(자본시장법 제165조의7)

우리사주를 취득하려면 근로자는 자기 부담으로 우선 배정을 청약해야 하는데, 이때 회사가 우리사주 취득가액 50% 이상을 무상출연해야 하는 경우가 있다. 이 경우에는 무상출연이 선행되어야 하며, 이때 근로자가 출연한 금품으로 취득한 주식은 즉시 개인별 계정에 배정되게 된다.

사업주 등이 무상출연으로 취득한 주식은 우리사주조합원에게 가배정한 후 3~7년 이내의 기간에 조합규약이 정하는 바에 따라 조합원 개인별 계정에 배정하게 된다.

이렇게 개인별 계정에 배정된 주식은 수탁기관인 한국증권금융에 1년간 의무예탁한 후 인출해 처분할 수 있다.

이러한 우리사주제도는 운영방식에 따라 퇴직연금형과 성과급형으로 구분할 수 있는데, 미국은 근로자가 퇴직할 때 인출할 수 있는 확정 출연형 퇴직연금제도로 운영하고 있다.

영국은 근로자가 일정 기간 의무예탁 후 인출하여 처분할 수 있는 성과배분형으로 운영하고 있는데, 우리나라는 영국처럼 성과배분형으로 운영하고 있다.

7. 스톡옵션의 장·단점

스톡옵션은 상법에서는 주식매수선택권이라는 용어를 사용하고 있다. 이러한 스톡옵션은 여러 가지 면에서 장점과 단점 모두 갖고 있다.

우선, 장점으로는 자본력이 부족한 벤처기업에서 임금부담을 감소시키면서도 근로생산성을 견인해 기업의 내재가치를 향상시킨다는 점을 들 수 있다. 그 밖에도 회사와 주주, 경영진에 대한 충성도가 높은 잠재적인 주주를 다수 확보하여 적대적 기업매수(M&A)에 대한 방어수단으로 이용하여 안정적인 회사경영에 기여하는 장점이 있다.

반면에 단점 또한 존재한다. 즉, 스톡옵션 행사시점에서 주가 상승이 발생하는 경우 임직원이 노력한 결과로 주가가 상승한 것이 아님에도 불구하고 보상해야 하는 경우가 발생할 수 있다.

또한 임직원 등이 주식매수선택권행사를 목표로 재임(재직)기간 중 경영성과를 올리기 위해 단기실적주의(short-termism)에 몰입할 위험이 있으며, 부여받은 주식매수선택권의 가치를 단순히 유지하기 위해 위험회피적인 결정을 할 위험도 있는 것이 단점이다.

8. 고려사항

스톡옵션은 창업자가 지분투자하지 않은 임직원에게 회사가 성장하면 보상하도록 하는 제도이다.

벤처창업자 중 상당수가 우수한 제품을 개발하면 고액의 투자도 받았지만, 후속제품개발을 하지 못해 사업에 실패하는 경우가 종종 있다.

이처럼 실패하는 이유 중의 하나는 창업자가 임직원에게 적절한 시기에 스톡옵션권을 부여하지 않았기 때문인 경우도 있지만 과도하게 부여해서 발생하는 사례도 있다.

그래도 스톡옵션은 저임금에 과도한 업무를 담당하는 임직원들에게 창업자가 부여할 수 있는 중요한 인센티브제도 중 하나임은 분명하다. 이를 잘 활용하면 창업자는 물론이고 임직원이 모두 하나가 될 수 있다.

전문경영인이 CEO로 있는 경우에는 이러한 스톡옵션제도가 단기적인 주가 상승에만 주력하는 용도로 사용될 수도 있다. 이는 스톡옵션이 회사의 장기적인 성장에는 부정적인 영향이 미칠 수도 있다는 점도 알아두는 것이 필요하다.

V. 개인정보관리

1. 프라이버시

4차산업시대에는 빅데이터 등을 분석한 결과를 바탕으로 서비스 사업을 하므로 개인정보가 바로 자산이 될 수 있다. 그러나 개인정보를 법에서 정한 방법으로 사용하지 않는 경우 프라이버시, 즉 사생활침해논란이 발생할 수 있어서 어느 정도까지 사업자가 개인정보를 활용할 수 있는지를 두고 논란이 많다. 특히, 사업자가 보유한 개인정보가 유출되면 피해자들이 집단으로 소송을 제기하는 경우가 많아 자칫하면 기업 자체의 존립이 위태로울 수 있다.

19세의 청년 마크 저커버그(Mark Zuckerberg)가 2004년 하버드대 기숙사에서 페이스북을 창업하기 전에 하버드생들을 위한 인맥구축용 하우스 시스템인 '페이스매쉬(Facemash)'를 제작하여 운영한 바 있다. 당시 회원들의 호기심을 유발하기 위하여 저커버그가 학교 전산시스템을 해킹하여 여학생들의 사진을 캡처해 페이스매쉬에 게재한 바 있다. 이 때문에 저커버그는 대학생 윤리규정을 위반하였다는 점과 여학생들의 프라이버시를 침해했다는 점 때문에 보호관찰의 징계를 받은 바 있다.

이와 관련하여 우리나라에서 이러한 사건이 발생하였다고 한다면, 사업자는 더 엄격한 제재를 받게 된다. 즉, 개인정보보호법상 개인의 동의 없이 개인의 서명이나 정보를 수집하거나 배포, 또는 전송하는 경우 형사처벌을 받게 된다.

저커버그는 그 이후 페이스북을 구축하면서 개인의 정보를 스스로 게재토록 하는 방안을 모색해 오늘날의 글로벌 플랫폼 사업자로 성장하게 된 것이다.

따라서 4차산업혁명시대에 적합한 창업을 준비하려면 개인정보와 관련한 분쟁 없이 성공적으로 창업하는 방법을 알아두는 것이 필요하다.

2. 개인정보

개인정보는 프라이버시로서 보호가치를 헌법에서 보장하고 있다. 일반적으로 프라이버시(privacy)는 개인이나 집단에 관한 정보를 다른 사람들에게 선택적으로 공개할 수 있는 권리라고 해석되고 있다.

특히, 빅데이터시대에는 개인의 데이터 활용이 4차산업혁명시대 성공의 열쇠가 되었으며, 최근에는 정보주체의 데이터사용에 대한 보상을 전제로 한 마이데이터제도가 법제화되는 등 개인정보에 대한 법감정과 사회적 요구가 급격히 변하고 있다.

그래도 프라이버시는 헌법이 보장하는 만큼 이에 대한 개념을 이해하는 것은 매우 중요하다. 우리 헌법 제17조에서는 "국민은 사생활의 비밀과 자유를 침해받지 아니한다(주거침입죄)"고 규정하고 제18조에서도 통신비밀을 보호(도청금지, 감청제한)함으로써 사생활과 개인정보에 대한 헌법적 가치를 분명히 하고 있다.

일반적으로 사생활은 프라이버시(privacy)로 번역하는 것이 일반적이며 미국에서는 '사생활' 보다는 '프라이버시'가 좀 더 적극적인 개념으로 해석되고 있다. 즉, 사생활은 개인의 정보를 공개하지 않고 보호하는 측면을 강조하는 반면에 프라이버시는 개인의 정보를 공개 또는 비공개할 수 있는 선택적 권리로 이해되고 있다.

이처럼 IT의 발전과 함께 프라이버시의 중요성이 더 증가했으나 현실적으로 보호의 영역이 공익관점에서 점차 감소하는 추세이다.

IT 산업이 주도하는 4차산업혁명시대에는 개인정보가 매우 중요한 자산이 되고 있다. 따라서 사업자들은 개인정보를 수집하고 이를 활용하는 데 적극적일 수밖에 없다.

최근 보이스 피싱 등 개인정보를 악용한 전기통신금융 사기들이 발생하고 있어서 개인정보보호의 필요성이 증가하고 있다. 특히, 기존의 전기통신금융사기는 전화를 이용한 보이스 피싱 정도였으나 오늘날에는 악성코드를 유포하여 실제와 유사한 금융회사의 인터넷뱅킹 사이트로 유인하는 피싱 사이트 등 그 수법과 종류가 교묘하고 다양하게 진화하고 있어서 이에 대한 대응이 필요하다.

그러나 이와 관련해 법으로 개인정보를 강하게 보호하면 빅데이터 활용이 어려우므로 개인정보가 쉽게 활용되면 프라이버시를 침해하는 결과가 초래될 수 있다.

어느 국가든 이처럼 사업자들이 개인정보를 어느 정도 활용할 수 있도록 법적으로 허용해야 하는지를 두고 고심을 하고 있다.

이와 관련해 우리 개인정보보호법은 정보주체의 동의 없이 이를 유출하거나 이용하는 것을 금지하고 있었다. 그러나 이러한 규정 때문에 개인정보로 분류될 수 있는 빅데이터를 산업적으로 이용하기 어렵다는 문제가 제기되면서 2020년 2월 개인정보보호법을 개정해 개인정보를 가명정보로 변형하면 정보주체의 동의 없이도 이를 사용할 수 있도록 법을 개정한 바 있다.

3. 데이터 3법

개인정보의 수집 및 이용에 관하여 규율하는 법률이 바로 개인정보보호법 및 정보통신망법이다. 우선, 개인정보보호법(제2조 1항)에서는 '개인정보란 살아있는 개인에 관한 정보로서 성명, 주민등록번호 및 영상 등을 통하여 개인을 알아볼 수 있는 정보를 말한다'고 규정하고 있다.

정보통신망법(제2조 6항)에서는 '개인정보란 생존하는 개인에 관한 정보로서 성명이나 주민등록번호 등에 의하여 특정한 개인을 알아볼 수 있는 부호, 문자, 음성, 음향 및 영상 등의 정보'를 말한다고 규정하고 있다.

이를 종합해 보면 개인정보는 신분관계, 개인성향, 심신상태, 사회경력, 경제관계, 기타 새로운 유형 등 매우 포괄적인 개념으로 이해되고 있다.

구체적으로 보면, 신분관계에 해당하는 개인정보로는 성명, 주민등록번호, 주소, 본적, 가족관계, 본관 등이 이에 해당한다고 보고 있다.

개인성향과 관련하여서는 사상, 신조, 종교, 가치관, 정치적 성향 등이 해당한다고 해석되고 있다.

심신상태와 관련하여서는 건강상태, 신장, 체중 등 신체적 특징, 병력, 장애 정도 등도 개인정보에 포함되며, 사회경력과 관련하여서는 학력, 직업, 자격, 전과 여부 등도 포함된다고 본다.

경제관계와 관련하여서는 소득규모, 재산보유상황, 거래내역, 신용정보, 채권채무관계 등이 해당하며, 기타 새로운 유형에는 생체인식정보(지문, 홍채, DNA 등), 위치정보 등이 포함된다고 본다.

그리고 2020년 법개정 후 개인정보를 가명정보화하면 정보주체의 동의 없이도 빅데이터를 활용할 수 있도록 허용하였으며, 구체적으로는 개인정보보호법, 정보통신망 이용촉진 및 정보보호 등에 관한 법률(정보통신망법), 신용정보의 이용 및 보호에 관한 법률(신용정보법) 등 3가지 법률을 개정해 빅데이터를 활용할 수 있는 법적 근거를 마련한 것이다.

이 법개정은 4차산업혁명시대를 맞아 핵심자원인 데이터의 이용을 활성화해 국가적 과제인 신산업육성을 구현하기 위한 것이었다. 특히, 신산업육성을 위해 인공지능(AI), 인터넷기반 정보통신 자원통합(클라우드), 사물인터넷(IoT) 등 신기술을 활용하기 위해서는 데이터 이용이 절대적으로 필요하기 때문이었다.

이러한 데이터 3법의 주요 내용으로는 ① 데이터 이용 활성화를 위한 가명정보개념 도입 ② 관련 법률의 유사·중복 규정을 정비하고 추진체계를 일원화하는 등 개인정보보호 협치(거버넌스) 체계의 효율화 구축 ③ 데이터 활용에 따른 개인정보 처리자의 책임을 강화해 모호했던 '개인정보' 판단기준을 명확히하는 것이다.

가명정보란 성명, 주민등록번호 및 영상 등을 통하여 개인을 알아볼 수 있는 정보 또는 해당 정보만으로는 특정 개인을 알아볼 수 없더라도 다른 정보와 쉽게 결합하여 알아볼 수 있는 정보를 가명처리함으로써 원래의 상태로 복원하기 위한 추가 정보의 사용·결합 없이는 특정 개인을 알아볼 수 없는 정보(가명정보)를 말한다. 가명처리란 개인정보 일부를 삭제하거나 일부 또는 전부를 대체하는 등의 방법으로 추가 정보가 없이는 특정 개인을 알아볼 수 없도록 처리하는 것을 말한다.

4. 사회적 요구

개인정보가 유출되거나 악용되는 사례가 빈번하게 발생하고 있다. 대표적인 예로 구글 앱 장터 플레이스토어에서 유통되고 있는 '콜앱(CallApp)' 소프트웨어를 들 수 있다. 콜앱은 모르는 사람의 번호정보로 그 사람의 이름과 사회관계망 서비스(SNS) 연관정보 등을 확인할 수 있는 것을 말한다.

이와 관련하여 방송통신위원회는 2017년 6월 콜앱에서 이뤄지는 개인정보수집과 수집 후 활용방식을 조사했다. 그리고 조사 결과 실제 콜앱 설치자들이 휴대폰에서 읽어온 번호정보가 다른 콜앱 이용자들에게 무작위로 노출된다는 사실이 확인되었다.

문제는 콜앱이 개인정보수집 등에 대한 동의절차를 거치지 않는다는 것이다. 즉, 개인정보보호법을 위반한 것이다.

이처럼 유출된 개인정보는 범죄자들에 의하여 악의로 이용되고 있으며, 그 대표적인 예가 보이스 피싱(voice phishing)이다. 종래의 전기통신금융사기는 전화를 이용한 보이스 피싱 정도였으나 최근에는 악성코드를 유포하여 실제와 유사한 금융회사의 인터넷뱅킹 사이트로 피해자들을 유인하는 피싱 사이트가 등장하는 등 그 수법과 종류가 매우 교묘하고 다양하게 진화하고 있다. 결국, 이러한 범죄자들에게 개인정보가 유출되었기 때문에 이러한 문제들이 발생하는 것이다.

이러한 개인정보 유출문제는 사업자의 고의 또는 과실에 의한 것뿐만 아니라 해킹 등에 의한 유출문제도 점차 심화되고 있다. 특히, 최근에는 빅데이터 분석과 관련하여 개인정보를 어느 정도까지 보호하여야 하는지를 두고 논란들이 많다.

이제는 개인정보 자체, 즉 프라이버시의 보호 자체에 대한 본질적인 논의를 거친 후 대안제시가 필요한 시점이 되었다.

5. 사 례

2011년에 해킹으로 인해 A 포털사이트에서 3,500만 건의 개인정보가 유출된 사건이 있었다. 조사 결과를 보면 A사가 비밀번호와 주민등록번호는 암호화하였기 때문에 안전하다고 공지하였지만 조사 결과 암호해독이 가능했던 것으로 판명났다. 이 사건의 발단은 해커가 이를 악용하여 포털사이트에 침입하여 개인정보를 유출했던 것으로 추정되었다. 유출내용은 고객들의 아이디, 비밀번호, 주민등록번호, 성명, 생년월일, 이메일 주소, 전화번호, 주소 등이었다. 가입 당시 혈액형, 닉네임 등을 입력한 일부 회원들의 경우 이러한 정보도 유출되었는데, 그 유출경로를 보면 A사가 개인 사용자에게 무료로 제공했던 국내 공개용 알집 프로그램을 통해 유출되었던 것으로 추정되었다.

2014년에는 카드 3사의 개인정보가 유출되었는데, 유출된 개인정보는 총 1억 건을 초과한 것으로 추정된 바 있다. 이처럼 유출된 정보들은 대부중개업자, 광고업체 직원, 경매업자 등이 매입하여 사용한 것으로 알려졌다. 이 사건에서 해킹한 자와 정보를 매도하거나 매수한 자 모두 형사처벌을 받았으며, 해킹당한 카드 3사의 CEO 및 임직원도 해임권고,

직무정지 등의 중징계를 받았다.

정보유출 당시 재직 중이었던 임직원에게도 소급하여 책임이 추궁되었으며, 관련 업체는 업무정지 3개월 등의 행정조치가 내려진 바 있다.

결론적으로 개인정보가 4차산업시대에는 어떻게 보호되어야 하는지가 앞으로도 계속해서 화두가 될 것으로 예상된다. 특히, 빅데이터산업의 활성화를 위하여는 개인정보에 대한 법적 개념도 변경되어야 한다. 그러나 여전히 고객정보를 관리하는 사업자의 경우에는 이를 철저히 관리해야 함은 물론이고 이용시 고객의 동의를 얻어야 한다는 점을 재인식하고 이를 활용하기 위해서는 가명정보처리하면 정보주체의 동의 없이도 사용할 수 있다.

Ⅵ. 경영권 위협관리

1. 경영권

창업자는 최대주주로서 기업경영의 최종책임자로서 경영권을 갖게 된다. 경영권이란 기업경영에 필요한 기업시설의 관리·운영 및 인사 등에 관하여 가지는 권리로서 노동권에 대립하는 개념이다. 이는 노동권에 사용자가 개입할 수 없는 것처럼 경영권은 근로자가 관여할 수 없는 배타적인 권리이다. 이러한 경영권을 확보하려면 최대지분을 확보하여야 하는 경우가 일반적이며, 전통적으로 경영권이 안정되어야 기업이 성장할 수 있는 것으로 평가받고 있다.

이러한 경영권은 법률상으로 독립된 명확한 개념은 아니다. 역사적으로는 제2차 세계대전 후 노동조합운동이 본격화되고 노동조합 측이 기업 경영에의 개입을 요구하기 시작하자, 기업가 측에서 노동조합의 노동권에 대립하는 말로 경영권을 주장하였다.

이러한 경영권은 대내적으로는 사용자가 가지는 고유의 권리로서 생산방법과 생산계획의 결정, 경영 간부의 인사 및 재무에 관계되는 사항에 대한 결정권 등으로 나타난다.

또한 경영권은 대외적으로는 주주·노동조합·금융기관·정부·고객·지역사회 등의 이해관계집단과의 관계에서 자기 경영의 이익을 자주적으로 주장할 수 있는 권리로도 이해된다.

이처럼 사용자는 대외적인 권리를 갖지만 이에 대한 책임도 부담하며, 이를 경영의 사회적 책임이라고 부른다.

이처럼 경영권은 기업이 경영활동을 통해 쌓아 온 무형의 자산가치로 이해된다. 따라서 장기간에 걸쳐 기업활동을 해온 기업의 가치는 일반적으로 부동산과 같은 유형자산과 경영권 프리미엄으로 표현되는 무형자산을 더해 평가하게 된다.

그리고 경영권 프리미엄에는 영업권을 비롯해 고객의 인지도와 회사의 명성 등 수치화할 수 없는 요소들을 모두 포함하게 된다.

기업의 인수· 합병 시 인수하는 기업이 인수할 기업의 경영권 프리미엄을 적절히 평가해 금전적 보상을 하는 것이 통상의 관례이다.

2. 경영권 분쟁

창업 후 기업이 성장하는 과정에서 예상치 못한 소송으로 인해 회사 존립이 위협받는 일이 발생할 수 있다. 창업 후 유니콘으로 급성장한 기업들을 보면 창업 초기 급성장하는 과정에서 크고 작은 경영권 분쟁으로 위기에 직면한 경우가 많다.

따라서 최근에는 기업경영과 관련해 법률 위험을 관리하는 것이 창업 후 성장하는 과정에서 매우 중요한 요소가 되고 있다.

창업 후 기업의 유지나 존속을 위협하는 분쟁으로는 배임이나 횡령, 사기, 불공정행위 등 형사소송이 제기되는 경우가 많다. 이러한 형사소송 외에도 민사소송으로 창업자를 상대로 손해배상소송이 제기되거나 주주총회결의 취소 및 무효소송이나 신주발행 무효소송이 제기된 경우도 많다. 그 밖에도 노동법상의 부당노동행위나 부당해고소송 등이 제기되는 경우도 빈번히 발생한다.

일반적으로 최대주주인 창업자가 50% 이하의 지분을 소유하는 경우 경영권을 위협하는 법적 분쟁이 발생하기 쉽다. 특히, 공동창업자 간 경영권 분쟁이 발생하는 경우가 많은데, 이를 예방하는 방법은 창업 당시 주주 간 계약을 면밀히 검토한 후 체결하는 것이 필요하다.

예를 들어 새버린과 저커버그 간 소송이 대표적이다. 그 밖에도 2016년 4월, 실리콘밸리의 유명 벤처투자자인 마크 안드레센(Marc Lowell Andreessen) 등이 페이스북 이사회를 상대로 그 결의무효소송을 제기한 것도 좋은 예이다.

원고인 안드레센은 한 때 최고경영자(CEO)로서 2008년부터 페이스북의 사외이사로서 마크 저커버그의 멘토로도 잘 알려진 사람이다. 마크는 저커버그가 최고경영자(CEO)로서 15년간 보유했던 주식 대부분을 그와 그의 아내가 운영하는 자선단체인 찬-저커버그 이니셔티브에 기부하기로 한 것을 문제삼았다.

이를 계기로 저커버그는 주총에서 정관을 변경하여 저커버그가 전체 주식 중 15% 소유하더라도 54% 의결권행사가 가능한 차등의결권을 부여한 바 있다.

페이스북은 3가지 종류의 주식을 발행했는데 클래스 A 주식에는 1주 1의결권을 부여하고 클래스 B 주식에는 복수의 의결권을, 그리고 클래스 C에는 의결권을 배제하는 것을 내용으로 하는 정관변경이었다.

구글의 지주회사인 알파벳의 경우도 주당 1표 의결권이 있는 A형 보통주, 주당 10표 의결권이 있는 B형 보통주, 의결권이 없는 C형 등 세 종류의 주식을 정관에 규정하고 래리페이지 최고경영자(CEO)와 세르게이 브린 이사는 10배의 의결권이 주어지는 B형 주 소유하면서 경영권을 안정시킨 바 있다. 참고로 우리나라에서는 주주평등원칙상 A형과 C형만을 발행할 수 있으며 차등의결권이나 황금주 발행은 금지된다.

3. 경영권방어

창업 후 기업이 성장하게 되면 자금조달과정에서 창업자의 지분보유율이 감소하여 경영권 위협에 노출될 수 있다. 현행법상 경영권방어제도로 활용되는 것으로 5% 공개매수, 자기주식취득 등이 이용되고 있다.

5% 공개매수는 기업의 지배권을 취득하거나 또는 강화할 목적으로 미리 매수기간, 매수가격 등 매수조건을 공시하여 유가증권시장 외에서 불특정 다수인으로부터 주식 등을 매수하는 제도이다. 현행 제도는 기존 경영자의 경영권보호 목적보다는 오히려 경영권이전을 투명화할 목적으로 이용되고 있으며, 경영권자에게는 선전포고와 같은 효과를 내 스스로 방어하도록 예고하는 의미로 이해된다. 그리고 투자자들이 적정한 가격

에 주식을 처분할 기회를 제공하고자 공개매수 가능일로부터 매수기간 종료일까지는 공개매수 외의 매수는 금지되도록 규정하고 있다.

자기주식취득은 자본의 공동화, 불공정거래 가능성 등의 부정적 측면으로 인하여 상법상 원칙적으로 금지되어 있다. 다만, 주식취득이 주가 안정에 기여하는 등 긍정적 측면도 있어 상장회사는 배당가능이익 범위 내에서만 자기주식을 취득하도록 허용하고 있다. 자기주식취득이 시장가격을 왜곡시키는 것을 방지하기 위해 시기·수량·가격 등에 제한이 있으며 처분 후 3개월간은 취득이 금지되는 등 취득제한기간이 존재한다.

그리고 자기주식은 의결권이 없어, 경영권 위협이 있는 경우 이사회 결의로 우호 세력에게 주식을 처분하는 것이 일반적이다.

4. 경영권방어제도

우리나라에서는 허용되지 않으나 미국이나 일본 등에서 허용되고 있는 포이즌 필(poison pill), 황금주(golden share), 복수의결권 등의 경영권방어제도에 대해 알아둘 필요가 있다.

포이즌 필(poison pill)이란 기업의 경영권방어수단 중 하나로서, 경영권 침해시도 발생 시 공격자를 제외한 다른 주주들에게 시가보다 저가로 지분을 매입할 권리를 부여하는 제도를 말한다. 미국과 일본, 프랑스에서 시행하고 있으며, 미국과 일본은 정관변경 없이도 이사회 의결만으로 이를 실행할 수 있으나 우리나라는 원천적으로 금지되어 있다.

황금주(golden share)란 보유수량이나 비율과 관계없이, 적대적 M&A 등 특정한 주주총회 안건에 대해 특정 주주가 거부할 수 있는 권한이 부여된 주식을 말한다. 이러한 황금주는 미국에서는 정관에 예외를 인정하는 규정을 두는 방식으로 운영하고 있으며, 우리나라는 금지되어 있다.

차등의결권 또는 복수의결권제도는 적대적 M&A로부터 경영권을 방어하는 수단으로 활용되고 있는데, 일부 주식에 특별히 많은 수의 의결권을 부여하여 일부 주주의 지배권을 강화하는 제도이다. 미국과 유럽, 일본 등지에서 도입하여 시행하고 있는 제도인데 미국 포드자동차의 경우 창업주인 포드 집안의 소유 지분은 7%에 불과해도 의결권은 40%를 행사할 수 있었다. 스웨덴의 발렌베리가는 지주회사인 인베스트사의 지분 19% 보유하고 의결권은 41%를 행사하고 있다. 프랑스는 주식을 2년 이상 보유하면 1주에 2개의 의결권을 부여하고 있다.

5. 분쟁유형

경영권이 인정되어야 회사가 성장할 수 있다는 것은 이미 공인된 사실이며, 경영권 분쟁이 발생하는 경우 단기적으로는 주가가 상승해도 장기적으로는 성장잠재력의 하락으로 주가 역시 하락하는 것이 일반적이다.

그래도 경영권 분쟁은 다양한 이유로 발생하고 있으며, 그 분쟁의 목적별로 구분해 보면 "경영권찬탈목적", "경영참여목적", "주가차익실현목적", "경쟁사의 경쟁력약화목적"으로 구분해 볼 수 있다.

분쟁 원인별로도 다양한 형태의 경영권 분쟁이 발생한다. 우선, 이사회결의 하자를 주장하면서 경영진의 업무집행을 방해하는 분쟁유형이 있다. 이러한 분쟁은 상법상 이사회결의를 무효화시키는 명백한 규정이 없어 소송이 장기화하고 승패도 불명확하고 소송이익도 없는 것으로 평가받고 있다.

다음은 신주발행을 무효화시키려는 분쟁도 빈번히 발생한다. 이사회는 신주배정권을 갖고 있어서 이사회에서 우호 세력에게만 신주를 배정하는 경우 경영권 분쟁이 종종 발생한다. 즉, 회사가 자본을 조달하기 위하여 신주발행하면 대표이사가 이사회의 결의를 통해 특정 주주나 제3자에게 신주를 배정하여 우호 세력을 보강하는 경우, 이를 문제삼아 경영권 공격자가 이사회결의를 취소 또는 무효화시키는 소송을 제기하는 방식의 분쟁이다. 이에는 신주발행무효의 소(법적 근거 있음), 전환사채발행무효의 소(법적 근거 없음), 신주인수권부 사채발행 무효의 소(법적 근거 없음) 등이 있다.

스톡옵션과 관련한 분쟁도 많이 발생한다. 스톡옵션을 부여하기 위해서는 주주총회의 승인을 받기는 하지만 스톡옵션의 규모와 대상자는 이사회가 정하므로 역시 경영권 분쟁의 여지가 많다. 즉, 스톡옵션 부여는 정관에 근거규정이 있어야 하며, 주주총회의 승인이 필요하지만, 이사회가 이러한 절차를 무시하고 배정하는 경우 이에 대한 무효를 주장하는 소송이 빈번히 제기된다.

또한 이사회결의가 필요한 사안인데 이를 무시하고 대표이사가 업무를 집행하면 이를 무효화시키려는 소송이 제기되는 경우도 많다. 이 경우 대표이사의 권한남용을 주장하여 효력을 부정하는 소송이 제기되는데, 정관이나 법령을 위반한 대표이사의 행위를 전단적 대표행위로 정의하고 그 효력을 부정하는 소송이 대부분을 차지한다.

주주총회결의의 효력을 부정하는 형태의 분쟁도 빈번히 발생한다. 이와 관련해서 우리 상법에서는 주주총회결의의 효력을 부정하는 방법과 요건에 대해 상세한 규정을 두고 있다. 이 또한 주주총회결의의 효력을 부정하려고 한다는 점에서 경영권 분쟁의 한 유형에 포함된다.

그리고 소수주주가 경영참여명분으로 이의를 제기한 경우도 많다. 특정 세력이 경영권을 위협하기 위해 주주들로부터 위임받아 주주제안을 하거나 집중투표를 청구하는 등의 방법으로 경영권을 위협하는 경우도 있다.

그 밖에 주주총회에서 한 이사선임결의의 하자를 주장하고 이를 무효화시키려는 소송도 빈번히 발생한다. 즉, 이사선임에 관한 절차상 하자를 주장하면서 주총결의취소, 무효확인, 결의부존재확인소송이 제기되거나 이사 중 일부의 해임을 위한 주주총회소집청구소송이 제기되는 경우도 많다.

또한 합병, 회사분할 등에 대한 절차상 하자를 이유로 그 무효를 주장하는 소송도 많이 제기된다. 즉, 합병비율이나 채권자보호절차 위반 등을 이유로 무효소송을 제기하거나 회사분할절차 위반을 이유로 무효소송을 제기하는 경우도 많다.

6. 분쟁예방

(1) 개 요

창업 후 회사가 본궤도에 진입하면 항상 경영권 분쟁이 발생할 여지가 크다. 즉, 창업하는 순간부터 경영권 분쟁은 불가피하다. 즉, 경영권 분쟁이 발생하지 않을 수는 없으므로 어떻게 위기를 극복하는지가 중요하다. 이와 관련해 사법부는 경영권자의 경영 판단을 존중하는 경향을 보여왔다. 다만, 법적 절차를 지킨 경우에만 경영 판단을 존중한다. 따라서 경영 판단 시 법에서 정한 절차를 준수했으면 대부분은 면책된다. 물론,

절차를 준수해도 사회적으로 큰 이슈가 되거나 정치적 사건에 연루되면 하급심에서 책임이 인정되는 경우는 있지만 최종심에서는 면책될 가능성이 크다.

그리고 최대주주의 지분비율이 높을수록 경영권 분쟁의 발생빈도가 낮으며, 특히 우호 세력을 포함해도 경영권자가 30% 이하의 지분만 확보되면 경영권 분쟁 가능성이 큰 것이 일반적이다. 이하에서는 회사의 규모별로 구분하여 자세히 설명해 보고자 한다.

(2) 1인기업

상법상 자본금 10억 원 미만이면 1인이 출자한 주식회사 형태로 창업하는 것이 가능하다. 이러한 1인회사의 경우 주주총회나 이사회 자체가 존재하지 않기 때문에 경영권 위협은 없다. 당연히 총회소집절차도 필요없고, 실제로 총회를 개최한 사실이 없었다 하더라도 그 1인주주에 의하여 의결이 있었던 것으로 주주총회의사록이 작성되었다면 특별한 사정이 없는 한 그 내용의 결의가 있었던 것으로 본다(대법원 2004. 12. 10. 선고 2004다25123 판결). 다만, 1인기업의 경우 상법상 경영권 분쟁이 발생할 여지는 전혀 없지만, 공정거래법이나 전기통신사업법, 근로기준법 등 관련 법 위반으로 형사처벌을 받는 경우 경영권이 위협받을 수도 있다. 따라서 이에 대해 주의할 필요가 있다.

(3) 중소기업

중소기업의 경우 창업자의 지분이 많은 상태인 것이 일반적이기 때문에 비교적 경영권 분쟁의 소지는 적다. 그러나 기업이 성장하는 과정에서 투자자와 투자계약을 체결할 때 신중할 필요가 있다. 특히, 중소기업은 창업자의 지분이 많아 정관변경이 쉬운 만큼 사전에 경영권 분쟁이 발생할 가능성이 있는 정관규정들을 개정 내지 보완하는 것이 절대적으로 필요하다. 대표적인 예가 집중투표제의 실시를 배제하는 명문규정을 정관에 신설하는 것이 필요하다. 또한 신주의 제3자배정에 관한 규정을 정관에 상세히 규정할 필요가 있다. 그리고 중소기업이어도 자산이 120억 원을 초과하면 외부감사를 받아야 하는 경우가 있어 분식회계에 대한 형사처벌의 우려가 있다는 점을 유념할 필요가 있다.

(4) 중견기업

중견기업은 매출 규모는 크지만 기업지배구조가 체계적이지 않을 수 있으므로 이사회 구성과 운영에 신중할 필요 있다. 특히, 대표이사는 책임이 매우 크므로 이사회 구성 시 그의 역량을 최대한 발휘해 우호 세력으로 이사회를 구성하는 것이 효율적이다.

중견기업이 대규모 자금조달, 출구전략 등을 위해 기업을 공개하는 경우 기업의 규모는 급성장할 수 있지만, 각종 규제가 많아지고 경영권 위협에 노출될 수 있다. 따라서 이 경우 이사회 운영 규정 등을 정비하여 법이 정한 절차를 준수하고자 하는 노력이 필요하다.

반면에 중견기업이지만 비공개회사로 남고, 창업자의 지분이 많다면 규제로부터 비교적 자유로울 수 있으며 경영권 위협으로부터도 자유로울 수 있다.

이러한 중견기업들이 경영권 분쟁으로 어려움을 겪는 경우가 종종 발생하는데, 이런 현상은 사업영역을 확대하기 위해 합병이나 기업인수 등

M&A하는 과정에서 발생할 수 있다.

합병계약서나 영업양수도계약서를 작성하고 이를 이사회와 주주총회에서 승인받는 과정에서 법에서 정한 절차를 준수하는 것이 분쟁을 예방하는 최선이다.

(5) 유니콘 기업

창업 후 4차산업의 성공지표로 알려진 유니콘 기업이 된 경우 창업 당시와는 달리 대기업에 적용되는 각종 규제와 관행들이 적용되게 된다. 유니콘 기업이란 창업후 10년 이내에 자산이 10억 달러(약 1조 2천억 원) 이상으로 급성장한 비상장 스타트업을 말한다.

이처럼 창업 후 유니콘 기업으로 성장하는 과정에서 자본조달과 경영의 효율성을 제고하기 위해 자본을 증가시키고 스톡옵션 부여, 지배구조 개선 등과 같은 변화를 겪게 된다. 특히, 가장 많은 변화를 가져오는 것은 창업자의 지분이 차지하는 비중이 점차 약화되어 경영권 분쟁이 발생하는 빈도가 높아진다.

특히, 자본이 증가한다는 것은 창업자 이외의 타인 자본이 증가해 창업자의 지배권이 약화된다는 것을 의미한다. 창업 후 급성장한 대기업들의 상당수는 투자자 간의 경영권 분쟁이 빈번히 발생하는 것이 일반적인 점을 고려해 투자계약체결 시 충분한 법리검토를 하는 것이 필요하다.

그리고 대기업이 되면 이사회 구성이 매우 중요하며, 사내이사든 사외이사든 감정적인 부분보다는 이성적인 판단에 따라 신뢰할 수 있고 전문성을 겸비한 인사를 선임하는 것이 중요하다.

Ⅶ. 하청관리

1. 개 요

창업 후 대기업으로 성장하는 과정에서 국가나 다른 민간기업으로부터 사업을 위탁받아 수행하는 경우가 있다. 이때 중앙정부나 지방자치단체로부터 발주사업을 위탁받는 것이 조달이며 "국가를 당사자로 계약에 관한 법률(국가계약법)"과 "지방자치단체를 당사자로 하는 계약에 관한 법률(지방계약법)"의 적용을 받는다. 이 법의 특징은 형사처벌규정이 없다는 점이다.

그리고 민간기업으로부터 발주사업을 위탁받는 것을 하도급계약이라 하고 하도급거래법의 적용을 받는다. 이 법은 주로 위탁사업자보다는 수탁사업자를 보호하는 법률로서 법을 위반하면 과징금부과나 시정명령, 과태료부과, 형사처벌과 같은 공법상의 제재를 받는다.

그리고 정부 발주사업의 수급자가 된 민간기업이 다른 민간기업에 재하청하면 국가계약법이 아닌 하도급거래 공정화에 관한 법률(하도급법)에 따라 규율된다.

최근에는 이런 하도급 법리가 노동법과 중대재해처벌법의 이념에도 확장되어 가고 있다. 노동법상 원사업자가 수급사업자의 임금을 체불하면 고용안정보장의무를 부과하는 판례들이 많아지고 있다.

2022년 1월부터 시행된 중대재해처벌법은 하청사업자의 안전이나 보건조치 미흡으로 근로자가 사망하거나 2인 이상이 전치 6개월 이상 부상이 발생하면 원사업자의 사업주 또는 경영책임자(CEO)가 형사처벌 받는 규정을 신설하는 등 하청 관련 법제환경에 큰 변화가 있어서 창업자들은 이를 인식할 필요가 있다.

2. 국가계약

창업 후 정부지원을 통해 자금을 조달하는 방법 중 하나가 정부사업을 수주하는 것이다. 정부로부터 사업을 수주하는 경우 이는 도급계약을 체결하는 것을 말한다. 일반적으로 계약이란 "법률상 일정한 효과의 발생을 목적으로 복수당사자 사이에 서로 반대되는 의사표시의 합치에 의하여 성립되는 법률행위"를 말한다. 정부계약도 사법상의 계약이므로 민법상의 일반원칙인 계약자유의 원칙, 신의성실의 원칙, 사정변경의 원칙과 권리남용금지의 원칙 등이 적용된다.

그러나 국가계약이 갖는 특성이 있는데 정부계약의 기본법인 국가계약법은 제5조에서 "계약은 상호 대등한 입장에서 당사자의 합의에 따라 체결되어야 한다"라고 규정하고 있다. 결국 국가계약법에 따른 계약은 "국가가 사인의 지위에서 사인 상호간에 대립하는 2개 이상의 의사표시가 합치되어 성립하는 법률행위"로서 사경제 주체로서 행하는 사법상의 법률행위이다.

그러나 국가계약은 개인의 이익을 추구하는 일반적 계약과 달리 공공복리의 추구라는 목적의 달성을 위하여 체결되며, 이에 따라 별도의 계약 관련 규정을 운영하고 있다. 한편 국가계약법령에서는 정부의 우월적 지위를 이용하여 계약상대자의 계약상 이익을 부당하게 제한하는 특약이나 조건을 정하지 않도록 하고, 당사자는 계약의 내용을 신의성실의 원칙에 따라 이행하도록 하는 국가계약의 원칙을 규정하고 있다(법 제5조 및 시행령 제4조).

이 국가계약법령의 주요 내용으로는 ① 정부조달에 있어 국제입찰의 범위를 설정(법 제4조) ② 신의성실 등의 계약원칙 명시 및 부당한 특약 설정금지(법 제5조, 영 제4조) ③ 일반경쟁입찰의 원칙 명시(법 제7조) ④ 입찰공고에 관한 사항을 명시(법 제8조, 영 제33조) ⑤ 부정당업자에 대한 입찰참가자격 제한(법 제27조, 영 제76조~제77조) ⑥ 국제계약분쟁조정위원회 설치·운영(법 제29조, 특례규정 제27~38조) 등에 관한 내용이 규정되어 있다.

창업자가 알아둬야 할 것은 조달계약을 수행할 때 법위반행위를 한 경우 2년의 범위 안에서 조달사업에 참여가 제한되는 점을 알아둘 필요가 있다.

3. 민간하도급

창업 후 대기업으로 성장하기 전까지는 대기업으로부터 사업을 하청받는 경우가 발생한다. 이를 하도급거래라고 하며 이 거래는 사업을 발주하는 원사업자와 사업을 수탁하는 수급사업자 간의 신의(信義)에 바탕을 둬야 한다. 이처럼 신의에 위반해 원사업자(원청사업자)가 수급사업자(하청사업자)에 부당한 행위를 하면 공정거래위원회가 "하도급거래공정화에 관한 법률(공정거래법)"에 따라 감독 및 제재하고 있다.

원래 도급은 일의 완성을 목적으로 하는 것으로 일 자체는 반드시 수급인 자신의 노무로 반드시 해야 하는 것은 아니다. 즉, 제3자에게 맡겨 일할 수도 있는데 이때 수급인이 하도급 또는 하청(下請)업자가 되는 것이다. 하도급은 수급인과 하수급인 사이의 도급계약이므로 재하수급인의 행위까지 모든 책임을 부담한다.

수급인과 도급인의 관계는 일방의 지배 및 복종관계가 성립되어 중소기업과 노동력착취 등의 사회문제가 초래되었다.

공정한 하도급거래질서를 확립하여 원사업자와 수급사업자가 동등한 지위에서 상호보완적으로 균형 있게 발전할 수 있도록 함으로써 국민경제의 건전한 발전을 위한 하도급거래공정화에 관한 법률(하도급법)이 1984년에 제정되어 시행되고 있다. 즉, 하도급법은 하청업체를 보호하기 위한 법이다.

원사업자의 의무사항으로는 ① 서면교부 및 보존의무 ② 수급사업자와의 계약체결・변경 시 관련사항을 서면으로 교부하고 이를 보존할 의무(제3조) ③ 하도급대금 등 지급의무 ④ 특정 기일 이전(납품 후 60일 또는 발주자로부터 받은 후 15일)에 하도급대금 및 선급금, 관세 등의 환급금을 지급하고, 기일을 넘기거나, 어음으로 지급하는 경우 지연이자, 어음할인료 등을 지급할 의무(제6조, 제13조, 제15조)를 부과하고 있다.

그리고 원사업자의 금지사항으로는 ① 부당한 방법을 통해 통상 지급되는 대가보다 낮은 수준으로 하도급대금 결정하는 행위를 금지(제4조) ② 수급사업자 책임으로 돌릴 사유가 없음에도 부당하게 위탁을 취소하고 수령을 거부하거나 반품하는 행위를 금지(제8조, 제10조) ③ 정당한 사유가 있을 때 외에는 감액하는 행위를 금지(제11조) ④ 정당한 사유 없이 하도급대금을 물품으로 지급하는 행위를 금지(제17조) 등이 있다.

그 밖에도 기타 금지사항들이 있는데 ① 물품 등의 구매강제 금지(제5조) ② 물품구매대금 등의 부당결제청구 금지(제12조) ③ 경제적 이익의 부당요구 금지(제12조의2) ④ 기술자료 제공요구 금지(제12조의3) ⑤ 부당한 경영간섭 금지(제18조) ⑥ 보복조치 금지(제19조) ⑦ 탈법행위 금지(제20조) 등이 있다.

반면에 수급사업자(하청업자)는 ① 서류보존의무(제3조) ② 건설공사계약이행보증의무(제13조의2) ③ 신의칙준수의무(제21조 1항) ④ 법위반행위에 대한 협조거부의무(제21조 2항)만 규정되어 있다.

법위반 시에는 행정적 제재(시정조치와 과징금)와 벌칙이 존재하는데, 행정제재는 원사업자 및 발주자에 대하여 대금 등의 지급, 법위반행위의 중지, 기타 시정에 필요한 조치를 권고·명령, 시정명령 공표 명령(제25조)이 해당한다. 그리고 원사업자, 발주자 및 수급사업자에게 관련 하도급대금의 2배 이내의 범위에서 과징금이 부과된다(제25조의3).

벌칙으로는 하도급대금 2배 상당금액 이하의 벌금 등이 있다.

4. 산업재해

2021년 1월 8일 국회는 산업재해발생 시에 기업과 경영자의 처벌을 강화하는 것을 주된 내용으로 하는 "중대재해처벌 등에 관한 법률"을 제정했다. 이 법률은 산업안전보건법의 규정 중 중대재해에 대해서만 특별한 책임을 부과하는 법률로서 특별법 중의 특별법이라고 할 수 있다. 이 법은 창업 후 하청사업자의 지위에 있는 초기 사업자들에게도 미치는 영향이 커서 창업자들도 이에 대한 이해가 필요하다.

이 법률의 주요 내용은 7가지이다. 첫째는 사업 또는 사업장, 공중이용시설 및 공중교통수단을 운영하거나 인체에 해로운 원료나 제조물을 취급하면서 안전·보건 확보의무를 위반하여 인명피해를 발생하게 한 경우 해당 사업주, 경영책임자, 및 법인의 처벌 등을 규정함으로써 중대재해를 예방하고 시민과 종사자의 생명과 신체를 보호함을 목적으로 하는 점이다(법 제1조).

둘째는 사업주 또는 경영책임자 등은 사업주나 법인 또는 기관이 실질적으로 지배·운영·관리하는 사업 또는 사업장에서 종사자의 생명, 신체의 안전·보건상의 유해 또는 위험을 방지할 의무가 있고, 사업주나 법인 또는 기관이 제3자에게 도급, 용역, 위탁 등을 행한 경우 제3자의 종사자에 대한 안전 및 보건 확보의무를 부담하도록 하고 있다(법 제4조 및 제5조).

셋째는 사업주 또는 경영책임자 등이 안전 및 보건 확보의무를 위반하여 중대산업재해가 발생한 경우 사업주와 경영책임자 등을 처벌하고, 경영책임자 등이 법위반행위를 하는 경우 법인 또는 기관에 대해서도 벌금형을 부과하도록 규정하고 있다(법 제6조 및 제7조).

넷째는 사업주 또는 경영책임자 등은 원료나 제조물로 인한 공중위험의 발생 또는 공중이용시설 및 공중교통수단에서의 위험의 발생으로부터 그 이용자 등의 안전 및 보건 확보의무를 부담하도록 하고 있다(법 제9조).

다섯째, 사업주 또는 경영책임자 등이 안전 및 보건 확보의무를 위반하여 중대시민재해가 발생하면 사업주와 경영책임자 등을 처벌하고 법인 또는 기관에 대해서도 벌금형을 부과하도록 규정하고 있다(법 제10조 및 제11조).

여섯째, 사업주 또는 경영책임자 등이 고의 또는 중대한 과실로 이 법에서 정한 의무를 위반하여 중대재해를 발생하게 한 경우, 중대재해로 손해를 입은 사람에 대하여 그 손해액의 5배를 넘지 않는 범위에서 배상책임을 부과하는 것이다(법 제15조).

일곱째, 정부는 중대재해예방을 위한 대책을 수립·시행하여야 하고, 사업주, 법인 또는 기관에 대하여 중대재해예방사업에 소요되는 비용을 지원할 수 있으며, 그 상황을 반기별로 국회 소관상임위원회에 보고하도록 하는 규정이 포함되어 있다(법 제16조).

그러나 이러한 규정은 상시근로자가 5명 미만인 사업 또는 사업장의 사업주 또는 경영책임자 등에게는 중대산업재해에 관한 규정의 적용을 배제하고 있다.

따라서 창업 당시 4인만 고용한 경우에는 창업자가 책임을 면하지만 회사가 성장하면 책임을 회피하기 어렵다.

과거에는 IT 관련 서비스 사업의 경우에는 산업안전보건법의 적용을 받지 않았으나 중대재해처벌법은 이들에게도 적용된다.

특히, 하청사업자의 근로자의 중대재해에 대해서도 원청사업주와 경영책임자 등이 책임지도록 하였다. 즉, 제3자에게 도급, 용역, 위탁 등의 하청을 준 경우도 하청사업자의 종사자에게 중대재해발생 시에도 원청사업자의 사업주나 경영책임자 등이 형사처벌을 받도록 하여 과도하게 형사처벌의 범위를 확장했다는 것을 명심할 필요가 있다.

제 7 장

특허 등 기반 창업

제7장 특허 등 기반 창업

Ⅰ. 개 요

“기업가의 지식파급이론(Knowledge Spillover Theory of Entrepreneurship)”에 따르면 어떠한 종류의 창업을 하든 기술 기반의 혁신적 창업이어야 높은 경제적 가치를 창출한다는 것이다. 그러나 기술이란 타인이 복제나 모방해서 사용하는 순간 시장에서의 차별화를 상실하면서 경제적 가치를 창출하기 보다는 오히려 기술개발비용만 지출해 시장에서 퇴출될 가능성이 커진다.

따라서 창업에 성공하려면 창업자가 보유한 기술을 독점적으로 산업에 이용해 경제적 가치를 창출할 수 있도록 법적인 보호장치를 마련하는 것이 필요하다. 즉, 기술을 지식재산권화해야 창업에 성공할 가능성이 높아지는 것이다.

이처럼 기술을 지식재산권화하는 방법은 우선 해당 기술을 성질에 따라 지식재산의 종류별로 분류하는 것이 선행되어야 한다.

기술이란 국립국어원의 표준국어대사전에 따르면 2가지 의미로 정의되고 있는데, 첫째는 과학이론을 실제로 적용하여 자연의 사물을 인간 생활에 유용하도록 가공하는 수단이며, 둘째는 사물을 잘 다루는 방법이나 능력이다. 여기서 첫 번째 의미로 기술을 해석하면, 이것은 공학에 가까운 의미가 되며 두 번째 의미와 구별하기 위해 과학기술 등으로 부르기도 한다. 반면 두 번째 의미는 인간의 행위능력 그 자체를 의미하기 때문에 과학이나 공학과는 달리 인간의 정신이나 감정이 가미된 인문학이나 사회과학에 가까운 의미를 가진다.

따라서 기업가의 지식파급이론에서 언급한 기술은 이처럼 2가지 의미로 포괄적인 해석을 해야 이들을 법으로 보호할 가능성이 높아지는 것이다.

인류는 이러한 기술을 법적으로 보호하기 위해 지식재산권이라는 제도를 정립하였으며, 이러한 지식재산의 권리범위에 포함되는 기술들은 법적 보호를 받아 시장에서 독점적·배타적으로 사용할 수 있다. 즉, 지식재산의 권리범위에 포함되지 못하는 기술은 기업가의 지식파급이론에 따르더라도 경제적 가치를 창출하기 어려운 것이다.

이러한 지식재산은 크게 3가지로 분류할 수 있는데, 산업재산권과 저작권, 그리고 신지식재산이다. 이 중에서 특허나 실용신안에 대한 지식재산권은 고도의 기술적 사상에 의한 창작물에 대해 배타적 권리를 부여하는 것이다. 반면에 기술적 사상이 가미되지 않은 정신적인 노동에 의한 창작물에 대한 배타적 권리를 인정하는 것이 바로 저작권제도이다.

그리고 기술의 발전으로 종래의 지식재산의 범주에 속하지는 않지만 법적으로 보호할 가치가 있는 기술들은 지식재산의 범주를 확장해 해석하거나 법제도화해서 신지식재산이란 이름으로 권리범위를 확장해 가고 있다.

4차산업혁명이라는 관점에서 보면 신지식재산의 범위는 지속적으로 확장될 것으로 예상되며, 창업자는 본인이 보유한 기술이 지식재산의 분류 중 어디에 해당하고 이것을 지식재산권화하는 것이 가능한지를 사전에 검토해 보는 것이 매우 중요하다.

이하에서는 기술을 중심으로 지식재산을 분류하기보다는 현행 법제도가 분류하고 있는 지식재산권의 내용을 설명하고 창업자는 본인이 보유한 기술이 어떠한 지식재산으로 보호받을 수 있는지 알 수 있도록 설명하고자 한다.

〈표 7-1〉 지식재산권의 분류

<table>
<tr><td rowspan="4">산업재산권</td><td>특허(20년)</td><td colspan="2">자연법칙을 이용한 기술적 사상의 창작으로서 고도한 발명</td></tr>
<tr><td>실용신안(10년)</td><td colspan="2">자연법칙을 이용한 기술적 사상의 창작(소발명)인 고안</td></tr>
<tr><td>상표(10년)</td><td colspan="2">타인의 상품이나 서비스와 구별되는 기호, 문자, 도형 또는 이들을 결합한 것</td></tr>
<tr><td>디자인(20년)</td><td colspan="2">물품(글자체 포함)의 형상, 모양, 색체 및 이들을 결합한 것</td></tr>
<tr><td rowspan="4">저작권</td><td rowspan="3">저작물</td><td>저작권</td><td>저작인격권(공표권, 성명표시권, 동일성유지권), 저작재산권(복제권, 공연권, 공중송신권, 전시권, 배포권, 대여권, 2차적 저작물작성권)</td></tr>
<tr><td>저작인접권</td><td>실연자, 음반제작자 및 방송사업자</td></tr>
<tr><td>출판권</td><td>저작물을 원작 그대로 출판할 권리</td></tr>
<tr><td>컴퓨터프로그램</td><td colspan="2">프로그램에 나타난 표현의 보호(아이디어는 BM 특허로 보호)</td></tr>
<tr><td rowspan="4">신지식재산권</td><td>반도체배치설계권</td><td colspan="2">반도체 집적회로의 회로소지나 동선의 배치패턴</td></tr>
<tr><td>영업비밀</td><td colspan="2">영업노하우나 고객리스트 등의 보호</td></tr>
<tr><td>데이터베이스(5년)</td><td colspan="2">재산권의 일종이지만 저작물에 요구되는 창의성이 없어 저작물과는 별도로 보호</td></tr>
<tr><td>식물신품종</td><td colspan="2">농산물, 임산물, 수산물을 위해 재배된 식물의 신품종</td></tr>
</table>

Ⅱ. 특 허

1. 의 의

특허란 새롭고 유용한 물건이나 그 물건의 제조방법, 물질의 새로운 결합방법이나 물질의 유용한 용도를 발명하는 것을 말하며, 이것에 법적인 보호장치를 마련하면 이를 특허권이라고 부른다. 이처럼 특허권으로 보호받을 수 있는 발명은 자연법칙을 이용한 기술적 사상의 창작으로서 고도한 것이어야 한다.

4차산업혁명의 특징 중의 하나는 산업기술의 고도화를 통한 노동력의 감축이며, 이러한 산업기술의 고도화를 이끄는 동력이 바로 발명인 것이다.

따라서 창업자는 특허권으로 보호받을 수 있는 기술, 즉 발명하면 경제적 가치를 창출하는 성공적인 창업을 할 수 있는 가능성이 높아지는 것이다.

우리 특허법은 “발명을 보호·장려하고 그 이용을 도모함으로써 기술의 발전을 촉진하여 산업발전에 이바지함을 목적으로 한다”고 규정함으로써 발명을 보호하고 장려하고 있다. 다만, 발명은 ‘자연법칙을 이용한 기술적 사상의 창작으로서 고도(高度)한 것’이라고 개념정의를 함으로써 고도의 창작물만 특허제도로 보호한다. 이는 창업자가 기술적으로 고도화된 창작물을 개발하거나 사용할 수 있는지 여부에 따라 창업의 성공 여부가 결정된다.

여기서 자연법칙을 이용한다는 것은 자연의 섭리처럼 그 특허기술을 이용하는 경우 반복하여 동일한 상품이 재생산되어야 한다는 것을 의미한다. 따라서 소프트웨어의 경우 특허보다는 저작권으로 보호받는 것이 더 쉬운 이유는 동일 알고리즘을 이용하여 프로그램을 작성해도 당해 프로그램이 유사하기는 하지만 동일하지는 않기 때문이다. 최근에는 첨단 산업재산권 중의 하나인 생명공학 분야에서도 유사한 문제들이 발생하고 있어서 향후 특허권제도 자체에 대한 변화가 요구되는 만큼 창업자들은 이를 예의주시할 필요가 있다.

특히, 4차산업혁명도 산업간 융합을 통한 산업기술의 고도화를 통하여서만이 실현할 수 있다는 점을 감안해 보면, 4차산업혁명이란 특허전쟁의 시대라고 할 수 있으며, 그 성립요건에 대하여도 많은 변화가 요구되기 때문에 창업을 준비하는 단계에서 이에 대한 이해가 필요하다.

2. 특허의 원칙

특허란 법적으로는 특정인의 이익을 위하여 일정한 법률적 권리나 능력, 포괄적 법률관계를 설정하는 행위를 말하는 것이며, 일반적인 의미로는 기술을 개발하기 위하여 노력과 비용을 투자한 자에게 법률이 특혜를 주는 제도라고 할 수 있다.

다만, 이유 없이 특정인에게 특혜를 주는 것은 형평의 법리는 물론이고 헌법에서 규정하고 있는 평등권에 위배되기 때문에, 특허법은 발명을 통해 산업발전에 기여한 사람에게만 특허권을 부여하고 있다.

따라서 창업할 때부터 특허권을 등록했다면 시장을 독점적으로 지배해서 수익창출을 할 수 있는 가능성이 다른 생계형 창업자보다 크다.

이러한 특허권은 특허발명에 대해 독점적인 사용(실시)을 허용하는 권리로서 산업재산권[59] 중의 하나이며, 동시에 무체재산권[60]의 일종으로 설정등록으로 권리가 발생한다. 따라서 서둘러 창업하기 보다는 창업자가 보유한 기술이 특허받을 수 있는지를 검토한 후 특허취득이 가능하다고 판단되면 특허를 출원 후에 창업하는 것이 바람직한 이유이기도 하다.

이러한 특허제도는 근대국가에 있어서 기술개발과 산업발달을 목적으로 하는 기본정책으로 확립되었으며, 각국은 성장이라는 열매를 얻기 위해 발명을 장려하고 보호함으로써 기술의 진보와 발전을 도모하고 국가산업발전이라는 열매를 얻기 위해 총력을 기울이는 것이다.

특허법의 기본원칙은 산업에 이용할 수 있는 신규의 진보성이 있는 발명을 한 자에게 그만이 그 발명의 산물을 독점적이고 배타적으로 사용·수익·처분할 수 있도록 하는 데 있다. 그 결과 특허권자는 경쟁자들과의 관계에서 독점적 시장을 갖게 되어 초과이윤이 보장되므로, 적극적으로 발명에 대한 자극을 받게 되고, 이는 국가적으로 기술의 발전과 향상을 도모하여 산업발달의 효과를 보게 한다.

다만, 특허권자만 그 권리를 독점하는 경우 경쟁이 제한되어 장기적으로 소비자보호는 물론이고 국가경쟁력이 저하될 수도 있다.

이러한 문제를 해결하기 위해 특허법은 특허권의 보호기간을 20년으로 제한하고, 이 기간 중이라도 일반국민은 특허권자로부터 당해 특허의

---

59) 산업재산권은 과거 공업소유권이라고 명명했으며, 최근 이를 산업재산권이라고 부르고 있다. 이러한 산업재산권은 공업의 올바르고 건전한 발달을 촉진하고 발명자의 기술을 보호하고 장려하기 위해서 주어지는 권리의 총칭이다. 공업소유권에는 ① 특허권 ② 실용신안권 ③ 디자인권 ④ 상표권 등이 해당되며, 이러한 공업소유권은 특허청에 등록함으로써 발생한다.

60) 무체재산권은 지적 재산권 또는 지식재산권이라고도 하며, 산업재산권과 저작권으로 구분할 수 있다. 무체재산권은 무체물(無體物)을 대상으로 한다는 점에서 물권(物權)이 유체물(有體物)을 대상으로 하는 것과 대비된다고 할 수 있다.

사용을 허락받아(실시권의 설정) 이를 산업화할 수 있도록 기회를 부여하고 있다. 물론, 20년 이후에는 누구나 그 특허기술을 이용할 수 있도록 함으로써 국가의 복리를 증진하도록 활용될 수 있도록 하고 있다.

3. 특허권의 성립요건

(1) 개 요

특허권은 이상과 같은 사회적 기능을 가진 것이므로 그 권리로 지배 내용이 되는 객체의 존재가 필요하며, 그것이 바로 발명이다.

특허법은 발명을 '자연법칙을 이용한 기술적 사상의 창작인 고도의 것'이라고 정의하고, 발명이 특허권을 취득하기 위해서는 고도의 창작성을 입증하는 특허요건을 충족시켜야 한다고 규정하고 있다. 즉, 발명품이 특허받기 위해서는 산업상의 이용성과 신규성, 진보성을 갖추어야 한다. 따라서 창업자는 지식재산 기반의 창업을 하고자 하는 경우 특허청 홈페이지에 접속해서 특허정보검색서비스(Korea Intellectual Property Rights Information Service; KIPRIS)를 통해 본인이 보유한 기술이 특허를 받을 수 있는 성립요건을 충족한 기술인지를 검토해 보는 것이 필요하다. 이하에서는 특허등록을 위한 성립요건들을 상세히 분설하여 설명해 보고자 한다.

(2) 산업상 이용성

산업상 이용성이란 당해 발명품이 산업경영에서 이용, 실시할 수 있어야 하므로 학술적 또는 실험적으로만 이용되는 발명에 지나지 않는 것은 특허법의 보호를 받지 못하게 된다.

이러한 산업상 이용성과 관련해 산업의 범위를 정하는 것이 필요한데, 이와 관련해 각국은 다소 상이한 점이 있다. 예를 들어 파리협약상 산업의 범위는 공업, 농업 등의 생산업 또는 제조업뿐만 아니라 천연산물의 채취산업까지 포함하고 있으나 우리 특허법은 산업의 범위를 규정하지 않고 있어서 주로 생산업으로 한정되는 것으로 해석되고 있다. 다만, 해석상 운수업, 교통업 등의 일부 보조산업도 포함되지만 생산이 발생하지 않는 금융업, 보험업 등은 산업 범주에 포함되지 않기 때문에 관련 분야에서 특허가 성립되기는 어렵다. 다만, 핀테크와 관련해 최근 BM특허로 보호받는 사례들이 나타나고 있다.

그리고 이용이란 당해 발명품을 생산, 사용, 양도, 대여, 또는 수입하거나 그 물건의 양도 또는 대여의 청약행위를 말한다. 발명은 출원 시에는 이용되지 않더라도 장래에 이용될 가능성이 있으면 충분하다. 그리고 의료업은 산업의 범주에 포함되지는 않아 산업상 이용 가능성은 부인되지만 의료업은 서비스업에 속하므로 설령 치료방법, 진단방법 또는 예방방법 등의 발명은 특허등록이 거절되더라도 치료기계 등의 발명은 특허대상이 된다.

(3) 신규성

신규성이란 특허출원 전 발명의 내용이 알려지지 아니한 상태를 의미한다. 구체적으로는 ① 특허출원 전에 국내에서 공지된 발명 ② 특허출원 전에 국내에서 공연히 실시된 발명 ③ 특허출원 전에 국내 또는 국외에서 반포된 간행물에 기재된 발명의 경우에는 특허로 보호받을 수 없는 것이다(특허법 제29조).

여기에서 말하는 '공지'라 함은 다수의 사람이 알 수 있는 상태를 말하며, 실제로 이들이 이를 알았는지는 중요하지 않다. 그리고 발명이 그 특허출원 후에 출원공고 또는 출원 공개된 타 특허출원의 원서에 최초에 첨부한 명세서, 또는 도면에 기재된 발명, 또는 고안과 동일한 때에는 이를 준공지라고 하는데, 그 발명 역시 특허를 받을 수 없다.

그리고 우리나라처럼 선출원주의에 의한 신규성을 판단하는 국가에서는 선출원이 매우 중요하다. 미국은 1789년 연방헌법은 제1장 제8조 제8항에서 '저작자 및 발명자에게 그들의 저작물과 발명에 관한 독점적인 권리를 일정 기간 보장함으로써 과학과 유용한 기술의 발달을 촉진한다'고 규정하였다. 그리고 1790년 제정된 미국 특허법은 선발명주의원칙을 200년 넘게 고수하였으나 2013년 특허법 개정을 통해 선출원주의로 전환한 바 있다. 다른 국가들도 선출원주의를 채택하고 있는데, 선출원주의는 발명의 선후에 관계없이 특허출원일을 먼저 선점하는 것이 특허법상 매우 중요한 것이다.

그리고 신규성을 상실해도 일정한 경우 신규성 있는 것으로 의제하는 제도가 있는데 이를 공지예외주장이라고 부른다(제30조). 이것은 비록 발명이 출원 전에 공지되어도 일정한 요건을 갖춘 경우 그 발명은 신규성이나 진보성을 판단할 때 선행기술로 인정하지 않는 것을 말한다. 특허받을 수 있는 자의 의사와 무관하게 공지예외를 주장할 수 있는 요건으로는 ① 특허출원 전에 국내 또는 국외에서 공지(公知)되었거나 공연(公然)히 실시된 발명 ② 특허출원 전에 국내 또는 국외에서 반포된 간행물에 게재되었거나 전기통신회선을 통하여 일반인들이 이용할 수 있는 발명이 바로 그것이다. 이러한 2가지 중 어느 하나에 해당하게 된 경우 그 날부터

12개월 이내에 특허출원을 하면 그 특허출원된 발명에 대하여 신규성이 있는 것으로 의제된다.

창업자가 특허취득을 하려면 산업상 이용성, 진보성 요건은 특허명세서를 어떻게 작성하는지 여부에 따라 충족 여부가 달라질 수 있지만 신규성 요건은 특허명세서의 내용에 따라 달라지기 어려운 만큼 반드시 사전에 KIPRIS에서 확인해 보는 것이 중요하다.

(4) 진보성

진보성이란 발명창작이 이뤄지기까지의 곤란성을 의미한다. 즉, 출원 전 발명이 속한 해당 기술 분야에서 통상의 지식을 가진 자가 용이하게 발명할 수 없는 것이어야 진보성이 인정되는 것이다. 이는 단순히 아이디어만으로는 특허를 받을 수 없다는 것을 의미한다.

이와 관련해 2021년 12월 24일 대법원판결에서 A씨는 2014년 용접 결함의 발생을 방지하는 세라믹 용접 지지구를 특허등록한 바 있다. 이러한 세라믹 용접 지지구와 유사한 특허를 보유한 B사는 A씨의 특허에 대해 '선행발명으로부터 쉽게 도출 가능하다'며 2017년 특허무효심판청구를 하였다. 이 사건에서 특허심판원은 이를 인정하였으나 A씨는 이에 불복해 특허법원과 대법원에 소송을 제기하였고 대법원은 "통상의 기술자의 입장에서 특허발명의 내용을 이미 알고 있음을 전제로 사후적 판단하지 않는 한 선행발명으로부터 특허발명을 쉽게 도출할 수 있다고 보기 어렵다"며 "선행발명에 의해 이 사건 특허발명의 진보성이 부정된다고 할 수 없다"고 판시한 바 있다.

그러나 이러한 진보성 요건은 IT 특허 분야에서는 점차 그 요건이 완화되는 경향을 보이고 있다. 그 대표적인 예로 BM 특허를 들 수 있다. BM 특허는 IT 기술을 이용한 아이디어 차원의 사업방식도 특허등록을 허용하는 것으로서 전통적인 특허요건 중 진보성 요건을 완화한 것이다.

(5) 특허등록금지

앞에서 본 바와 같이 발명이 산업상의 이용성과 신규성, 진보성 요건을 갖춰야 특허등록이 되어 법적으로 보호받을 수 있다. 그러나 이러한 특허등록요건을 모두 충족해도 산업정책 또는 공익을 이유로 공공질서 또는 선량한 풍속을 문란케 하거나 공중위생을 해할 염려가 있으면 특허등록이 금지된다.

또한 발명이 국방상 필요한 경우에도 국내에서 특허취득이 금지될 수 있으며, 외국에서 특허출원이 금지되거나 비밀로 취급해야 하는 경우가 발생하면 특허등록이 안 될 수 있다. 물론 이때 특허등록이 안 되어서 손해를 보는 경우가 있는데, 만약 손실이 발생하면 정부는 정당한 보상금을 지급하도록 법이 규정하고 있다(법 제41조).

따라서 창업자는 이러한 특허등록이 금지되는 내용들을 숙지하고 이에 대한 면밀한 사전검토를 할 필요가 있다.

4. 특허출원

특허출원이란 발명을 한 자가 그 발명에 대해 법적으로 특허를 받을 수 있는 권리를 가진 자가 국가에 대하여 발명의 공개를 조건으로 특허권의 부여를 요구하는 의사표시행위이다.

따라서 특허출원은 엄격히 서식에 따라 작성되어야 함은 물론 요구하는 제원칙에 부합되게 출원절차가 진행된다.

우리 특허법상 발명에 대해 특허받으려면 특허신청, 즉 특허출원을 해야 하는데, 공교롭게도 동일한 발명에 대해 둘 이상의 특허출원이 있다면 먼저 특허출원한 자만 특허를 받을 수 있다(선출원주의 또는 선원주의, 제36조).

이러한 선출원주의와 대비 개념으로 선발명주의가 있는데, 선발명주의란 동일 발명에 2 이상의 특허출원이 있으면, 먼저 발명한 자에게 특허권이 부여되는 주의이다.

선출원주의와 관련한 특허법상의 문제는 선출원의 청구범위에 기재된 발명과 후출원의 청구범위에 기재된 발명이 동일한 경우에 발생한다. 여기서 발명이 동일하다는 것은 발명의 구성에 차이점이 없거나, 구성에 차이점이 있기는 하지만 그래도 실질적으로 동일한 경우이다.

또한 실질적으로 동일하다는 것은 본질적으로는 동일하나 부수적인 사항이 차이가 난다는 의미이다. 즉, 표현이나 효과의 인식 및 목적에 대한 단순한 차이, 단순한 구성의 변경 등이 있는 경우에 실질적으로 동일하다고 해석된다.

이러한 특허출원은 국제적인 조약에 의거하여 우선권을 주장하는 경우도 발생한다. 즉, 대한민국 국민에게 특허출원에 대한 우선권을 인정하는 조약당사국의 국민이 자국에 특허출원한 날을 대한민국에 특허출원한 날로 보아 우선권을 주장하는 것이 가능하다(법 제54조).

또한 특허출원과 관련해 특허받으려는 자는 자신이 특허받을 수 있는 권리를 가졌다는 것을 입증하기 위해서는 선출원서에 최초로 첨부된 명세서 또는 도면에 기재된 발명을 기초로 우선권을 주장할 수 있다.

특허출원이 되면 특허청은 심사해야 하는데 특허청장은 특허출원일 등으로부터 1년 6개월이 지난 후 또는 그 전이라도 출원인이 신청하면 그 출원에 관하여 특허공보에 공개하여야 한다(법 제64조). 이는 심사과정에서 특허출원으로 불이익을 받는 자가 없는지를 알아보기 위한 제도이다.

따라서 창업자는 본인의 지식재산을 권리화하기 위해 특허청 홈페이지를 활용할 필요가 있지만, 이미 출원했거나 등록된 특허권을 유지하기 위해서라도 특허공보 등을 열람해 볼 필요가 있는 것이다.

특허출원이 되면 특허 여부를 심사하는 심사관은 심사청구가 된 특허출원에 대하여 거절할 이유를 발견할 수 없으면 출원공고결정을 하여야 한다. 이러한 출원공고기간은 2개월간이며, 이 기간에 이의신청을 할 수 있으나, 거절할 이유를 발견할 수 없으면 특허사정을 하여야 한다.

특허권의 존속기간은 출원공고가 있는 경우에는 그 공고가 있는 날로부터, 출원공고가 없는 경우에는 특허설정의 등록이 있은 날로부터 20년으로 한다.

5. 특허권의 효력

특허출원 후 심사를 거쳐 특허가 등록되면 특허권이 발생한다. 특허권에 대해서는 법적으로 강력한 보호를 해야 발명이 촉진되기 때문에 특허법은 특허권자에게 그 권리가 침해되면 침해자를 상대로 침해행위의 금지를 청구할 수 있는 권리침해금지청구권과 손해를 배상받을 수 있는 손해배상청구권이 부여된다. 즉, 창업자가 보유한 기술을 특허등록하게 되면 독점적으로 산업에 이용해 경제적 가치를 창출해 창업에 성공하도록 법이 보호해 주고 있는 것이다.

특허권자로부터 본인만 사용하도록 허락받은 전용실시권자도 동일하게 권리침해금지청구권과 손해배상청구권을 행사할 수 있다(법 제126조 제1항).

침해금지청구권의 경우에는 침해금지뿐만 아니라 침해행위를 조성한 물건의 폐기, 침해행위에 제공된 설비의 제거, 그 밖에 침해예방에 필요한 행위도 청구할 수 있는 포괄적인 권리가 발생한다(법 제126조 제2항).

특허법은 금지되는 침해행위의 유형을 구체적으로 규정하여 침해 여부를 판단하는데 혼란을 최소화하였다. 특허법상 침해행위는 특허가 물건의 발명인 경우의 침해와 방법의 발명인 경우의 침해로 구분되며, 둘 중 하나에 해당하면 특허권이나 전용실시권을 침해한 것으로 의제된다.

우선, 특허가 물건의 발명인 경우, 그 물건의 생산에만 사용하는 물건을 생산·양도·대여 또는 수입하거나 그 물건의 양도 또는 대여의 청약을 하는 행위가 침해에 해당한다. 그리고 특허가 방법의 발명이면 그 방법의 실시에만 사용하는 물건을 생산·양도·대여 또는 수입하거나 그 물건의 양도 또는 대여의 청약하는 행위가 침해행위로 의제된다.

여기서 의제된다는 의미는 침해하지 않았다는 것이 법원의 판결을 통해 확인된 경우에만 침해가 되지 않는다는 것을 의미한다.

이처럼 특허권은 그 객체인 특허발명을 직접 지배하는 배타적 권리로서 이와 병존하는 권리는 허용하지 않는다. 즉, 특허를 취득하면 그 물건을 생산·사용·판매·수입 또는 확포(擴布)하는 데 필요한 독점적 권리를 갖게 된다. 그 밖에도 그 방법의 발명 또한 업으로서 그 방법을 사용하거나 그 방법에 의하여 생산된 물건의 사용·판매·수입 또는 확포하는 권리를 독점하는 것이다.

그리고 손해배상청구와 관련해서는 침해자의 고의나 과실로 특허권이나 전용실시권이 침해된 경우 침해로 인해 발생한 손해액에 대한 배상을 청구할 수 있다(법 제128조). 이때 침해자의 고의로 인해 손해가 발생하면 손해액의 3배까지 배상청구할 수 있는 징벌적 배상제도가 적용된다(법 제128조 8항).

특히, 손해배상과 관련해 실제 소송에서 구체적인 손해액을 산정하는 것이 어려워 침해분쟁이 장기화되는 경우가 많아 이를 예방하는 차원에서 특허법은 손해액을 추정하는 규정을 두어 배상액산정으로 인한 논란을 최소화하도록 특별규정을 두고 있다(법 제128조 제2항). 즉, 침해자가 얻은 이익액을 특허권자 또는 전용실시권자가 입은 손해액으로 추정하는 것이 바로 그것이다(법 제128조 제4항). 추정된다는 말은 법원의 재판을 받아야 확정되는 것은 아니지만 침해자가 얻은 이익액이 손해액이 아니라는 증거를 제시해야 번복된다는 것을 의미한다.

이처럼 특허는 그 특별한 성질로부터 물권적 청구권이 발생되는 등 강력한 효력이 발생하는 대세적(對世的)인 권리가 발생하므로 이러한 권리는 일정한 심사과정을 거쳐서 발생하게 된다. 이러한 특허권은 특허출원과 심사청구에 의하여 심사받아 취득하도록 그 절차를 특허법이 규정하여 놓고 있다.

그 밖에도 특허권은 권리자 스스로 실시하는 외에 그 존속기간 중 양도할 수 있고, 상속도 할 수 있을 뿐만 아니라 이를 담보로 질권도 설정할 수 있고, 타인에게 실시권, 즉 사용권을 허락할 수도 있다. 이때 특허권이 공유일 때에는 다른 공유자의 동의가 있어야만 한다.

이러한 특허권은 이전이나 질권 및 실시권이 설정될 수 있는데, 이 모든 것은 등록되어야 효력이 발생하게 된다.

또한 특허권은 존속기간의 만료, 특허료의 불납, 권리자인 자연인의 사망이나 법인이 소멸한 경우에 상속인 또는 승계인이 없을 때, 권리의 포기 등에 의하여 소멸하게 된다.

특허권을 침해한 자는 민사상의 불법행위와 이득반환 및 신용회복조처 등의 책임을 지게 되며, 고소권자(특허권자, 전용실시권자)의 고소에 의하여 형사상의 책임도 지게 된다.

6. 특허의 실시권

특허의 실시권이란 특허권자 이외의 자가 업으로서 특허발명을 사용할 수 있는 권리를 말한다. 즉, 이러한 실시권을 갖게 되면 특허발명을 사용하더라도 특허권을 침해하지 않게 되는 사용권이다. 따라서 창업자가 특허권을 취득하지 못한 경우에는 특허권자로부터 최소한 통상실시권이라도 부여받아 이를 사업에 사용해야 하는 것이다.

이러한 실시권은 특허권의 부수적인 권리에 속하는 것이기 때문에 특허권이 존재하여야만 발생할 수 있고, 특허권이 소멸하면 실시권도 함께 소멸하게 된다.

특허실시권은 전용실시권과 통상실시권으로 구분할 수 있는데, 전용실시권은 특허발명을 업으로 독점·배타적으로 실시할 수 있는 물권적 권리를 말한다. 즉, 특허권자와 마찬가지로 타인이 특허를 사용하면 이를 사용하지 못하도록 법적인 조치를 할 수 있는 권리가 주어지는 실시권이다.

반면에 통상실시권은 독점·배타성 없이 단순히 특허발명을 사업을 위해 사용할 수 있는 채권적 권리를 말한다. 즉, 통상실시권자는 사용허락을 받은 범위 내에서만 특허발명품을 사용할 수 있다.

그 밖에도 통상실시권의 경우에는 그 발생원인에 따라 실시권을 '허락실시권, 법정실시권 및 강제실시권'으로 구분되고 있다.

허락실시권은 당사자의 의사에 의하여 발생하게 된다. 즉, 특허권자가 실시권자에게 당해 특허를 사용하도록 허락하는 것을 말한다. 반면에 법정실시권은 이러한 특허권자의 의사와는 무관하게 법률규정에 의해 발생하게 되는 것으로서, 이러한 법정실시권에는 선사용에 의한 통상실시권 등이 있다. 이는 특허출원 시에 그 특허출원된 발명의 내용을 알지 못한 상태에서, 그 발명을 스스로 해서 그 발명의 실시사업을 하고자 하는 자가 그 후 설정이 된 특허권에 대해서 가질 수 있는 통상실시권을 말한다.

또 다른 법정실시권에는 무효심판청구등록 전의 사용에 의한 통상실시권이란 것이 있다. 이는 타인이 본인의 특허등록에 대한 무효심판청구를 하였는데, 이를 알지 못하고 특허발명품을 사용하여 사업을 하거나 사업을 준비한 경우 그 특허등록이 무효가 되어도 본인은 통상실시권을 가지고 사업을 계속할 수 있도록 하는 제도이다.

강제실시권은 특허권자 등의 의사에도 불구하고 법률에서 정한 요건을 충족하면 특허심판원의 심판 또는 특허청장의 결정에 의하여 통상실시권이 부여되는 것을 말한다. 이는 특허권의 남용에 대한 제재수단의 하나이다. 즉, 특허권자가 통상실시권을 타인에게 허락하면 국익에 기여하거나 발명실시의 적정화에 기여할 수 있음에도 불구하고 특허권자가 이를 허락하지 않는 경우에 특허청장의 처분 또는 심판에 의하여 특허발명에 대한 실시의 권능이 특정인에게 부여되는 통상실시권을 말한다.

참고로 허락실시권은 효력범위에 따라 전용실시권과 통상실시권 모두에게 적용되지만, 법정실시권과 강제실시권은 통상실시권에만 적용된다. 이는 법률규정 또는 행정처분에 의해서도 전용실시권이 발생하면 특허권의 권리가 지나치게 제한하는 결과를 초래하기 때문이다.

7. 특허취소

발명이 특허등록되면 독점적이고 배타적인 권리가 발생해 그 발명과 동일 또는 유사한 발명을 사용하여 제품을 생산하는 것이 제한되기 때문에 경쟁이 촉진되기 어려워 국가경쟁력 제고에 장애요인이 된다. 더욱이 등록된 특허가 정당하게 등록되지 않으면 이를 방치하는 것은 오히려 산업발전에 걸림돌이 될 수 있다.

따라서 우리 특허법은 2016년 특허권취소제도를 도입하여 이러한 문제를 해결하고 있다. 따라서 등록설정된 특허가 신규성, 진보성, 선출원 등에 위반되면 6개월 이내에 누구든지 특허취소를 신청할 수 있다.

이는 특허등록 초기에 부실특허를 취소해 향후 특허무효심판 등을 통해 취소특허가 타 특허에 인용되어 불러오는 시장 혼란을 최소화하기 위해 도입한 것이다.

이는 우리나라 특허심사제도가 불완전하다는 것을 스스로 인정하는 격이 되지만 우리나라 심사관들의 1인당 처리건수가 선진국에 비해 과다하고 담당기술의 범위도 넓다는 점을 고려해 이를 보완하기 위해 이 제도를 도입한 것이다.

그 밖에도 일반인들의 참여를 통해 향후 무효심판을 통해 무효처리된 특허가 다른 특허에 인용되는 사례를 감소시키려는 목적도 있다.

이러한 특허취소제도는 특허등록 후 6개월이 경과하기 전이라면 누구든지 신청할 수 있고 서면으로 이의신청을 할 수 있으므로 활용도가 높은 제도이다.

구체적으로는 특허법에서 정한 특허요건을 위반한 경우뿐만 아니라 동일 발명에 둘 이상의 특허출원이 있어 선출원규정을 위반한 특허의 경우에도 누구든지 특허취소를 신청할 수 있다. 이를 위해 특허권설정등록일부터 등록공고일 후 6개월이 되는 날까지 특허심판원장에게 특허취소신청을 해야 한다. 다만, 선행기술에 기초했다는 이유로는 특허취소신청을 할 수 없도록 제한하고 있는데 이는 우리 특허법이 선출원주의를 택하고 있는 점을 고려한 것으로 이해된다(제132조의2).

따라서 창업자는 비즈니스 모델과 아이템과 중복되는 경쟁사업자가 본인의 권리침해 여부를 검토하고 침해의 의심이 있다면 특허취소제도를 통해 권리를 유지하는 것도 필요하다.

8. 특허심판

특허심판이란 특허무효와 같은 특허권을 둘러싼 분쟁이나 출원된 특허에 대해 거절결정 등과 같은 심사관의 처분이 내려진 것에 대해 불복할 경우 이를 해결하기 위해 특허청 소속 특허심판원에서 행하는 행정심판을 말한다. 이러한 특허심판제도는 특허뿐만 아니라 실용신안·디자인·상표출원 등에 대해서도 동일하게 적용된다.

이 특허심판제도는 창업자가 자신의 이익을 위해 사용할 수도 있지만 선발 사업자가 후발 사업자인 창업자가 시장진입을 차단하기 위해 창업자의 등록특허를 무효화시키려는 경우도 종종 발생한다.

그리고 특허권이 사유재산권이라는 점을 감안해 볼 때 이와 관련된 분쟁은 사법부가 담당하는 것이 원칙이지만 특허권은 유체재산권과는 다른 지식재산권이라는 특수성을 고려해 특허심판원에서 전문적인 지식과 경험을 갖춘 심판관의 심판을 받도록 한 것이다. 물론, 이러한 특허심판원의 심결에 불복하면 고등법원격인 특허법원에 특허심판원의 심결을 취소하는 소송을 제기할 수 있으며, 이에 불복하는 경우 대법원의 판결을 받도록 되어 있다.

특허심판은 특허청 특허심판원이라고 하는 행정기관에 의하여 행해지고 있으나, 그 내용과 절차에 있어서는 심판관의 직무상 독립되어 있으며 심판을 진행함에 있어서 민사소송절차를 준용하고 있으며 일사부재리의 원칙이 적용되는 준사법행위이다.

다른 행정심판제도와 동일하게 특허심판은 행정심판이나, 특허법원과 대법원에 앞서는 제1심의 역할을 하며, 특허법원에 소를 제기하기 위해서는 먼저 특허심판원에 심판청구를 하여 심결을 받아야 한다.

특허심판은 결정계심판과 당사자계심판으로 구분되는데 결정계심판은 당사자가 대립구조를 취하지 않고 청구인만 존재하는 심판이다. 이에는 거절결정불복심판, 취소결정불복심판, 보정각하결정불복심판, 정정심판 등이 해당한다. 당사자계심판은 이미 설정된 권리 또는 사실관계에 관한 분쟁이 발생하여 당사자가 대립된 구조를 취하는 심판을 말하며 이에는 무효심판, 권리범위확인심판, 정정무효심판, 상표등록취소심판, 통상실시권허락심판, 사용권등록취소심판 등이 해당한다.

9. 특허 재심사

창업을 위해 발명에 대한 특허출원을 하였는데 특허청 심사관으로부터 특허출원에 대한 거절결정을 받았을 때, 출원인이 이에 불복하는 방법으로는 재심사청구와 거절결정불복심판청구가 있다. 재심사는 출원내용을 변경, 즉 보정하는 경우에만 청구할 수 있고, 거절결정불복심판은 출원을 보정하지 않는 경우에만 청구할 수 있다. 여기서 말하는 보정이라함은 출원신청서의 내용을 수정 또는 보완하는 것을 말한다.

따라서 출원인은 특허출원시 거절결정등본을 전달받은 후 30일 이내에 명세서 또는 도면을 보정하여 심사관이 특허에 대해 재심사를 해달라고 청구하는 것이다.

이때 당사자는 확정된 심결에 대하여 재심사유에 해당하는 중대한 하자가 있어서 심결을 받아들일 수 없을 때 심결한 기관에 대하여 재심을 청구하는 것이다(제178조).

재심의 사유로는 일반 재심사유와 사해심결에 의한 재심사유로 구분되는데, 일반 재심사유로는 ① 판결법원을 구성하지 아니한 때 ② 심판에 관여할 수 없는 심판관이 관여한 때 ③ 심결의 증거로 된 문서, 그 밖의 물건이 위조되거나 변조된 것인 때 등이다.

그리고 사해심결 재심사유(제179조 제1항, 제2항)는 심판 당사자가 공모하여 제3자의 권리 또는 이익을 사해할 목적으로 심결하게 한 때에 재심을 청구할 수 있으며, 제3자도 재심청구를 할 수 있다(제179조 제1항, 제2항). 즉, 심판 당사자가 공모하여 제3자의 권리나 이익을 사해(詐害)할 목적으로 심결하면 제3자는 사유를 안 날부터 30일 이내 재심청구를 할 수 있다(제179조). 다만, 취소결정 또는 심결확정 후 3년이 지나면 재심청구를 할 수 없다(제180조).

그러나 재심에 의해 특허권이 회복되어도 특허권의 효력이 제한되는 경우가 있는데, ① 무효된 특허권이 재심에 의하여 회복된 경우 ② 특허권 권리범위에 속하지 않는다는 심결이 확정된 후 재심에서 상반되는 심결이 확정된 경우 ③ 재심에 의해 특허권의 존속기간이 연장된 경우 ④ 취소된 특허권이 재심에 의해 회복된 경우 중 하나에 해당하면 특허권의 효력은 재심청구등록 전에 선의로 수입하거나 국내에서 생산 또는 취득한 물건에는 효력 없다.

10. 직무발명

(1) 의 의

발명은 독창적인 아이디어를 구체적으로 구현하면 발생하는 것이 일반적이며, 발명하는 상당수 발명자들은 직장인 즉, 종업원 내지는 근로자이다. 이러한 것을 직무발명이라고 하며, 이에 대립되는 발명을 자유발명이라고 하는데, 직무발명에 대해서는 발명진흥법에서 근거규정을 두고 있다. 직무발명이 되기 위해서는 사용자의 업무범위에 속하는 발명이어야 하며, 사용자가 발명한 발명은 발명진흥법상의 직무발명이어야 한다.

이러한 직무발명은 창업자에게는 양날의 검과 같은 존재이다. 즉, 창업자가 스스로 발명을 하지 못하는 경우 발명자로부터 특허권을 양도받거나 발명할 수 있는 근로자를 고용해 발명을 하도록 해야 한다. 그러나 특허권을 양도받는 경우 거액을 대가로 지불해야 하므로 창업 시 추천할 만한 대안은 아니다. 따라서 대부분은 발명할 수 있는 인력을 고용해 창업자가 개발비와 인건비를 지급하면서 발명하는 경우가 일반적이다.

문제는 근로자가 개발한 발명품, 즉 직무발명에 대한 특허권이 누구에게 귀속되는지 여부를 두고 논란이 많으며, 이러한 갈등으로 인해 발명을 하고도 이를 사용치 못하는 경우가 종종 발생한다.

발명진흥법상 직무발명이란 고용계약에 의해 회사에서 일하는 종업원, 법인의 임원 또는 공무원이 그 직무수행과정에서 개발한 발명을 말한다고 규정하고 있다.

즉, 직무발명이란 종업원, 법인의 임원 또는 공무원이 그 직무에 관하여 발명한 것이 성질상 사용자·법인 또는 국가나 지방자치단체의 업무범위에 속하고 그 발명을 하게 된 행위가 종업원 등의 현재 또는 과거의 직무에 속하는 발명을 말한다. 이러한 직무발명은 '발명' 외에도 '고안' 및 디자인의 '창작'도 포함한다.

이러한 직무발명요건으로는 첫째, 종업원의 발명이어야 한다. 즉 종업원의 발명이 성질상 사용자 등의 업무범위에 속해야 한다는 것이다. 둘째, 발명을 하게 된 행위가 종업원 등의 현재 또는 과거 직무에 속해야 하는 것이다.

이와 관련해 발생하는 중요한 문제는 직무발명에 대한 보상이다(발명진흥법 제15조 제1항).

종업원 등은 직무발명에 대하여 특허 등을 받을 수 있는 권리이지만 특허권 등과 관련한 계약이나 근무규정에 따라 사용자 등에게 승계하게 하거나 전용실시권을 설정하면 정당한 보상을 받을 권리를 갖는다.

일반적으로 자유발명은 발명자가 특허 등의 권리자가 되며, 이를 특허출원하면 그 발명에 대해 독점배타적 권리를 행사하게 된다. 그러나 직무발명의 경우는 직무를 통해 얻은 지식 또는 회사의 R&D를 통해 발명한 경우가 대부분이기 때문에 이 발명이 등록된 뒤에는 그를 고용한 회사나 국가기관이 법정실시권, 즉 통상실시권을 가지게 된다.

이와 관련하여 직무발명자를 위한 보상이 미흡하다는 문제제기들이 종종 있다. 대표적인 예로 2014년 노벨물리학상을 받은 나카무라 슈지(中村修二) 교수 사건을 들 수 있다. 나카무라 교수는 2004년 니치아(日亞) 화학에서 근무하며 세계 최초로 청색 LED를 개발하였음에도 불구하고 회사로부터 받은 보상금은 2만 엔에 불과하였다고 한다. 이에 불만을 품고 적절한 보상을 청구하는 소송을 한 결과 1심판결에서 약 200억 엔, 한화로는 약 2000억 원에 달하는 보상을 하라고 판결이 난 바 있다. 물론, 2심에서 화해를 통해 8억 엔으로 감액하기는 하였지만 직무발명에 대한 새로운 이정표를 제시한 사건이다.

우리나라에서는 직무발명에 대한 보상과 관련하여 특허권을 사용자가 승계하거나 전속실시권을 허락한 경우에만 보상청구권을 인정하고 있다. 즉, 통상실시권의 경우에는 보상의무를 법률로 강제하고 있지는 않다.

그리고 발명진흥법은 통상실시권을 법정실시권으로 부여하고 있어 사용자와 종업원 간의 특약을 하지 않는 한 직무발명에 대한 보상청구하기란 쉽지 않다.

그러다 보니 여전히 직무발명자들의 불만이 많고 기술발전 역시 정체되는 것은 아닌지 우려된다. 직무발명자에 대한 적절한 내부기준을 만드는 것이 필요한 이유다.

(2) 발명진흥법상 특례

발명진흥법은 직무발명에 관한 4가지의 특별규정을 두고 있는데, 첫째, 종업원이 직무발명 시 원칙적으로 발명으로 발생한 특허권 등 권리는 직무발명자가 소유하며, 고용한 회사나 국가기관은 단지 법정실시권, 즉 통상실시권만 가진다는 것이다. 즉, 발명으로 발생한 지식재산권의 귀속자는 발명자이며, 그를 고용한 회사나 국가는 단지 통상실시권만 가진다는 것이다(법 제10조, 제10조의2).

그리고 직무발명에 대해 종업원 등이 특허 등을 등록하면 사용자 등은 그 특허권, 실용신안권, 디자인권에 대하여 통상실시권을 가지게 된다. 즉, 소유권과 전용실시권은 배제된다는 의미이다. 물론, 특약으로 정할 수 있지만, 이것이 없으면 사용자 등은 통상실시권만 보유하게 되는 것이다.

두 번째 특별규정은 대기업의 경우에는 발명자와 회사 간 협의를 거쳐 달리 정할 수 있다는 것이다. 이는 발명을 대량으로 창출할 수 있는 대기업의 경우 특허에 대한 통상실시권만을 부여한다면 발명이 촉진되기 어렵기 때문일 것으로 이해된다. 따라서 사용자 등이 중소기업이 아닌 대기업의 경우 종업원 등과의 협의를 거쳐 미리 ① 종업원 등의 직무발명을 사용자 등에게 승계시키는 계약 또는 근무규정을 제정해 시행하는 경우 ② 종업원 등이 창출한 직무발명에 대해 사용자 등에게 전용실시권을 설정하는 계약을 체결하거나 근무규정을 작성하면 통상실시권 외에도 전용실시권 부여, 지식재산권의 소유 자체를 기업에게 이전하는 것이 가능하다. 창업의 경우에는 이러한 두 번째 특별규정은 적용대상이 아니다.

세 번째 특별규정은 준공무원에 대한 특례이다. 즉, 공무원 또는 국가나 지방자치단체에 소속되어 있으나 공무원이 아닌 자의 직무발명에 대한 권리는 국가나 지방자치단체가 승계할 수 있다는 것이다. 그리고 국가나 지방자치단체가 승계한 공무원 등의 직무발명에 대한 특허권 등은 국유나 공유로 한다.

또한 국·공립학교 교직원의 직무발명에 대한 권리는 전담조직이 승계하며, 전담조직이 승계한 국·공립학교 교직원의 직무발명에 대한 특허권 등은 그 전담조직이 소유한다.

발명진흥법상 직무발명으로 인한 지식재산과 관련한 네 번째 특별규정은 종업원의 개인발명에 대한 특별보호규정이다. 즉, 종업원 등이 직무발명이 아닌 개인발명을 한 경우에도 특허권 등을 사용자 등에게 양도하거나 전용실시권을 설정하는 계약이나 근무규정은 무효라는 것이다.

그리고 국유로 된 특허권 등의 처분과 관리는 특허청장이 관장하며(발명진흥법 제10조), 공무원 등의 직무발명과는 달리 개인발명은 발명자가 특허권자가 되며, 이를 특허출원하면 그 발명에 대해 독점적이고 배타적인 권리를 행사하는 자도 발명자인 것이다.

직무발명자인 종업원 등은 특허를 받을 수 있는 권리나 특허권을 이전하거나 처분할 수 있다. 다만, 특허권 등이 공유인 경우, 다른 공유자 동의 없이는 지분을 양도하는 것이 금지된다(특허법 제37조 제3항 및 제99조 제1항 제2항).

(3) 직무발명보상

종업원은 직무발명을 한 경우 특허 등을 받을 수 있는 권리나 특허권 등을 계약이나 근무규정에 따라 사용자 등에게 승계케 하거나 전용실시권을 설정한 경우 정당한 보상을 청구할 수 있는 권리를 가진다(발명진흥법 제15조 1항). 그리고 사용자 등이 직무발명에 대한 권리를 승계한 후 이를 출원하지 않거나 출원을 포기 또는 취하해도 발명자인 종업원 등은 정당한 보상을 청구할 권리를 갖는다(법 제16조).

보상의 종류, 보상액의 결정기준이나 산정방법 등 구체적인 내용은 근로계약이나 사전예약승계규정, 직무발명보상규정 등을 통해 정해진다.

보상의 종류와 관련해서는 기업체에서 실시하고 있는 직무발명에 대한 보상으로는 금전적 보상과 비금전적 보상 등이 있다. 즉, 발명보상, 출원보상, 등록보상, 실적보상 등이 그것이다.

금전적 보상이 일반적이지만, 각 기업 등이 내부 실정과 종업원 등의 보상선호도 등을 종합적으로 고려해 비금전적 보상(해외 연수·유학, 안식년, 학위과정 지원, 희망직무선택권 부여 등) 등을 하도록 자율성을 허용하고 있다.

그리고 직무발명이 이뤄지는 기업에서는 직무발명보상규정을 두는 것이 필요한데, 이것은 종업원과 사용자 간 계약이나 근무규정, 기타 약정을 통해 명칭과 관계없이 종업원의 직무발명에 대해 사전에 권리승계나 보상, 절차, 직무발명평가 등에 관해 합의하고 이를 서면화한 것을 말한다.

이는 직무발명에 대한 종업원과 사용자 간의 권리와 의무에 대하여 명확히 하고, 예측 가능케 해서 불필요한 혼란을 미연에 방지하기 위한 것으로서 종업원과 사용자가 모두 상생할 수 있는 기본적인 조건을 담고 있는 것을 말한다.

이는 아무리 직무발명에 대해 발명진흥법이 규정을 하더라도 개개 기업 내지 연구소 등의 주관적 사정이나 실정 등을 입법기술상 제대로 반영하지 못하는 측면이 있으므로, 각각의 특수성을 반영할 수 있도록 종업원과 사용자가 모두 동의하는 방향에서 합리적 내용을 규정하는 맞춤식 직무발명보상규정의 마련이 필요하다.

특히, 창업자의 경우에는 직무발명에 대한 보상규정이 자칫하면 산업적으로 이용하지 못한 발명에 대해서도 과도한 보상을 보장하는 경우 사업 자체가 중단될 수도 있다. 따라서 신중한 직무발명보상규정을 마련하는 것이 필요하다.

11. BM 특허

(1) 개 요

미국이 4차산업혁명의 선도적 국가의 역할을 하게 된 계기는 1990년대부터 컴퓨터 등의 정보통신기기를 활용하는 아이디어 상품을 특허권으로 보호하기 시작하면서부터라고 할 수 있다. 즉, BM 특허(business methode patent, business model patent)를 활성화시키면서 4차산업혁명을 선도하는 국가가 된 것이다.

따라서 IT 업종에 속한 아이템을 가지고 창업할 때 BM 특허를 활용하면 시장진입이 훨씬 용이해진다. 젊은 창업자들은 기존 사업자가 갖고 있지 못한 기발한 아이디어가 많은 만큼 그 아이디어를 IT 기술로 구현할 수 있으면 그것이 바로 BM 특허가 될 수 있기 때문에 창업자들은 BM 특허에 대한 두려움보다는 취득가능한 대상이라는 자신감을 갖고 창업에 임하는 것이 필요하다.

BM 특허는 사업방법의 특허라고도 부르는데 별도로 독립된 특허요건을 법률로 정하고 있지는 않다. 다만, 미국은 불문법계의 특성상 특허의 요건 중 산업상 이용성, 신규성, 진보성을 심사함에 있어서 BM 특허는 진보성 요건을 완화하여 해석했다. 즉, 정보통신기기를 이용하면 종래와는 달리 비록 아이디어에 불과하여 그 진보성을 입증하지 못하더라도 특허요건인 진보성을 충족한 것으로 보고 특허를 부여하는 등 특허범위를 확대한 것이다.

결국, 현재 4차산업혁명을 주도하는 IT 기업 상당수가 미국 기업임을 고려해 보면 미국은 BM 특허의 활성화를 통하여 세계시장을 지배하는 효과를 갖게 된 것이다.

최근에는 중국 등의 국가에서도 BM 특허가 급증하면서 미국 IT 기업들이 특허시장을 잠식당할 위기에 처하자 미국 특허법원이 취득요건에 수익성 요건을 추가하는 경향이 나타나고 있다. 즉, 기존의 미국 IT 글로벌 기업이 신규로 BM 특허를 신청하는 경우 수익성 요건을 충족하기 쉬운 반면, 중국 등의 국가들의 기업들이 BM 특허를 등록신청하면 수익성 요건을 충족하기 어렵다는 사실에 착안하여 새로운 형태의 BM 특허 추가요건을 설정하여 그 취득을 어렵게 하고 있는 것이다.

이처럼 미국이 BM 특허 요건을 상황에 따라 변경할 수 있는 이유는 미국이 일명 불문법계인 영미법계에 속하기 때문이다.

반면에 우리나라나 일본, 유럽국가 등 대륙법계에 속하는 국가들은 특허법상 발명창작이 이뤄지기까지의 곤란성을 의미하는 진보성을 해석할 때 여전히 특허출원 전에 발명이 속하는 해당 기술 분야에서 통상의 지식을 가진 자가 쉽게 발명할 수 없어야 특허를 받을 수 있다는 원칙을 고수하고 있다. 그 결과 우리나라를 비롯한 대륙법계 국가들은 BM 특허를 인정하는 기준이 미국보다는 엄격한 것이 사실이다. 더욱이 미국이 BM 특허 요건으로 수익성 요건을 충족할 것을 요구하는 경우 후발주자인 국가들의 BM 특허등록은 더 어려워질 것으로 예상된다.

이런 점을 고려해 보면 대한민국도 4차산업혁명에 동참하여 한 단계 더 큰 도약을 하기 위해서는 법적으로 BM 특허를 활성화시키는 방안에 대하여 고민해 볼 필요가 있다.

물론, 특허권을 확대시키면 시장에서의 독점현상이 심화되어 경쟁이 제한되는 부작용이 발생할 수 있다. 그러나 미국처럼 글로벌 시장에서의 국가경쟁력을 제고할 수 있도록 BM 특허가 활성화되는 대한민국을 만들어 4차산업혁명시대에 글로벌 경쟁력을 강화하는 방안을 모색하는 것이 필요하다.

(2) 의 의

비즈니스 모델(business model)이란 어떤 제품이나 서비스를 어떻게 소비자에게 제공하고, 어떻게 마케팅하며, 어떻게 돈을 벌 것인가 하는 계획 또는 사업 아이디어를 말하며 첨단산업재산권의 한 분야로 분류되고 있다.

이 또한 특허법에 따라 특허청에 특허등록을 하여야 하는데, 생명공학발명처럼 별도의 심사기준을 마련하여 특허출원 심사와 등록을 해 주고 있다.

이러한 비즈니스 모델은 미국 프라이스라인의 '역경매'와 아마존의 '원클릭 서비스'가 대표적인 예이다. 이러한 비즈니스 모델은 인터넷 기업들이 사업 아이디어 자체를 특허출원하기 시작하면서 세간의 관심을 끌기 시작했다.

비즈니스 모델을 구체적으로 정의해 보면 '제품이나 서비스를 소비자에게 편리하게 제공하는 방법'이라고 말할 수 있다. 그리고 특정의 마케팅 방법을 이용해 일정한 정도의 수익을 내겠다는 일련의 계획도 비즈니스 모델에 포함시키고 있다.

그러나 아이디어 자체를 특허대상으로 한다는 점에서 전통적인 특허 법리상 논란이 많았다. 그래도 미국 법원에서 이를 BM 특허로 인정하면서 인터넷 기업들이 이러한 비즈니스 모델을 다른 업체가 모방하는 것을 사전에 차단할 목적으로 특허출원을 하게 하는 결과를 가져왔다.

최근에는 이러한 비즈니스 모델이 특허로서 권리를 보장받는 과정에서 법리적 논쟁이 많이 발생하면서 순수한 의미의 특허권에 비해 효과적이지 못하다는 정서들이 확산되고 있다.

따라서 최근에는 이러한 비즈니스 모델이 단순한 아이디어 차원을 넘어 수익성과 기술력을 중시하는 방향으로 진화되고 있다. 즉, 사업 아이디어를 내기 위해서 일시적으로 투자하는 것에 만족하지 않고 장기적으로 이익을 창출하는 방안도 함께 제시하여야 비즈니스 모델로 인정하는 방향으로 진화하고 있다.

이러한 관점에서 본다면 기업결산자료에서 영업이익이 크게 증가하였다면 해당 기업의 비즈니스 모델은 성공적인 것으로 특허권을 인정받을 수 있겠지만, 반대로 손실이 발생하면 특허로 인정받기 어려울 것으로 생각된다.

이처럼 4차산업시대에는 산업간 융합이라는 점에서 기존의 지식재산권제도만으로는 새로운 신기술을 보호하고 장려하는 데에는 한계가 있을 수밖에 없다.

따라서 반도체배치설계, 생명공학발명, 비즈니스 모델 등과 첨단산업재산권이 급속히 증가할 것으로 예상된다.

아직까지는 법제도적으로 완전하게 갖추어지지 않은 첨단산업재산권인 만큼 창업자들이 이를 제대로 인식하고 준비를 하면 신기술로 새로운 시장을 개척하고 지배하는 데 큰 도움이 될 수 있다고 본다.

(3) 보호방법

BM 특허는 네트워크와 인터넷 등 통신과 함께 산업경제에 필요한 기술을 결합한 것으로서, 인터넷 비즈니스에서 행하여지는 다양한 영업방식이나 사업 아이디어를 특허로서 보호하는 것이다.

즉, 인터넷, 스마트폰, 네트워킹 시스템 등으로 실현되는 서비스에 한하여 BM 특허가 인정될 수 있으며, 이러한 서비스가 소프트웨어나 PC 상에서 발현되는 기술일 때 제도적 보호를 받게 되는 것이다.

이러한 BM 특허는 시스템에 대한 발명 외에도 인터넷 관련 응용서비스에 대하여도 설정등록할 수 있다. 대표적인 예로 전자상거래나 핀테크에 대한 BM 특허를 들 수 있다.

미국은 이미 1998년 이후부터 대량의 BM 특허를 인정하면서 FTA체결 이후 IT 시장에서 유리한 고지를 점령하였다.

우리나라는 1987년 컴퓨터프로그램을 저작권으로 보호하는 것을 명문으로 인정한 이후부터 BM을 특허로 인정하는 데 법리상 엄격했다.

IT 플랫폼 사업자가 글로벌 시장을 지배하고 있는 현실을 고려해 볼 때, IT 시장에서의 국가경쟁력을 유지하기 위하여는 미국에서 판례를 통하여 법리가 형성된 BM 특허의 성립요건을 법해석상 완화하는 심사 가이드 라인이 필요하다. 그리고 그 보호정도는 미국의 판례를 통해서 정립된 법리에 상당하는 수준으로 해석하는 것이 필요하다고 본다.

(4) 소프트웨어와 BM 특허

4차산업혁명을 선도하는 핵심기술의 상당부분은 소프트웨어이다. 그러나 미국과는 달리 대부분의 대륙법계, 즉 성문법계 국가들의 경우에는 소프트웨어를 특허로 인정하는 데 매우 엄격하다.

BM의 핵심기술인 소프트웨어가 대륙법계에서 특허로 인정되기 어려운 이유는 첫째, 소프트웨어는 수학 알고리즘[61]을 표현한 것이 아니라는 것이다. 즉, 신규성이 결여되어 있다는 점이다. 둘째, 소프트웨어가 물리적인 형태나 물리적인 변형을 일으키지 않는다는 것이다. 즉, 진보성이 결여되어 있다는 점이다.

이 때문에 출원자가 청구항[62]에서 주장하는 발명성을 명세서에서 충분히 설명하기 어렵다는 단점을 갖고 있다. 즉, 발명자가 자신의 발명을 실시하는 최상의 방식을 명세서가 설명하기 어렵다는 것이다.

그 이유는 전통적 발명은 유형적인 형태를 띠고 있는데 소프트웨어 등은 피상적으로 차이가 있어 미국을 제외한 거의 모든 국가의 특허체계

---

61) 알고리즘이란 어떤 문제를 해결하기 위해 명확히 정의된 유한 개의 규칙과 절차의 모임을 말하다. 명확히 정의된 한정된 개수의 규제나 명령의 집합이며, 한정된 규칙을 적용함으로써 문제를 해결하는 것이다.

62) 청구항이란 특허 등 지적재산권의 출원 시 제출하는 명세서에 있는 특허청구범위란에 보호를 받고자 하는 사항을 기재한 항을 말한다(특허법 제42조 4항). 특허 인정 여부는 대체적으로 청구항에 쓰여진 내용들에 의해 판단되어지기 때문에 청구항은 발명의 상세한 설명에 의하여 뒷받침되어야 하고 명확하고 간결하게 기재하여야 하며, 구성에 없어서는 아니 되는 사항만으로 기재되어야 한다.

가 이를 보호하지 않고 있기 때문이다.

그래도 산업간 융합을 전제로 하는 4차산업혁명시대에는 소프트웨어와 관련된 기술을 발명특허로 보호하여야 상품화가 가능한 것이 사실이다.

컴퓨터 소프트웨어와 이와 관련된 기술은 정보화산업의 발전에 매우 중요한 기능을 해 왔으며 정보화의 진전과 함께 소프트웨어 기술도 진화해 왔다.

법적 보호의 진화를 보면 1970년대에는 프로그램의 코드를 영업비밀로 보호하였고, 1980년대에는 저작권에 의하여 컴퓨터프로그램으로 보호하였다.

그러나 1992년 Computer Associate v. Altai사건(982 F.2d 693, 1992)을 비롯한 몇 개의 사건에서 컴퓨터프로그램을 저작권으로 보호하는 것에 대하여 소극적이자, 이를 계기로 컴퓨터프로그램을 특허로 보호해야 할 필요성이 대두되었던 것이다.

1998년 이후 연방순회항소법원(CAFC, Court of Appeals for the Federal Circuit), 즉 일명 특허법원이 아이디어라 할지라도 산업상 유용한 것은 모두 특허의 대상이 된다는 판시를 함으로써 BM 특허가 인정되기 시작하였던 것이다. 즉, State Street Bank & Trust Co. v. Signature Financial Group, Inc. 사건에서 "유용한 것은 어떤 것이든지 특허의 대상이 된다고 판결한 바 있다. 특히, 미국의 CAFC는 특허항소심의 독점관할권을 갖고 있기 때문에 이 판결이 갖는 파급효과는 매우 컸던 것 또한 사실이다.

이 판결에서 그 동안 부정되었던 소프트웨어의 특허성을 다음과 같은 이유를 들어 인정하게 되었다.

(1) 유용하고, 구체적이고 유형적인 결과를 가져오는 경우에는 “수학 알고리즘의 예외”가 소프트웨어에 적용되지 않는다는 것이었다.
(2) 소프트웨어의 특허를 부정하기 위하여 인용되었던 “영업방법의 예외”는 구속력 있는 선례가 아니라는 것이었다.

결국, 이 판결을 통해 소프트웨어 관련 발명을 특허로 보호하는 새로운 패러다임이 등장하게 된 것이다.

(5) BM 특허요건

BM특허의 성립요건은 특허의 성립요건과 큰 차이가 없다. 즉, BM 특허 역시 ‘자연법칙을 이용한 기술적 사상의 창작인 고도의 것’이라고 정의하고, 그 발명이 특허권을 취득하기 위해서는 고도의 창작성을 입증하는 특허요건을 충족시켜야 한다. 즉, 발명품이 BM 특허를 받기 위해서는 산업상의 이용성과 신규성, 진보성을 갖추어야 한다.

다만, BM 특허에 대하여는 위의 3가지 요건 중 진보성의 요건을 완화하여 정보통신기기를 이용하면 종래와는 달리 아이디어에도 진보성을 부여하여 특허의 범위를 확대할 수 있었다.

반면에 대륙법계를 택하고 있는 우리나라에서는 BM의 특성상 사업방식은 특정한 형상을 지닌 것이 아닌 무형의 서비스에 대한 독점권을 주장하는 것이기 때문에 일반적인 기구, 기계, 건설, 잡화 분야 특허와 비교하여 볼 때 등록 가능성이 매우 까다로운 편이다.

BM 특허의 경우 통상적으로 특허출원 진행 시 10-30%만이 특허청 등록결정을 받고 있는 것으로 알려지고 있다.

따라서 BM 특허를 취득하고자 한다면 해당 분야의 특수성으로 인하여 등록 가능성이 낮다는 점을 고려하여 진행하는 것이 좋다.

더욱이 최근에는 미국 특허법원이 BM 특허요건으로 "BM 사용 시 수익성을 확보할 것", 즉 수익성 요건을 추가로 요구하고 있어, 대륙법계 국가에 속한 발명자들이 BM 특허를 취득하는 것을 더욱 어렵게 하고 있다. 이에 대한 입법정책적 대비가 필요하다.

(6) BM 특허전략

BM 특허는 아이디어임에도 불구하고 정보통신수단을 이용한다는 특수성 때문에 특허로 보호해 주는 특례에 해당한다. 따라서 창업자가 이러한 BM 특허를 취득하려면 나름 전략적인 노력이 필요하다. 크게는 2가지이다. 하나는 선행특허에 대한 철저한 분석이 필요하며, 다른 하나는 특허명세서를 보다 더 구체적으로 기재하는 것이다.

우선, 유사한 선행특허에 대한 철저한 분석문제는 신규성과 관련이 깊다. BM 특허도 특허이기 때문에 종래에 존재하는 서비스와 비교할 때 신규성이 인정되어야 등록이 가능하다.

즉, 현재 자신이 제공하는 서비스와 가장 유사한 서비스가 무엇인지에 대한 정확한 이해가 필요하다. 유사한 서비스와 자신의 서비스가 갖는 유사점이 무엇이고, 핵심적인 차이점이 무엇인지를 설명할 수 있어야 한다. 특히, 다른 서비스보다 본인의 서비스가 얼마나 우수한지를 설명하는 것이 매우 중요하다.

이를 위해서는 차별성이 미약하더라도 이를 핵심적인 차이점으로 부각하여 강조하여야 한다. 그리고 특허명세서를 구체적으로 기재하는 것은 진보성과 산업상 이용성과 관련이 깊다. BM 특허를 출원하는 경우 가능한 한 많은 실시 예를 구체적으로 기재하는 것이 필요하다.

BM은 인터넷 통신을 이용한 서비스 방식이 상당부분 차지하기 때문에, 서비스 제공방식과 관련하여 현재의 실시 예뿐만 아니라 앞으로 구현이 가능한 실시예까지 예상하여 기재하는 것이 필요하다.

예컨대, 대중교통이용앱을 BM 특허로 출원하는 것을 가정해 보겠다. 우선, 발명신고서에는 '대중교통을 이용하는 사용자들에게 이동경로와 교통수단을 추천하는 앱을 제공할 때 해당 구간의 정보를 추출하여 소요시간을 제공하는 등 최적의 대중교통 이용경로를 추천하는 것'이라고 기재했다고 가정해 본다.

이 경우, 이것만으로는 부족하고 추가로 이것 이외에도 '사용자가 여행을 원하는 다수의 지역을 선택하는 경우 해당 지역의 정보를 추출하여 최적의 여행경로를 추천해 주는 것'을 주요 특징이라고 기재하여야 한다. 그리고 이를 상세히 설명하기 위하여 특허명세서에 예를 들어 ① 사용자가 다수의 경로를 파악할 수 있는지 여부 및 이를 반영한 디스플레이 구성 ② 사용자가 각 경로별 교통수단의 배차간격을 파악하는 구성 ③ 이동경로수단을 선택하였을 때 단말기를 통하여 음성안내하는 구성 ④ 이동경로별 용이성에 대한 정보제공 구성 ⑤ 이동경로별 사용자위치에서 최적 교통수단 사용선택 안내정보 구성 등에 관한 내용도 기재하여야 한다는 것이다. 이때 현재뿐만 아니라 미래에 제공될 가능성이 있는 서비스도 기재하는 것이 바람직하다.

참고로 특허청 심사관이 때로는 당해 기술에 대한 이해가 부족할 수 있다. 이 경우에는 심사관과 소통을 통해 이를 이해시키는 것이 BM 특허를 성공적으로 취득할 수 있는 전략 중에 하나다.

(7) BM 특허분쟁

페이스북은 정보통신기술을 이용한 소셜네트워크라는 사업방식을 특허로 등록한 전형적인 BM 특허의 성공사례라고 할 수 있다. 페이스북은 소셜네크워크 방식을 BM 특허로 등록한 후 독점적인 시장을 확보한 것이다.

이러한 페이스북도 BM 특허등록과 관련하여 법률적 분쟁을 경험한 바 있다. 즉, 마크 저커버그는 타인의 사업방식을 도용했다는 이유로 지적재산권 침해소송을 당하였던 것이다.

사건의 발단은 윙클보스 형제가 하버드 학생만 독점적으로 이용 가능한 하버드 커넥션을 운영하고 있었는데, 저커버그가 이를 본 후 하버드 학생뿐만 아니라 아이비리그 학생 모두가 독점적으로 이용 가능한 소셜네트워크인 더 페이스북(Thefacebook)을 만드는 데 아이디어로 응용했다. 결론은 저커버그가 윙클보스 형제에게 6,500만 달러를 지급하고 소송을 중단한 바 있다. 이처럼 IT와 제조 및 서비스업 창업 시 지적재산권 침해 논란은 기업의 존립을 위협할 수 있다.

이와 관련하여 대한민국은 2005년 페이스북과 사업방식이 유사한 싸이월드에 대해 BM 특허를 불인정한 사례가 있다. 매우 아쉬운 부분이다.

IT 기업인 아마존은 BM 특허를 통하여 급성장한 대표적인 사례라고 할 수 있다. 1999년 Amazon vs Barnes and Noble 사건에서 Amazon이 일반적으로 원클릭(one click shopping process)이라 불리는 특허를 취득한 바 있었다. 이 특허는 웹상에서 소비자가 구매할 때마다 배송, 지불

관련 데이터를 재입력하지 않고 원클릭으로 쇼핑할 수 있도록 하여 소비자들이 좀더 편리하게 쇼핑할 수 있도록 하는 사업방식특허, 즉 BM 특허였다. 그런데 Barnes and Noble이 이와 유사한 서비스를 웹상에서 제공한 것이다. 이에 Amazon은 1999년 Barnes and Noble이 특허를 침해하였다는 이유로 침해금지청구와 손해배상금청구소송을 제기한 바 있다.

이 사건에서 법원은 Amazon의 BM이 종래에는 없었던 새로운 영업방식을 인터넷을 통하여 발명하였기에 이는 신규성과 진보성 모두가 인정되는 특허라고 판결하였다. 최종적으로 Barnes and Noble에게는 예비적 금지명령이 내려졌고, Barnes and Noble은 이를 사용하지 못하고 더블클릭이라는 인터넷 영업방식을 통해 사업을 계속하였으나 소비자들이 이를 외면함으로써 불가피하게 로열티를 지불하고 원클릭을 다시 사용한 바 있다.

이처럼 BM 특허는 4차산업의 성공과 깊은 연관성을 갖고 있다. 즉, BM 특허를 많이 보유한 국가가 4차산업시대에 우월적 지위를 차지하는 것이다. 오늘날 미국이 4차산업혁명의 선도적 역할을 하기 직전인 1990년대부터 BM 특허라는 새로운 특허 시스템을 법리적으로 완성하였던 점을 보면 이는 더욱 명확해진다.

우리나라도 4차산업시대 글로벌 시장의 강자로 탄생하기 위하여는 BM 특허가 활성화될 수 있도록 제도적 시스템을 정비하는 것이 필요하다고 본다.

Ⅲ. 디자인권

1. 개 요

창업자는 상품을 생산하면서 타인의 디자인권을 침해하는지 모르고 상품이나 서비스를 출시해 사업이 시작도 하기 전에 중단되는 위기를 맞을 수 있다. 따라서 창업자는 창업을 준비하면서 디자인권의 본질과 분쟁이 발생하는 이유에 대해 사전에 인식해 두는 것이 필요하다.

2011년 애플이 삼성전자를 상대로 갤럭시폰이 아이폰의 곡선 디자인을 침해하였다는 이유로 10억 달러 상당의 손해배상청구소송을 미국에서 제기한 바 있다.

이 소송에서 1심 법원은 애플이 검은 직사각형 앞면 모양, 둥근 모서리, 프로그램과 앱용 아이콘의 다채로운 색상에 대해 특허권이 있다고 인정하면서, 삼성이 애플에 9억 3천만 달러를 배상해야 한다고 판결했다. 2심에서는 배상액이 5억 4800만 달러(디자인 특허배상액은 3억 9,900만 달러)로 감액된 바 있음에도 불구하고, 삼성은 배상액이 과도하다며 대법원에 상고했고 결국 대법원은 2017년 1월경 배상액이 과도하므로 재심리하라고 파기환송한 후 2018년 6월 28일 배상금에 대한 합의로 7년 분쟁이 종료된 바 있다.

이러한 예를 보건대 4차산업시대에는 어떠한 형태의 디자인 분쟁이 발생할지 예측하기 어렵다.

그러나 디자인권에 대한 기본법리를 이해한다면 이러한 문제도 해결될 수 있다고 본다. 이번에는 디자인의 법적 권리와 이를 침해하면 발생할 수 있는 법적 리스크에 대하여 알아보겠다.

2. 의 의

디자인(design)이란 주어진 목적을 조형적으로 실체화한 의장(意匠)이나 도안을 말하는 것으로서 공업디자인 또는 산업디자인이라고도 부른다. 디자인보호법은 구체적으로 서술하고 있는데, 이에 따르면 디자인을 '물품의 형상·모양이나 색채 또는 이들을 결합한 것으로서 시각을 통하여 미감을 일으키게 하는 것'이라고 정의하고 있다(제2조 1호). 여기서 말하는 물품이란 거래의 대상으로서 운반 가능한 것을 말하며, 물건 일부도 이에 해당한다. 그리고 형상(形狀)이란 외관적 형태를 말하며, 평면적인 것과 입체적인 것 모두를 포함하는 개념이다.

모양이란 장식용의 형상을 말하며, 평면적으로 표시된 점, 선 또는 상(像) 등의 집합을 말한다. 이러한 모양은 때로는 색채를 수반하는 것이 많고, 부조 모양과 같이 요철의 형태로 이뤄지기도 한다.

여기서 말하는 색채란 1종 또는 2종 이상의 색의 배합을 말하며, 결합이란 형상, 모양, 색채의 전부 또는 2 이상이 동일 물품에 대하여 동시에 표현되는 경우를 말한다.

이러한 산업디자인은 인간의 문화적 필요를 충족시켜주기 위하여 조성하는 산업제품과 생산 시스템을 발전시키는 창조적 활동이기 때문에 이를 권리로 인정하여 보호할 필요가 있는 것이다.

디자인의 영역은 광의로는 모든 조형활동에 대한 계획, 설계나 드로잉(drawing)까지 포함하지만, 협의로는 도안, 장식 등의 의미로 사용되고 있으며, 디자인보호법은 협의의 영역에 속한 디자인만을 보호하는 것으로 해석된다.

따라서 창업자는 생산제품의 디자인을 구상할 때 동일 디자인이나 관련 디자인을 특허정보검색서비스(Korea Intellectual Property Rights Information Service; KIPRIS)에서 검색해 보는 것이 중요하다.

3. 디자인권

디자인권이란 공업소유권의 일종으로서 배타적, 독점적인 효력을 갖는 권리를 말한다. 그 권리는 무체재산권으로서 그 객체는 무형의 창작이며, 양도가 가능하다.

디자인을 창작한 자 또는 그 승계인은 디자인보호법에 따라 특허청에 디자인등록할 수 있는 권리가 있다. 2인 이상이 공동으로 디자인을 창작하면 이 디자인권은 공유로 하며, 디자인권의 효력은 설정등록으로 발생한다.

창업할 당시 디자인을 등록하는 것도 중요하지만 영업을 양수해서 창업하는 경우 양도인으로부터 디자인권을 승계하는 것이 중요하다.

디자인권자는 등록디자인 및 관련디자인을 실시할 권리를 독점하게 되는데, 그 디자인권에 대하여 전용실시권[63]을 설정하면 디자인권을 행사할 수 없게 된다. 향후 로봇이나 AI를 상품화하는 경우 이 상품의 디자인을 등록하지 않으면 콘텐츠는 도용당하지 않더라도 디자인을 침해당할 수 있다. 이는 해당 기업의 브랜드 가치가 상실되는 것이므로 이에 대한

63) 전용실시권이란 다른 사람의 디자인권을 독점적·배타적으로 실시할 수 있는 권리라는 점에서 통상실시권의 상대개념이다. 다자인권자는 그 디자인권에 대하여 다른 사람에게 전용실시권을 설정할 수 있다. 전용실시권자는 그 설정행위로 정한 범위 안에서 업으로서 그 다자인을 실시할 권리를 독점한다.

사전 대비가 필요하다.

특허권이 기술적 발명에 대해 보호해 주는 권리라면 디자인권은 물품 외관에 대해 보호해 주는 권리로서 보호대상에 차이가 있다. 즉, 특허는 눈에 보이지 않는 것을, 디자인은 눈에 보이는 것을 보호하는 것이며, 애플과 삼성 간 특허 분쟁에서 애플이 승소하는 데 가장 큰 역할을 한 것이 디자인권이었다.

이처럼 특허와 상표는 자기 권리의 동일성 범위까지 독점권이 인정되는 반면에 디자인은 자기 권리의 동일 또는 유사 범위까지 권리범위가 인정되므로 권리범위 측면에서 디자인권은 특허권과 상표권과 비교해 더 광범위하다.

이러한 등록된 디자인 또는 그것의 관련디자인을 디자인권자의 허락 없이 사용하여 업으로 물품을 생산·양도·대여·수출 또는 수입하면 디자인권 또는 전용실시권을 침해한 것으로 보게 된다(제114조).

이 경우 디자인권자 또는 전용실시권자는 자신의 권리를 침해한 자 또는 침해할 우려가 있는 자에 대하여 그 침해의 금지 또는 예방을 청구할 수 있다. 이러한 디자인권의 존속기간은 설정등록한 날부터 디자인등록출원일 후 20년이 되는 날까지이다.

디자인권자는 기본디자인의 출원일부터 1년 이내에 관련디자인을 등록출원한 경우에만 관련디자인으로 등록할 수 있다. 이러한 관련디자인 제도는 종전의 유사디자인제도를 폐지하고, 기본디자인과만 유사한 관련디자인의 독자적인 권리를 인정하기 위해 도입되었다. 그 결과 관련디자인에 독자적인 권리범위와 권리존속기간이 부여됨으로써 창작자의 권리 보호를 강화하였다.

4. 등록능력

디자인을 등록하려면 법적인 자격이 있어야 하는데, 이러한 자격을 권리능력이라고 하고, 이러한 권리를 행사할 수 있는 권리를 행위능력이라 한다.

인간은 출생과 동시에 법적으로 권리자가 될 수 있는 권리능력과 행위능력을 갖게 되는데 이러한 능력은 특별히 법률로 제한하지 않는 한 침해받지 않는다.

따라서 디자인 창작자 또는 그 승계인은 디자인을 등록할 권리능력을 갖는다. 즉, 창업자가 창업 당시 독자적인 디자인을 개발해 등록하는 것이 아니라 타인의 디자인권을 승계해서 사업에 이용할 수 있는 것이다. 다만, 디자인보호법은 특허청 또는 특허심판원 직원에 대한 권리능력을 법으로 제한하고 있는데, 이들이 상속 또는 유증(遺贈)의 경우를 제외하고는 재직 중 디자인등록을 받을 수 없도록 권리능력을 제한한 것이다.

그리고 2명 이상이 공동으로 디자인을 창작하면 디자인등록을 받을 권리가 공유(共有)되기 때문에 독자적인 권리가 제한된다(법 제3조).

또한 디자인보호법은 디자인등록과 관련된 행위능력을 미성년자·피한정후견인 또는 피성년후견인에 대하여 제한하고 있다. 즉, 이들은 법정대리인에 의하지 아니하면 디자인등록에 관한 출원·청구, 그 밖의 디자인에 관한 절차를 밟을 수 없도록 제한하고 있다. 다만, 미성년자와 피한정후견인은 법정대리인의 허락을 받은 범위 내에서 독립적으로 법률행위를 할 수 있도록 행위능력에 대한 제한을 완화하고 있다.

법정대리인은 후견감독인의 동의 없이 상대방이 청구한 디자인의 일부

심사등록에 대한 이의신청, 심판 또는 재심절차를 진행할 수 있다(제4조).

법인이 아닌 사단 또는 재단의 대표자 또는 관리인이 정해진 경우에는 사단 또는 재단의 이름으로 디자인 일부심사등록과 관련한 이의신청인, 심판의 청구인·피청구인 또는 재심의 청구인·피청구인이 될 수 있는 자격을 갖는다(제5조).

그리고 국내에 주소 또는 영업소가 없는 재외자는 국내에 미체류하는 경우 국내에 거주하는 대리인으로서 디자인관리인에 의해서만 절차를 진행하거나 행정처분에 대한 소를 제기하는 등의 행위능력에 제한을 받는다(법 제6조).

디자인보호법상 외국인은 원칙적으로 디자인권 또는 디자인에 관한 권리능력을 향유하지 못한다. 그러나 ① 그 외국인이 속한 국가가 한국민의 디자인권을 인정하는 경우 ② 대한민국이 외국인의 권리를 인정하듯, 해당 외국에서도 한국민의 권리를 동일한 조건으로 인정하는 경우 ③ 조약에 따라 디자인권 또는 디자인에 관한 권리가 인정되는 경우(법 제27조)가 이에 해당한다.

5. 등록출원

창업자가 본인이 개발한 디자인이나 타인의 디자인권을 승계해서 이들 디자인을 법적으로 보호받기 위해 등록하려면 법에서 정한 사항을 기재한 디자인등록출원서를 특허청장에게 제출해야 한다. 법에서 정한 사항(제37조)이란 ① 출원인의 성명 및 주소(법인은 명칭 및 영업소 소재지) ② 대리출원의 경우 그 대리인의 성명 및 주소나 영업소의 소재지(대리인이 특허법인인 경우 그 명칭, 사무소의 소재지 및 지정된 변리사 성명) ③ 디자인의 대상이 되는 물품 및 물품류 ④ 단독출원 또는 관련디자인 출원 여부 ⑤ 기본디자인의 등록번호 또는 출원번호 ⑥ 디자인 창작자의 성명 및 주소 ⑦ 복수디자인 등록출원 여부 ⑧ 디자인 수 및 일련번호 ⑨ 우선권을 주장하는 자는 출원서에 그 취지와 최초로 출원한 국명 및 출원연월일을 기재하여야 한다.

그리고 일부심사 등록출원이 가능한 디자인은 물품류 구분 중 산업통상자원부령이 정한 물품으로 한정된다. 그리고 그 물품은 일부심사 등록출원만 가능하며, 디자인등록이 가능한 권리가 공유인 경우에는 공유자 모두가 공동으로 출원해야 하며(제39조), 출원은 1디자인마다 1디자인 등록출원해야 한다(제40조).

6. 등록요건

(1) 개 요

디자인이 특허청에 등록되기 위해서는 그 디자인이 신규이고 또한 고안으로서 진보성이 있고 공업상 이용할 수 있는 것이어야 한다. 즉, 신규성, 진보성, 공업상 이용성이 등록요건인 것이다.

특히, 디자인보호법은 특허법이나 실용신안법과는 달리 '산업상 이용할 수 있는 것'보다는 협의로 '공업상 이용할 수 있는 것'을 그 요건으로 하고 있다.

여기서 말하는 '공업상 이용할 수 있는'이란 공업적으로 양산이 가능해야 한다는 의미이다. 따라서 공업적으로 양산할 수 없는 미술품, 회화 등의 경우에는 공업상 이용할 수 있는 디자인에 해당하지 않는다.

그 밖에도 디자인등록을 할 수 없는 디자인, 즉 디자인의 소극적 등록요건을 규정하고 있다. 이에 해당하는 경우는 ① 출원 전에 국내 또는 국외에서 공지되었거나 공연히 실시된 디자인 ② 출원 전에 국내 또는 국외에서 반포된 간행물에 기재된 디자인 ③ 위의 ①, ②에 유사한 디자인은 신규성이 없는 것으로 보고 등록할 수 없다. 즉, 공지 또는 간행물기재의 디자인과 동일 디자인에 한하지 않고, 이들과 유사한 디자인도 신규성이 없는 것으로 등록을 거부할 수 있는 법적 근거를 마련해 두고 있다.

(2) 창작성(진보성)

AI나 로봇 등과 같은 상품을 개발한 경우 그 디자인등록을 받기 위해서는 창작성, 즉 진보성을 충족하여야 한다. 구체적으로는 등록출원 전에 그 디자인이 속하는 분야에서 통상의 지식을 가진 자가 공지·공용·간행물기재 등을 통해 알 수 있는 디자인 또는 국내에서 널리 알려진 형상·모양·색채 또는 이들의 결합에 의하여 용이하게 디자인을 창작할 수 있는 것일 때에는 창작성이 없으므로 등록을 받을 수 없다.

이러한 창작성 요건은 특허요건으로서의 진보성 요건과 거의 동일한 내용이다. 즉, 진보성이란 디자인 창작이 이뤄지기까지의 곤란성을 말하는 것으로서 특허출원 전에 발명이 속하는 해당 분야에서 통상의 지식을 가진 자가 용이하게 발명할 수 없는 것이어야만 등록을 할 수 있다는 것을 의미한다.

그러나 사실상 디자인의 진보성을 입증하기는 매우 어렵다. 대부분의 경우에는 사업을 영위하면서 당해 디자인을 계속해서 지속적으로 사용했는지 여부가 매우 중요한 경우가 있다.

2001년 11월경 발렌타인(Ballantines) 위스키 회사가 발렌타인 17년산 병모양을 롯데주류가 생산하는 스카치블루(Scotch Blue) 12년산에 도용했다는 이유로 그 사용을 중지해달라고 명령하여 줄 것을 서울지방법원에 가처분신청한 바 있다. 이에 대해 법원은 발렌타인 17년산의 병모양은 일반적인 형태와 색채를 취하고 있으며, 발렌타인 12년산, 17년산, 21년산, 30년산 등의 병모양이 일관되지 않기 때문에 소비자들의 혼동 가능성이 없다고 보아 가처분신청을 기각한 바 있다.

이러한 사례를 보건대 사업자가 자사제품의 디자인을 권리로 보호받으려면 당해 디자인을 상품에 지속적으로 사용하는 것이 중요하다.

(3) 신규성

디자인의 유사 여부, 즉 신규성을 판단하는 기준은 판례를 통하여 정립되어 있다. 첫째, 유사성 여부는 전문가가 아닌 일반인을 기준으로 판단하게 된다. 즉, 널리 알려져 있는지 여부는 전문가가 아닌 일반인이 더 객관적일 수 있기 때문이다.

둘째, 디자인은 시각을 통하여 미감을 일으키게 하는 것이므로 그 유사 여부의 판단은 육안에 의하여 관찰하게 된다. 즉, 논리적으로 판단하지 않고 감성적으로 판단하는 것을 허용한다는 것이다. 셋째, 유사성 여부는 외관을 기준으로 판단한다는 것이다. 이는 디자인법이 디자인의 개념을 정의할 때 시각에 의한 미감을 명확히 규정하고 있기 때문이다.

넷째, 유사 여부를 판단할 때 부분적으로 판단하는 것이 아니고 전체관찰에 의한 종합판단에 의하여 판단하게 된다. 다섯째, 수요자의 눈에 띄는 부분으로서, 가장 주의를 끌기 쉬운 부분은 매우 비중을 두어 판단하는 것이다.

종합적으로 보면 디자인의 신규성 부분을 판단하는 것은 이성적 또는 논리적이라기 보다는 시각을 통한 미감이라는 점에 의존하기 때문에 법적 분쟁 시 어려움이 많다.

이러한 문제를 해결하려면 지속적으로 상표를 사용하여 디자인권자와 상표와의 연관성이 있다는 것을 일반인들도 인식할 수 있도록 노력하는 것이 필요하다.

7. 등록불가 디자인

디자인보호법은 출원한 디자인이 등록할 수 없는 경우를 열거해 놓고 있다. 따라서 창업자가 이를 모르고 디자인 등록출원한 경우 낭패를 볼 수 있다. 즉, 출원한 디자인이 그 출원 후에 디자인공보에 게재된 다른 출원서의 기재사항 및 첨부된 도면·사진 또는 견본에 표현된 디자인 일부와 동일 또는 유사한 경우 등록이 불가하다. 다만, 출원인과 다른 디자인등록출원인이 같으면 등록할 수 있다(법 제33조).

그리고 추가로 등록불가 디자인에 대해 법이 열거하고 있는데(제34조), ① 국기, 국장(國章), 군기(軍旗), 훈장, 포장, 기장(記章), 그 밖의 공공기관 등의 표장과 외국의 국기, 국장 또는 국제기관 등의 문자나 표지와 동일 또는 유사한 디자인 ② 의미나 내용 등이 일반인의 통상적인 도덕관념이나 선량한 풍속에 어긋나거나 공공질서를 해칠 우려가 있는 디자인 ③ 타인의 업무와 관련된 물품과 혼동을 가져올 우려가 있는 디자인 ④ 물품의 기능을 확보하는 데에 불가결한 형상만으로 된 디자인은 등록할 수 없다.

8. 관련디자인

기본디자인과 유사한 디자인을 관련디자인이라 하고(제35조), 등록디자인 또는 출원한 디자인을 기본디자인이라 한다. 이는 창업자가 타인의 등록디자인 이용허락을 받고 관련디자인을 등록한다면 시장지배력이 증가할 수 있다.

디자인보호법상 자기의 기본디자인과 유사한 관련디자인에 대하여는 그 기본디자인의 출원일부터 1년 이내에 출원된 경우에만 관련디자인으로 등록할 수 있다. 그리고 등록 또는 출원된 관련디자인과 유사한 디자인은 등록이 불가하며, 기본디자인권에 전용실시권이 설정된 경우에도 기본디자인에 관한 관련디자인은 등록이 불가하다.

특히, 창업을 영업을 양수하는 형태로 하는 경우 양도인으로부터 기본디자인의 실시권을 허여받아 관련디자인이 등록되면 상품판매가 제한될 수 있다. 따라서 영업을 양수할 때 양도인이 기본디자인권을 타인에게 실시하도록 허락했는지 알아보고 관련디자인 등록 여부를 확인하는 것이 필요하다.

9. 침해 구제방안

디자인권이 침해받으면 민사상 구제방안과 형사상 구제방안을 구분하여 고려해 보아야 한다. 민사상 구제방안으로는 디자인권자가 권리를 침해한 자 또는 침해할 우려가 있는 자에 대하여 청구하는 민사상 침해의 금지 또는 예방청구, 손해배상청구 등이 있다.

창업자의 경우에는 구제를 받을 수도 있지만 반대로 형사나 민사상

책임을 져야 하는 경우도 있으므로 이런 구제방안에 대해 숙지할 필요가 있다.

특히, 손해배상액과 관련하여서는 추정규정을 두고 있는데, 침해에 대한 손해배상을 청구하는 경우 침해한 자가 침해물건을 양도했을 때 양도수량에 침해행위가 없었다면 판매할 수 있었던 물건의 단위수량 당 이익액을 곱한 금액이 손해액으로 추정된다. 추정인 만큼 그렇지 않다는 것을 입증하면 이 추정액은 효력을 상실한다.

이를 통해 디자인권 침해 시 손해액산정문제로 법원의 판결이 지연되거나, 손해액이 명확하지 않다는 이유로 디자인권자가 불이익을 당하는 것을 예방하기 위한 입법적 조치라고 할 수 있다.

이 규정이 때로는 손해배상원칙 중 핵심원칙인 실손해배상원칙에 위배되어 위헌의 소지가 있다는 의견들도 제시되고 있다.

형사상 구제방안으로는 디자인권을 침해한 자에게 형사상 7년 이하의 징역 또는 1억 원 이하의 벌금이 부과될 수 있으며, 이는 친고죄이다.

이는 디자인권자가 고소하지 않으면 검사가 직권으로 기소를 할 수 없다는 것을 의미한다. 따라서 침해자는 디자인권자와 합의를 해야 고소당하지 않을 수 있다.

10. 침해사례

현재 진행 중인 삼성과 애플의 특허분쟁은 기술력에 국한된 내용이 아니라 디자인권 침해 여부도 포함되어 진행되고 있다.

또한 미국계 제약회사인 화이자(Pfizer)사는 한미약품이 2012년 5월부터 팔팔정을 만들기 시작하자 비아그라의 고유한 푸른색 다이아몬드의 디자인을 모방했다며 팔팔정 판매금지를 청구하는 소송을 제기한 바 있다.

1심에서는 화이자가 한미약품에 패소하였지만, 2심은 상표권을 침해한 것으로 보고 팔팔정 판매를 금지하는 판결을 한 바 있다. 최종적으로 대법원에서는 팔팔정이 비아그라의 디자인권을 침해하지 않았다는 판결을 내렸다. 그 이유는 마름모 도형의 입체적 형상과 푸른색 계열의 색채를 결합해 구성된 비아그라는 그 형상이 지정상품인 약제에 속하는 알약의 일반적인 형태라고 전제하였다. 이 사건에서 비아그라와 팔팔정의 형태에 공통되는 부분이 있기는 하지만 차이점도 존재하는 만큼 수요자에게 오인·혼동을 일으킬 우려가 없다고 보았다(대법원 2015. 10. 15. 선고 2013다84568 판결).

11. 국제출원

1999년 세계지식재산기구에 의해 제네바 외교회의에서 채택된 조약인 헤이그협정에 따라 특허청에 국제출원을 할 수 있다(제173조). 즉, 창업자가 디자인을 국내에 출원하면서 동시에 국제출원을 하는 경우 시장에서의 후발주자임에도 글로벌 시장지배력이 강화되어 유니콘 기업이 될 가능성이 커질 수 있다.

국제출원을 할 수 있는 자격자는 ① 한국인 ② 한국에 주소(법인이면 영업소)가 있는 자 ③ 한국에 거소가 있는 자이다. 그리고 2인 이상이 공동출원하면 각자 모두가 자격을 갖추어야 한다(제174조).

그리고 국제 디자인등록출원은 법상 디자인등록출원으로 의제되며, 국제등록부에 등재된 자의 성명 및 주소(법인은 명칭 및 영업소 소재지), 도면, 디자인의 대상이 되는 물품, 물품류, 디자인을 창작한 사람의 성명 및 주소 등이 기재된다. 그리고 디자인의 설명은 물품, 물품류, 디자인 창작자의 성명 및 주소, 디자인에 대한 설명으로 의제된다(제179조).

국제출원에 대하여는 비밀디자인에 관한 특례가 배제되며(제184조), 국제등록디자인권은 국내에서 설정등록된 날부터 발생하여 국제등록일 후 5년이 되는 날까지 존속한다. 다만, 국제등록만료(5년)일 이후 등록결정되어 국내에서 설정등록된 경우 국제등록만료일 후 5년이 되는 날까지 존속하며 그 존속기간은 5년마다 갱신된다(제199조).

12. 침해경고

디자인의 경우뿐만 아니라 상표나 저작권을 위반했다는 이유로 어느 날 갑자기 타인으로부터 디자인권 침해경고장과 더불어 사용을 중지하지 않거나 손해배상하지 않으면 민형사상 법적 조치를 취하겠다는 내용의 내용증명[64]이 송달되는 경우가 종종 있다.

한 사례를 들어보면, 소규모 악세서리 판매업을 하는 A씨는 자체적으로 디자인한 목걸이를 판매하고 있었다. 어느 날 동종업계 중소기업인 B사로부터 A씨가 판매하고 있는 악세서리가 B사의 디자인권을 침해했다는 내용의 경고장을 수령하게 되었다. 그 경고장에는 당해 악세서리 판매를 중지하지 않으면 손해배상청구는 물론이고 형사고소까지 하겠다는 내

64) 일반적으로 내용증명의 경우 손해배상청구, 계약해지통보 등의 용도로 많이 사용된다. 내용증명의 방법은 같은 문서 3통을 준비하여 원본을 수신인에게 등기우편으로 보내고, 발신인이 한 부를 보관하며, 나머지 한 부는 우체국에서 보관한다. 개인 및 상호간의 거래에서 우체국이 편지의 내용과 날짜를 증명하여 주는 것이다. 내용증명 자체가 법적인 효력이 발생하는 것은 아니며 사실을 증명하는 목적으로 사용된다. 작성 시 사실관계에 입각하여 객관적으로 육하원칙에 맞추어 작성한다.

용도 포함되어 있었다고 한다. 영세업자인 A씨는 자체 제작한 디자인임에도 불구하고 소송수행에 대한 두려움 때문에 판매를 중지하였다고 한다.

이 사례처럼 실제로는 디자인권을 침해하지 않았음에도 불구하고 판매를 중지하거나 합의금을 지급하는 사례가 빈번히 발생하고 있다.

이러한 경고장이 송달되었다 하더라도 자체 개발상품으로 모방품이 아닌 것이 분명한 경우에는 차분히 대처할 필요가 있다. 우선, 경고 상대방이 주장하는 디자인권이 실제로 등록된 권리인지를 먼저 확인하는 것이 필요하다.

다음으로 등록된 권리와 자신의 제품이 침해관계에 있는지를 면밀히 검토해 보아야 하며, 검토 결과, 권리침해가 없다고 판단되면 경고장의 내용을 반박하는 답장을 내용증명 형태로 송부하고 판매를 계속하는 것이 바람직하다. 특히, 등록권리의 출원 전부터 자신이 개발한 제품을 판매하고 있었다는 것을 증명하면 자체 개발제품을 판매할 수 있는 권리, 일명 '선사용권'이 인정되어 업을 계속할 수 있다.

일반적으로 디자인권의 침해 여부는 심미감에 의존하는 것이 일반적이기 때문에 일단 분쟁이 발생하여 소송으로 진행되면 시간과 비용이 많이 든다. 특히, 상대방이 디자인권을 침해했으므로 상품의 판매를 중지할 것을 법원에 가처분신청하는 경우 법원에 이를 반박하는 증거를 첨부한 답변서를 법원에 보내지 않으면 1개월 이내에 판매금지 가처분결정이 내려질 수 있다.

디자인은 너무도 다양해서 아무리 주의를 기울여도 침해논란에 빠져들 수 있다. 따라서 설령 누군가 침해했다는 경고장은 물론이고 소송을 제기했더라도 너무 서두르지 말고 차분히 이에 대응하는 것이 중요하다고 할 수 있다.

Ⅳ. 상표권

1. 개 요

최근 상표권과 관련해 대기업이든 중소기업이든 구분 없이 다양한 상표권 분쟁소식이 언론을 통해 기사화되고 있다. 이는 창업자가 이런 상표권과 관련한 법적 분쟁에 휘말리는 순간 사업을 해 보지도 못하고 영업을 중단해야 하는 위기에 직면할 수 있다.

특히, 온라인을 기반으로 하는 4차산업시대에는 소비자나 제3자를 오인시키는 상표도용행위가 용이하고 과거보다 더 빈번하게 발생할 가능성이 커서 창업자는 이에 대한 주의가 필요한다.

특히, 국내에서 사용하고 있는 상표를 다른 국가에 있는 사업자가 자국에 등록하는 경우 자칫하면 해당 국가에서 서비스나 상품을 판매할 수 없는 사태가 발생할 수 있다. 이는 상표등록이 사업의 성패를 가를 수도 있다는 것을 의미한다. 즉, 창업 후 시장의 반응이 좋은 상품을 출시하여 시장지배력을 확대해 가는 중 경쟁사업자가 상표권침해를 이유로 소송을 제기하는 경우 사업이 진행되기 어려울 수 있다.

물론, 상표권 자체가 기술경쟁력의 우위와는 직접적인 관련성은 적다. 그러나 상표권은 기술력의 가치를 극대화할 수 있는 경영전략의 하나로 이용할 수 있는 제도라고 할 수 있다.

특히, 세계 어느 국가든 자국에 등록된 상표를 상표권자의 허락 없이

사용하는 경우 민사상 손해배상책임은 물론이고 형사상 처벌도 받도록 규정하고 있는 상황에서는 해당 국가에 사전에 상표등록을 하면 시장지배력을 극대화하는 효과를 가져 올 수 있다.

따라서 창업 시 타인의 상표를 사용하는 것은 물론이고 타인으로부터 상표권을 침해당하는 경우 이에 대한 대처방안을 사전에 숙지하는 것은 매우 중요하다.

2. 의 의

상표(trade mark)란 자기 상품과 타인의 상품을 구분할 수 있는 표지로 사용되는 일체의 수단을 총칭하는 개념이다. 즉, 개인이나 법인이 고객을 상대로 자기 제품 및 서비스를 다른 실체와 구별해 알릴 수 있는 독창적 알림수단, 즉 문자·기호·도형 또는 이들의 결합을 상표라고 한다. 창업자는 어떠한 형태로든 상표를 사용하지 않고는 사업을 하기가 불가능하다고 할 수 있다.

상표법에서는 상표를 '상품의 생산 등을 업으로 하는 자가 자기의 업무에 관련된 상품을 타인의 상품과 식별토록 사용하는 표장'이라고 규정하고 있다(제2조). 따라서 업과 관련이 없는 표장이거나 상품을 식별하기 위한 표장이 아니라면 상표로 취급될 수 없다.

'업(業)'이란 계속적이고 반복적으로 사업을 실시하는 것을 의미한다. 다만, 영리를 목적으로 하는 업이어야 상표권이 인정되는지 아니면, 비영리를 목적으로 하더라도 상표권이 인정되는지에 대하여는 논란이 될 수 있다.

이와 관련하여 상표법은 '상인적 방법'이라는 용어를 사용하지 않기 때문에 비영리를 업으로 해도 상표권이 인정되어야 한다.

상표법의 취지상 상표를 계속적·반복적으로 사용하지 않으면 상표를 통해 업무상 신용이 축적되지 않기 때문에 굳이 이를 보호할 필요가 없다고 해석된다.

이러한 상표는 상품이나 상품 포장에 부착되며, 서비스의 경우 서비스를 제공하는 설비나 도구에 부착되며, 수요자는 상표를 보면서 상품이나 서비스의 구매를 선택한다.

상표는 수요자가 상품이나 서비스의 구매 여부를 결정할 때 중요한 판단기준인 만큼 독립적인 재산적 가치도 보유한다.

그리고 상표법 취지상 상표를 계속적·반복적으로 사용하지 않으면 상표의 업무상 신용이 축적되지 않으므로 굳이 보호할 필요가 없다. 또한 영리 목적이든 비영리 목적이든 업과 관련 있는 표장이나 상품을 식별하기 위한 표장이 상표법상 상표로 취급되거나, 업과 관련이 없으면 표장 형태를 취해도 표장이 아니다.

3. 성립요건

상표로 성립하기 위해서는 4가지 요건이 갖추어져야 한다고 해석된다. 첫째, 상표는 상품을 업으로서 생산 등을 하는 자가 그 상품에 사용하는 것이어야 한다. 즉, 상품을 만드는 것을 업으로 하지 않는 자가 사용하는 상표는 상표법이 보호하지 않는다는 것을 의미한다.

창업 당시 상품을 생산하지 않은 상태에서 그 상품을 지정상품으로 하는 상표등록출원을 해도 상표등록이 되지 못한다는 것이다.

둘째, 상표는 표장이어야 한다. 여기서 표장이란 기호·문자·도형 또는 이들의 결합 또는 이것의 각각에 색체를 가한 것을 말한다.

셋째, 상표는 표장으로서 자타상품(自他商品)을 식별할 수 있어야 한다. 즉, 타상품과 구별할 수 없는 상표는 법적으로 보호를 받지 못한다는 것을 의미한다.

넷째, 상표가 표장으로서 해당하는 것이어야 한다. 해당하는 것이란 상표를 구성하는 표장이 명확한 일정 윤곽을 가지는 것을 말하며, 일정한 윤곽을 나타내지 않으면 상표로 보호를 받지 못하게 된다. 이처럼 4가지 요건 모두를 충족해야 상표가 성립된다.

4. 디지털 상표권

상표권으로 보호받기 위해서는 타인의 상품과 비교할 수 있는 상품이어야 한다. 이와 관련하여 인터넷상 컴퓨터 네트워크를 통해서 다운받는 디지털 상품(digital goods)이 상표법상 보호를 받을 수 있는 상품인지에 대하여 논란이 있다.

이는 상품이란 반복적으로 거래대상이 되는 유체물로서 그 자체가 교환가치를 가지고 독립된 상거래 목적물이 되는 물품이어야 하기 때문이다. 이에 반해 디지털 상품은 유체물이 아니라 무체물이기 때문에 상품이 될 수 없다는 비판이 있었다.

과거에는 상표법이 기호, 문자, 도형, 입체적 형상, 색채, 홀로그램,65) 동작 등 시각적으로 인식할 수 있는 것만을 상표의 구성요소로 인정하고 있었기 때문에 디지털 상품이 상표법상 보호받기 어려웠다.

---

65) 홀로그램(hologram)이란 3차원 영상으로 된 입체사진으로, 홀로그래피의 원리를 이용하여 만들어진다. 즉, 입체상을 재현하는 간섭 줄무늬를 기록한 매체이다.

2011년 상표법을 개정하면서 한미 FTA 협정을 반영해 상표의 범주를 "소리·냄새 등 시각적으로 인식할 수 없는 것"까지로 확대한 바 있다.

현재는 디지털 상품 역시 시각적으로 인식할 수 없지만 소리나 냄새 등과 같이 새로운 유형의 상품이므로 이를 상표법으로 보호하는 것에 이견이 없는 상태이다.

대표적으로 골프장 홀의 경우 골프공이 홀에 들어가는 순간 '딸랑'하고 금속 소리가 난다. 이러한 소리를 일본 사업자가 상표등록을 해서 현재는 우리나라에 있는 골프장 대부분이 일본 등록사업자에게 로열티를 지급하고 홀을 만들고 있다. 미국은 골프공이 들어가는 순간 '드르륵' 소리가 나는 플라스틱 소재로 골프장 홀을 만들고 있다. 그 이유는 '딸랑'소리가 나는 금속제품의 홀을 제작하여 사용하는 경우 라이센스, 즉 통상실시권을 허락받고 로열티를 지불하지 않으면 상표권침해가 될 수 있기 때문이다.

세계적으로 유명 오토바이 브랜드인 할리데이비슨(Harley-Davidson) 제조사는 엔진소리를 상표등록하였다. 이 오토바이의 엔진소리는 그 박동 리듬이 인간의 심장박동 리듬과 유사하다고 한다.

따라서 창업자들은 무체물에 대해서도 상표등록이 가능하다는 사실을 인식하고 상표권보호전략을 구상해야 할 것이다.

5. 상표권의 내용

상표권이란 산업재산권의 일종으로 사적인 권리를 말한다. 이는 특허권, 실용신안권, 디자인권과 같이 배타적이고 독점적인 효력을 가진 무체재산권에 해당한다.

이러한 상표권은 다른 공업소유권들과는 달리 창작성보다는 타인의 동종 상품과 구별할 수 있는 표지인지 여부를 기준으로 보호 여부를 결정하게 된다. 따라서 창업자도 상품이나 서비스 제공을 비즈니스 모델로 정한 경우에는 반드시 상표등록을 해야 사업을 진행할 수 있는 것이다.

창의성을 전제로 하는 다른 산업재산권의 경우에는 출원 전에 이미 특허 또는 등록을 받을 수 있는 권리를 인정하고 있는 반면에 상표의 경우에는 출원 전에 등록받을 수 있는 권리는 인정되지 않다.

상표권은 다른 산업재산권, 즉 특허나 실용신안과는 달리 갱신 또는 연장이 허용되므로 영속적으로 상표를 사용할 수 있는 권리가 발생한다. 그 이유는 상표권 자체가 부정경쟁을 방지하고, 영업상의 신용 유지 도모에 목적을 둔 사적 권리이기 때문에 이를 영속적으로 사용하더라도 산업발전을 저해하지 않기 때문이다.

또한 상표권은 다른 공업소유권과는 달리 이전할 때 지정상품의 영업을 양도하면 함께 이전할 수 있다. 즉, 상표만 독립적으로 양도하거나 이전할 수 없다. 상표만 이전하면 소비자들을 오인케 하여 불이익을 가할 수 있기 때문이다.

이러한 상표권은 특허청에 설정 등록하면 발생하게 되는데, 상표권에 전용사용권을 설정하면 타인에게 사용허락할 수 있다. 이러한 상표권의 존속기간은 설정등록일로부터 10년간이며, 존속기간 갱신등록출원에 의하여 10년 단위로 갱신할 수 있다. 즉, 반영구적으로 사용이 가능한 것이다. 나이키나 코카콜라가 수십년간 상표권을 유지하는 이유이기도 하다.

그러나 설정등록일 또는 존속기간 갱신등록일부터 5년 경과 시 상표권이 소멸되는 경우도 있는데(법 제83조), 구체적으로는 ① 상표등록료를 내지 아니한 경우 ② 상표등록료를 보전하지 아니한 경우 ③ 상표등록료를 내지 아니하거나 보전하지 아니한 경우가 이에 해당한다.

그리고 지정상품을 추가 등록출원할 수 있는데 이 경우 그 상표권의 존속기간 만료일은 등록상표권 존속기간 만료일이 된다(법 제86조).

그리고 상표권자는 지정상품에 관해 등록상표를 사용할 권리를 독점하게 된다. 다만, 상표권에 전용사용권을 설정하면 그의 사용권리 독점범위 내에서는 독점권이 제한된다(법 제89조).

오늘날 각 기업이 소유한 상표, 브랜드 가치가 천문학적인 것으로 평가되고 있다. 2017년 컨설팅업체 브랜드 파이낸스가 발표한 자료에 따르면 구글의 상표가치가 세계적으로 가장 높으며 그 가치는 금전적으로 1,094억 달러라고 한다. 한화로는 120조원이 넘는 금액이다. 2위는 애플이며, 한국기업 중 삼성이 6위를 차지했고 662억 달러라고 한다. 한화로는 약 70조원이 넘는 금액이다.

그리고 타인이 상표권을 침해하면 상표권자뿐만 아니라 소비자들을 오인케 하여 신뢰를 저버릴 수 있다.

그래도 상표권의 침해행위는 때로는 그 침해 여부가 불확실할 수 있다. 따라서 상표법은 침해의 예비행위도 간접침해로 인정하여 민사상 제재할 수 있도록 강력히 보호하고 있다. 즉, 침해하려고 준비만 해도 손해배상책임이 발생한다.

그 밖에도 손해액의 추정, 법정손해배상, 고의추정, 신용회복청구, 서류제출명령 등 특별한 보호를 가하고 있다.

이러한 민사적 구제만 아니라 형사적으로도 상표권 침해자에 대하여는 7년 이하의 징역 또는 1억 원 이하의 벌금이라는 엄중한 처벌이 가해진다.

특히, 상품 출처의 오인·혼동은 일반수요자 이익을 침해하므로 상표권 침해죄는 특허권 침해죄와는 달리 비친고죄[66]로 규정하고 있다. 즉, 피해자가 고소하지 않아도 검찰이 공공질서유지 차원에서 직권으로 기소할 수 있다.

6. 보호대상

상표권의 보호대상은 표장인데 그 표장의 종류로는 상표(상품표장), 표장, 단체표장, 지리적 표시, 동음이의어 지리적 표시, 지리적 표시 단체표장, 증명표장, 지리적 표시 증명표장, 업무표장이 있다.

따라서 창업자는 법에서 정한 표장을 법이 정한 절차에 따라 상표권을 취득해야 사업을 진행할 수 있다.

상표란 자기의 상품과 타인의 상품을 식별하기 위해 사용하는 표장(標章)을 말한다. 상품에는 서비스 또는 서비스의 제공에 관련된 물건이 포함된다(법 제2조 제1항 제1호).

과거에는 상표와 서비스표를 구분하여 규율했었는데, 2016년 개정법에서 서비스표를 상표에 통합시켜 규정하고 있다.

그리고 표장이란 기호, 문자, 도형, 소리, 냄새, 입체적 형상, 홀로그램·동작 또는 색채 등으로서 그 구성이나 표현방식에 상관없이 상품의

66) 친고죄란 범죄의 피해자 기타 법률이 정한 자의 고소가 있어야 공소를 제기할 수 있는 범죄이다. 친고죄는 범인을 알게 된 날로부터 6개월을 경과하면 고소하지 못한다. 고소 취소는 1심판결 전까지 해야 하고, 다른 공범이 있는 경우 범인 한 사람만 선택해서 취소할 수는 없고, 그런 취소라 하더라도 다른 공범 전체가 취소되는 것으로 본다. 일단 고소를 취소하면 다시 고소할 수 없다.

출처(出處)를 나타내기 위하여 사용하는 모든 표시를 말한다(2호).

단체표장이란 상품을 생산·제조·가공·판매하거나 서비스를 제공하는 자가 공동으로 설립한 법인이 직접 사용하거나 그 소속 단체원에게 사용하게 하기 위한 표장을 말한다(3호).

단체표장은 표장 사용자가 해당 단체 소속이라는 것을 말해 주는 '출처표시' 기능이 주된 기능이며 품질보증 기능은 부차적인 점에서 상표와 유사하고 증명표장과는 차이가 있다. 단체표장은 2인 이상의 다수에 의해 사용되며, 상표권자인 단체와 그 구성원만 표장을 사용할 수 있다.

증명표장이란 상품의 품질, 원산지, 생산방법 또는 그 밖의 특성을 증명하고 관리하는 것을 업(業)으로 하는 자가 타인의 상품에 대하여 그 상품이 품질, 원산지, 생산방법 또는 그 밖의 특성을 충족한다는 것을 증명하는 데 사용하는 표장을 말한다.

농업법인 형태로 창업하는 경우 단체표장이나 지리적 표시 증명표장 등에 대해 미리 사전지식을 갖는 것이 필요하다.

그리고 업무표장이란 YMCA, 보이스카웃 등과 같이 비영리를 목적으로 업무를 하는 자가 사용하는 표장을 말한다.

7. 보호방식

상표권을 보호하는 방식으로 상표사용주의와 상표등록주의(상표선출원주의)로 구분된다. 사용주의란 상표를 먼저 사용한 자에게 상표권을 인정하는 제도를 말하며, 등록주의란 선출원해서 등록받은 자에게 상표권을 인정하는 제도로서 법적 안정성을 확보하는 데 목적을 둔 제도이다.

우리나라, 유럽, 일본 등 대부분의 대륙법계 국가는 등록주의를 채택하고 있으며 미국을 비롯한 영미법계 국가 대부분은 사용주의를 채택하고 있다. 그러나 영미법계 국가들도 최근에는 등록주의로 제도를 변경하려는 움직임을 보이고 있다.

우리나라는 등록주의를 원칙으로 하고 사용주의적 요소를 가미하고 있는데, 상표제도를 이해하지 못해 상표권을 등록하지 않고 사업을 운영하는 자들이 예기치 못한 피해를 입는 것을 방지하기 위해 사용자를 보호하는 제도를 병행하고 있다. 즉, 타인이 등록한 상표라고 할지라도 그 상표를 이미 먼저 사용하고 있었던 경우에는 해당 상표를 계속 사용할 권리가 인정되는 법정사용권이 부여되는 것을 들 수 있다(상표법 제99조).

이를 구체적으로 보면, 첫째, 타인의 등록상표와 동일·유사한 상표를 그 지정상품과 동일·유사한 상품에 사용하는 자로서 ① 부정경쟁의 목적이 없이 타인의 등록출원 전부터 국내에서 계속하여 사용하고 있을 것 ② 상표를 사용한 결과 타인의 등록출원 시에 국내 수요자 간에 그 상표가 특정인의 상품을 표시하는 것이라고 인식되어 있을 것이라는 요건을 모두 갖춘 자는 상표를 계속하여 사용할 권리를 가진다.

둘째, 자기의 성명·상호 등 인격의 동일성을 표시하는 수단을 상거래 관행에 따라 상표로 사용하는 자로서 위의 2가지 요건을 모두 갖춘 자는 해당 상표를 지정상품에 계속 사용할 권리를 가진다.

셋째, 상표권자는 상표 사용권자에게 그 자의 상품과 자기의 상품 간에 혼동 등을 방지하는 표시를 할 것을 청구할 수 있다.

그리고 선사용권은 '특별현저성'이 있어야 인정된다. 즉, 선사용자가 그 상표가 실제 등록상표의 출원 당시에 알려져 있다는 사실을 입증하면 계속 사용할 수 있는 것이다. 여기서 말하는 입증이란 선사용자의 주장을 법원이 판결로 인정해야 한다는 것을 의미한다.

그리고 '상호의 선사용 인정'과 관련해 상거래 관행에 따라 부정경쟁 목적 없이 사용하였다면 '특별현저성'이 없더라도 계속 사용할 수 있다.

그러나 선사용자라 하더라도 상표등록을 하지 않으면 법원의 판결이 내려져야 하므로 사용가능 여부를 확인하는 데 장기간 시간이 소요되고 소송에 따른 물적·정신적 부담도 존재한다.

그리고 설령 법원 판결을 통해 선사용권이 인정되더라도 이를 계속해서 사용할 권리를 인정받을 뿐이지 타인의 사용에 대한 제재를 할 수 있는 독점사용권은 존재하지 않기 때문에 불안한 지위에서 상호를 사용해야 한다. 즉, 타인의 출원일 이전부터 선의로 상표를 사용한 자는 계속 사용할 수 있지만 일반상표의 경우에는 '유명한 것에 한해'라는 단서를 달고 있어서 특별현저성 요건을 충족해야 한다. 그리고 상호의 경우에는 유명하지 않아도 보호는 가능하지만 계속 사용권이 인정될 뿐 독점사용권은 인정되지 않는다.

8. 취소심판

특허청 발표에 따르면 상표등록 후 3년 이상 사용하지 않아 취소되는 상표는 연간 약 3000여 건이며, 비공식적으로 적게는 5배에서 많게는 10배로 추정된다고 한다. 따라서 창업자는 취소된 상표를 사용하고 이를 등록하는 것도 고려해 볼 가치가 있다.

상표등록만 해 놓고 이를 사용하지 않으면 타인이 그 상표를 사용할 기회를 박탈하는 결과가 된다. 따라서 상표법은 사용예정자보호 차원에서 사용하지 않는 저장상표는 취소심판제도를 통해 정리할 수 있도록 했으며, 이는 등록주의에 사용주의적 요소를 가미한 예 중의 하나이다.

구체적으로는 정당한 이유 없이 등록상표를 그 지정상품에 대하여 3년 이상 국내에서 사용하고 있지 않는 경우 누구든지 취소심판청구를 할 수 있다(제119조). 이 규정은 과거에는 청구인 자격을 "이해관계인"으로 한정했었는데 2016년 개정 상표법에서 이를 "누구든지"로 변경한 것이다.

그리고 청구인은 불사용 취소의 '주장'만 하면 되고 상표권자는 사용사실에 대한 '입증의 책임' 부담하게 되며, 이때 상표권자 등은 취소심판청구일 전 3년 이내에 국내에서 등록상표와 동일성 범주 내의 상표를 사용했다는 것을 입증하여야 한다(제119조).

9. 등록요건

상표가 등록이 되려면 갖추어야 할 요건이 있는데, 우선 식별력이 있어야 한다. 즉, 타인의 선출원상표 또는 유명상표와 동일·유사하지 않아야 한다.

또한 상품의 품질을 오인케 하거나 수요자를 기만하는 상표가 아니어야 하며, 저명한 타인의 성명이나 상호를 포함하는 상표가 아니어야 한다. 즉, 상표가 등록되려면 상표의 구성 자체가 자타상품의 식별력(Distinctiveness)을 가져야 하고(적극적 요건) 또한 부등록 사유에 해당되지 않아야 한다(소극적 요건). 식별력이란 거래자나 일반수요자로 하여금 상표를 표시한 상품이 누구의 상품인가를 알 수 있도록 인식시켜 주는 것으로 조어적(coined), 창의적(fanciful) 상표가 식별력이 높은데, OB, Kamco 등과 같이 사전적 의미가 없는 말로 이루어진 상표가 이에 해당한다.

10. 등록배제

상표법은 상표를 출원해도 등록할 수 없는 사유, 즉 상표등록 배제 사유 7가지를 열거해 놓고 있다. 즉, 식별력을 부정하는 유형 7가지를 규정하고 있다(제33조 제1항).

첫째, 지정상품의 보통명칭이다. 보통명칭이란 제품의 이름을 의미하는데, 예를 들어 자동차, 컴퓨터, 화장품, 휴대폰 등이 이에 해당한다. 애플은 사과가 아닌 전자기기의 브랜드로 지정상품의 제품명칭이 아니므로 보통명칭이 아니다. 만약 자동차 브랜드 이름을 "나이프"로 상표등록하는 경우 나이프는 보통명칭이 아니다.

둘째, 관용상표이다. 관용상표란 제품의 이름으로 관련업계에서 관행적으로 사용하는 표장을 말한다. 즉, 제품의 정식명칭은 아니어도 관련 업계에서 관행적으로 널리 사용해서 특정 제품을 가리키는 보통명사처럼 사용되는 단어를 말한다. 예를 들어 샴페인이나 포스트잇, 퐁퐁, 정종 등이 이에 해당한다.

새롭게 출시된 제품의 명칭으로 적당한 것이 없는 경우에는 해당 브랜드의 이름이 곧 제품 이름으로 사용되는 경우도 있다. 예를 들어 포스트잇의 경우에는 3M의 접착식 메모지를 나타내는 명칭이지만 접착식 메모지를 가리키는 말로 이미 널리 인식되어져 있어서 관용표장이라고 할 수 있다. 포스트잇의 경우는 3M이 지속적으로 상표관리를 해 왔기 때문에 시장에서도 이미 관용표장에서 벗어나 특별현저성을 확보한 것으로 판단된다. 관용상표 역시 지정하는 상품에 대한 관용표장을 말하며, 전혀 상관이 없는 상품에 대한 관용표장일 경우에는 식별력이 인정된다.

셋째, 설명하는 상표(기술적 상표, 성질표시 상표)이다. 즉, 상품의 내용을 직접적으로 표시하는 상표로, 상표 자체가 상품 또는 서비스의 내용, 품질, 효능 등의 성질을 기술(descriptive)하는 경우가 이에 해당한다. 이 역시도 지정된 상품에 해당하는 조항으로, 제품이나 서비스와 전혀 무관한 것으로 성질을 기술하는 경우 해당되지 않는다.

성질표시나 기술적 표장의 범위는 매우 방대해서 사건마다 판단이 매우 어려우며, 이와 관련해 분쟁이 가장 많이 발생하기도 한다.

넷째, 현저한 지리적 명칭이나 그 약어 또는 지도만으로 된 상표이다. 즉, 현저한 지리적 명칭은 말 그대로 서울이나 뉴욕, 파리, 해운대, 평양 등등의 지리적 명칭을 말하며 행정구역으로는 동까지 해당한다. 지리적 명칭의 경우 '국내에서 현저하게' 알려진 명칭이 해당하는데 최근 네이버 지도 등과 같이 디지털 지도로 발전함으로써 비유명지역도 거절되는 경우가 발생하기도 한다.

다섯째, 흔히 있는 성 또는 명칭이다. 즉, 우리나라 성씨들인 김, 이, 박, 최라든지 Mr. Johns 등 외국인의 유명한 성도 이에 해당한다. 단, 외국인의 성은 국내에서 널리 알려진 것이 아니라면 등록이 가능하다.

여섯째, 간단하고 흔히 있는 표장으로 된 상표이다. 즉, 삼각형이나 사각형, 맥주, 커피, 알파벳 등이 해당하며 알파벳은 2글자까지, 한글은 1글자 상표는 간단하고 흔한 것으로 인정된다.

일곱 번째 부정유형은 누구의 업무에 관련된 상품을 표시하는지 식별할 수 없는 상표이다. 즉, 마켓 등 장소적 의미가 있는 것들이 대표적인 예이다. 그 밖에도 사진을 상표권으로 출원한 경우, 연도로만 상표가 기술된 경우, 사회 통념상 심사관이 판단하였을 때 누군가가 독점을 하는 것이 부당하다는 생각이 들게 될 경우가 이에 해당한다. 따라서 이를 공익을 목적으로 하는 보충적 규정이라고 이해되기도 한다.

11. 특별현저성

상표 자체가 식별력이 없다고 하더라도 널리 사용됨에 따라 소비자들 사이에서 많이 알려져 있으면 특별현저성이 인정되어 등록할 수 있다. 즉, 상표등록이 배제된 상표일지라도 등록출원 전부터 그 상표를 사용한 결과 수요자 간에 특정인의 상품에 관한 출처를 표시하는 것으로 식별할 수 있게 된 경우에는 그 상표를 사용한 상품에 한정하여 상표등록을 받을 수 있다.

예를 들어 LG나 SK처럼 간단하고 흔히 있는 표장으로 식별력이 없지만 특별현저성이 인정되어 등록된 것이다. 구체적으로는 10년 이상 브랜드를 사용해 특별현저성을 인정받아 상표가 등록된 것이다.

그리고 기술적 상표 또는 현저한 지리적 명칭의 표장이라도 그 표장이 특정 상품에 대한 지리적 표시라면 이를 사용한 상품을 지정상품으로 하여 지리적 표시 단체표장 등록을 받을 수 있다(상표법 제33조 제2항).

특별현저성 존재 여부는 일반수요자가 당해 상품에 대하여 그 상품의 출처, 즉 누구의 상표인지를 인식하느냐에 따라 결정된다(특허법원 판결 2009. 6. 26. 선고 2008허14230).

그리고 현저한 지리적 명칭을 사용한 상표권은 원칙적으로는 등록이 불가하지만 예외적으로 등록이 가능한 경우도 있다. 즉, 현저한 지리적 명칭과 다른 식별력 없는 표장이 결합하여, 새로운 관념을 낳거나 새로운 식별력을 형성한 경우 상표권으로 보호받을 수 있다.

12. 선출원

동일·유사상표가 다른 날 둘 이상 상표등록출원 있는 경우 먼저 출원자만이 상표등록을 할 수 있으며, 같은 날 둘 이상 출원되면 출원인 간의 협의로 정한 하나의 출원인만 상표를 등록할 수 있다. 협의불성립 또는 협의가 불가하면 특허청장이 추첨으로 결정된 하나의 출원인만 상표를 등록할 수 있다.

그리고 상표등록출원이 처음부터 없었던 것으로 의제되는 경우도 있다. 즉, ① 포기 또는 취하된 경우 ② 무효로 된 경우 ③ 상표등록 거절결정 또는 거절한다는 취지의 심결이 확정된 경우에는 출원이 없었던 것으로 의제된다.

그리고 특허청장은 동일·유사상표가 같은 날 둘 이상 출원되면 기간을 정해 협의결과를 신고하도록 명하고, 신고가 없으면 협의불성립으로 의제한다. 선출원과 관련해 ① 동일하지 않은 상품에 동일·유사한 표장으로 둘 이상의 지리적 표시 단체표장등록출원 또는 상표등록출원이 있는 경우 ② 2 이상의 동음이의어 지리적 표시 단체표장등록출원이 있는 경우 중 하나에 해당하면 선출원 규정을 적용하지 않는다(법 제35조). 그리고 상표등록출원 의도자는 상품류 구분에 따라 1류 이상의 상품을 지정하여 1상표마다 1출원이 가능하다(1상표 1출원 원칙, 38조).

13. 무효심판

유효하게 성립된 상표권을 처음부터 또는 무효사유 발생 시부터 소급하여 소멸시키는 것이 상표등록무효심판이다. 이러한 무효심판은 변리사를 통해 특허심판원에 제기하는 형태로 주로 진행되는데, 특정 사유가 있는 경우에는 이해관계인과 심사관이 상표등록 또는 지정상품 추가등록에 대해 무효심판을 청구할 수 있다.

창업 후 상품을 출시하고 이를 대상으로 상표등록한 경우 경쟁사업자가 식별력이 없다는 이유를 들어 상표등록무효심판청구를 하는 경우가 있다.

지정상품이 둘 이상이면 지정상품마다 무효심판청구를 할 수 있으며, 상표등록의 무효사유는 원시적 무효사유와 후발적 무효사유로 구분된다.

원시적 무효사유에는 상표등록을 받을 수 없는 자가 등록한 경우(제3조), 재외자가 상표관리인을 선임하지 않는 경우(제6조), 무권대리(제7조), 서면대리권 증명 없는 경우(제8조), 상표등록이 조약에 위반된 경우, 상표등록이 그 상표등록출원에 의하여 발생한 권리를 승계하지 아니한 자에 의한 경우가 이에 해당한다.

그리고 후발적 무효사유에는 상표등록 후 그 상표권자가 무권리자가 되거나 그 등록상표가 조약에 위반된 경우, 지리적 표시가 원산지 국가에서 보호가 중단되거나 사용되지 않는 경우이다.

실무에서는 식별력이 없는 경우나 흔한 상표가 등록되었을 때도 이를 무효화하려는 무효심판청구가 많다.

14. 국제출원

각국의 지식재산법은 속지주의를 채택하고 있으므로 발명을 여러 국가에서 보호받으려면 각국에 별도로 출원해야 하며, 각국의 특허청 역시 동일 내용의 출원을 각국별로 심사하여 권리부여를 결정하는 것이 원칙이다.

그러나 각국별로 출원하는 경우 중복비용 문제뿐만 아니라 출원인 및 각국 특허청이 부담하는 중복노력이 필요해 이런 문제를 국제적으로 협력하여 제거하기 위해 체결된 것이 특허협력조약(PCT)이다.

상표권의 경우에는 마드리드 의정서에 의거하여 한 번의 출원으로 의정서 가입국 전체 국가에 대하여 그 나라에 국내출원한 효과가 있으며, 국제출원일은 각국의 국내출원일로 인정된다.

이처럼 마드리드 의정서에 의거 국제등록하려면 특허청장에게 국제출원을 해야 하며(법 제167조), 국제출원서 및 국제출원에 필요서류를 특허청장에게 제출하면 된다(법 제169조).

국제등록명의인은 국제등록의 존속기간을 10년씩 갱신하는 것이 가능하며(법 제173조), 대한민국을 지정한 국제출원은 상표등록출원으로 의제된다(법 제180조).

국제등록일은 상표등록출원일로 의제되며 국제출원에 대해서는 등록명의인의 성명 및 주소, 상표, 지정상품 및 그 상품류는 상표법상 출원인의 성명 및 주소, 상표, 지정상품 및 그 상품류로 의제된다(법 제180조 제2항).

국제출원에 대해서는 업무표장에 관한 규정을 적용하지 않으며(법 제181조), 상표법 적용 시 국제상표등록부에 등록된 우선권 주장의 취지, 최초 출원한 국가명 및 출원연월일은 출원서에 기재된 대로 의제된다. 그리고 국제출원을 통한 등록상표의 취지는 출원서에 기재된 해당 상표의 취지로 의제된다(법 제182조).

15. 시사점

상표를 만들어 사용하려면 특허청에 등록하여야 하는데, 상표등록을 하지 않으면, 브랜드에 큰 손해가 발생할 수 있다. 그 이유는 상표등록을 하지 않는 경우 타인이 먼저 상표등록을 하면 상표사용이 제한되기 때문이다. 이는 상표를 먼저 사용했다 할지라도 타인이 이를 등록하면 등록상표만 보호받기 때문이다. 즉, 우리나라 상표법은 선출원주의를 따르고 있기 때문이다. 따라서 타인이 등록된 상표를 사용하면 상표권 침해가 되어 기존의 상표 또는 상품을 모두 폐기해야 하는 문제가 발생할 수 있다.

설령 타인이 자신의 상표를 사용하는 경우 상표등록을 하지 않으면 아무런 제재를 할 수 없기 때문이다.

따라서 창업 후 상품개발에 집중하다 상품 출시 후 상표등록을 출원하는 것을 간과한 경우 다른 사업자가 이를 알고 동일 또는 유사상표가 선출원하면 창업자는 상표등록을 할 수 없는 경우가 발생할 수 있다. 따라서 상품의 출시와 동시에 상표등록출원을 해야 하는 점을 주의해야 한다.

실무에서는 일반적으로 하나의 브랜드가 성공할 경우 유사한 모방브랜드들이 출현하게 된다. 예를 들어 '봉구비어'가 흥행 이후에 '봉쥬비어', '달구비어', '용주비어' 등이 발생한 바 있다.

문제는 도메인 등록은 하면서 상표등록을 함께 하지 않으면 차후에 상표를 등록한 자가 도메인 사용을 중지할 것을 요구하면 도메인도 사용하지 못하는 경우도 발생할 수 있다.

그 이유는 인터넷주소자원법 제12조에서 '누구든 정당한 권원이 있는 자의 도메인 이름 등록을 방해하거나 정당한 권원이 있는 자로부터 부당한 이득을 얻는 등 부정한 목적으로 도메인 이름 등을 등록·보유·사용해서는 안 된다'라고 규정하고 있기 때문이다. 심지어는 해당 도메인을 상표권을 등록한 자에게 탈취당할 수도 있다.

통계자료에 따르면 실제로 상표등록을 하지 않아 매년 6,000건 이상의 상표권 분쟁이 발생하고 있다고 한다.

16. 분쟁사례

상표권 분쟁예방과 관련한 대표적인 사례는 알리바바를 들 수 있다. 알리바바는 유사한 상표가 될 여지가 있는 30개의 유사상표를 선등록하여 상표권분쟁을 사전에 예방하고 있다. 즉, 알리바바는 발음이 비슷한 '알리빠빠', 'ALIPAPA'부터 유사 상표로 연상되는 '알리수수'(알리삼촌), '알리제제'(알리누나), '알리거거'(알리형님) 등 30개의 유사상표를 등록해 상표권 침해를 원천적으로 차단하고 있다.

그러나 이에 실패한 애플 사례도 있다. 중국인이 'iPhone'과 'facebook' 상표를 IT와 전혀 무관한 '가죽제품'과 '음료'를 지정상품으로 정해 중국 특허청에 등록 한 바 있다. 이에 대하여 페이스북과 애플은 각각 당해 상표의 등록을 무효화시켜달라고 중국 특허청을 상대로 소송을 제기한 바 있다.

이들 무효소송에서 페이스북은 승소했고, 애플은 패소하는 결과가 발생하였다. 그 이유는 페이스북을 음료상품에 상표등록할 당시 페이스북 자체가 중국에서 널리 알려져 있었기 때문이다. 그러나 가죽제품에 애플 상표를 등록한 사례의 경우에는 중국 내에서 애플이라는 상표가 널리 알려지기 전에 중국인이 먼저 등록하였기 때문이다.

이러한 예는 국내기업에도 예외가 아니기 때문에, 국내 유명상표가 중국 내에서 알려지기도 전에 중국인이 출원하면 상표를 탈취당하는 결과를 가져오고 당연히 소송을 해도 승소하기 어려워진다. 이런 경우에는 자사상표임에도 불구하고 중국에서 상품을 판매할 때 상표사용에 대한 대가를 지불하고 사용허락을 받아야만 할 수도 있다.

이러한 문제를 해결하기 위해서는 국내에서 등록한 상표를 중국이나 다른 국가에 진출하기 전에 미리 등록해 놓는 것이 필요하다.

일반적으로 창업할 당시 상표의 중요성은 인식하지 않고 제품개발에만 주력하는 경우가 많다. 그러나 정작 제품을 출시할 당시 타인이 상표를 등록해서 제품을 판매하지 못하는 경우도 발생할 수 있다. 특히, 제품을 수출하고자 하는 경우 해당 수출국에 해당 상표 또는 유사상표가 등록되어 있으면 수출하기 위하여는 등록된 상표권자에게 로열티를 지급하고 사용해야 하는 불상사가 발생할 수 있다. 창업할 당시 이에 대한 사전준비가 필요하다는 것을 미리 알아두는 것은 매우 필요하다.

제8장

저작권

제8장 저작권

Ⅰ. 개 요

인터넷과 정보통신기술의 발달로 유튜브, 넷플릭스와 같은 콘텐츠미디어 플랫폼을 통해 세계 각국의 다양한 콘텐츠 영상들이 지구촌의 문화를 산업화로 이끌고 있다.

우리나라도 케이팝, 케이뷰티 등과 함께 문화콘텐츠 산업이 발달하면서 저작권 기반의 비즈니스 모델과 창업이 증가하고 있으며, 이러한 창업자들 가운데 유니콘 기업들이 다수 탄생하고 있다.

현재 유튜브나 아프리카TV 등에서 자신의 저작물을 방송해 저작권 수익을 올리는 1인 크리에이터들의 창업이 활성화되는 것이 그 예이다.

그러나 이러한 저작권은 지식재산권 중의 하나이기는 하지만 앞에서 언급한 산업재산권들과는 그 입법취지가 다르다는 점에서 창업자들이 관심을 가질 필요가 있다.

지식재산은 크게 3가지로 분류할 수 있는데, 산업재산권과 저작권, 그리고 신지식재산이다. 이 중에서 특허, 실용신안, 상표, 디자인에 대한 권리로 구성되는 산업재산권은 고도의 기술적 사상에 의한 창작물에 대해 배타적 권리를 부여하는 것이다. 반면에 기술적 사상이 가미되지 않은 정신적인 노동에 의한 창작물에 대한 배타적 권리를 인정하는 것이 바로 저작권제도이다.

4차산업혁명시대는 IT와 다른 산업 간의 융합이 가장 큰 특징인 점을 감안해 보면 향후 저작권의 영역은 점차 확대될 것으로 예상된다. 특히, 메타버스가 일상에 다가오면 올수록 저작권의 역할은 증대될 것으로 예상된다.

따라서 4차산업을 기반으로 창업을 준비하는 경우 저작권에 대한 사전지식을 습득하는 것이 매우 중요한 시점이 되었다.

저작권은 산업재산권과는 달리 설정등록을 해야 비로소 권리가 발생하는 것이 아니라 저작물을 최초 공개한 시점에 저작권이 발생하고, 그 저작권의 보호를 강화하기 위해 등록제도가 존재한다는 점에서 커다란 차이가 있다.

이러한 저작권이 발생하는 저작물은 창작적 표현물이어야 하며, 저작권제도는 저작물에 담긴 내용을 보호하는 것이 아니라 표현형식을 보호하는 것이다. 즉, 생각이 아니라 표현을 보호하는 것이 저작권제도의 본질이다.

물론, 저작물의 종류에 따라 생각도 보호하는 경향으로 발전하고 있는데, 특히 정보통신기술의 발달과 함께 저작물도 다양화되고 있어서 저작권제도도 불가피하게 변화에 맞춰 진화할 필요가 있다.

4차산업혁명의 핵심 요소인 빅데이터, 사물인터넷, 인공지능 등은 소프트웨어를 기반으로 하고 있으며, 이들은 현행법 체계상 저작권으로 보호하는 것이 일반적이다. 이들 핵심요소의 집합체인 메타버스 기술 역시 저작권과 밀접한 관련을 갖는다.

특히, 데이터는 마이닝(Data Mining)과 배열을 통해 창작성을 갖는 상품으로 탄생할 수 있다. 이들에 대한 권리는 전통적으로 BM 특허보다는 저작권으로 보호하는 것이 법리적으로 무리가 없는 것이 사실이다.

다만, 저작권은 설정등록을 통하여 권리가 발생하는 것이 아니라 최초 공개를 통하여 권리가 발생하고, 그 창작성에 대한 입증이 어렵다는 점에서 특허보다는 보호의 정도가 약하다고 할 수 있다.

그래도 여전히 빅데이터와 데이터베이스, 소프트웨어 등이 특허로 보호되는지, 아니면 저작권 또는 영업비밀로 보호될지는 IT 기술의 발전의 정도로 따라 달라질 수 있다. 그럼에도 정보관련 데이터 및 소프트웨어를 저작권 차원에서 검토해 볼 필요가 있다.

Ⅱ. 의 의

1. 저작권의 역사

저작권은 구텐베르크의 인쇄기술 탄생(1440년)과 함께 유럽에서 발달하기 시작했다고 보는 것이 일반론이다. 물론, 한국에서 1372년 금속활자로 직지심체요절을 인쇄하여 세계 최초의 금속활자를 만든 것으로 인정받았으나 전세계적으로는 르네상스에 큰 영향을 미친 구텐베르크의 인쇄기술을 저작권의 기원으로 인정하고 있다.

최초의 저작권법은 이탈리아 베네치아에서 1476년 제정한 것으로 알려져 있으며, 영국은 비교적 늦은 1710년에야 비로소 저작권법을 제정하고 저작권보호기간을 설정한 바 있다. 그리고 1886년에 성립한 베른 협약을 계기로 전세계적으로 보편화된 저작권법제도로 발전하기에 이른 것이다.

그리고 데이터가 중심적인 역할을 하는 4차산업혁명시대를 맞이해서는 저작권이 BM 특허와의 관계에서 그 영역이 점차 애매해져 가는 상황이다.

그럼에도 메타버스 세상이 일상에 구현되는 경우 저작권의 역할은 더욱 확대될 것으로 예상된다.

2. 저작권의 개념

저작권이란 저작자가 그 자신이 창작한 저작물에 대해서 갖는 권리를 말한다. 이러한 저작권제도는 종이의 발명, 인쇄술의 발전 및 컴퓨터 기술의 발전으로 창작자에게 창작을 촉진하고, 대중들이 이를 이용하여 새로운 문화를 창조해 낼 수 있도록 기여하는 데 목적을 두고 있다. 세계 각국은 저작권법을 제정하여 시행하고 있으며, 우리나라는 저작자의 권리인 '저작권'과 이에 인접하는 권리인 '저작인접권', '출판권'으로 나누어 각각 보호하고 있다.

'저작권'은 다시 '저작인격권'과 '저작재산권'으로 나누어지는데, '저작인격권(Moral right)'은 저작자의 지위로부터 생기는 인격적·정신적 권리를 말한다. 이러한 저작인격권에는 공표권, 성명표시권, 동일성유지권이 부여되며, 저작재산권과 달리 양도나 상속되지 않는다.

'저작재산권'이란 저작권자가 저작물을 배타적으로 이용할 수 있는 재산적 권리를 말하며, 이에는 복제권, 공연권, 공중송신권, 전시권, 배포권, 대여권, 2차적 저작물작성권 등이 속한다.

'저작인접권(neighbouring right)'은 실연자, 음반제작자 및 방송사업자에게 부여되는 저작권에 유사한 권리이다. 이들은 저작물의 직접적인 창작자는 아니지만 저작물의 해설자 또는 전달자로서 저작물의 가치를 증대시키는 일을 하므로 저작권에 준하는 권리를 부여한 것이다.

'출판권'은 저작권자와 출판자 사이의 출판권설정계약에 의하여 발생하는 권리로서, 당해 저작물을 원작 그대로 출판할 권리를 말한다. 이러한 출판권은 배타적·독점적인 권리로서 출판권자는 제3자의 위법한 출판행위가 있을 경우 그 금지뿐만 아니라 손해배상도 청구할 수 있다.

이러한 저작물도 창작성이 있어야 저작권으로 보호를 받는데, 창작성이란 완전한 의미의 독창성을 의미하는 것은 아니다. 즉, 어떠한 작품이 남의 것을 단순히 모방한 것이 아니고 저작자 자신의 독자적인 사상 또는 감정의 표현을 담고 있으면 창작성이 인정된다.

저작권은 저작물의 창작과 동시에 발생하며, 어떠한 절차나 방식을 요구하지 않는 무방식주의에 따라 권리가 발생한다. 즉, 산업재산권처럼 출원심사절차에 따라 등록하지 않아도 저작물은 법적 보호를 받을 수 있다. 다만, 저작물은 공개와 동시에 저작권이 발생하지만, 그 권리를 강화하기 위해 등록하면 추정력과 대항력이라는 법률적 이익을 향유할 수 있다.

이러한 저작권 중 저작재산권의 경우 전부 또는 일부를 양도할 수 있으며, 이용을 허락해 사용료, 즉 로열티도 받을 수 있고 저작자 사후 70년까지 권리를 보호받을 수 있다.

보호받는다는 의미는 저작권을 침해하면 민사배상책임은 물론이고 5년 이하의 징역 또는 5천만 원 이하의 벌금에 해당하는 형사처벌도 받을 수 있다는 것이다.

〈표 8-1〉 저작권 분류

<table>
<tr><td rowspan="5">저작권</td><td rowspan="4">저작물</td><td rowspan="2">저작권</td><td>저작인격권</td><td>공표권, 성명표시권, 동일성유지권</td></tr>
<tr><td>저작재산권</td><td>복제권, 공연권, 공중송신권, 전시권, 배포권, 대여권, 2차적 저작물작성권</td></tr>
<tr><td>저작인접권</td><td colspan="2">실연자, 음반제작자 및 방송사업자</td></tr>
<tr><td>출판권</td><td colspan="2">저작물을 원작 그대로 출판할 권리</td></tr>
<tr><td>컴퓨터프로그램</td><td colspan="3">프로그램에 나타난 표현의 보호(아이디어는 BM 특허로 보호)</td></tr>
</table>

3. 보호받는 저작물

모든 저작물이 법적인 보호를 받을 수 있는 것은 아니다. 즉, 보호 가능한 저작물이란 "인간의 사상 또는 감정을 표현한 창작물"을 말한다(저작권법 제2조). 고도의 기술적 사상에 의한 창작물인 발명과는 달리 기술적 사상이 가미되지 않은 정신적인 노동에 의한 창작물이 바로 저작물이다.

다만, 저작물이 창작물인지 여부를 두고 해석상 논란이 심화될 수 있으므로 저작권법은 저작물을 예시하여 분쟁의 소지를 최소화하고 있다. 구체적으로는 ① 소설·시·논문·강연·연설·각본 그 밖의 어문저작물 ② 음악저작물 ③ 연극 및 무용·무언극 그 밖의 연극저작물 ④ 회화·서예·조각·판화·공예·응용미술저작물 그 밖의 미술저작물 ⑤ 건축물·건축을 위한 모형 및 설계도서 그 밖의 건축저작물 ⑥ 사진저작물 ⑦ 영상저작물 ⑧ 지도·도표·설계도·약도·모형 그 밖의 도형 저작물 ⑨ 컴퓨터프로그램이 저작물임을 예시하고 있다(법 제4조).

그리고 저작권법은 2차적 저작물에 대해서도 이를 독자적인 저작물로 보호하고 있는데(제5조 제1항), 2차적 저작물이란 "원저작물을 번역·

편곡·변형·각색·영상제작 그 밖의 방법으로 작성한 창작물"을 말한다. 예를 들어 "위대한 개츠비"라는 소설은 원저작물이며, 이를 토대로 만든 영화는 2차적 저작물인 것이다. 물론, 이러한 2차적 저작물을 보호한다고 해서 원저작자의 권리를 배제하는 것은 아니다(제5조 제2항).

저작권법은 편집저작물도 독자적인 저작물로 보호하고 있는데, "편집저작물"이란 편집물로서 그 소재의 선택·배열 또는 구성에 창작성이 있는 것을 말한다. 예를 들어 가, 나, 다 순으로 작성된 전화번호부는 창작성이 없어서 보호를 받지 못하지만 지역의 맛집별로 작성된 전화번호부는 소재의 선택이나 배열에 있어서 창작성이 인정될 수 있는 것이다. 물론, 이러한 편집저작물이 독자적으로 보호받는다고 하더라도 그 구성 부분이 되는 소재는 별도로 저작권적 보호를 받을 수 있다(제6조).

저작권법은 보호받지 못하는 저작물에 대해서도 열거하고 있는데, 이에 해당하는 것으로는 ① 헌법·법률·조약·명령·조례 및 규칙 ② 국가 또는 지방자치단체의 고시·공고·훈령 그 밖에 이와 유사한 것 ③ 법원의 판결·결정·명령 및 심판이나 행정심판절차 그 밖에 이와 유사한 절차에 의한 의결·결정 등 ④ 국가 또는 지방자치단체가 작성한 것으로서 앞에 규정된 것의 편집물이나 번역물 ⑤ 사실의 전달에 불과한 시사보도 중 어느 하나에 해당하면 법적인 보호를 받지 못한다(제7조).

이 중에서 4차산업혁명과 직결된 저작물은 위에서 언급한 모든 저작물이 관련성을 갖고 있다고 본다. 최근에는 IT 산업의 발달과 함께, 빅데이터도 저작권으로 보호해야 하는지 여부를 두고 논란이 있다.

4. 저작자

고수익을 창출한 저작물의 주체인 저작자에 대한 진실게임이 종종 발생한다. 저작권법은 저작자란 저작물을 창작한 자로 정의하고 저작자 추정규정을 두어 법적 분쟁을 최소화하고 있다. 즉, 저작자로 추정받는 자는 다른 명백한 증거가 제시되지 않는 한 법원이 저작자로 인정하는 것을 말하며 이에는 ① 저작물의 원본이나 그 복제물에 저작자로서의 실명 또는 이명(예명·아호·약칭 등)으로서 널리 알려진 것이 일반적인 방법으로 표시된 자 ② 저작물 공연 또는 공중송신하는 경우 저작자의 실명 또는 그의 저명한 이명으로서 표시된 자가 이에 해당한다. 다만, 저작자 표시가 없는 저작물의 경우에는 발행자·공연자 또는 공표자로 표시된 자가 저작권을 가지는 것으로 추정된다(제8조).

그리고 저작권법은 업무상저작물의 저작자에 대해서도 규정하고 있는데, 법인 등의 명의로 공표되는 업무상저작물의 저작자는 계약 또는 근무규칙 등에 다른 정함 없으면 그 법인 등이 바로 그 저작자가 된다.

그리고 컴퓨터프로그램저작물(프로그램)의 경우에는 저작물만 창작되면 공표되지 않아도 저작권으로 보호받는다(제9조).

이러한 저작물은 저작자의 의도와 달리 공개되어 저작자의 명예를 훼손하거나 타인이 부당하게 경제상의 이익을 취득할 수 있다. 따라서 저작권법은 저작자의 저작권을 저작인격권과 저작재산권으로 구분하여 보호하고 있다(제10조).

Ⅲ. 저작권

1. 저작인격권

저작권은 저작인격권과 저작재산권으로 구분되는데, 저작인격권이란 저작자의 지위에서 발생하는 인격적·정신적 권리를 말한다. 이러한 저작인격권에는 공표권, 성명표시권, 동일성유지권이 인정되며, 저작재산권과 달리 양도나 상속되지 못하는 특성을 갖고 있다.

우선, 저작자는 저작물을 공표하거나 공표하지 말 것을 결정할 공표권을 갖는다. 예를 들어 웹툰 작가가 만화를 창작하기는 하였으나 이를 공표하고 싶지 않았는데 출판사가 이를 일방적으로 출판하면 저작자의 공표권을 침해한 것이 된다.

그러나 저작자가 공표되지 않은 저작재산권을 양도하거나 이용을 허락한 경우, 배타적 발행권을 설정하거나 출판권을 설정하면 상대방에게 공표를 동의한 것으로 추정된다. 즉, 명백히 공표를 반대한다는 증거가 없으면 정당한 공표가 되는 것이다.

공표되지 않은 미술저작물·건축저작물 또는 사진저작물(미술저작물 등)의 원본을 양도하면 상대방에게 원본을 전시방식으로 공표하도록 동의한 것으로 추정된다.

한편, 원저작자의 동의를 얻어 작성된 2차적 저작물 또는 편집저작물이 공표된 경우에는 원저작물도 공표된 것으로 의제되는데, 이는 반대증거만으로는 효력을 부정할 수 없고 법원의 판결이 있어야 부정할 수 있는 것이다.

미공표저작물을 도서관 등에 기증한 경우에는 별도의 의사표시가 없으면 저작자는 원본이나 복제물에 또는 공표매체에 실명 또는 이명을 표시할 성명표시권을 갖는다. 그리고 저작물 이용자는 저작자의 특별한 의사표시가 없으면 그의 실명 또는 이명을 그대로 표시해야 한다. 다만, 저작물의 성질이나 이용목적 및 형태 등에 따라 부득이한 경우 달리 표시할 수 있다(제12조).

또한 저작자는 저작물의 내용·형식 및 제호의 동일성을 유지할 권리를 가진다. 그러나 ① 학교의 교육목적을 위해 저작물을 이용하는 경우 교육목적상 부득이하다고 인정되는 범위 안에서의 표현의 변경 ② 건축물의 증축·개축 그 밖의 변형 ③ 특정한 컴퓨터 외에는 이용불가한 프로그램을 다른 컴퓨터에서도 이용할 수 있도록 필요한 범위 내에서의 변경 ④ 프로그램을 특정 컴퓨터에 보다 효과적으로 이용할 수 있도록 필요한 범위 내에서의 변경 ⑤ 그 밖에 저작물의 성질이나 이용목적 및 형태 등에 비춰 부득이한 범위 내의 변경에 대해서는 동일성 유지권을 행사할 수 없다. 다만, 본질적인 내용의 변경에 대해서는 이의제기를 할 수 있다(제13조).

마지막으로 저작인격권의 일신전속성과 관련해서 저작권법은 저작인격권은 저작자 일신에 전속한다고 규정하고 있다. 따라서 저작자가 사망한 후에는 저작물 이용자는 저작자가 생존했더라면 저작인격권 침해가 될 행위를 해서는 안 되지만 행위성질 및 정도를 고려해 사회통념상 저작자의 명예를 훼손하는 일이 아니면 허용된다(제14조).

2. 저작재산권

(1) 의 의

4차산업시대에는 인간이 꿈꿔왔던 상상의 세계들이 메타버스의 기술과 함께 가상을 현실로 만드는 스토리텔링에 의해 우리에게 다가올 수 있다. 즉, 메타버스 세상은 저작권 세상이 될 수 있으며, 창작자 개인소득이 대기업보다 많은 1인저작기업이 탄생할 수 있다.

창작성이 있는 저작물을 창작하면 해리포터 작가처럼 10억 달러 이상의 자산을 소유하고 매년 1억 달러 상당의 수입이 발생하는 1인 유니콘 기업이 될 수 있는 것이다. 이는 저작물이 재산권으로서의 성질을 갖고 있기 때문이다.

이러한 저작재산권이란 저작물을 배타적으로 이용할 수 있는 재산적 권리를 말하며, 이에는 복제권, 공연권, 공중송신권, 전시권, 배포권, 대여권, 2차적 저작물작성권 등이 속한다.

저작자는 저작물을 복제할 권리(제16조)와 저작물을 공연할 권리를 가지며(제17조), 그의 저작물을 공중송신할 권리(제18조), 미술저작물 등의 원본이나 그 복제물을 전시할 권리를 가진다(제19조). 그 밖에도 저작자는 저작물의 원본이나 그 복제물을 배포할 권리를 갖는데 원본이나 복제물이 해당 저작재산권자의 허락을 받아 판매 등의 방법으로 거래에 제공되면 배포하는 것이 가능하다(제20조).

저작자는 상업적 목적으로 공표된 상업용 음반이나 상업적 목적으로 공표된 프로그램을 영리를 위해 대여할 권리를 가지며(제21조), 저작물을 원저작물로 하는 2차적 저작물을 작성하여 이용할 권리도 갖는다(제22조).

(2) 권리제한

저작재산권은 저작물을 배타적으로 이용할 수 있는 재산적 권리이기는 하지만 공공의 이익을 위해 필요한 경우 저작권법을 통해 저작재산권을 제한하고 있다(제24조의2).

따라서 창업 당시에 저작권이 제한될 수 있다는 사실을 인식하고 창업전략을 마련하는 것이 필요하다. 즉, ① 재판 등에서의 복제, 정치적 연설 등의 이용, ② 공공저작물의 자유이용 ③ 교육목적 등에의 이용 ④ 시사보도를 위한 이용 ⑤ 시사적인 기사 및 논설의 복제 등 ⑥ 공표된 저작물의 인용 ⑦ 영리를 목적으로 하지 아니하는 공연·방송 ⑧ 사적 이용을 위한 복제 ⑨ 도서관 등에서의 복제 등 ⑩ 시험문제를 위한 복제 등 ⑪ 시각장애인 등을 위한 복제 등 ⑫ 청각장애인 등을 위한 복제 등 ⑬ 방송사업자의 일시적 녹음·녹화 ⑭ 미술저작물 등의 전시 또는 복제 ⑮ 저작물 이용과정에서의 일시적 복제 ⑯ 부수적 복제 등 ⑰ 문화시설에 의한 복제 등 ⑱ 저작물의 공정한 이용 ⑲ 번역 등에 의한 이용 등의 경우 저작재산권이 제한된다.

이 중에서 재판 등에서의 복제와 관련해 ① 재판 또는 수사를 위하여 필요한 경우 ② 입법·행정목적을 위한 내부자료로 필요하면 그 한도 안에서 저작물을 복제할 수 있다. 단, 저작물의 종류와 복제의 부수 및 형태 등에 비춰 저작재산권자의 이익을 부당하게 침해하면 복제가 금지된다(제23조).

정치적 연설 등의 이용과 관련해서는 공개적으로 행한 정치적 연설 및 법정·국회 또는 지방의회에서 공개적으로 행한 진술은 어떠한 방법으로든 이용할 수 있다. 다만, 동일 저작자의 연설이나 진술을 편집하여 이용하는 것은 금지된다(제24조).

공공저작물의 자유이용과 관련해서는 국가 또는 지방자치단체가 업무상 작성하거나 공표한 저작물이나 계약에 따라 저작재산권 전부를 보유한 저작물은 허락 없이 이용할 수 있다. 그 이유는 국민의 세금으로 조성된 국가예산으로 조성된 저작물이기 때문이다. 그러나 저작물이 ① 국가안전보장에 관련되는 정보를 포함하는 경우 ② 개인의 사생활 또는 사업상 비밀에 해당하는 경우 ③ 다른 법률에 따라 공개가 제한되는 정보를 포함하는 경우 ④ 한국저작권위원회에 등록된 저작물로서 국유재산 또는 공유재산으로 관리되는 경우에 해당되면 허락 없이는 이용할 수 없다(제24조의2).

(3) 권리보호기간

저작재산권은 이에 관한 특별한 규정이 있는 경우를 제외하고는 저작자가 생존하는 동안과 사망한 후 70년간 존속된다. 앞에서 본 해리포터의 저작자는 저작물을 복제·배포·전송하는 사업자로 창업을 하는 경우 후손들도 그 혜택을 누릴 수 있는 것이다.

그리고 공동저작물은 맨 마지막으로 사망한 저작자가 사망한 후 70년간 존속(제39조)하며 무명 또는 널리 알려지지 아니한 이명이 표시된 저작재산권은 공표된 때부터 70년간 존속한다. 다만, 이 기간 내에 저작자가 사망한지 70년이 지났다고 인정할 만한 정당한 사유가 발생하면 저작자가 사망한 후 70년이 지났다고 인정된 때에 소멸한 것으로 의제된다.

그러나 이러한 소멸의제규정은 ① 기간 이내에 저작자의 실명 또는 널리 알려진 이명이 밝혀진 경우 ② 기간 이내에 저작자의 실명등록이 있는 경우에는 소멸이 의제되지 않는다(제40조).

그리고 업무상저작물은 공표한 때부터 70년간 존속하는 것이 원칙이지만 창작한 때부터 50년 이내에 공표되지 아니한 경우에는 창작한 때부터 70년간 존속한다(제41조). 그리고 영상저작물은 공표한 때부터 70년간 존속하는 것이 원칙이지만 창작 때부터 50년 이내에 공표되지 않으면 창작한 때부터 70년간 존속하게 된다(제42조).

(4) 권리이전 등

저작재산권은 전부 또는 일부의 양도가 가능하며, 전부양도 시에는 특약이 없으면 2차적 저작물을 작성하고 이용할 수 있는 권리는 포함되지 않는 것으로 추정된다.

그러나 프로그램의 경우는 다른데, 특약이 없으면 2차적 저작물작성권도 함께 양도된 것으로 추정된다(제45조). 이는 프로그램의 특성상 소스 코드(Source Code)[67]가 없으면 2차적 저작물의 작성 자체가 불가능하기 때문일 것이다.

그리고 저작재산권자는 타인에게 저작물을 이용할 수 있도록 허락할 수 있으며, 허락받은 이용방법 및 조건의 범위 내에서 이를 이용할 수 있다. 이러한 허락에 의한 저작물이용권은 저작재산권자의 동의 없이는 제3자에게 양도하는 것이 불가하다(제46조).

그리고 공동저작재산권은 전원합의 없이는 행사가 불가하며, 다른 권리자의 동의 없이 지분양도 또는 질권목적설정 또한 불가하다. 이때 신의에 반해 합의성립을 방해하거나 동의를 거부하는 것 역시 불가하다.

---

67) 소스 코드는 컴퓨터 소프트웨어(프로그램)의 제작에 사용되는 설계도이다. 개념만 나타낸 추상적인 순서도인 설계도가 아니라, 당장 컴퓨터에 입력만 하면 프로그램을 완성할 수 있는 세밀하고 구체적으로 구성된 설계도이다.

공동저작물의 이용이익은 특약이 없으면 공동저작자들 상호간에 저작물창작에 이바지한 정도에 따라 각자에게 배분되며, 이바지 정도가 불명확한 경우에는 균등한 것으로 추정된다.

공동저작물의 지분을 포기하는 것이 가능하며, 공동저작자가 포기 또는 상속인 없이 사망하면 그의 지분은 다른 권리자에게 지분비율에 따라 배분되게 된다(제48조).

그리고 저작재산권이 소멸하는 경우가 있는데 이에 해당하는 것으로는 ① 저작재산권자가 상속인 없이 사망해 그 권리가 국가에 귀속되는 경우 ② 저작재산권자인 법인 또는 단체가 해산되어 그 권리가 국가에 귀속되는 경우(제49조)가 있다.

(5) 법정이용허락

저작권자로부터 이용허락을 받기 위해 상당한 노력을 기울였으나 공표된 저작재산권자나 그의 거소를 몰라 이용허락받는 것이 불가한 경우 문화체육관광부장관의 승인을 얻은 후 보상금을 위원회에 지급하면 이용할 수 있다. 즉, 타인의 저작물을 이용해 창업을 하고자 하는 경우 저작권자의 이용허락을 받지 못하는 경우 법정이용허락제도를 활용할 수 있는 것이다.

이때 저작물 이용자는 그 뜻과 승인연월일을 표시해야 하며, 또다시 법정허락의 대상이 된 경우에는 상당한 노력을 기울여야 하는 절차를 생략할 수 있다. 다만, 저작물에 대한 법정허락을 승인받기 이전에 저작재산권자가 법정절차에 따라 이의를 제기하면 장관은 법정허락내용을 정보통신망에 게시하여야 한다. 그리고 보상금 지급절차·방법 및 미분배보상금의 사용승인 등과 관련된 필요한 사항은 대통령령으로 정하도록 규정되어 있다(제50조).

그리고 공표된 저작물을 공익상 필요에 따라 방송하려는 방송사업자가 저작재산권자와 협의를 하지 못한 경우에는 장관의 승인을 얻은 후 보상금을 해당 저작재산권자에게 지급하거나 공탁하면 법정허락제도를 이용해 방송하는 것이 가능하다(제51조).

또한 상업용 음반이 우리나라에서 처음 판매된 후 3년이 경과한 경우 음반에 녹음된 저작물을 녹음하여 다른 상업용 음반을 제작하려는 자가 그 저작재산권자와 협의가 성립되지 않은 경우에도 장관의 승인을 얻은 후 보상금을 해당 저작재산권자에게 지급 또는 공탁하고 다른 상업용 음반을 제작하는 것이 가능하다(제52조).

(6) 등록 및 인증

저작권의 발생은 저작물의 창작과 동시에 이루어지며 등록, 납본, 기탁 등 일체 절차나 방식이 필요치 않다(저작권법 제10조 2항). 따라서 저작물이 창작만 되었다면 등록이라는 별도의 특별한 절차 없이도 헌법과 저작권법의 보호를 받을 수 있다. 그러나 저작권법에서 정한 방법과 절차에 따라 저작권위원회나 협회 등에 등록하면 법률효과 면에 많은 장점이 있어 강력한 보호효과를 누릴 수 있다. 첫째는 추정적인 법률효과가 부여된다는 점이다. 즉, 저작자로 성명이 등록된 자는 누군가 반대증거를 제시하지 못하는 한 저작자로 인정되며, 저작인접권자 및 데이터베이스 제작자도 이와 동일 효과를 누릴 수 있다는 것이다. 또한, 저작물의 창작연월일과 공표연월일 등 해당 사실을 등록하면 이를 부정하는 명백한 증거가 없는 한 등록된 날짜가 확정되는 것이다. 다만, 저작물을 창작한 때로부터 1년이 경과한 후에 창작연월일을 등록하면 그 날짜에 창작된 것으로 추정되지 않는다. 그리고 등록된 저작권을 침해한 자는 그 침해행위에 과실이 있는 것으로 추정을 받게 된다. 즉, 등록하지 않았다면 권리자는 본인이 주장하는 사실을 직접 입증해야 하지만, 등록하면 추정사실을 부인하려는 자가 반대증거를 제시하여야 하는 입증책임 전환효력이 발생한다. 두 번째는 대항력이 발생한다는 점이다. 즉, 저작권이 양도되는 등의 권리변동사실을 등록하지 않아도 당사자 간에는 변동효력이 발생하지만, 제3자가 이를 부인하면 변동효력이 발생하지 않는다. 따라서 저작재산권, 저작인접권, 데이터베이스 제작자의 권리변동사실이나 출판권설정 등을 등록하면 제3자를 상대로도 대항할 수 있게 된다.

세 번째는 법정손해배상청구가 가능하다는 점이다. 민사소송에서는 원고가 실제 발생한 손해를 입증해야 그에 상응하는 손해배상을 받을 수 있다. 그러나 침해행위 발생 전에 미리 저작물을 등록하였다면 원고가 실손해를 입증하지 못해도 법이 정한 금액(저작물 당 1천만 원, 영리를 목적으로 고의의 경우 5천만 원 이하)을 원고가 원하면 법원은 이를 손해액으로 인정할 수 있다.

네 번째는 보호기간 연장효과이다. 무명 또는 널리 알려지지 않은 이명으로 공표한 저작물의 경우, 저작자가 실명을 등록하면 저작물의 보호기간이 공표 후 70년에서 저작자 사후 70년으로 연장되는 효과가 있고, 업무상저작물이나 영상저작물의 경우 공표연월일을 등록하면 창작 후 70년에서 공표 시 기준으로 70년까지 보호기간이 연장되는 효과가 있다.

다섯째는 침해물품 통관보류 신고자격을 취득하는 것이다. 즉, 저작권등록을 한 자는 세관에 등록사실 등을 신고하여 침해물품의 수출입으로부터 자신의 저작권을 보호받을 수 있다.

저작권등록사항은 ① 저작자의 실명·이명(공표 당시에 이명을 사용한 경우로 한정)·국적·주소 또는 거소 ② 저작물의 제호·종류·창작연월일 ③ 공표의 여부 및 맨 처음 공표된 국가·공표연월일 ④ 그 밖에 대통령령으로 정하는 사항이다.

그리고 저작자가 사망하면 저작자의 특별한 의사표시가 없는 때에는 그의 유언으로 지정한 자 또는 상속인이 등록을 할 수 있다.

그리고 권리변동 등의 사항과 관련해 ① 저작재산권의 양도(상속 그 밖의 일반승계의 경우는 제외) 또는 처분제한 ② 배타적 발행권 또는 출판권의 설정·이전·변경·소멸 또는 처분제한 ③ 저작재산권, 배타적 발행권 및 출판권을 목적으로 하는 질권의 설정·이전·변경·소멸 또는 처분을 제한하는 사항은 등록할 수 있으며, 미등록 시에는 제3자에게 권리변동에 대한 자기의 권리를 주장할 수 없어 대항력이 없는 효과를 갖게 된다(제54조).

(7) 배타적 발행권과 출판

출판권은 저작물을 복제·배포할 권리를 가진 자가 해당 저작물을 인쇄 그 밖에 이와 유사한 방법으로 문서 또는 도화로 발행(복제·배포)하는 것을 말한다. 그리고 배타적 발행권이란 기존의 발행(복제·배포)에 더하여 복제·전송할 권리를 포괄하여 설정할 수 있도록 한 것으로, 기존 프로그램저작물에만 적용되어 온 것을 전체 저작물로 확대한 것이다. 따라서 저작물을 발행 또는 복제·전송(발행 등)권 가진 자는 이를 이용하려는 자에게 배타적 발행권(출판권 제외)을 부여할 수 있다.

배타적 발행권자는 독점적 권리를 향유하므로 권리자와 별도로 해당 권리침해에 대하여 소송 등 독자적인 권리구제가 가능하다.

저작재산권자는 저작물에 대해 발행 등의 방법 및 조건이 중첩되지 않는 범위 내에서 새로운 배타적 발행권을 설정할 수 있다. 배타적 발행권자는 설정행위를 할 때 정함에 따라 저작물을 발행 등의 방법으로 이용할 권리를 갖게 된다.

저작재산권자는 질권을 설정할 때 질권자의 허락이 있어야만 배타적 발행권을 설정할 수 있다(제57조).

배타적 발행권자는 설정행위에 특약이 없는 한 저작물의 복제를 위해 필요한 원고 등을 받은 날부터 9개월 이내에 발행해야 하며, 설정행위에 특약이 없으면 관행에 의거 저작물을 계속하여 발행해야 한다. 그리고 배타적 발행권자는 특약이 없는 경우 복제물에 저작재산권자의 표지를 해야 하며, 이때 신문과 정기간행물은 예외이다(제58조).

저작물을 복제·배포할 권리를 가진 복제권자는 저작물을 인쇄해 문서 또는 도화로 발행하고자 하는 자에게 출판권을 설정할 수 있다.

출판권자는 저작물을 원작 그대로 출판할 권리를 가지며, 복제권자는 질권이 설정된 경우 질권자의 허락이 있어야 출판권을 설정할 수 있다(제63조).

(8) 영상저작물

최근 OTT(Over The Top) 서비스가 방송을 대체하는 등 그 영역이 무한대로 확장되고 있다. 즉, 인터넷을 이용한 방송, 영화 등 미디어콘텐츠가 "셋톱박스를 넘어서" 넷플릭스 등과 같은 사업자를 통해 무한대로 성장하는 중이다. 이러한 미디어콘텐츠 영상물들이 저작권시장에서 새로운 강자로 등장한 것이다.

창작자가 이런 영상저작물에 대한 저작권을 취득한 경우 특약이 없는 한 그것을 이용하는 데 필요한 권리는 영상제작자가 양도받은 것으로 추정한다. 예를 들어 반대증거가 나오지 않는 한 넷플릭스가 양도받는 것이다.

그리고 영상제작자와 영상저작물의 제작에 협력할 것을 약정한 실연자의 영상저작물을 이용할 수 있는 복제권, 배포권, 방송권 및 전송권은 특약이 없는 한 영상제작자가 양도받은 것으로 추정된다(100조).

영상제작자와 실연자로부터 영상제작자가 양도받는 권리는 그 영상저작물을 복제·배포·방송 또는 전송할 권리로 하며, 이를 양도하거나 질권의 목적으로 설정할 수 있다(제101조).

(9) 프로그램

저작권법은 보호하지 않는 것으로 프로그램 언어, 규약, 해법을 명시하고 있다(제101조의2). 프로그램 언어란 프로그램을 표현하는 수단으로서 문자·기호 및 그 체계를 말하며, 규약(프로토콜)이란 특정한 프로그램에서 프로그램 언어의 용법에 관한 특별한 약속을 말한다. 그리고 해법(알고리즘)이란 프로그램에서 지시·명령의 조합방법을 의미한다.

따라서 컴퓨터프로그램 개발을 목적으로 창업을 하는 경우 이러한 내용들을 숙지할 필요가 있다.

그리고 저작권이 인정되는 것이라 할지라도 그 저작권자의 이용허락 없이도 프로그램을 복제 및 배포할 수 있는 경우가 있다. 즉, ① 재판 또는 수사를 위하여 복제하는 경우 ② 감정을 위하여 복제하는 경우 ③ 교육을 담당하는 자가 수업과정에 제공할 목적으로 복제 또는 배포하는 경우 ④ 교과용 도서에 게재하기 위하여 복제하는 경우 ⑤ 가정과 같은 한정된 장소에서 개인적인 목적으로 복제하는 경우 ⑥ 학교의 입학시험이나 그 밖의 학식 및 기능에 관한 시험 또는 검정을 목적으로 복제 또는 배포하는 경우 ⑦ 프로그램의 기초를 이루는 아이디어 및 원리를 확인하기 위하여 프로그램의 기능을 조사·연구·시험할 목적으로 복제하는 경우이다. 다만, 복제 부분과 복제의 부수 등에 비춰 프로그램의 저작재산권자의 이익이 부당하게 침해당하는 경우에는 예외이다. 그리고 컴퓨터의 유지·보수를 위해 컴퓨터 이용과정에서 프로그램을 일시적으로 복제하는 것이 가능하며, 교과용 도서에 게재하려면 보상해야 한다.

(10) 온라인서비스 사업자

1) 개 요

4차산업에 적합한 창업을 위해서는 온라인과 관련된 사업아이템을 선택하는 것이 효과적일 수 있다. 온라인 사업하는 KT와 같은 전기통신사업자, naver와 같은 검색서비스제공자 혹은 싸이월드(cyworld)와 같은 부가통신사업자 등 온라인서비스 제공사업자(OSP ; on-line service provider 또는 ISP ; Internet service provider)가 제공하는 기반시설을 이용하게 된다.

따라서 창업자들은 이러한 온라인서비스 제공사업자(OSP)들의 법적 지위를 알아보는 것이 필요하다.

즉, OSP가 인터넷 기반 온라인 사업자들에게 플랫폼을 제공하기 때문에 4차산업시대에는 이러한 온라인서비스 제공사업자와 협업을 해야 창업하고 그 후 성장할 수 있는 것이다.

따라서 창업자들은 이러한 온라인서비스 제공사업자와 관련하여 실무에서 주로 문제가 되는 점들을 인지할 필요가 있다.

이러한 온라인서비스 제공사업자들이 실무적으로 종종 문제되는 것은 명예훼손과 저작권 침해사건 등이다.

2) 개 념

온라인서비스 제공자란 온라인 통신망을 통해 각종 서비스를 제공하는 사업자를 총칭하는 것이다.

종래에는 PC 통신사업자가 대부분이었기 때문에 온라인서비스 제공자만 법적용의 대상이 되었으나, 최근에는 인터넷 서비스가 급증하면서 인터넷상에서 서비스를 제공하는 인터넷 서비스 제공자(ISP: Internet service provider)도 이에 포함시키고 있다. 이에 해당하는 사업자로는 KT, SK브로드밴드, LG유플러스 등이 있다.

최근에는 인터넷 망을 이용하는 서비스가 보편화하면서 인터넷이나 스마트폰 통신망을 이용해 서비스를 제공하는 인터넷 서비스 제공자를 의미하는 용어도 사용되고 있다.

이러한 온라인서비스 제공자에 대하여는 "콘텐츠산업진흥법"이 적용되는데, 이에 따르면 이 법은 콘텐츠 산업의 진흥에 필요한 사항을 정함으로써 콘텐츠 산업의 기반을 조성하고 그 경쟁력을 강화하여 국민생활의 향상과 국민경제의 건전한 발전에 이바지함을 목적으로 한다고 규정하고 있다.

여기서 말하는 "콘텐츠"란 부호·문자·도형·색채·음성·음향·이미지 및 영상 등(이들의 복합체를 포함한다)의 자료 또는 정보를 말하며, "콘텐츠 산업"이란 경제적 부가가치를 창출하는 콘텐츠 또는 이를 제공하는 서비스의 제작·유통·이용 등과 관련한 산업을 말한다고 규정함으로써 OSP가 그 적용대상임을 명확히 하고 있다. 그리고 동시에 "저작물"은 "콘텐츠"로 본다고 규정함으로써 온라인상의 콘텐츠를 침해하면 저작권법 위반이 될 수 있음을 명확히 하고 있다.

3) 명예훼손

온라인서비스 제공자에 의하여 명예훼손을 당했다는 소송이 종종 발생하고 있다. 명예훼손이란 이름이나 신분, 사회적 지위, 인격 등에 해를 끼쳐 손해를 입히는 것을 말한다.

여기서 말하는 '명예'란 사람의 인격적 가치에 대한 사회적 평가, 즉 외부적 명예를 의미하는 것으로 해석된다. 즉, 명예훼손이란 사람의 품성, 덕행, 명성, 신용 등에 대한 객관적인 사회적 평가를 위법하게 저하시키는 행위를 말하며, 단순히 주관적으로 명예감정이 침해되었다는 것만으로는 명예훼손이 성립되지 않는 것으로 해석된다.

여기서 말하는 언론은 '공공성'과 '사실성'을 전제로 명예훼손죄를 면책받을 수 있다. 그 이유는 형법 310조에서 "진실한 사실로서 오로지 공공의 이익에 관한 때에는 처벌하지 아니한다"고 규정함으로써 언론에 의한 명예훼손을 특수한 위법성조각사유[68] 중 "정당한 행위"로 규정한 것

68) 위법성조각사유란 위법성을 부정하는 일련의 사유를 말하는데, 위법성이 없으면 범죄는 성립하지 않는다. 이러한 위법성조각사유에는 정당행위, 정당방위, 긴급피난, 자구행위, 피해자의 승낙 등이 있다.

이다.

그래도 포털사업자들이 명예훼손문제로 법정소송당하는 경우가 종종 있다. 예를 들어 인터넷 종합정보제공사업자의 경우 언론기사를 이용자들이 검색해서 접근할 수 있도록 기사 중 일부를 선별하여 포털사업자가 직접 관리하는 뉴스게시공간에 게재하는 경우 등이다.

이 경우에 게재된 기사가 타인의 명예를 훼손하는 내용을 담고 있는 경우 인터넷 종합정보제공사업자도 명예훼손에 적극적으로 가담한 결과가 된다. 즉, 명예훼손적 기사내용을 적극적으로 전파한 행위에 해당된다.

따라서 특별한 사정이 없는 한, 위 사업자는 명예훼손적 기사를 보도한 보도매체와 마찬가지로 그로 인하여 명예가 훼손된 피해자에 대하여 불법행위로 인한 손해배상책임을 질 수 있으므로 이에 대한 주의가 필요하다.

4) 저작권 침해

온라인서비스에서 제공자가 제작한 웹사이트 내에서 이용자가 무단으로 저작물을 업로드 또는 다운로드한 경우 저작권 침해가 발생하게 된다. 이와 관련하여 저작권법은 저작권 침해와 관련된 온라인서비스가 무엇을 의미하는지 명확히 규정하고 있지 않다.

만약, 온라인서비스 제공자 자신이 저작물을 허락 없이 게재하거나 송신하였다면 저작권 침해에 대하여 직접 책임지는 것은 당연한 일이다. 그러나 이용자가 게재하거나 송신해도 서비스 제공자가 책임을 져야 한다면 이는 논란의 여지가 있다.

이와 관련하여 우리나라에서는 소리바다 사건, 그리고 미국에서는 냅

스터 사건이 문제 된 바 있다.

결론적으로 서버에 공유파일로 게재된 파일들이 저작권을 침해하는 것임에도 불구하고 이를 차단하거나 필요한 조치를 하지 않았기 때문에 책임을 져야 한다는 판결이 내려졌다.

그래도 서비스 제공자가 이용자들의 행위에 대하여 저작권 침해행위를 차단하는 등의 조치를 취하는 것이 사실상 어렵다.

이와 관련하여 저작권법은 2011년 개정을 통해 온라인서비스 제공자가 서비스하는 과정에서 발생할 수 있는 저작권 침해부담을 최소화하기 위해서 온라인서비스 제공자의 유형을 세분화하는 등 면책요건을 명확히 한 바 있다.

예를 들어 온라인서비스 제공자를 인터넷 접속 서비스, 캐싱 서비스(cashing service),[69] 저장 서비스,[70] 정보검색도구 서비스[71]로 나누고 저작권이 면제되기 위한 요건을 상세히 규정한 것이 바로 그것이다. 즉, 인터넷 접속 서비스의 경우 접속 서비스 제공자가 저작권 침해에 대한 책임을 면제받기 위해서는 ① 저작물의 송신을 시작하지 않아야 하고, ② 저작물이나 수신자를 선택하지 않아야 한다는 두 가지 요건을 모두 충족해야 한다.

그리고 캐싱 서비스의 경우에는 ① 저작물의 송신을 시작하지 않을 것 ② 저작물·수신자를 선택하지 않을 것 ③ 저작물을 수정하지 않을 것

69) 캐싱 서비스란 콘텐츠를 별도로 구축한 캐시 서버에 자동적으로 임시저장해 사용자가 캐시 서버를 통해 해당 콘텐츠를 이용할 수 있도록 하는 서비스를 말한다.

70) 저장 서비스란 카페, 블로그, 웹하드, 클라우드 등 일정한 자료를 하드디스크나 서버에 저장, 사용할 수 있게 하는 서비스를 말한다.

71) 정보검색도구 서비스란 인터넷에서 정보를 검색해 정보를 제공해 주는 서비스로 일명 포털사업자인 네이버, 다음, 구글 등이 해당된다.

④ 접근조건을 지킨 이용자에게만 캐싱된 저작물에 접근을 허용 ⑤ 복제·전송자가 제시한 현행화한 데이터통신 규칙 등을 준수 ⑥ 저작물이용 정보를 얻기 위해 적용한 업계에서 인정한 기술의 사용을 방해하지 않을 것 ⑦ 본래의 사이트에서 접근할 수 없게 조치된 저작물에 접근할 수 없도록 조치를 취하면 면책된다.

저장 서비스의 경우에는 ① 침해행위로부터 직접적 금전적 이익이 없을 것 ② 침해행위 인지 시 해당 저작물의 복제·전송 중단 ③ 복제·전송 중단요구 대상자 지정과 공지 등을 한 경우 면책될 수 있다.

정보검색도구 서비스의 경우에는 ① 저작물의 송신을 시작하지 않을 것 ② 침해행위로부터 직접적 금전적 이익이 없을 것 ③ 침해행위를 인지한 때 해당 저작물의 복제·전송 중단 ④ 복제·전송 중단요구 대상자 지정과 공지를 한 경우에는 면책될 수 있다.

종합해 보면 최근 들어 온라인서비스 제공사업자의 업무영역이 무한대로 확대되고 있으며, 예상치 못한 문제들이 새롭게 등장하는 것도 당연한 일일 수 있다. 이러한 온라인서비스 제공사업자들의 서버를 이용해 창업하는 경우 이러한 명예훼손문제나 저작권 침해문제에 대하여 주의할 필요가 많다. 만약 창업자 때문에 이러한 OSP 사업자들이 책임을 진 경우 다시 OSP 사업자들이 창업자를 상대로 소송을 제기하는 것이 가능하므로 이에 대한 주의가 필요하다.

5) 책임제한

온라인서비스 제공자는 플랫폼사업이 비즈니스 모델인 만큼 제공하는 서비스에서 발생하는 이용자들의 저작권 침해행위를 조사하고 조치를 취하는 것이 사실상 어렵다. 즉, 저작물 등이 송수신되는 과정에서 저작권 침해인지 여부를 판단하는 것이 어려울 뿐만 아니라, 그 송수신을 차단하거나 저작물을 삭제하는 등의 행위를 하는 경우 개인정보 침해, 저작권 침해 등의 문제를 야기할 수 있기 때문이다.

따라서 저작권법은 온라인서비스 제공자의 경우 법이 정한 3가지의 행위유형에 해당하면 서비스상에서 누군가의 저작권이 침해되더라도 법이 정한 요건을 모두 갖추면 면책되는 규정을 두고 있다(제102조).

면책되는 첫 번째 행위유형은 플랫폼상에서 내용의 수정 없이 저작물 등을 송신하거나 경로를 지정하거나 연결을 제공하는 행위 또는 그 과정에서 송신을 위하여 합리적으로 필요한 기간 내에서 자동적·중개적·일시적으로 저작물을 저장하는 행위는 면책된다. 단, 이 경우 면책되는 요건으로는 ㉮ OSP가 저작물 등의 송신을 시작하지 아니한 경우 ㉯ OSP가 저작물 등이나 그 수신자를 선택하지 아니한 경우 ㉰ 저작권, 그 밖에 이 법에 따라 보호되는 권리를 반복적으로 침해하는 자의 계정(OSP가 이용자를 식별·관리하기 위하여 사용하는 이용권한 계좌)을 해지하는 방침을 채택하고 이를 합리적으로 이행한 경우 ㉱ 저작물 등을 식별하고 보호하기 위한 표준적인 기술조치를 권리자가 이용한 때에는 이를 수용하고 방해하지 아니한 경우 중 하나에 해당하면 면책된다.

두 번째 면책행위 유형은 서비스 이용자의 요청에 따라 송신된 저작물 등을 후속 이용자들이 효율적으로 접근하거나 수신할 수 있게 할 목적으로 그 저작물 등을 자동적·중개적·일시적으로 저장하는 행위이다. 이러한 면책을 하기 위한 요건으로는 ㉲ 위의 각 요건 ㉮㉯㉰㉱을 모두 갖춘 경우 ㉳ OSP가 그 저작물 등을 수정하지 아니한 경우 ㉴ 조건을 지킨 이용자에게만 임시저장된 저작물 등의 접근을 허용한 경우 ㉬ 업계에서 일반적으로 인정되는 데이터통신규약에 따른 저작물 등의 현행화에 관한 규칙을 지킨 경우. 다만, 복제·전송자가 그러한 저장을 불합리하게 제한할 목적으로 현행화에 관한 규칙을 정한 경우에는 예외 ㉭ 업계에서 일반적으로 인정되는 기술의 사용을 방해하지 아니한 경우 ㉮ 복제·전송의 중단요구를 받은 경우, 본래의 사이트에서 그 저작물 등이 삭제되었거나 접근할 수 없게 된 경우, 또는 법원, 관계 중앙행정기관의 장이 그 저작물 등을 삭제하거나 접근할 수 없게 하도록 명령을 내린 사실을 실제로 알게 된 경우에 그 저작물 등을 즉시 삭제하거나 접근할 수 없게 한 경우가 이러한 요건에 해당한다.

면책되는 세 번째 행위유형은 복제·전송자의 요청에 따라 저작물 등을 온라인서비스 제공자의 컴퓨터에 저장하는 행위 또는 정보검색도구를 통하여 이용자에게 정보통신망상의 저작물 등의 위치를 알 수 있게 하거나 연결하는 행위가 이에 해당한다. 이를 위한 면책요건으로는 ㉯ 위의 ㉮㉯㉰㉱ 요건을 모두 갖춘 경우 ㉰ 침해행위로부터 직접적인 금전적 이익을 얻지 아니한 경우 ㉱ 침해가 명백하다는 사실 또는 정황을 알게 된 때에 즉시 그 저작물 등의 복제·전송을 중단시킨 경우 ㉲ 복제·전송의 중단요구 등을 받을 자를 지정하여 공지한 경우가 이 요건에 해당한다.

그래도 온라인서비스 제공자가 위의 조치를 취하는 것이 기술적으로 불가능한 경우에 다른 사람에 의한 저작물 등의 복제·전송으로 인한 저작권, 그 밖에 이 법에 따라 보호되는 권리의 침해에 대하여 면책된다. 그리고 온라인서비스 제공자는 자신의 서비스 안에서 침해행위 발생 여부를 모니터링 또는 침해행위를 적극적으로 조사할 의무는 없다(제102조).

3. 해킹 등 금지

저작권법은 정보통신망에서 기술보호조치를 무력화시키는 해킹 등의 행위를 방지하고 동시에 기술보호조치를 무력화시키는 행위의 결과물을 서비스로 제공하는 것을 금지하고 있다.

기술보호조치 무력화금지란 누구든지 정당한 권한 없이 고의 또는 과실로 기술적 보호조치를 제거·변경하거나 우회하는 등의 방법으로 무력화시키는 행위를 금지하는 것이다.

그러나 예외적으로 무력화가 허용되는 경우가 있는데 ① 암호 분야 연구 종사자가 암호기술의 결함이나 취약점을 연구하는 경우. 단, 권리자로부터 연구에 필요한 이용허락받기 위해 상당한 노력을 했음에도 허락받지 못한 경우로 한정 ② 미성년자에게 유해한 온라인상의 저작물 등에 미성년자가 접근하는 것을 방지하기 위하여 기술적 보호조치를 무력화하는 구성요소나 부품을 포함하는 경우 ③ 개인의 온라인상의 행위를 파악할 수 있는 개인식별정보를 비공개적으로 수집·유포하는 기능을 확인하고, 이를 무력화시키려면 필요한 경우 ④ 국가의 법집행, 합법적인 정보수집 또는 안전보장 등을 위하여 필요한 경우 ⑤ 학교·교육기관 및 수업지원기관, 도서관 또는 기록물관리기관이 저작물 등의 구입 여부를 결정하기 위해 필요한 경우. 단, 기술적 보호조치 무력화 없이는 접근 불가한 경우로 한정 ⑥ 정당한 권한을 가지고 프로그램을 사용하는 자가 다른 프로그램과의 호환을 위하여 필요한 범위에서 프로그램 코드 역분석(RE, reverse engineering)을 하는 경우 ⑦ 정당한 권한을 가진 자가 오로지 컴퓨터 또는 정보통신망의 보안성을 검사·조사 또는 보정하기 위하여 필요한 경우 ⑧ 기술적 보호조치의 무력화금지에 의하여 특정 종류의 저작물 등을 정당하게 이용하는 것이 불합리하게 영향을 받거나 받을 가능성이 있다고 인정되어 문화체육관광부장관이 정하여 고시하는 경우가 이에 해당한다. 그리고 이러한 예외는 3년만 효력을 갖는다.

그리고 기술적 보호조치를 무력화하는 데 이용되는 행위, 즉 보관이나 소지, 서비스 제공도 금지하고 있다. 즉, 누구든지 정당한 권한 없이 ① 기술적 보호조치의 무력화를 목적으로 홍보, 광고 또는 판촉되는 것 ② 기술적 보호조치를 무력화하는 것 외에는 제한적으로 상업적인 목적 또는 용도만 있는 것 ③ 기술적 보호조치를 무력화하는 것을 가능하게 하거나 용이하게 하는 것을 주된 목적으로 고안, 제작, 개조되거나 기능하는 것 등을 통해 장치, 제품 또는 부품을 제조, 수입, 배포, 전송, 판매, 대여, 공중에 대한 청약, 판매나 대여를 위한 광고, 또는 유통을 목적으로 보관 또는 소지하거나, 서비스를 제공하는 것을 금지하고 있다.

4. 데이터베이스

현대 사회는 사람들의 생활이 데이터베이스(DB, database)로 기록되는 세상이다. 즉, 카카오톡 메시지, 인스타그램에 등록한 사진, 버스나 지하철에서 사용한 교통카드, 카페에서 구매한 커피 등 음료에 관한 정보가 모두 데이터베이스에 기록되는 것이다.

데이터의 집합체인 데이터베이스는 소재를 체계적으로 배열 또는 구성한 편집물이자 이용자가 자료검색을 신속하고 편리하게 할 수 있도록 체계적으로 구성된 자료의 집합체인 것이다. 저작권법은 이러한 데이터베이스를 제작한 제작자를 저작권자로 보호하고 있는데, 그 이유는 데이터베이스 구축에 인적 또는 물적 자원을 투자한 제작자를 보호하려는 데 그 입법취지가 있다.

창업자의 경우 이러한 데이터베이스를 이용해 사업 아이템을 만드는 경우가 많아 이에 대한 사전지식이 필요하다. 예를 들어 인터넷 검색에 사용되는 검색도구인 링크는 저작권보호대상은 아니지만 실제 저작물을 실행시키는 임베디드 링크(embedded link)[72]는 저작권으로 보호받고 있다.

데이터베이스는 소재를 체계적으로 배열하고 있기 때문에 편집저작물과 유사하다. 그러나 저작권법상 편집저작물은 구성하는 소재의 배열과 구성에 창작성이 있어야 하지만 데이터베이스는 창작성이 없더라도 저작권으로 보호하도록 저작권법이 규정하고 있다.

이처럼 데이터베이스는 창작성이 없다는 점에서 학자들은 이를 저작권으로 분류하기 보다는 신지식재산으로 분류하기도 한다.

이러한 데이터베이스를 제작한 자는 데이터베이스를 복제, 배포, 방송 또는 전송할 권리를 갖게 된다. 그러나 저작권법은 적용이 배제되는 경우도 규정하고 있는데 이에 따르면 ① 데이터베이스의 제작·갱신 등 또는 운영에 이용되는 컴퓨터프로그램 ② 무선 또는 유선통신을 기술적으로 가능하도록 제작되거나 갱신된 것에 대해서는 저작권법이 적용되지 않는다.

데이터베이스 제작자는 데이터베이스의 전부 또는 상당한 부분을 복

72) 임베디드 링크는 블로그나 싸이월드 같은 곳에서 노래가 자동으로 흘러나오게 하거나, 어떤 사이트에 접속했을 경우 자동으로 광고 팝업창이 뜨게 하는 기능을 말한다. 서버에 저장된 음원 파일의 링크 주소를 이용자들에게 제공하면 이용자들은 복사된 링크 주소를 클릭하게 된다. 이용자는 클릭 후 수초 내에 스트리밍 형태로 음악을 들을 수 있다. 임베디드 링크는 송신의 전 단계이기는 하지만 언제든지 개별 이용자의 요구에 따라 송신이 이루어질 수 있는 준비단계에 해당한다.

제·배포·방송 또는 전송(복제 등)권을 가지는데 그 개별 소재는 데이터베이스에 해당하지 않는다. 따라서 개별 소재가 창작성 있는 경우에는 저작권으로 보호받는 것이다. 즉, 5년간 보호받는 것이 아니라 저작자 사후 70년간 보호받는 것이다. 다만, 데이터베이스의 개별 소재 또는 부분복제 등이라 해도 이것이 해당 데이터베이스의 통상적인 이용과 충돌하거나 데이터베이스 제작자의 이익을 부당하게 해치는 경우에는 상당한 부분을 복제한 것으로 의제된다.

그 밖에도 ① 교육·학술 또는 연구를 위하여 이용하는 경우(영리목적은 제외) ② 시사보도를 위해 이용하는 경우 중 하나에 해당하면 누구든지 데이터베이스의 전부 또는 그 상당한 부분을 복제·배포·방송 또는 전송이 가능하다. 다만, 해당 데이터베이스의 통상적인 이용과 저촉되는 경우에는 불가하다(제94조).

데이터베이스 제작자의 권리는 제작을 완료한 다음 해부터 기산해 5년간 존속되는데, 기존의 데이터베이스를 개선하거나 검증 또는 보완을 위해 상당한 투자를 하였다면 저작권을 갱신할 수 있으며, 갱신 다음 해부터 5년간 보호를 받게 된다(제95조).

저작물이 아닌 콘텐츠 이용행위 자체가 법적인 보호를 받는 경우도 있다. 예를 들어 인터넷 검색 엔진이 식별할 수 있도록 웹사이트에 삽입한 단어나 코드인 메타태그(metatags)가 이에 해당한다.

이처럼 메타태그를 보호하는 이유는 경쟁사업자나 유명상표권자의 이름을 의도적으로 삽입해 이용자를 부당하게 유인하는 경우 대상 웹사이트에 손해를 가할 수 있기 때문이다.

이와 관련하여 최근 경기도가 세금상담 프로그램인 '지방세 상담봇'

의 '지능형 상담 데이터베이스'를 한국저작권위원회에 저작권으로 등록한 바 있다. 이러한 지능형 상담 데이터베이스의 구성을 보면 Q&A 1,398개, 용어정의 1,717개 등 3,115건의 데이터가 포함되어 있다.

그 밖에도 사용자들이 직접 만드는 콘텐츠인 UCC 사이트 운영자도 사이트 제작과 관리에 인적 내지 물적으로 많은 투자를 했다는 이유를 들어서 데이터베이스 저작권자로 등록한 바 있다.

데이터베이스 저작권의 침해에 관한 사례를 보면, 갑은 2007년 위키 사이트인 A사이트를 제작하여 운영하여 왔다. 이후 을이 이 사이트 자료를 그대로 복사하는 일명 '미러링' 방식의 'A미러' 사이트를 운영한 후 광고 수익을 취득한 바 있다. 이에 갑은 저작권법상 데이터베이스 저작권자의 권리를 침해하고 있다며 3,000만 원의 손해를 배상하라는 소송을 제기한 바 있다. 이 소송은 고등법원에서 종결되었는데, 결론적으로 고등법원은 을이 갑에게 1억 원을 배상하라고 판결하였다.

Ⅳ. 저작인접권

1. 의 의

OTT 시장의 확산으로 스토리를 만든 원저작자보다도 원저작물을 해석하고 연기하고 이를 전달하는 인접저작권자에 대한 수요가 많아지고 있다. 즉, 저작물을 직접 창작한 것은 아니지만 저작물의 해설자, 매개자, 전달자로서 역할을 하는 사람에게 저작권법은 권리를 부여하고 있는데 이를 저작인접권이라 한다. 저작인접권으로 보호받는 대상자는 실연자, 음반제작자, 방송사업자이다. 즉, 실연·음반·방송이 법적 보호대상인 것이다. 이러한 저작인접권에 대해서는 양도나 제한, 행사 등에 저작재산권에 관한 규정이 준용된다.

그리고 실연에는 ㉮ 대한민국 국민이 행하는 실연 ㉯ 대한민국이 가입 또는 체결한 조약에 따라 보호되는 실연 ㉰ 음반에 고정된 실연 ㉱ 방송으로 송신되는 실연(송신 전에 녹음 또는 녹화된 실연 제외)이 포함된다.

음반에는 ㉮ 대한민국 국민을 음반제작자로 하는 음반 ㉯ 음이 맨 처음 대한민국 내에서 고정된 음반 ㉰ 대한민국이 가입 또는 체결한 조약에 따라 보호되는 음반으로서 체약국 내에서 최초로 고정된 음반 ㉱ 대한민국이 가입 또는 체결한 조약에 따른 음반으로서 체약국의 국민을 음반 제작자로 하는 것이 포함된다.

방송에는 ㉮ 국내 방송사업자의 방송 ㉯ 국내에 있는 설비로 행해지는 방송 ㉰ 조약 체약국 방송사업자가 해당 국가 내 설비를 가지고 행하는 방송이 포함된다. 그리고 보호되는 외국인의 실연·음반 및 방송이라도 외국에서 보호기간이 만료되면 보호하지 않는다(제64조).

저작권법은 실연자 등의 추정규정을 두고 있다. 즉, 실연자, 음반제작자 또는 방송사업자로 실명 또는 널리 알려진 이명이 일반적인 방법으로 표시된 자는 해당 권리를 가진 것으로 추정된다(제64조의2).

2. 실연자

저작인접권자인 실연자란 "실제로 연주하는 사람"이라고 이해할 수 있다. 사전적 의미는 "저작물을 연주와 가창 등으로 표현하거나 저작물이 아닌 것을 이와 유사한 방법으로 표현하는 사람"이다. 예를 들어 음악실연자의 경우 무대와 음원에서 노래를 부르고 악기를 연주하는 사람과 실연을 지휘, 연출, 감독하는 자도 포함된다.

이러한 실연자는 실연 또는 그 복제물에 실명 또는 이명을 표시할 권리인 성명표시권을 갖는다. 따라서 실연이용자는 특별한 의사표시가 없으면 실연자가 표시한 대로 표시해야 한다. 다만, 실연의 성질이나 이용의 목적 및 형태 등에 비춰 부득이한 경우에는 달리 표시할 수 있다(제66조).

그리고 실연자는 실연내용과 형식의 동일성을 유지할 권리인 동일성유지권을 갖는다. 단, 실연의 성질이나 이용목적, 형태 등에 비춰 부득이한 경우에는 배제된다(제67조).

실연자의 인격권은 일신에 전속하며(제68조), 실연자는 복제권(제69조)과 복제물의 배포권을 가진다. 다만, 복제물이 실연자의 허락을 받아 판매되는 경우 배포권이 없다(제70조).

실연자는 녹음된 음반을 영리목적으로 대여할 수 있으며(제71조), 고정되지 않은 실연의 공연권을 가진다. 단, 방송실연의 경우 공연권이 없다. 그리고 실연자는 실연을 방송할 방송권을 가지지만 실연자의 허락을 받아 녹음된 실연에는 방송권이 없다(제73조). 이때 실연자는 실연을 전송권을 가진다(74조).

방송사업자가 실연을 녹음한 상업용 음반을 사용하여 방송하는 경우에는 실연자에게 상당한 보상금을 지급해야 한다. 다만, 실연자가 외국인이면 그가 속한 국가가 우리 국민에게 보상하지 않으면 우리도 보상의무가 없다.

단체보상금액은 매년 단체와 방송사업자 간의 협의로 정하며, 협의가 성립하지 않으면 저작권위원회에 조정을 신청할 수 있다(제75조).

그리고 디지털 음성송신사업자가 실연음반을 송신한 자와 공연한 자는 상당한 보상금을 실연자에게 지급해야 한다(제76조). 다만, 외국인 실연자의 경우 해당 국가와 동일한 대우를 해 준다(제76조의2).

2명 이상이 공동으로 합창·합주 또는 연극 등을 실연하는 경우, 실연자의 권리는 대표자가 행사한다. 단, 대표자를 선출하지 않으면 지휘자 또는 연출자 등이 행사한다. 실연자의 권리를 행사할 때 독창이나 독주를 함께 실연하는 경우 독창자 또는 독주자의 동의를 받아야 한다(제77조).

3. 음반제작자와 방송사업자

K-POP이 전세계시장에서 세력을 확장하면서 음반에 대한 저작권문제가 점차 중요해지고 있다. 음반은 악곡 저작자의 권리뿐만 아니라 악곡을 노래하거나 연주한 실연자의 권리, 음반을 제작한 자의 권리도 인정된다.

이러한 음반제작자의 저작인접권은 최초의 제작행위로 생성된 음반에 음을 제일 먼저 음반에 고정한 때부터 발생하는 권리이다. 따라서 작사자나 작곡자 등 저작자의 저작물에 관한 저작재산권과는 별개의 독립된 권리이다.

이는 저작인접물인 음반에 수록된 저작물의 저작재산권자라 하더라도 저작인접권자인 음반제작자의 허락 없이 그의 음반을 복제하는 것은 음반제작자의 복제권 침해행위가 된다는 것을 의미한다. 즉, 음반제작자는 음반복제권(제78조)과 음반배포권을 가진다. 단, 복제물이 제작자의 허락을 받아 거래되면 배포권이 없으며, 제작자는 상업용 음반대여권(제80조)과 음반전송권도 가진다(제81조).

방송사업자와 디지털 음성송신사업자가 상업용 음반으로 방송하는 경우 상당한 보상금을 제작자에게 지급해야 하고, 음반제작자가 외국인 경우, 해당 국가의 우리 국민에 대한 대우와 동일하게 대우한다(제82조, 제83조, 제83조의2).

방송사업자는 방송복제권(제84조)과 방송을 동시 중계방송할 권리도 가지며(제85조), 공중의 접근 가능한 장소에서 방송시청과 관련 입장료를 받는 경우 방송공연권도 가진다(제85조의2).

4. 보호기간

저작인접권은 ① 실연의 경우에는 그 실연한 때 ② 음반의 경우에는 그 음을 맨 처음 음반에 고정한 때 ③ 방송의 경우에는 그 방송한 때부터 발생하며, 절차나 형식은 필요없다.

이러한 저작인접권(실연자의 인격권은 제외)은 실연의 경우에는 그 실연을 한때, 음반의 경우에는 그 음반을 발행한 때부터, 방송의 경우에는 그 방송한 때의 다음 해부터 기산하여 70년간 존속하게 된다(제86조).

다만, 실연한 때부터 50년 이내에 실연이 고정된 음반이 발행된 경우와 음을 음반에 맨 처음 고정한 때의 다음 해부터 기산하여 50년이 경과한 때까지 음반을 발행하지 아니한 경우에는 음을 음반에 맨 처음 고정한 때부터 70년을 기산한다

Ⅴ. 기타 쟁점

1. 소프트웨어 저작권

소프트웨어(software)란 컴퓨터프로그램과 그와 관련된 문서들을 총칭하는 용어로 기계장치부를 말하는 하드웨어에 대응하는 개념으로 사용되고 있다.

소프트웨어는 운영체제와 응용 소프트웨어로 구분되는데, 오늘날에는 하드웨어가 급속히 발달하여 가격이 저렴해지고 빈번한 교체가 이뤄지는 등 소프트웨어의 중요성이 더욱 증가하고 있다.

이러한 소프트웨어는 2진법을 이용한 컴퓨터 언어로 서술된 프로그램이라는 점에서 저작권(software copyright)으로 보호해 왔다. 단, 프로그램의 작성을 위한 프로그램 언어나 프로토콜, 알고리즘 등은 저작권 보호대상에서 배제되었다.

저작권은 베른협약에서 정한 무방식주의에 의거하여 등록하지 않더라도 권리가 발생하게 된다. 다만, 저작권을 관리해 주는 집중관리기관, 예를 들어 저작권위원회나 협회 등에 등록을 하면 저작권자로 추정되거나, 제3자에게 대항할 수 있는 능력이 주어진다.

프로그램이 표현이 아니라 아이디어인 경우에는 일명 BM 특허로 등록하는 경우도 있으며, 프로그램을 사용한 특정 장비에 관해서도 특허등록이 가능하다.

이러한 프로그램에 대한 특허등록을 하기 위해서는 발명의 내용이 그 출원 전에 공개되어 있지 않아야 한다. 따라서 특허출원 전에는 프로그램이 제3자에게 공개하지 않도록 관리하는 것이 필요하다.

이 경우에는 특허출원한 이후에 저작권등록을 진행하는 것이 바람직하다. 즉, 소프트웨어의 특허등록은 신규성, 진보성, 산업상 이용가능성 등의 요건을 갖춰야 하므로, 특허출원은 프로그램 공개, 저작권등록 전에 하는 것이 바람직하다.

소프트웨어 저작권과 관련하여 MS사의 창업자인 빌 게이츠를 사례를 한 번 들어보겠다.

빌 게이츠는 하버드대학 재학시절부터 마이크로소프트사를 설립하여 사업과 학업을 병행하였다.

그러던 그는 1977년 2학년을 마지막으로 하버드대학을 떠나 사업에 전념하였는데, 처음으로 시련을 맞게 된 사건이 MITS사와의 저작권 분쟁이었다. 창업 초기에 빌 게이츠는 베이직(BASIC ; Beginner's All-purpose Symbolic Instruction Code)을 MITS사에 공급했었다.

문제는 MITS사의 창업자였던 에드 로버츠(Ed Roberts)가 MITS를 퍼텍(Pertec)이란 회사에 매각하면서 마이크로소프트가 공급한 베이직(BASIC)이 논란의 중심에 섰게 되었다. 로버츠는 퍼텍과 회사매각협상을 진행하는 과정에서 "저작권료를 지불했기 때문에 베이식은 MITS의 소유다"라고 주장한 것이다. 결국 1977년 빌 게이츠는 MITS사로부터 저작권을 침해하였다는 이유로 소송을 당하였다.

이 소송에서 법원은 MITS는 베이식을 사용할 권리만 갖고 있는 반면 그 프로그램의 판매권과 소유권은 마이크로소프트에 있다는 판결을 내렸다.

이 판결로 인해 마이크로소프트는 자신들이 만든 소프트웨어에 대한 통제권을 확보할 수 있었고, 이를 계기로 글로벌 소프트웨어 기업으로 성장하는 토대를 마련했었다.

2. 빅데이터 저작권

빅데이터(Big Data)란 디지털 환경에서 생성되는 데이터로 그 규모가 방대하고, 생성주기도 짧고, 형태도 수치 데이터뿐 아니라 문자와 영상 데이터를 포함하는 대규모 데이터를 말한다.

빅데이터 환경은 과거에 비해 데이터의 양이 폭증했음은 물론이고, 데이터의 종류도 다양해져 사람들의 행동은 물론 위치정보와 SNS를 통해 생각과 의견까지 분석하고 예측할 수 있는 수준에 도달해 있다.

빅데이터는 데이터의 집합체라는 점에서 저작권법으로 보호하는 것이 타당하다는 것이 일반적인 견해였다.

그러나 최근 들어 이러한 일반론에 반론이 제기되고 있다. 즉, 4차 산업시대는 사람이 개입하지 않아도 디지털 정보가 활용되기 때문에 현행 저작권법을 그대로 적용하는 경우 현실과 괴리감이 커 법적용상의 혼란을 가져올 수 있다는 것이다.

즉, 인간이 개입하는 것이 부적절할 정도로 방대한 정보가 정보처리장치에서 능동적으로 이용되고 있어서 앞으로는 데이터 정보 자체가 완전히 새로운 가치를 창출하는 것으로 보아야 한다는 것이다. 빅데이터에 대한 침해는 기존의 저작권에 대한 침해와는 다른 시각이 필요하며, 동시에 저작권에 대한 보호체계도 변화되어야 한다는 요구가 많은 것이다.

예를 들어 빅데이터는 소셜미디어, 바이오, 인포매틱스, 글로벌 고객정보 등 방대한 정보 데이터 등을 분석하는 기술이기 때문에, 이러한 빅데이터 분석을 위한 데이터 마이닝 자체는 데이터의 분산처리를 위해 저장하는 일시적인 복제에 불과해서 이를 저작권 침해로 보기 어렵다는 것이 일반적인 견해이다.

그래도 상업용 목적으로 정보를 추출하는 경우 데이터 마이닝이 '부수적 이용'에 해당하므로 이 경우에도 저작권 침해에 대한 면책규정의 적용 여부는 여전히 토론대상이다.

그 밖에도 빅데이터 산업의 활성화를 위해서는 활용하려는 데이터의 저작물 여부와 관계없이 원저작물의 저작권을 침해하지 않거나 시장에 부정적인 영향을 미치지 않는다면 이러한 가공물창작에 대하여 법적인 책임을 완화하도록 저작권법을 개정하는 것이 필요하다는 주장이 제기되고 있다.

예를 들어 영국이나 일본처럼 데이터 마이닝에 대하여는 공정이용에 관한 규정을 적용하여 저작권의 효력을 제한하는 규정을 저작권 내에 신설하자는 것이 그것이다.

그래도 현행법상 빅데이터 활용에 대해서는 여전히 저작권 침해 가능성이 제기되고 있기 때문에 신중하게 접근할 필요가 있다. 다만, 4차산업혁명에 국내기업들이 동참하여 글로벌 기업으로 성장할 수 있도록 하기 위해서는 데이터 마이닝에 대하여는 공정이용에 관한 규정을 적용하도록 개정하는 것은 시급하다.

제9장

신지식재산 기반 창업

제9장 신지식재산 기반 창업

Ⅰ. 개 요

4차산업시대에는 지식재산권의 중요성이 급속도로 증가하고 있으며 이러한 지식재산권 중 특허권, 저작권 등의 전통적인 지식재산권 범주로는 보호가 어려운 유전자조작 동식물, 반도체설계, 인터넷, 캐릭터산업 등과 관련된 무형의 새로운 지식재산권이 탄생하게 되었다. 이를 신지식재산권이라고 부르고 다양한 법률로 이들을 보호하고 있다.

이처럼 새로운 무형재산에 대하여 신지식재산권이라는 새로운 명칭을 붙여야 하는 이유는 이러한 창작물들이 자연법칙을 이용했다고 보기 어렵기 때문이다. 자연법칙이란 자연계의 모든 사물과 현상에서 반복적으로 나타나는 일정한 법칙이라고 할 수 있는데, 예를 들어 특허를 취득한 화학약품의 경우 그 약품의 분자구조식대로 약품을 제조하면 동일한 약을 반복적으로 생산하기 때문에 자연의 법칙을 이용한 고도의 기술에 의한 창작물이라고 말하는 것이다.

그러나 생약의 경우에는 그 성분을 생물체에서 추출한 것이기 때문에 이를 제조함에 있어 그 변수가 다양하여 동일한 약을 반복적으로 생산하기가 매우 어렵다. 즉, 자연의 법칙을 이용한 반복재생이 가능한 고도의 창작물이라는 요건을 충족하기 어렵다. 구체적인 예로 동일한 종자를 파종하였지만, 그 산출물의 크기나 품질, 모양 등은 미세하나마 각기 다를 수 있기 때문이다.

그래도 이들을 법적으로 보호해야 할 가치가 크므로 이를 신지식재산권이라고 부르는 것이다.

신지식재산의 유형으로는 소프트웨어나 컴퓨터프로그램과 같은 산업저작권, 유전자조작과 세포융합에 의한 동·식물 신품종, 생명공학을 산업에 응용한 첨단산업재산권, 데이터베이스, 온라인디지털콘텐츠, 영업비밀 등의 법적 보호에 따른 정보산업재산권, 산업재산권과 저작권의 성격을 겸비한 반도체집적회로 배치설계이용권 등, 지리적 표시, 색채상표, 입체상표, 맛·소리·냄새상표 등 다양한 형태의 신지식재산권이 존재한다.

이러한 신지식재산의 등장과 함께 창업 아이템이 급속도로 다양해지고 창업 후 유니콘 기업으로 성장할 가능성도 급속히 커지고 있다.

Ⅱ. 반도체배치설계

최근 업계에선 아날로그 반도체배치설계에 따른 생산성 문제를 개선하기 위해 각고의 노력들을 기울이고 있다. 이러한 아날로그 반도체배치설계는 “반도체집적회로의 배치설계에 관한 법률(반도체설계법)”에 따라 특허청에 출원 후 심사를 거쳐 등록하면 법적 보호를 받는 신지식재산권 중의 하나이다.

이러한 반도체배치설계는 대기업의 전유물이었지만 최근 스타트업들이 이러한 아날로그 반도체배치설계의 상당부분을 자동화하는 소프트웨어를 개발하면서 창업자들에게도 관심대상이 되는 사업 아이템으로 변화되고 있다.

이러한 배치설계권은 반도체설계법에 따라 배치설계를 특허청에 설정등록하면 발생하는 신지식재산권이며 동시에 첨단산업재산권에 속하는 권리이다. 즉, 반도체배치설계란 배치설계를 무단복제 등의 침해로부터 보호하고, 배치설계에 관한 창작자의 권리를 보호하기 위한 신지식재산권의 일종이다.

이러한 배치설계가 창작성을 인정받기 위해서는 기존의 제작물과 구별될 수 있는 배치설계를 제작하여야 하며, 그 제작을 위하여 지적 노력을 투자하여 통상적이지 않은 특성이 나타나는 결과물을 얻어야 한다. 즉, 진보성이 확보되어야 한다.

이러한 배치설계권의 보호대상은 배치설계라는 추상물이지만, 이 추상물은 그 존재를 객관적으로 직접 인식할 수 없음은 물론이고, 물건과 같이 점유할 수 없는 특성을 갖는다. 따라서 배치설계권을 보호받기 위해서는 권리의 대상, 권리발생시기, 권리소멸시기를 특허청에 설정등록하여야 한다.

배치설계권을 설정등록한 배치설계권자 또는 그로부터 권리를 승계한 자는 설정등록된 배치설계에 대하여 영리목적으로 당해 배치설계권을 이용할 권리를 독점하게 된다.

다만, 이러한 독점권이 인정되지 않는 예외가 있다. 이를 구체적으로 보면 ① 배치설계권자가 타인에게 그 배치설계를 독점적으로 이용할 수 있는 권리를 설정한 경우, 그 설정된 범위 내에서 전용이용권자가 영리를 목적으로 그 배치설계를 이용하는 권리를 독점하는 때에는 예외가 적용된다.

② 교육·연구·분석 또는 평가 등의 목적이나, 개인이 비영리적으로

사용하기 위한 배치설계의 복제 또는 그 복제 대행의 경우에는 그 사용이 허용된다.

③ 적법한 반도체집적회로 등을 인도받은 자가 영리를 목적으로 양도·대여를 하거나 양도·대여를 위한 전시·수입하는 경우에도 예외가 인정된다.

④ 불법으로 복제하여 제조된 반도체집적회로 등에 대하여 선의이며 과실 없이 인도받은 자(선의자)가 영리를 목적으로 한 양도·대여나 양도·대여를 위한 전시·수입하는 경우 등에도 예외적으로 허용된다.

이러한 배치설계권은 설정등록일로부터 10년간 보호받는 것이 원칙이지만, 그 배치설계의 최초 상업적 이용일부터 10년 또는 그 배치설계의 창작일로부터 15년을 초과할 수 없다.

이러한 배치설계권을 침해하면 민형사상의 책임을 지게 되는데 형사상으로는 3년 이하 징역, 5천만 원 이하 벌금에 처하며, 민사적으로는 침해의 정지 또는 예방청구권, 손해배상청구권을 행사할 수 있다.

Ⅲ. 생명공학발명

1. 의 의

4차산업시대에는 생명공학 역시 시장을 창출할 수 있는 중요한 산업분야임은 분명하다. 그러나 생명공학 창업 또는 바이오 창업의 경우에는 타 분야의 지식재산 기반 창업과는 달리 초기비용이 많이 드는 특징을 갖고 있다. 그리고 설령 창업했다 하더라도 불확실성이 커서 창업 비즈니스 모델로는 적합하지 않을 수 있다. 그러나 신약개발 등과 같은 사업 아이템이 아니라 신약개발방법을 특허등록하거나 신약 관련 특허권을 이용허락받아 위탁사업을 수주하는 형태로 창업하는 것도 가능하다.

생명체와 관련하여서는 현재 한국 특허청에서 특허법에 따라 특허등록을 관리하고 있는데, 생명공학의 특성을 고려하여 별도의 '생명공학 분야 특허심사기준'을 마련하고 이에 따라 특허심사와 등록을 해 주고 있다.

이에 따르면 구체적인 특허대상은 자연상태로부터 분리, 확인된 유전자, 단백질, 세포, 미생물, 변종식물로서 무성적으로 반복 생식할 수 있는 식물, 미생물, 식물, 동물 등의 형질전환체, 형질전환체를 이용하는 방법, 형질전환체의 산물 등이다.

그러나 자연계에 생존하는 동물이나 변종식물 자체를 단순히 발견한 경우는 특허로 인정되지 않는다.

세계무역기구(WTO)의 무역관련지적재산권협정(TRIPS)[73]에서는 인간과 동물의 치료 및 수술방법은 특허대상에서 배제할 수 있도록 규정하고 있다.

다만, 미생물 및 본질적으로 비생물학적인 방법은 특허로 등록될 수 있어야 하고, 동식물은 특허대상에서 제외할 수 있으나, 식물 품종은 특허 또는 이에 상응하는 독자적 체계를 통해 보호해야 한다고 규정되어 있다.

이와 관련하여 최근에 유전자 특허가 논란의 대상이 되는데 그 이유

---

73) 무역관련지적재산권협정(TRIPS)은 1989년 5월 워싱턴에서 체결되었으며, 가맹국은 자국 영토 내에서 지적재산권을 보호하고 불법행위를 방지해야 할 의무가 부여된다. 이 협정은 특허권, 의장권, 상표권, 저작권 등 이른바 지적재산권에 대한 최초의 다자간규범이라고 할 수 있다. 우리나라는 이 협정이 타결됨에 따라 세관은 지적재산권 침해물품의 수출입을 금지하고 있으며, 수출입통관과 관련한 지적재산권 침해사범에 대하여 단속을 하고 있다.

는 유전자 특허가 단순한 발견에 해당할 수 있기 때문이다.

유전자 특허 반대론자들은 초기에는 제3세계 운동가, 제1세계 환경운동가 및 양심적 과학자 단체, 제3세계 국가의 정부가 주를 이루었으나, 최근에는 인간게놈프로젝트의 발표 전후로 과학기술자 집단의 비판도 거세지고 있는 추세이다.

이처럼 유전자 특허를 반대하는 주된 첫 번째 이유는 유전자 특허를 통해 초기 연구성과가 소수기업에 의해 독점될 가능성 및 인간의 존엄성이 손상될 것이라는 우려 때문이다.

두 번째 이유는 환경적 위해성과 식품 안전성이 의심되는 형질전환체에 특허를 줌으로써 공서양속에 반하는 발명에 특허를 주고 있다는 비판을 우려했기 때문이다.

특허청은 생명공학 분야의 특허심사를 위해 특허청은 1970년에는 의료·위생 분야 심사기준을 제정하여 시행하였고, 1998년부터는 생명공학 분야 심사기준을 제정하여 시행하였고, 2012년부터는 통합하여 "생명공학 분야 심사 실무가이드"를 제정하여 시행하고 있다.

2. 생명공학발명

생명공학 분야 특허심사 실무가이드는 유전공학, 미생물, 식물, 동물 등에 관한 발명과 함께 수술, 치료, 진단 및 신체의 측정과 위생에 관한 발명에 적용하는데, 발명이 성립하기 위해서는 일반적인 특허와 같이 "자연법칙을 이용한 기술적 사상의 창작으로서 고도한 것"이어야 한다.

그리고 가이드는 발명에 해당하지 않는 경우를 예시하고 있는데, 구체적으로는 ① 단순한 발견에 해당하는 것 ② 유전자, DNA 단편, SNP,

안티센스뉴클레오티드, 벡터, 재조합 벡터, 형질전환체, 융합세포, 모노클로날 항체, 단백질, 재조합 단백질의 발명 등에 있어, 입수방법 및 생산수단 등이 명세서에 상세히 기재되어 있지 아니한 것 ③ 미완성 발명은 생명공학발명에서 배제된다.

여기서 말하는 단순한 발견에 해당하는 것으로는 ① 생명체에 존재하는 유전자, 단백질을 단순히 발견한 것 ② 자연에 있는 미생물을 단순히 발견한 것 ③ 인위적인 제조수단의 구체적인 기재 없이 단순히 발견한 돌연변이 동물들의 경우 특허를 받을 수 없다. 다만, 분리 또는 선별방법에 각별한 곤란성이 인정되면 발명으로 인정할 수 있다는 예외규정이 있다.

미완성 발명은 발명으로 보호받지 못하는데, 발명목적을 달성하기 위한 수단이 형식적으로 제시되었으나 제시수단에 의해 발명자가 얻은 성과와 객관적으로 동일한 결과를 얻을 수 없는 경우가 이에 해당한다. 즉, 반복하여 실시할 수 없는 것이 미완성 발명에 해당한다.

그리고 발명의 과제해결을 위한 구체적 수단이 결여된 경우와 제시된 과제해결수단만으로는 과제의 해결이 명백하게 불가능한 것도 미완성 발명에 해당한다.

명세서 및 도면에 발명의 목적을 달성하기 위해 필요한 기술적 수단이 명확하고 충분히 기재되지 않은 경우에도 미완성 발명에 해당한다.

또한 발명이 미완성 발명인지 여부가 불분명해도 발명에 해당하지 않는다. 참고로 판례는 "특허등록이 가능한 발명이란 완성된 것이어야 하고 완성된 발명이란 그 발명이 속하는 분야에서 통상의 지식을 가진 자가 반복실시해 목적하는 기술적 효과를 얻을 수 있을 정도까지 구체적, 객관적으로 구성된 발명으로 그 판단은 특허출원의 명세서에 기재된 발명의 목적, 구성 및 작용효과 등을 전체적으로 고려하여 출원 당시의 기술수준에 입각하여 판단하여야 한다(대법원 1994. 12. 27. 선고 93후1810 판결)"라고 판시하고 있다.

3. 유전공학발명

국내외 많은 전문가들이 21세기를 '유전공학의 시대'라고 명명하고 있다. 이는 2000년 6월 26일 미국, 영국, 프랑스, 일본 등 18개국이 1990년부터 공동 추진해 온 인간 게놈 프로젝트(HGP)의 연구결과를 발표하면서 인간 유전자 지도가 100% 해석되었다고 선언했다.

대부분의 인간 유전자에 대한 기능이 아직 완전히 밝혀지지 않고 있는 상황에서 인간 게놈 프로젝트의 발표는 유전자구조정보의 이용과 DNA Chip을 비롯한 새로운 고효율 유전자해석기술의 발전에 지대한 영향을 미칠 것으로 기대된다. 그 밖에도 생물정보학, 기능유전체학, 단백체학 등 새로운 학문영역의 등장으로 유전자의 다양한 기능을 총체적인 관점에서 파악할 수 있을 것으로 기대된다.

특허청은 이런 유전자, DNA 단편, 안티센스뉴클레오티드, 벡터, 재조합 벡터, 형질전환체, 융합세포, 모노클로날항체, 단백질, 재조합 단백질 등에 관한 발명에도 생명공학 분야 특허심사 실무가이드를 마련하고 이들에 대한 특허출원 및 등록절차를 관장하고 있다.

이 심사 실무가이드는 미생물, 식물, 동물 등에 관한 발명으로서 유전공학기술을 이용한 분야에도 적용된다.

유전공학발명에 대한 특허출원 시 특허청구범위는 발명이 명확하고 간결하게 기재되고, 발명의 상세한 설명에 의하여 뒷받침되는 사항을 각각의 청구항으로부터 명확하게 파악할 수 있도록 작성하여야 한다. 따라서 ① 유전자, DNA 단편 ② 벡터 ③ 재조합 벡터 ④ 형질전환체 ⑤ 융합세포 ⑥ 단백질, 재조합 단백질 ⑦ 모노클로날 항체 ⑧ 안티센스(anti-sense)뉴클레오티드 등을 특허출원한 경우 특허청구범위를 작성함에 있어 앞에서 언급한 요건을 충족하지 못하면 특허요건이 성립되지 못해 특허를 받을 수 없다.

최근에는 인간 유전자 지도가 100% 해독이 되고 제3세대 유전가위의 등장으로 유전공학 분야의 발명이 급속도로 증가하고 있으며, 소자본 창업으로도 경쟁력이 있는 유니콘 기업으로 성장할 가능성이 커지고 있다.

Ⅳ. 초상권

1. 개 요

페이스북의 저커버그가 창업하기 전 수업 같이 듣는 사람들의 리스트를 볼 수 있는 '코스매치(Coursematch)'를 개발했고, 누가 인기가 있고 없고를 가리는 '페이스매쉬 닷컴(Facemash.com)'을 운영한 바 있다. 당시 페이스매쉬 닷컴의 활용도를 높이기 위하여 하버드대학의 전산시스템을 해킹해 12개 기숙사 여학생들의 사진을 2명씩 올리면서 어느 쪽이 더 마음에 드는지 선택하게 했다. 그 결과 학교로부터 징계받고 보호관찰처분을 받게 되었다. 즉, 여학생들의 초상권을 침해한 것이었다.

이러한 초상권 침해는 온라인 시대를 맞이하여 급증하고 있으며, 이러한 분쟁이 발생하는 경우 당해 이미지 사용중지 등의 가처분결정이 내려지는 경우 사업을 영위하기 어려울 수 있다. 특히, 4차산업시대에는 빅데이터를 처리하는 과정에서 타인의 초상을 사용하는 경우가 빈번히 발생할 수 있다.

이처럼 4차산업혁명시대에 무방비로 사람들의 초상이 온라인상에 노출되고 이로 인한 분쟁이 발생할 가능성이 커지고 있다. 특히, 메타버스 등장으로 가상현실 속에서 홀로그램의 모양을 타인의 외관을 형상을 딴 경우 초상권 침해의 논란이 커질 수 있다.

특히 창업자 스스로 타인의 초상권 침해 여부를 인식하지 못하고 사업을 진행하는 경우 초상권을 침해했다는 이유로 소송이 제기되는 경우 창업 자체를 할 수 없는 상황에 직면할 수도 있다.

따라서 창업자는 초상권이 무엇이며, 이에 대한 침해 시 제재와 구제 방안을 알아보는 것은 매우 중요하다.

2. 초상권의 개념

초상권이란 자기 자신의 초상에 대한 독점권을 말한다. 즉, 자기의 초상이 허가 없이 촬영되거나 공표되지 않을 권리를 말한다. 이러한 초상권에는 인격권으로서의 초상권과 재산권으로서의 초상권이 있는데, 재산권으로서의 초상권은 퍼블리시티권(Right of Publicity)이라고 한다. 즉, 유명인의 성명이나 초상 등을 광고에 이용하는 경우 이의 사용을 중단케 하고 사용한 행위에 대하여 손해배상을 청구할 수 있는 것이다. 특히, 초상에 재산권을 인정하는 경우 손해배상금액은 기하급수적으로 증가할 수도 있다.

특히, 4차산업혁명시대에는 아바타나 홀로그램을 유명인의 성명이나 초상을 이용하는 경우 퍼블리시티권 침해로 인한 논란의 대상이 될 수 있다.

이러한 퍼블리시티권이 침해되는 경우 법적으로는 명확한 구제방법이 존재하지 않는다. 즉, 인격권으로서의 초상권이 침해되면 헌법 제10조의 행복추구권과 민법 제750조의 불법행위규정에 따라 정신적 고통에 대한 위자료청구를 통해 법리적으로 큰 무리 없이 구제받을 수 있다. 그러나 재산권으로서의 초상권, 즉 퍼블리시티권은 물권적인 권리를 인정할 만한 법적 근거가 없어 구제받는 데 논란이 많다. 실무에서도 법률, 조약 등 실정법이나 확립된 관습법 등의 근거 없이 퍼블리시티권을 인정하는 것이 법리적으로 많은 논란을 가져오고 있다.

최근에는 퍼블리시티권의 성립요건, 양도·상속성, 보호대상과 존속기간, 침해가 있는 경우의 구제수단 등을 구체적으로 법률에 규정하여 퍼블리시티권을 인정해야 한다는 주장이 많이 있으나 아직 입법적으로 해결을 보지 못하고 있다.

초상권 침해문제는 인격권의 문제로 보고 이를 침해하면 형법적으로는 명예훼손죄가 성립되고 민사상으로는 정신적 고통에 대한 손해배상 청구대상이 되는 것으로 이해되고 있다.

다만, 그 목적이 상업용이 아니라 공공의 이익을 위한 것일 경우는 예외가 인정될 수 있다.

이러한 초상권은 원래 그림이나 조각으로 제작된 초상만 문제가 되었었다. 그러나 사진기술의 발달과 조판인쇄술이 발명되어서 사진의 대량복사가 가능해지면서 그 중요성이 더해지고 있는 것이다.

입법적으로는 4차산업혁명시대에 적합한 퍼블리시티권의 개념을 명확히 정의하고 이에 대한 구제방안을 입법화하는 것이 필요하다. 다만,

입법 시 형사상의 책임추궁보다는 민사상 책임추궁방안을 제정하는 것이 사회적 부작용을 최소화할 수 있을 것으로 생각된다.

3. 종 류

초상권의 종류로는 (1) 촬영이나 작성거절권 (2) 공표거절권 (3) 초상영리권을 들 수 있다. 촬영이나 작성거절권은 얼굴 기타 사회통념상 특정인물임을 알 수 있는 신체적 특징을 당사자의 동의 없이 촬영하거나 작성되는 것으로부터 보호받을 권리를 말한다.

공표거절권은 촬영된 자신의 사진이나 작성된 초상이 본인의 동의 없이 공표되거나 복제되는 것으로부터 보호받을 권리를 말한다. 초상영리권은 자신의 사진이나 초상이 상업적으로나 영리적으로 이용되는 것으로부터 보호받을 권리를 말한다.

문제는 이러한 초상권에 대해 현행법은 아무런 명문규정을 두고 있지 않다는 점이다. 다만, 해석상 법원의 판례를 통하여 이러한 초상권이 인정되고 있는데, 그 법적 근거로는 헌법 제10조의 행복추구권[74)]과 민법 제750조 제1항의 불법행위규정을 들고 있다.

우리 헌법 제10조에서는 '모든 국민은 인간으로서의 존엄과 가치를 가지며 행복을 추구할 수 있는 권리를 가진다'고 규정하고 있다. 즉, 국

74) 행복추구권이란 우리 헌법 제10조에서 '모든 국민은 인간으로서의 존엄과 가치를 가지며, 행복을 추구할 권리가 있다'라는 규정에 의거하여 탄생한 기본권이다. 이 규정은 개인의 가치를 무시하고 국가의 도구로 취급하는 전체주의를 거부하는 헌법적 정신을 천명한 것으로 평가받고 있다. 이러한 행복추구권은 일반적으로 행동자유권과 인격의 자유발현권 및 생존권 등을 의미한다. 따라서 국민 스스로 오감만족을 위한 삶을 살 수 있도록 보장하는 것이며, 이 개념에는 환경권과 인간다운 주거공간에서 살 권리도 포함되는 것으로 해석되고 있다.

가가 보장하여야 할 인간으로서의 존엄과 가치에 초상권이 포함되는 것이다.

또한 민법 제750조 제1항에서는 '타인의 신체, 자유 또는 명예를 해하거나 기타 정신상의 고통을 가한 자는 재산 이외의 손해에 대하여도 배상할 책임이 있다'고 규정하고 있으므로 이 규정에 의거 초상권은 보호받을 수 있는 것으로 해석되고 있다.

4. 침해판단기준

초상권을 침해하는 행위를 둘러싸고 초상권을 침해한 자와 침해받은 자 간의 서로 다른 두 방향의 이익이 충돌하는 경우엔 구체적 사안의 사정을 종합적으로 고려하여 공익과 사익을 이익형량을 한 후 최종적으로 침해행위의 위법성을 판단하게 된다.

이 경우 침해자 측에서 고려되어야 하는 요소로는 침해행위로 달성하고자 했던 이익의 내용 및 그 중대성, 침해행위의 필요성과 효과성, 침해행위의 보충성과 긴급성, 침해방법의 상당성 등이 있다.

피해자 측에서 고려되어야 할 요소로는 피해법익의 내용과 중대성, 침해행위로 인하여 피해자가 입는 피해의 정도, 피해이익의 보호가치 등이다.

예를 들어 초상촬영 시 금전을 지불하고 촬영하였다면 이는 상대방의 동의가 있었으므로 초상권 침해논란에서는 제외된다. 그러나 보도활동으로 판명이 된 촬영이나 역사적 사실을 알리는 과정에서 초상을 공표하는 경우 피촬영자의 동의가 필요한 것인지에 대하여는 공익과 사익이라는 이익형량을 통하여 판단하게 된다.

즉, 초상권의 공표목적이 상업용이 아니라 공공의 이익을 위한 것일 경우는 예외가 인정되는 것이다.

5. 손해배상책임

초상권을 침해당한 사람은 민법의 불법행위규정에 의거 손해배상을 청구할 수 있다. 즉, 민법 제750조 및 제751조에 의거하여 고의 및 과실로 인한 위법행위로 타인에게 손해를 입힌 사람은 그 손해를 배상할 책임이 있다. 여기서 말하는 손해란 타인의 신체, 자유나 명예를 해하거나 그 밖에 정신상 고통을 가하여 발생한 재산 외의 손해 모두를 의미하는 것으로서 그 범위가 매우 광범위하다.

위법사실이 확인되면 법원은 위의 손해배상을 정기금채무 명목으로 지급할 것을 명할 수 있으며 그 이행확보를 위해 상당한 담보제공도 명할 수 있다.

이러한 불법행위로 인한 손해배상의 청구권은 피해자 또는 그 법정대리인이 그 손해 또는 가해자를 안 날부터 3년간 행사하지 않으면 시효로 인해 소멸[75]하게 된다. 침해사실을 몰랐던 경우에는 초상권 침해사실이 있었던 날로부터 10년을 경과하면 손해배상청구권이 소멸된다.

결론적으로 초상권은 온라인 세상이 도래하는 4차산업시대에 개인의 프라이버시 보호 및 재산권보호 차원에서 그 중요성이 더욱 커지고 있다.

그러나 초상권이라는 새로운 재산권을 법적으로 명확히 규정하기에는 어려움이 많은 것이 현실이다.

---

75) 소멸시효란 권리자가 권리를 행사할 수 있음에도 불구하고 권리를 행사하지 않는 사실상태가 일정기간 계속된 경우에 그 권리의 소멸을 인정하는 제도이다.

그래도 이에 대한 사회적 요구는 점차 증가할 것으로 예상된다. 어려운 개념이기는 하지만 창업하시는 분들이 미리 사전에 알아두는 것은 매우 중요하다고 본다.

Ⅴ. 식물 신품종

1. 의 의

생명공학 기법을 이용한 식물육종은 유전적 접근방법을 통해 육종대상의 식물적 특성을 인간이 원하는 대로 개량하는 것이 가능하다. 이러한 신품종을 육성하기 위해서는 약 10~15년 소요되는 등 많은 시간과 노력이 필요하다. 그래도 이러한 신품종이 육성되어 특허출원절차를 통해 법적 보호를 받으려면 그 육종방법을 이용하는 경우 공개되면 무단으로 재생산되어 개발 육종가의 투자에 대한 보상의 기회를 박탈하는 결과를 초래한다.

따라서 식물육종 분야에서 개인 육종가와 발명자에게 신품종개발을 위해 투하된 시간과 노력, 비용에 상응하는 대가인 지식재산권을 부여할 필요가 있다. 이처럼 종자에 지식재산권을 부여해 정부 또는 공공부문의 역할을 축소하고 민간부문을 통해 품종육성 및 종자생산을 활성화할 필요성이 제기되고 있다.

20세기 이전, 인류가 종자를 보존하고 개선 및 이용하는 과정에서 시장의 역할이 미미했으므로 농부와 토착 지역공동체가 주도했었다. 그러나 농업이 국가의 중요한 산업기반인 국가에서는 정부 등 공공부문이 종자를 보급하는 과정에서 일익을 담당하게 되었다.

20세기 초까지만 해도 미국 연방정부가 종자의 무료보급 프로그램을 운영했었다. 그러나 식물육종기술이 발전하고 종자 관련 시장이 형성되면서, 정부지원은 중단하고 그 대신 지식재산권제도를 통한 보호를 요구하는 목소리가 증가하였다.

급증하는 세계인구에 식량을 공급하고 가속화되는 기후변화에 대응하기 위해 신품종을 개발하도록 육종가들에게 어느 정도 인센티브를 제공할 필요성이 대두되고 있다.

2. 종자보호체계

종자의 지식재산권을 보호하기 위한 제도로 UPOV 체계와 특허법체계가 존재한다. UPOV 체계는 식물품종보호를 위한 국제적 노력의 일환으로 1961년 '식물신품종의 보호에 관한 국제협약(The International Union for the Protection of New Varieties of Plants, UPOV)'이 체결되고, 1968년 발효되면서 확립되었다.

우리나라는 2002년 1월 7일 UPOV에 50번째로 가입하였으며, UPOV상 육종가의 권리를 보호받기 위해 출원된 품종이 신규성, 구별성, 균일성, 안정성의 요건을 충족시켜야 보호를 받을 수 있다.

UPOV상 육종가권리로는 ① 생산 또는 증식 ② 증식목적의 조제, 처리 ③ 상품화 ④ 판매 ⑤ 수출 ⑥ 수입 ⑦ 위의 6개 사항을 목적으로 한 비축을 할 권리인 것이다.

그리고 육종가의 허락을 받지 않은 종묘를 이용해 생산한 수확물, 수확물로 직접 제조된 산물에 관해 1호부터 7호에 이르는 행위를 함에는 그 수확물이 식물체의 전체 또는 일부 여부와 상관없이 육종가의 허락을 받아야 한다.

3. 식물신품종보호법

식물 '품종'이란 식물학에서 통용되는 최저 분류단위 식물군으로서, 유전적인 특성 중 한 가지 이상 특성이 다른 식물군과 구별되고 변함없이 증식될 수 있는 것을 말한다. 한국이 가입한 1991 UPOV 협약은 식물 신품종보호제 시행 첫해에는 15개 보호작물을 지정하고, 그 후 10년 내 전 작물로 보호대상을 확대한 바 있다. 그리고 2002년 1월 7일에 가입한 우리나라는 시행 첫해에 벼, 배추, 사과 등 27개 작물을 보호대상으로 지정하였고 이후 작물별 국제경쟁력 수준, 농업에 미치는 영향 등을 고려해 보호대상작물을 확대했으며, 2012년 1월 7일자로 딸기, 나무딸기, 감귤, 블루베리, 양앵두, 해조류가 포함되면서 모든 작물로 보호대상을 확대하였다.

법상 '보호품종'은 이 법에 따른 품종보호요건을 갖춰 품종보호권이 부여된 품종을 의미하며, 현행법은 작물품종이 신규성, 구별성, 균일성 및 안정성을 갖춰야 품종보호출원서를 제출하고 심사를 거쳐 품종보호권이 발생한다. 신규성은 서류로 심사하지만, 구별성, 균일성 및 안정성 구비 여부에 대한 평가는 심사관이 재배시험 결과를 토대로 판단하게 된다. 구별성은 품종보호출원일 이전까지 일반인에 주지된 품종과 명확하게 구별되는 품종에 대해 인정하며, 종자관리요강상, 심사를 위해 작물별 세부특성 조사요령에 따라 조사한 후 그 특성 중 한 가지 이상의 지표가 대조품종과 명확히 다르다는 것이 확인되면 구별성이 인정된다.

잎 모양 및 색 등 질적 특성의 경우 관찰에 의해 특성을 조사 및 실시하고 그 결과 계급으로 표현해 출원품종과 대조품종의 계급이 한 등급 이상 차이나면 구별성을 인정한다. 그리고 잎의 길이 등 양적 특성의 경우 특성별로 계급을 설정하고 품종 간 두 계급 이상이 차이나면 구별성이 있다고 판정된다.

Ⅵ. 영업비밀

1. 개 요

사업 아이디어나 영업 관련 노하우 등은 지적재산권으로 등록하기 위해 출원하는 순간 공개되어 독점배타적 권리를 보장받기도 전에 모든 영업비밀이 노출되어 사실상 독립된 경제적 가치를 상실할 수 있다. 따라서 영업 관련된 비밀이 유출되는 경우 창업자는 피해를 볼 수 있기 때문에 이 또한 보호를 받을 필요가 있다.

이처럼 지적재산권이나 저작권으로 보호받지 못하는 무형재산권을 영업비밀이라고 부르고 이에 대하여 "부정경쟁방지및영업비밀보호법(영업비밀보호법)"을 통하여 보호하고 있다.

실무에서 이러한 영업비밀이 보호받기까지는 상당한 어려움이 있다. 특히, 영업비밀로 성립되기 위해서는 비주지성, 독립된 경제적 가치성, 비밀유지노력이라는 세 가지 요건을 갖추어야 하는데, 이에 대한 입증이 쉽지 않은 것이 사실이다. 특히, 비밀을 유지하기 위한 노력에 대한 입증이 어려워 침해사실이 분명함에도 민형사상 책임을 추궁하는 것이 용이치 않다.

지난 10여 년간 중국기업들이 국내의 기술력 있는 인재들을 고액연봉으로 스카우트하면서 이들이 근무했던 국내기업의 영업비밀을 USB나 이메일 등을 통하여 유출토록 함으로써 이를 침해하는 경우가 많았고 앞으로도 증가할 것으로 예상된다. 따라서 이에 대한 법적인 보호제도를 알아둘 필요가 있다.

2. 의 의

영업비밀보호법상 "영업비밀"이란 공연히 알려져 있지 아니하고 독립된 경제적 가치를 가지는 것으로서, 상당한 노력에 의하여 비밀로 유지된 생산방법·판매방법 기타 영업활동에 유용한 기술상 또는 경영상의 정보를 일컫는다.

즉, 창업자의 노하우 등이 영업비밀로 보호받기 위해서는 당해 정보가 비공지성, 경제적 유용성, 비밀유지성의 요건을 충족하여야 한다.

영업비밀 침해행위와 관련하여서는 적극적으로 영업비밀을 취득하는 행위뿐만 아니라 이를 공개하는 행위도 해당된다. 구체적으로 보면 ① 절취, 기망, 협박, 그 밖의 부정한 수단을 이용해 부정으로 취득하는 행위 또는 그의 사용 및 공개행위 ② 부정취득행위의 개입사실인식 또는 중과실로 인식하지 못한 취득행위 또는 그의 사용 및 공개행위 ③ 영업비밀취득 후 알게 된 부정취득행위개입, 또는 중과실로 알지 못하고 그것을 사용 또는 공개하는 행위 ④ 계약관계 등에 의거한 영업비밀 유지의무자가 부정한 이익취득목적 또는 영업비밀보유자에게 손해를 가할 부정사용목적으로 당해 영업비밀을 사용 또는 공개하는 행위 ⑤ 영업비밀이 부정사용목적에 의해 공개된 것을 알았거나 중과실로 이를 알지 못하고 이를 취득 또는 이를 사용 또는 공개하는 행위 ⑥ 영업비밀취득 후, 그 영업비밀이 부정사용목적으로 공개된 사실 또는 이를 알거나 중과실로 알지 못하고 사용하거나 공개하는 행위 등이 이에 해당된다.

이러한 영업비밀은 창업자에게 있어서는 종종 사운을 걸 만한 중대한 사안일 수도 있으므로 이에 대한 주의가 필요하며, 이를 유지하기 위한 별도의 노력도 필요하다. 종업원에게 입사 시 비밀유지의무이행각서 또는 서약서를 받았다고 해서 비밀유지의무를 이행하였다고 보기 어렵다. 구체적으로는 영업비밀에 해당하는 자료가 이메일로 전송되는 것을 차단하는 보안장치를 설치하든지 아니면 USB에 저장 시 이를 차단하는 장치 등을 마련하는 노력이 필요하다.

3. 민사책임

영업비밀을 침해당한 경우에 이를 구제받는 방법으로 영업비밀보호법은 영업비밀 침해행위에 대한 금지청구권, 손해배상청구권, 영업비밀보유자의 신용회복조치 등을 인정하고 있다.

즉, 영업비밀의 보유자는 영업비밀 침해행위를 하거나 하려는 자에 대하여 그 행위에 의하여 영업상의 이익이 침해되거나 침해될 우려가 있는 경우에는 법원에 그 행위의 금지 또는 예방을 청구할 수 있다(제10조).

영업비밀의 침해로 인해 영업상 이익을 침해당한 자는 고의 또는 과실로 그 손해를 가한 자에게 손해배상을 청구할 수 있다.

영업비밀보유자의 청구가 있는 경우 법원은 손해배상에 갈음하여 또는 손해배상과 함께 영업상의 신용회복에 필요한 조치를 명할 수 있다.

다만, 영업비밀취득 당시 당해 영업비밀이 부정하게 공개된 사실 또는 영업비밀의 부정취득행위나 부정공개행위가 개입된 사실을 중대한 과실 없이 알지 못하고 그 영업비밀을 취득한 선의자, 즉 "영업비밀을 정당하게 취득한 자"에 대하여는 권리구제를 청구할 수 없다.

이러한 피해자의 권리구제청구권은 영업비밀 침해행위가 계속되는 경우 영업비밀보유자가 그 침해행위에 의하여 영업상의 이익이 침해되거나 침해될 우려가 있다는 사실 및 침해행위자를 안 날부터 3년간, 그 침해행위가 시작된 날부터 10년간 행사하지 않으면 시효(時效)로 소멸한다.

영업비밀 침해 시 이에 대한 손해배상액을 산정하는 것이 매우 어렵기 때문에 영업비밀보호법은 손해액을 추정[76]하는 규정을 두고 있다.

이에 따르면 영업비밀 침해행위를 하게 한 물건을 양도하였을 경우 "물건의 양도수량 x 침해행위가 없었다면 판매할 수 있었던 물건의 단위수량당 이익액"을 손해액으로 추정하고, 침해행위로 인해 받은 이익이 있다면 당해 이익액을 손해액으로 추정한다.

또한 영업비밀사용 시 통상 받을 수 있는 금액을 자기의 손해액으로 추정할 수 있으며, 이때 실질손해액이 추정손해액을 초과하면 그 초과액도 배상청구할 수 있다.

그 밖에 영업비밀보호법은 위의 규정에도 불구하고 손해배상액의 입증이 어려운 경우에는 법원이 변론 전체의 취지와 증거조사의 결과에 기초하여 상당한 손해액을 인정할 수 있도록 판사의 포괄적 재량권을 인정

76) 추정이란 불명확한 사실을 일단 존재하는 것으로 정하여 법률효과를 발생시키되, 추후 반증이 있을 때에는 그 효과를 발생시키지 않는 법적 제도다. 추정에는 사실상의 추정과 법률상의 추정이 있으며, 그 사실 내지 법률관계의 존재를 다투는 자가 입증책임을 지고 그에 따라 번복될 수 있다.

하고 있다.

4. 형사책임

영업비밀보호법은 위와 같은 민사상 구제수단 이외에도 형사처벌과 과태료에 대한 제재를 가할 수 있도록 규정하고 있다. 특히, 외국에 영업비밀을 누설하는 것을 국내에서 침해하는 것보다 더 강력한 처벌규정을 두고 있다. 즉, 부정한 사용목적으로 당해 영업비밀을 외국에서 사용하거나 외국에서 사용될 것임을 알면서 취득·사용 또는 제3자에게 누설한 자는 10년 이하의 징역 또는 그 재산상 이득액의 2배 이상 10배 이하에 상당하는 벌금에 처해지게 된다.

그리고 부정한 목적으로 영업비밀을 취득·사용하거나 제3자에게 누설한 자는 5년 이하의 징역 또는 그 재산상 이득액의 2배 이상 10배 이하에 상당하는 벌금에 처해 진다.

특히, 영업비밀보호법은 미수범[77]은 물론이고 외국에 유출하는 것과 관련한 예비 또는 음모한 자에 대하여도 3년 이하의 징역 또는 2천만 원 이하의 벌금을 과할 수 있도록 함으로써 영업비밀을 강력히 보호하고 있다.

이처럼 영업비밀 침해행위의 미수범도 처벌하도록 명문규정을 두고 있는 것은 영업비밀을 보호하고자 하는 입법자의 의지가 강함을 알 수 있다.

국내에서 부정사용목적의 예비·음모자에 대하여는 2년 이하의 징역

77) 미수범이란 범죄의 실행에 착수하였으나 그 행위를 끝내지 못하였거나 결과가 발생하지 아니한 범죄 또는 범인을 말한다(형법 제25조). 이러한 미수범은 모든 경우에 다 처벌되는 것이 아니라 법률에 특별히 정해진 경우에만 처벌된다(제29조). 그리고 한국 형법에서는 미수범을 처벌함에 있어서 그 형을 반드시 기수범보다 감경해야 한다는 것이 아니라 감경해도 좋고 안 해도 무방하다(제25조)

또는 1천만 원 이하의 벌금에 처하도록 규정하고 있다. 그리고 대표자에 대하여는 주의와 감독을 게을리한 데에 대해 벌금형을 과하는 양벌규정을 두고 있다.

부정사용목적의 해외유출과 관련하여 관계공무원의 조사나 수거를 거부·방해 또는 기피한 자에게는 특허청장이 2천만 원 이하의 과태료를 부과할 수 있도록 규정하고 있다(제20조).

5. 산업기술의 보호

국가로부터 연구개발비를 지원받아 개발한 국가핵심기술을 보유한 대상기관이 해당 국가핵심기술을 외국기업 등에 수출하고자 하면 산업기술유출방지법상 정부기관의 승인을 얻어야 한다.

국가가 연구개발비를 지원하지 않았더라도 국가핵심기술을 보유·관리하는 대상기관이 국가핵심기술을 수출하려면 정부기관에 사전신고해야 한다.

그리고 이를 위반하여 비밀을 누설하거나 유출하면 5년 이하의 징역이나 10년 이하의 자격정지 또는 5천만 원 이하의 벌금에 처해진다.

이처럼 고도의 지적 능력을 소유하고 창업 후 성공 가능성이 큰 창업자도 사업이 성공적인 단계에 진입하자마자 비밀로 유지되어 온 생산방법·판매방법 기타 영업활동에 유용한 기술상 또는 경영상의 정보가 유출되어 낭패를 보는 경우가 많다.

이러한 문제를 해결하기 위해서는 고용계약 시 영업비밀을 준수하겠다는 서약서를 받는 것만으로는 보호받기 어렵다.

따라서 창업자는 임직원들이 USB나 이메일 등을 통하여 영업비밀을 외부에 유출되지 않도록 하는 등의 보안장치를 마련하는 것이 필요하다고 할 수 있다.

Ⅶ. 산업기술

1. 개 요

2017년부터 2022년 말해까지 국내 핵심기술의 해외유출이 36건에 달했으며, 반도체와 디스플레이 등 한국이 중국에 앞서는 분야가 대부분이라고 한다. 컴퓨터 또는 업무용 휴대전화로 회사 내부망에 접속해 반도체 웨이퍼 연마공정도 등을 중국으로 유출한 것으로 알려져 있다. 연마공정은 웨이퍼표면의 미세한 요철을 평탄화하는 공정으로, 국가가 지정한 반도체 핵심기술 중 하나라고 한다. 유출한 주범 중 한 명은 임원 승진에 탈락한 후 중국업체와 반도체 웨이퍼 연마제(CMP) 제조를 동업하기로 하고 해당 회사의 사장으로 근무하면서 국내 거주 연구원 3명도 스카우트해 중국업체로 이직시켰다고 한다.

이처럼 국가산업경쟁력에 중요한 역할을 하는 기술들을 전·현직 직원 등이 퇴사하면서 이를 외장용 하드디스크 등에 저장하여 외부로 유출한 후 중국이나 기타 해외기업들에게 그 정보를 제공하고 부당한 이득을 보는 사례들이 많다. 최근에는 클라우드(cloud)에 저장시킨 후 해외로 유출하는 사례들도 증가하고 있는 것이 현실이다.

특히, 벤처기업이나 중소기업에서 실제로 핵심기술임에도 법률상 특허권 등으로 보호받지 못해 해외기업에게 기술을 탈취당하는 사례들이 많다.

종래에는 이러한 산업기술이 지식재산권으로 보호받지 못하는 경우 영업비밀보호법을 가지고 해외로 유출되는 것을 방지하고자 한 바 있었다. 그러나 실질적으로 비밀유지를 위한 노력과 관련하여 법리적으로 이에 대한 처벌이 어려웠던 것이 사실이다.

따라서 산업기술이 해외로 유출되면 영업비밀보호법상의 비밀유지관리 요건을 충족하지 못해도 정부 승인 또는 신고 없이 유출하면 처벌할 수 있도록 하는 입법적 요구들이 많았다.

이러한 문제를 해결하기 위하여 우리 정부는 2007년 "산업기술유출방지법"을 제정하여 국내 산업기술들이 해외로 유출되는 것을 방지하고자 한 바 있다.

산업기술이란 영업비밀의 또 다른 표현이라고 생각하면 된다. 즉, 이러한 영업비밀이 보호받으려면 ① 비공지성 ② 독립된 경제적 가치성 ③ 유지관리성 ④ 영업활동에 유용한 정보 등의 요건을 갖추어야 하며, 이를 입증도 해야 한다. 그러다 보니 이미 해외로 유출된 영업비밀의 경우 유출자를 처벌하는 데 시간적으로나 공간적으로 많은 제약을 받게 된다. 결국, 영업비밀보호법으로 기술해외유출범을 처벌하기 쉽지 않은 것이 사실이다.

따라서 해외기업들이 전·현직 임직원에게 주로 고액연봉 등 금전적인 보상을 미끼로 핵심 연구인력 및 임원급을 대상으로 인력유출을 시도하고 있으며, 협력 및 용역업체를 활용한 영업비밀유출이 계속해서 발생하는 것이다.

이러한 문제를 막기 위하여 "산업기술유출방지법"에서 영업비밀이 성립되는 과정에 정부가 연구개발비를 지원했거나 국가가 핵심기술로 지정하면 이를 산업기술이라고 정의하였다. 이런 기술을 해외로 유출하려면 정부기관의 승인 또는 정부에 신고토록 하고 이를 위반하면 영업비밀 성립요건을 충족하지 못하더라도 형사처벌할 수 있는 근거규정을 마련한 것이다.

2. 개 념

산업기술유출과 관련하여 과연 산업기술이 무엇인가 하는 점에 대하여 이론상으로는 설명하기가 쉽지 않으며, 그 적용대상의 범위를 정하는 것 또한 매우 어려운 일이다.

특히, 지식재산권과 관련하여 특허법이나 실용신안법[78]을 통하여 보호받는 기술과의 관계에서 이들과 차별적으로 개념을 정립하기란 쉽지 않다. 이러한 기술정보의 상당부분은 부정경쟁방지법상의 영업비밀로 보호받을 수 있으나 영업비밀은 특허나 실용신안처럼 그 기술이나 정보에 대한 보호법익이 명백하지 않다는 점에서 법제도상 보호가 쉽지 않다.

따라서 정부는 산업기술유출방지법을 제정하여 그 보호대상인 산업기술의 범위를 특정하고 이에 대한 별도의 보호방법을 정하여 놓고 있다.

이에 따르면 "산업기술이란 제품 또는 용역의 개발·생산·보급 및 사용에 필요한 제반 방법 내지 기술상의 정보 중에서 관계 중앙행정기관의 장이 소관 분야의 산업경쟁력 제고 등을 위하여 법령이 규정하는 바에 따

---

78) 실용신안권이라 함은 산업상 이용할 가능성이 있는 물품의 형상, 구조 또는 조합한 것 등에 관한 구체적인 기술적 목적과 기술적 구성 및 기술적 효과에 의하여 체계적으로 형성된 신규성 있는 기술적 사상의 창작인 무형의 고안을 보호의 객체로 하는 권리를 말한다.

라 지정 또는 고시·공고하는 기술을 말한다"고 규정하여 산업기술 해당성에 대한 공통요건을 명시한 후, 여기에 추가적으로 하나 이상 만족시켜야 할 요건들을 나열하고 있다(제2조 1호).

이때 공통적 요건은 산업기술유출방지법의 보호를 받기 위한 필수적인 요건을 의미한다. 이러한 공통적 요건을 모두 갖춘 후 추가적 요건 중 하나 이상을 충족해야 비로소 법으로 보호받는 산업기술이 된다.

공통요건은 부정경쟁방지법상의 영업비밀 성립요건과 거의 유사하여 산업기술은 영업비밀과 동일 개념으로 이해해도 무리는 없다.

추가적 요건으로는 정부 기관에 신고토록 하거나 추가승인을 받도록 하는 절차적 요건을 들 수 있다. 따라서 산업기술이 해외로 유출되면 국가의 안전보장 및 국민경제의 발전에 중대한 악영향을 줄 우려가 있는 기술을 국가핵심기술로 지정토록 하고(법 제2조 2호), 이러한 국가 핵심 기술의 유출을 방지하기 위한 별도의 침해행위를 규정하고 있다.

즉, 국가핵심기술 중 국가로부터 연구개발비를 지원받은 기술을 외국기업 등에 매각 또는 이전 등의 방법으로 수출하려면 산업통상자원부장관의 승인을 얻어야 하며 민간에 의해 개발된 국가핵심기술의 경우에는 산업통상자원부 장관에게 사전신고해야 한다(법 제11조).

이에 따라 산업기술유출방지법은 영업비밀보호법상 유출행위 유형 이외에도 ① 국가핵심기술에 대한 해외매각 또는 이전 등의 승인절차의무를 이행하지 않았거나 ② 부정한 방법으로 승인을 얻어 국가핵심기술의 수출을 추진하는 행위와 그 행위에 대해 수출중지 등의 명령을 이행하지 아니하는 행위(제14조 5호 및 6호), ③ 사전신고대상인 국가핵심기술에 대한 수출중지 등의 명령을 이행하지 아니하는 행위(제6호) 등을 규정하고 이를 불법적인 기술유출에 준하는 처벌을 해 실체적 요건 이외에도 절차적 요건을 가미하여 국가경제에 핵심적 역할을 하는 산업기술을 보호하는 방법을 강화하였다.

3. 유출사례

(1) 에어컨 금속표면처리기술 중국유출 기도 사건

(2) D자동차 핵심 제조기술 러시아유출 사건

(3) K사 아연 제련공법 호주유출 기도 사건

(4) L사 첨단 PDP 제조기술 중국유출 사건

(5) 태양광 차단 신소재 기술 일본유출 기도 사건

(6) 신호소자 반도체 공정기술 대만유출 사건

(7) 세계 최초개발 와이브로 기술, 해외유출 기도 사건

(8) 자동차 핵심기술 유출 기도 사건

(9) 수조원 가치의 조선기술, 해외유출 기도 사건

(10) H사 자동차 자동변속기 기술 중국유출 사건

(11) 첨단 휴대폰 제조기술 카자흐스탄 유출 기도 사건

(12) TFT-LCD 컬러필터 제조기술 중국유출 기도 사건

(13) 반도체 제조공정 기술 해외유출 기도 사건

(14) 광통신부품 핵심 공정기술 해외유출 기도 사건

(15) 고성능 셋톱박스 제조기술 해외유출 기도 사건

(16) 메모리 반도체 핵심기술 해외유출 기도 사건

(17) LCD 생산장비 제조기술 해외유출 기도 사건

(18) 바이오 환경기술 해외유출 기도 사건

(19) 초음파 진단기 제조기술 해외유출 기도 사건

(20) 반도체 웨이퍼 검사장비 운용기술 해외유출 기도 사건

(21) 미생물 발효장비 제작기술 유출 기도 사건 등이 있다.

4. 형사책임

기술정보의 불법유출자 중 상당수는 당해 기술의 개발 및 관리주체로서 정보획득이 쉬운 핵심인력이었다. 이들이 기술정보유출을 주도하거나 동참하는 경우 당해 회사의 피해는 절대적으로 클 수밖에 없다. 그래도 과거에는 이들을 제재할 법적 근거는 종업원의 비밀준수의무였다.

그 밖에도 유출행위 자체만으로는 이에 대한 제재가 불가능하며, 유출된 기술이 법에서 정한 '영업비밀' 또는 '산업기술'의 성립요건을 갖춘 경우에 한하여 이에 대한 제재가 가능하다는 것이다.

유출행위가 발생한 후 대부분은 당해 기술이 '영업비밀' 또는 '산업기술'의 성립요건의 충족 여부를 다투는 분쟁이 빈번히 발생하고 있으나 실상은 피해자 권리구제가 쉽지 않은 것으로 나타나고 있다.

이러한 특별법상의 제재보다는 오히려 형법상의 제재방안이 더 효과적이어서 널리 이용되고 있다. 즉, 형법상의 업무상배임죄[79]를 적용하는 방법이다.

그 밖에도 회사·기관 등의 임직원 중 산업기술에 대한 접근권한이 없는 자가 부정한 방법을 통해 이를 취득하면 영업비밀보호법이나 산업기술유출방지법 적용은 물론, 추가로 형법상의 절도죄나 비밀침해죄·손괴

79) 업무상배임죄란 업무상 다른 사람의 사무를 처리하는 자가 그 임무에 위배하는 행위로써 재산상의 이익을 취득하거나 제3자로 하여금 이를 취득하게 하여 본인에게 손해를 가함으로써 성립하는 범죄이다(형법 제356조 2항).

죄 등을 적용하여 법적인 제재를 가할 수 있다.

부정경쟁방지법에서 정하고 있는 영업비밀로 보호받기 위해서는 ① 공공연히 알려져 있지 아니할 것(비공지성) ② 독립된 경제적 가치를 가질 것(경제가치성) ③ 상당한 노력에 의하여 비밀로 유지되고 있을 것(비밀유지성) ④ 생산방법, 판매방법 기타 사업활동에 유용한 기술상 또는 경영상 정보일 것(유용성) 등을 요건으로 하고 있다.

구체적으로 비공지성이란 영업비밀보호법상의 보호대상은 누구나 알고 있는 일반적 정보가 아니라 공연히 알려지지 않은 정보를 말한다. 다만, 비밀성 요건에 있어 영업비밀 보유자 자신을 제외하고는 그 누구도 알지 못하는 소위 '절대적 비밀'을 요구하는 것은 아니며 보유자가 관리하는 범위 밖의 사람들이 일반적으로 입수하지 못하는 상태, 즉 '상대적 비밀' 정도면 충분하다는 것이 일반론이다.

경제가치성이란 그 정보를 보유함으로써 해당 재화나 용역의 제조·유통·판매 등에 있어 비용 절감 또는 효율성 향상과 같은 경제적 이익을 얻을 수 있거나 이를 통해 경쟁자에 대해 우위를 점하는 데 도움이 되는 경우, 또는 그 정보의 취득·사용에 있어 상당한 노력이나 비용, 시간이 필요할 때 경제적 가치가 있다고 할 수 있다.

비밀유지성이란 영업비밀로서 보호받기 위해서는 상당한 노력에 의해 비밀로 관리되어야 한다는 것을 의미한다. 이와 관련하여 판례는 단지 종업원에 대하여 일반적인 영업비밀 누설금지의무를 정하거나, 문서에 「무단복사, 전제금지」, 「대외비」 등을 기재하여 놓은 사실만으로는 기술정보를 비밀로 유지하려는 노력을 기울였다고 인정하기 어렵다고 판시하고 있다.

유용성이란 정보의 보유자가 그 정보를 사용함으로써 경제적인 이익을 얻거나 혹은 경쟁자에 대한 우월적 지위를 확보하는 데 도움이 되는 경우를 의미한다. 이런 유용성은 앞에서 본 독립된 경제적 가치를 지닌다는 것과 동일한 의미로 해석되며, '생산방법, 판매방법'이란 영업활동에 유용한 기술상 또는 경영상의 정보에 대한 예시라고 할 수 있다.

이러한 영업비밀을 불법적으로 외국 유출행위에 대하여는 10년 이하의 징역 또는 그 재산상 이득액의 2배 이상 10배 이하에 상당하는 벌금에 처하도록 규정하고 있다.

영업비밀을 불법적으로 국내에서 침해한 행위에 대하여는 5년 이하의 징역 또는 그 재산상 이득액의 2배 이상 10배 이하에 상당하는 벌금에 처하도록 규정하고 있다.

5. 민사책임

산업기술이나 영업비밀을 침해당하면 구제받는 방법으로 부정경쟁방지법은 영업비밀 침해행위에 대한 금지청구권, 손해배상청구권, 영업비밀 보유자의 신용회복조치 등에 관하여 규정하고 있다. 즉, 산업기술 또는 영업비밀의 보유자는 영업비밀 침해행위를 하거나 하려는 자에 대하여 그 행위로 영업상의 이익이 침해되거나 침해될 우려가 있는 경우에는 법원에 그 행위의 금지 또는 예방을 청구할 수 있다(제10조).

영업비밀의 침해로 인해 영업상 이익을 침해당한 자는 고의 또는 과실로 그 손해를 입힌 자에게 손해배상을 청구할 수 있도록 규정하고 있으며(제11조), 보유자의 청구가 있는 경우 법원은 손해배상에 갈음하여 또는 손해배상과 함께 영업상의 신용회복에 필요한 조치를 명할 수 있도록 규정하고 있다(제12조).

다만, 산업기술이나 영업비밀 취득 당시 당해 영업비밀이 부정하게 공개된 사실 또는 영업비밀의 부정취득행위나 부정공개행위가 개입된 사실을 중대한 과실 없이 알지 못하고 그 영업비밀을 취득한 선의자, 즉 "영업비밀을 정당하게 취득한 자"에 대하여는 권리구제를 청구할 수 없도록 선의자에 대한 특례규정을 두고 있다(제13조).

이러한 피해자의 권리구제청구권은 영업비밀 침해행위가 계속되면 영업비밀 보유자가 그 침해행위로 영업상의 이익이 침해되거나 침해될 우려가 있다는 사실 및 침해행위자를 안 날부터 3년간, 그 침해행위가 시작된 날로부터 10년간 행사하지 않으면 시효로 소멸한다(제14조).

영업비밀보호법은 영업비밀 침해로 인한 손해배상액의 산정이 어려운 점을 고려하여 손해액을 추정하는 규정을 두고 있다(제14조의2). 이에 따르면 영업비밀 침해행위를 하게 한 물건을 양도하면 "물건의 양도수량 X 침해행위가 없었다면 판매할 수 있었던 물건의 단위수량당 이익액"을 손해액으로 추정하고(제1항), 침해행위로 인해 받은 이익이 있다면 당해 이익액을 손해액으로 추정하도록 규정하고 있다(제2항).

또한 영업비밀사용 시 통상 받을 수 있는 금액을 자기의 손해액으로 추정할 수 있으며(제3항), 이때 실질손해액이 추정손해액을 초과하면 그 초과액도 배상청구할 수 있다(제4항).

그 밖에 영업비밀보호법은 위의 규정에도 불구하고 손해배상액의 입증이 어려운 경우에는 법원이 변론 전체의 취지와 증거조사의 결과에 기초하여 상당한 손해액을 인정할 수 있도록 판사의 포괄적 재량권을 인정하고 있다(제5항).

결론적으로 창업 직후 어렵게 개발한 기술이 임직원을 통하여 유출되는 경우, 경제적으로는 물론이고 정신적으로도 큰 피해를 입게 된다.

그리고 기술을 빼돌린 임직원을 상대로 영업비밀 침해 등을 이유로 한 민형사상 책임을 추궁하는 과정에서 가장 큰 어려움은 영업비밀을 유지하기 위하여 노력한 것을 입증하기 어렵다는 점이다.

물론, 산업기술로 지정되면 정부 기관 승인 없이 유출한 자를 처벌할 수 있지만 산업기술로 지정되지 않은 영업비밀은 보호받기 쉽지 않다. 따라서 영업비밀을 유지하기 위한 보안시스템을 구축하려는 노력이 필요하다.

따라서 전 직장에서 사용하는 산업기술을 빼돌려 창업을 하는 경우 사업중단의 위기에 처할 수 있다는 점을 상기해 둘 필요가 있다.

참고문헌

강경근, 일반헌법학(신판), 법문사(2018)

고영남, 특허와 지식재산권법(제3판), 탑북스(2022)

고문현, 헌법학 개론(제3판), 박영사(2022)

김정호, 회사법(제7판), 법문사(2021)

김한준, 4차산업혁명이 직업세계에 미치는 영향 - 4차산업혁명에 대한 재직자 인식조사", 2016년 9월호 고용이슈(한국고용정보원).

손은수·고병열·홍성화, KISTI ISSUE BRIEF(2018.4호), 한국과학기술정보연구원.

유주선, 기업법1(제2판), 씨아이알(2022).

임종률, 노동법(제20판), 박영사(2022).

정상조·박준석, 지식재산권법(제4판), 홍문사(2019).

최수정·권선윤·장윤섭, "4차산업혁명시대 대비를 위한 중소기업 규제혁신방향", 중소기업포커 스 제17-15호(2017.9.25.), 중소기업연구원.

최정식, 상법총칙·상행위법, 삼영사(2019)

최준선, 회사법(제17판), 삼영사(2022년).

K. Eric Drexler, MDL Intelligence Distillation: Exploring strategies for safe access to superintelligent problem-solving capabilities, Technical Report #2015-3, Future of Humanity Institute, Oxford University.

McKinsey Global Institute, 'Jobs lost, Jobs gained: Workforce Transitions in a Time of Automation, December 2017.

찾아보기

[ㅅ]

[ㅇ]

[ㅈ]

[ㅊ]

[ㅋ]

[ㅌ]

[ㅍ]

[ㅎ]

〈저자 약력〉

전삼현
숭실대학교 법학사, 법학석사
독일 프랑크푸르트대학교 법학박사

〈경력〉
(현) 숭실대학교 법학과 교수
(현) 숭실대학교 대학원 IT정책경영학과 교수
(현) 숭실대학교 지식재산융합전공 주임교수
(현) 한국 훔볼트회 회장
(현) 글로벌기업지배구조 이사장
(전) 숭실대학교 법대 학장
(전) 삼성증권 사외이사 (이사회 의장)
(전) 자산관리공사 (캠코) 비상임이사

4차산업시대 유니콘 되는 법

초판 인쇄 2023년 3월 2일
초판 발행 2023년 3월 6일

저 자 · 전삼현
발 행 인 · 현근택
발 행 처 · 화산미디어

주 소 · 경기도 고양시 덕양구 용현로 10, 507-102 (행신동, 무원마을)
신 고 · 2009년 2월 16일/제395-2009-000012호
전 화 · 031-971-6928
팩 스 · 031-971-6929
홈페이지 · www.hwasanm.com

정 가 35,000원
ISBN 979-11-5977-065-4(93360)